L'Indic

Du même auteur
dans la même collection

Odessa Beach

dans la collection Rivages/noir

Captain Butterfly (n° 149)
Odessa Beach (n° 290)

Robert Leuci

L'Indic

Traduit de l'anglais (États-Unis)
par Éléonore Cohen-Pourriat

Collection dirigée par
François Guérif

Rivages/Thriller

Titre original : *The Snitch*

106, boulevard Saint-Germain - 75006 Paris

ISBN : 2-7436-0813-7
ISSN : 0990-3151

À la longue souffrance du peuple cubain

Remerciements

J'ai reçu une aide foisonnante pendant l'écriture de *L'Indic*. D'abord, l'esprit et la conversation de mes voisins du Rhode Island, et en premier lieu les pêcheurs de Galilée et Point Judith. Je suis particulièrement reconnaissant au capitaine Donny Matera du *Hawk* de m'avoir fait découvrir l'excitation et les joies de la pêche au requin comme de la pêche au thon ; à ma belle-fille Myra Malave Leuci de ses conseils en espagnol ; à mon éditrice débordée Ruth Cavin qui clarifie les eaux troubles ; à Nora Cavin de son professionnalisme sans faille ; et à l'irremplaçable Esther Newberg de son constant soutien, ainsi qu'à Linda Barban de ses encouragements et de sa patience. Merci à tous.

Se trouva devant lui
Une belle Maure,
Carquois au dos,
Rompue au lancer
De flèches avec un arc turc,
On l'appelait Étoile
Car elle brillait
Au jeter de javelot

Ballade du Cid
Auteur inconnu

NEW YORK

Avril 1979

1

Nick Manaris était en train de se servir un café quand ils débarquèrent tous dans le bureau. Il se détourna, il voyait déjà l'après-midi, la nuit et les quelques jours à venir se transformer en enfer, pas le temps de souffler, adieu la vie tranquille. La pensée des prochaines trente-six ou quarante-huit heures lui glaçait le sang, mais de toute façon la journée était déjà foutue, elle pesait de tout son poids sur sa poitrine, ça avait commencé quand il avait regardé Renata faire ses bagages la veille au soir, fourrer ses dessous chics dans sa valise au beau milieu de la chambre, le dévisager, fragment de glace polaire, bredouiller quelque chose à propos de sa réunion au lycée, parler beaucoup pour ne rien dire, et puis ce matin il l'avait accompagnée à l'aéroport JFK, cet endroit de cinglés, et s'était tapé des embouteillages sur des kilomètres, avant d'attendre deux heures que son avion décolle. Là-dessus, le capitaine Hawks qui lui avait dit dans l'après-midi que ça allait peut-être chauffer très bientôt, qu'on avait besoin de lui, qu'il devait se tenir prêt, et maintenant toute l'équipe qui débarquait dans un boucan assourdissant, ça bavassait, ça se marrait, ça faisait les gugusses, et Sonny McCabe qui le regardait l'air de dire « Qu'est-ce que tu fous tout seul dans ton coin ? ».

Nick se détourna et songea : de toutes les équipes que j'aurais pu me coltiner... Il rêvait d'enfiler sa veste et de décamper d'ici, il se sentait perdu, déboussolé, sa poitrine était serrée comme si elle était ligotée au fil de fer.

– Allez ! Allez ! lança Sonny McCabe. Bouge ton cul.

– J'arrive, calmos. Y'a pas le feu, si ?

À ce moment précis, le malaise de Nick Manaris ne connut plus de limites.

Nick allait avoir trente-six ans à l'automne, il était inspecteur principal assigné à l'unité de contrôle du Crime organisé. Il était deuxième sur la liste pour passer sergent et des plus aptes à réussir le prochain examen pour devenir lieutenant. Un homme en pleine ascension dans un métier qu'il n'aimait plus – un métier, à vrai dire, qu'il commençait à haïr. Ce jour-là, il se sentait aussi résigné à son malheur personnel qu'à l'éternel cycle de violence, de mal et de corruption qui affectait New York. Il en avait jusque-là.

Au départ, quand Nick avait choisi sa voie, il s'était dit qu'il n'y avait rien de pire que de vivre selon un cycle ininterrompu où hier et demain étaient identiques à aujourd'hui. Une vraie prison. Rien d'autre à apprendre que ce qu'on connaissait déjà. Savoir que l'année suivante ne différerait en rien de l'année précédente et que demain serait un reflet d'aujourd'hui était un mode de vie harassant dont il ne voulait pas. Travailler dans la police offrait autre chose, beaucoup plus. L'année prochaine il aurait dix ans de service. Il lui en restait dix à tirer, et on disait que les dix dernières filaient à vitesse grand V. À cette idée, il se sentit un peu mieux. Il s'imaginait des années plus tard. Il se voyait à la barre d'un bateau de pêche, voguant sur l'Atlantique, pêchant le requin, le thon et l'espadon. Il mènerait une existence calme et solitaire, dans une cabane de pêcheur au beau milieu d'une baie qui donnerait sur l'océan.

Mais là, pour le moment, il y avait cette bande de tarés avec qui il faisait équipe. Des pros de l'arrestation, ça c'était sûr, mais néanmoins cinglés. Un groupe fier, dévoué et consciencieux, mais qui ressemblait comme deux gouttes d'eau à un gang de truands.

– Ouais, Nick, lança Carl Suarez, magne-toi le fion, tu veux ? On fait une réunion, là.

Sonny McCabe et le reste de l'équipe, ce qui faisait quatre, traversèrent le bureau en paradant devant les boxes des enquêteurs jusqu'à la salle de réunion du capitaine, Nick dans leur sillage. Le capitaine Hawks, devant la porte, lui fit signe de s'activer et lui tapa nerveusement dans la main pour lui dire bonjour.

Nick entra dans la salle, tout en espérant que l'opération que préparaient McCabe et son équipe capoterait. Il n'était pas d'humeur à défoncer des portes, ni à se foutre sur la gueule avec une bande de malfaiteurs.

Depuis toujours, Nick s'était considéré comme une entité à part : ici, devant, il y avait le monde, et tout là-bas à l'horizon, le plus loin possible, il y avait Nick. De taille et de corpulence moyennes, Nick devait avoir douze ans quand son père s'était mis à lui faire faire des pompes, des abdos et lui avait appris à taper dans un sac. L'habitude était restée, s'était transformée en pur plaisir. Son visage rond et avenant n'était pas laid, malgré son nez cassé tout aplati qui avait tendance à couler dès qu'il faisait froid. Il avait un regard particulier qui semblait associer force, intérêt ainsi qu'une bonne dose de malice. Nick Manaris ne se laissait pas intimider. Il était intelligent, plus vif que la plupart, fils d'un ex-boxeur professionnel, et lui-même avait six victoires professionnelles à son actif. On ne se bousculait pas pour se frotter à lui.

Le capitaine Hawks s'assit en bout de table, le menton haut, les bras croisés sur la poitrine, déterminé, un dossier ouvert devant lui. Nick ressentait des picotements d'angoisse, ce Hawks était un marlou. Un énergumène retors, entre deux âges, le teint rougeaud, le cheveu grisonnant, il suintait les complications. Le capitaine conduisait une Thunderbird dernier cri, portait des costumes coûteux et parlait du coin de la bouche comme un gangster. Le jour où Nick l'avait rencontré, il l'avait étiqueté « mauvaises nouvelles ». Il jeta de nouveau un regard vers Hawks, soupira et se demanda : Qu'est-ce qui te donne le droit de juger ?

Nick se rappela soudain son premier jour dans ce bureau. Il était parti après deux heures d'entretien avec Hawks, tandis que l'envahissait l'intuition nauséabonde, ça se voyait comme le nez au milieu de la figure, que ce type était véreux. Dix ans dans la maison et il était capable de repérer ce genre de mec en un clin d'œil. Un charme délicieux et les convictions morales d'un tueur à gages. Nick ne comprenait pas. Depuis qu'il faisait ce métier, les gens tombaient du ciel exprès pour le rendre cinglé. C'est peut-être moi, se dit-il, peut-être que je ne pige pas le message, mais c'est quoi le message d'abord ?

Aucun membre de l'équipe n'avait fait signe à Nick quand il était entré. Ils étaient assis en silence, apparemment perdus dans leur concentration, ils écoutaient Sonny McCabe qui à ce moment-là faisait son numéro. Nick observa McCabe un instant. Puis il mit son coude sur la table et appuya sa joue dans la paume de sa main. Il regardait Sonny McCabe parler, entendait sans écouter les conneries que débitait le deuxième inspecteur principal de l'équipe. McCabe exposait son affaire comme si c'était la French Connection, alors qu'il semblait à Nick qu'il ne tenait en réalité qu'une poignée de Cubains et de Sud-Américains décérébrés qui essayaient d'entrer en contact avec une bande de pseudo mafieux de Brooklyn. C'était tout ce que tenait McCabe, rien de plus.

Après une ou deux minutes, Nick imagina qu'il y avait peut-être une chance sur cent pour qu'il eût tort, et que son équipe tenait peut-être quelque chose. Il s'adossa à sa chaise, l'air de dire « Allez-y, convainquez-moi ». De toute façon, il avait un mauvais pressentiment sur cette affaire et cette bande, il avait l'impression d'être un missionnaire dans la forêt amazonienne.

Toute l'attention se portait sur McCabe, chaque personne dans la pièce écoutait ce connard déblatérer ses conneries. McCabe s'approcha du tableau et traça un diagramme, avec les Cubains et les Colombiens d'un côté et les Italiens de l'autre, c'était du bon boulot, il pensait et parlait les doigts dans le nez. Le capitaine Hawks ajouta que le procureur – le procureur adjoint Robinson – se démenait sur cette affaire et qu'il en attendait beaucoup.

Nick regardait McCabe réfléchir, et songea, puis demanda :

– Que dit l'indic ?

Eddie Moran, inspecteur de base et coéquipier habituel de McCabe, était assis en face de Nick et faisait rouler une tasse de café entre ses paumes. Il dit, lentement, tranquillement :

– Sonny doit l'interroger en fin d'après-midi.

Moran était un grand type bientôt chauve qui portait toujours un Stetson, des bottes de cow-boy en peau de serpent, un jean et une ceinture avec une énorme boucle en argent bruni. Moran n'avait jamais été plus à l'ouest que la Pennsylvanie et avait l'air aussi bouseux que Johnny Cash.

– La dernière chose que m'ait dite l'indic, fit Sonny, c'est que les armes vont arriver. Elles devraient être là ce soir, demain au plus tard.

Le capitaine Hawks se leva, se dirigea vers la machine à café, se servit une tasse, alla se rasseoir, but la moitié de son café et dit :

– Je voulais que vous soyez sur cette affaire, Nick, parce que, bon, vous savez. Ne le prenez pas mal, vous êtes un bon enquêteur et tout ça – bon sang heureusement, vous êtes inspecteur principal, c'est normal –, ne le prenez pas mal mais je voulais que vous soyez là à cause de la relation que vous avez avec Robinson. Le procureur et vous avez été inséparables pendant des années, n'est-ce pas ? Allons, ce n'est pas une insulte, mon ami, c'est la vérité.

Nick lâcha son stylo sur son bloc-notes.

Andre Robinson, le professeur de droit que Nick avait eu à Fordham, était aujourd'hui le procureur adjoint du comté de Queens. Andre était très engagé dans la vie politique, il deviendrait bientôt procureur, et c'était un des rares amis proches de Nick. Cet homme avait un pouvoir monstrueux sur la police, ses vagues relations se bousculaient pour lui rendre service car tout le monde s'imaginait que ce beau Black tiré à quatre épingles pourrait un jour devenir maire.

– On a besoin que tu nous aides à obtenir quelques mandats, dit Sonny.

L'explication du capitaine était tout à fait honnête et Nick n'était pas du genre à cracher sur l'honnêteté, vu qu'elle se faisait rare dans la police ces temps-ci. Nick hocha la tête, vaguement humilié.

– Andre Robinson, dit-il, est un mec bien. Il ne tolérera pas l'à-peu-près. Soit on tient quelque chose, soit on tient rien. J'ai l'impression qu'on a tout ce qu'il faut. Alors où est le problème ?

Tous le regardaient et dodelinaient en une approbation polie. Devant lui était assis le capitaine Hawks, McCabe se tenait près du tableau, tandis que son coéquipier Moran et les traducteurs, Monserette et Suarez, étaient assis pile en face de lui. Un groupe qui en voulait, et en lui-même Nick décida de les appeler Jesse James et ses Quatre Desperados.

Hawks avait constitué cette équipe à la demande de McCabe et les membres en avaient été désignés par ce dernier. Pourquoi ils l'avaient débauché pour travailler sur cette affaire, Nick n'avait pas été foutu de le comprendre. Du moins jusqu'à ce moment-là. Son amitié avec le procureur, c'était donc ça. Hawks essayait de le mettre en position de demander une faveur à Andre. Les saloperies caractéristiques du super flic, tout à fait prévisibles.

Le regard du capitaine Hawks, de McCabe et des autres inspecteurs assis autour de la table valurent à Nick de s'étouffer à moitié.

– Enfin, dit le capitaine, compte tenu de votre amitié, je me disais qu'on obtiendrait un peu plus du procureur. Je veux dire qu'il nous laisserait le champ libre de ce côté-là.

Nick regarda le capitaine.
– Qu'est-ce que vous pensiez que ce type ferait pour nous ? Ce type – Seigneur, écoutez-moi ça.
Hawks fit un signe du dos de la main.
– Qu'il nous donnerait les mandats dont nous avons besoin, c'est tout. On s'occupe du reste.
– Vous avez l'indic, vous avez les micros à *Los Campos* et vous avez des faits. On ne devrait pas avoir de mal à obtenir les mandats dont on a besoin, dit Nick.
– J'essaye d'arrêter de fumer, dit le capitaine. Quelqu'un a une clope ?
– Alors qui sont les heureux gagnants ? Pour qui il nous faut des mandats ? dit Nick.
– Benny Matos, Medina le Colombien et Tony Bellatesta, dit Sonny McCabe, tout en relevant la tête et en adressant un sourire à Nick comme s'il lisait dans ses pensées.
– Ce dont nous avons besoin c'est de mandats de perquisition pour *Los Campos*. Pour le club lui-même, le bureau et le sous-sol. Et un autre pour la maison et la voiture de Matos. On contacte l'indic en fin d'après-midi et on voit ce qu'il a d'autre pour nous.
– Ça m'a l'air parfait. Enfin, si votre mec crache le morceau, ça devrait pas être compliqué.
– Tu es nouveau ici. Un bleu. Je pense pas que tu puisses imaginer les migraines que nous a flanquées ton copain. Robinson est un emmerdeur. Je vais te dire, j'ai bossé avec lui, c'est un vrai casse-couilles, dit McCabe.
– C'est un procureur, dit Nick. Qu'est-ce que vous attendez d'un procureur ? C'est son boulot d'être casse-couilles.
Le capitaine Hawks souffla et se gratta la nuque.
– Écoutez, dit Nick, je suis là depuis quoi, deux mois ? Je bosse sur cette affaire depuis trois semaines. Je fais partie du voyage, s'il y a quelque chose que vous voulez que je fasse, dites-le-moi, je le ferai.
La frustration de cette journée pointait dans sa voix.
– Tu vois, tu vois, on a un problème. Je vais te dire notre dilemme, tu veux que je te dise ce que c'est, notre dilemme ? fit McCabe.
De Sonny McCabe émanait une sorte de dureté inflexible qui faisait tout son charisme.

Vendredi dernier, Cellini, un type des Stups, avait dit à Nick que McCabe était un mercenaire, qu'il méprisait tout ce qui n'était pas flic. À moins que ce ne soient des gangsters qui lui refilent de grosses enveloppes pleines de blé. Nick s'était dit que c'était une coutume que Cellini devait bien connaître.

Nick et Sonny étaient tous deux inspecteurs principaux et Nick avait eu vent des rumeurs, des histoires qu'on racontait sur Sonny McCabe. Comme quoi c'était le flic le plus corrompu qui eût jamais existé. Son cas, sa vie. Cette histoire de flic corrompu était un sujet brûlant pour Nick. Ça faisait des années qu'il avait dit adieu à son idéalisme. Regarder ce gros con de McCabe sourire donnait à Nick une désagréable sensation de vertige. Qu'est-ce que je sais, qu'est-ce que je ne sais pas ? Les gens font ce qu'ils font, qui suis-je pour les juger ? McCabe le dévisageait, Nick avait l'impression de le sentir penser, il voulait la lui boucler, et s'empêcher lui-même de penser. Ces réflexions l'entraînaient là où il ne voulait pas aller.

Pour Nick rien ne symbolisait mieux l'approche de ce métier par Sonny McCabe que les deux douzaines de costumes qu'il possédait. En soie, coûteux, voyants. McCabe se foutait de ce que les gens pensaient, c'était un inspecteur principal de la vieille école avec tous les contacts nécessaires. Il connaissait les bureaux de la police comme si c'était sa chambrée et qu'il en était le chef. Et l'histoire que Nick avait entendue, comme quoi le chef de section aurait dit à un de ses nouveaux inspecteurs, arrivé depuis peu au NYPD, un jour de remise de médaille au quartier général : « Si tu veux savoir des trucs sur l'unité de contrôle du Crime organisé, demande à McCabe, McCabe te renseignera. »

Sonny approchait la quarantaine, mais il faisait beaucoup plus jeune, il continuait à défoncer des portes et à foutre des raclées. Un dur dans un métier où il y avait beaucoup de durs. Malgré ça, Sonny McCabe s'attirait et connaissait le genre de célébrité dont jouissaient peu de flics. Avec ses yeux, toujours ses yeux qui disaient : « Je m'en branle, t'as un problème, toi ? » Il marchait en tête du défilé de la Saint-Patrick, la poitrine recouverte de médailles. Il jouait de la cornemuse aussi. Le capitaine Hawks avait dit à Nick qu'il était aussi naturel pour Sonny McCabe d'être flic que de respirer. Hawks l'adorait, il lui aurait baisé les pieds. Pendant des années, Sonny et son coéquipier Eddie Moran avaient été si proches que l'un ne pouvait pas se curer les dents sans donner un coup de coude à l'autre. McCabe et Moran, version moderne de Sherlock et Watson.

– Nick, dit Sergi Monserette, on a besoin d'aide pour obtenir des mandats, c'est de ça qu'on a besoin. On a besoin de ton aide, mon pote, c'est ça qu'on te demande.

McCabe hocha la tête et se retourna vers le tableau, un tampon effaceur serré dans la main comme un club de golf.

– Pourquoi de l'aide ? demanda Nick.

– Robinson est une tête de con, dit McCabe, tu le sais bien. À vrai dire, je ne crois pas qu'il apprécie beaucoup les Blancs.

– Ah bon ? fit Nick. Et moi je suis quoi ?

Comme Sonny ne répondait pas, le capitaine Hawks ajouta :

– De toute façon, nous avons déjà eu des problèmes avec lui. Cette affaire l'intéresse, attention. Il sent le scoop là.

McCabe secoua la tête.

– Il ne me donnera pas de mandat à moi.

– Arrête, dit Nick.

McCabe fit la moue et balaya de la main tout doute sur sa bonne foi.

– Je ne veux pas retrouver les problèmes que j'ai déjà eus avec lui. Je te dis que Robinson ne me donnera pas de mandat.

– Alors comment je peux vous aider ? dit Nick.

– Je vais vous le dire, répondit le capitaine Hawks. Si vous alliez voir Robinson et lui demandiez vous-même les mandats. Si vous lui disiez « s'il te plaît » et « merci », ça marcherait peut-être ?

– Si j'apportais avec moi ce qui est requis, il me donnerait les mandats. Écoutez, dit Nick, je ne comprends pas, vous avez trois autres personnes là. Si Andre ne veut pas avoir affaire à Sonny, pour une raison x ou y, je me fous de savoir pourquoi, mais bon, c'est comme ça. Vous avez encore trois autres personnes.

– On veut que ce soit toi qui fasses la demande, dit McCabe. Fais-moi confiance, tu veux ? Ce sera beaucoup plus simple si tu me fais confiance.

– Bon, dit Nick. C'est d'accord. Je lui demanderai les mandats. C'est pas la fin du monde.

Il s'adossa à sa chaise, croisa les bras sur sa poitrine et hocha la tête, il était en accord avec lui-même.

Le capitaine Hawks haussa les épaules et adressa à Nick un sourire désolé.

– Vous savez, j'étais sûr que vous finiriez par accepter. Je le leur avais dit. Je le leur avais dit à tous. Un soir, la semaine dernière, j'étais au *Post Time* en train de m'en jeter quelques-uns, dit Hawks. J'étais assis au comptoir entre deux types des Stups, et votre nom est arrivé dans la discussion. Je ne leur ai pas dit qu'on travaillait ensemble ; je voulais savoir ce qu'ils pensaient.

– Ils ont dit que j'étais un fouteur de merde, c'est ça ? Je me plaisais pas trop là-bas.

– Ça oui ! fit Hawks dans un grand éclat de rire. Ils l'ont dit que vous vous plaisiez pas trop, mais ils vous aimaient bien. Ils ont dit que vous faisiez votre boulot. Écoutez, Nick, ils ont dit que vous étiez un dur et que vous étiez réglo. Mais bizarre.

– Ah bon ? dit Nick. Qu'est-ce que ça veut dire ?

– Bizarre ? Je ne sais pas, qu'est-ce que vous avez de bizarre, Nick ?

– Bizarre, j'ai rien de bizarre. Je ne suis pas bizarre. La plupart des gens dans ce métier sont bizarres, mais pas moi.

– Hé oh, fit McCabe, tu dois avouer, Nick, que t'as une sacrée réputation dans le métier. Tu sais bien, dès qu'on dit « bizarre », c'est ton nom qui vient sur le tapis.

– Sonny, j'en ai rien à branler qu'on me trouve bizarre, depuis toujours. Réglo : qu'est-ce que ça veut dire ? J'aimerais bien savoir ce que vous pensez que ça veut dire.

– T'es spécial, un peu cinglé sur les bords, mais t'es pas une fiotte, lui confia McCabe. En fait, t'es presque comme tout le monde. Presque. Si tu veux savoir ce que « presque » veut dire, c'est pas à moi qu'il faut demander.

Tout le monde éclata de rire, désopilant.

– Écoutez, dit Nick, je vais vous dire quelque chose, les mecs. Vous êtes prêts ? Bon, alors écoutez-moi, parce que je le dirai qu'une fois, faites bien attention.

Hawks haussa les épaules et les autres jetèrent à Nick des regards en coin. Les ondes qui parcouraient la pièce relevaient plus de l'intérêt que de la haine.

Nick dit :

– Je ne suis pas un gogo. Je veux que vous compreniez bien ce que je suis. Si j'entends quelque chose, je l'entends. Si je vois quelque chose, je le vois. Vous pigez ce que je veux dire ?

– Nick, Nick, dit le capitaine Hawks. Je vous fais un compliment, tout comme ces types des Stups vous en faisaient un. D'accord, vous êtes un peu bizarre, mais qui ne l'est pas ? Au moins vous êtes un type réglo. C'est votre réputation, elle vous a suivi partout dans le métier. Croyez-moi, vous ne seriez pas dans ce bureau si on n'avait pas vérifié qui vous êtes. Vous n'êtes pas banal et vous avez des amis bizarres, mais vous vous feriez couper en petits morceaux pour sauver un autre flic. Moi ça me suffit, et c'est moi le chef ici.

Nick grimaça.

– Écoutez, dit-il. Je fais mon boulot. Je l'ai toujours fait. Je fais mon boulot comme il faut et il est hors de question que je me compromette pour quiconque. Maintenant si ça vous va, on peut avancer. Suffit les conneries, les escrocs en prison.

Il y eut un long silence.

– Écoute, Nick, dit finalement McCabe, ce que je dis et ce que dit le capitaine, c'est qu'on a besoin que tu demandes ces mandats.

Nick fixait son stylo avec tant d'intensité que l'image se brouilla et se dédoubla.

– Je suis sur cette affaire depuis trois semaines, dit-il en s'adressant à chacun dans la pièce. J'ai fait de la surveillance, j'ai écouté les bandes. Je rencontre l'indic, je vois ce qu'il a à me dire et puis je demande les mandats. Je fais pas comme si j'y connaissais rien.

– Hum, fit Sonny, le visage crispé en une tentative de sourire.

– Je connais la marche à suivre pour avoir un mandat, bon sang, dit Nick. Allez, on fixe un rancart à notre informateur, j'y vais, j'obtiens ce dont j'ai besoin et c'est parti.

Le capitaine Hawks se redressa, prit un bloc-notes et un stylo, traça un petit cercle au milieu d'un plus grand.

– Expliquez-lui, Sonny, dit-il. Dites-lui pour l'indic.

Sonny hésita.

– Le truc, Nick, c'est que cet informateur il ne veut rencontrer personne. Il me parle à moi mais... Enfin ce type, si je lui dis : « Il faut que tu parles à un autre inspecteur », je pense qu'il va croire que, comme le font beaucoup d'autres, je lui fais faux bond, que je le baratine ou quelque chose dans le genre, tu vois ? Si je lui dis : « Rencontre ce type, c'est un mec bien, comme moi. » Il va me dire : « Je rencontre personne d'autre que toi. » Et si je lui dis : « Allez, fais pas le con, rencontre ce mec, c'est tout, parle-lui et écoute-le. » Il va me dire : « Je t'ai dit que je rencontre personne d'autre que toi, que je parle à personne d'autre qu'à toi, que je fais confiance à personne d'autre, et c'est comme ça. » Alors je vais lui expliquer, autant que faire se peut avec un blaireau pas de chez nous, l'histoire des mandats, et je vais lui dire que c'est compliqué en Amérique mais qu'il doit comprendre comment on travaille ici. Et puis il va me dire : « Va te faire foutre, on laisse tomber si c'est comme ça. Je te rencontre toi, un point c'est tout. »

Sonny McCabe ouvrit les bras en signe de défaite.

– Voilà, tu vois c'est ça le problème qu'on a, c'est ça notre gros problème. On se chope des migraines à cause de Robinson et à cause de l'indic.

Carl Suarez, le deuxième inspecteur latino, dit, l'air calme et détendu comme un innocent témoin de la conversation :

– Tu sais, peut-être que tu pourrais être là, de l'autre côté de la rue, dans ta voiture, quand Sonny va rencontrer l'indic. Comme ça tu verras qu'il y a un informateur et qu'il obtient le renseignement, tu vois ?

– Une minute, dit Nick.

Et il demanda à Carl, qui comme à son habitude portait un sweat-shirt à capuche, des baskets et des lunettes de soleil cerclées, même quand il faisait nuit, et qui ne trouvait pas ça bizarre qu'un inspecteur garantisse une pile de procès-verbaux d'après un renseignement qu'il tiendrait d'un informateur à qui il n'aurait pas parlé, de lui réexpliquer ça.

– C'est pas comme si tu inventais de toutes pièces cet informateur, dit Carl. Allez quoi, il sera là, tu le verras, Sonny sera en train de lui parler. En plus, Nick, Sonny aura un émetteur sur lui.

– Je dois jurer sur l'honneur qu'il me l'a dit, directement à moi, dit Nick. Vous êtes dingues ou quoi ?

Tout le monde dans la pièce le regardait – le capitaine Hawks, Sonny McCabe, son coéquipier Moran, les deux inspecteurs latinos – comme si Nick ne comprenait pas l'anglais.

– Ce que je suis en train de dire, dit Nick, c'est : comment est-ce que je suis supposé garantir des procès-verbaux de mandats à la con si je ne parle pas à l'informateur ? Je refuse de faire un truc pareil, vous me prenez pour quoi, un bleu qui débarque ? Je n'authentifierai rien à moins de parler à ce mec et d'entendre tout de sa propre bouche. Vous comprenez, de sa propre bouche à mes propres oreilles.

McCabe dit qu'il allait passer un coup de fil, voir s'il pouvait convaincre l'indic. Mais il en doutait et pensait que c'était pure perte de temps.

– En clair, dit Nick. Je reste dans une voiture à écouter Sonny parler à l'indic. Il obtient le renseignement, et puis moi je vais jurer devant la Cour que le type m'a dit ça directement à moi ? Capitaine, vous approuvez une chose pareille ?

Fondamentalement, il aurait dit que le capitaine Hawks approuverait tout ce que voulait McCabe. C'était McCabe qui menait la barque, c'était comme ça, point.

– Écoutez, dit le capitaine Hawks. Ce n'est pas la fin du monde.

Nick ferma les yeux et appuya son menton sur sa main.

– C'est sûr qu'on n'agirait pas tout à fait à la régulière, dit Hawks. Il vous faudrait témoigner et jurer que vous tenez tel et tel tuyau de l'indic. Et ce serait le cas, vous auriez tout entendu. Vous pourriez répondre à n'importe quelle question et *ce ne serait pas un mensonge. Vous l'auriez entendu.* Vous pouvez nous dire non, je refuse, et compromettre tout notre travail. C'est à vous de voir.

Nick se redressa et posa ses mains à plat sur la table.

– Écoutez, dit-il. Sonny, tu fixes un rancart avec l'informateur, tu le persuades de me parler. Il me parle et j'obtiens les mandats. Il se fait un mauvais trip, refuse de me parler, affaire classée. Je ne commettrai pas de parjure pour cette affaire ni pour aucune autre.

– Putain !

Sonny leva les poings au ciel, comme un boxeur.

– D'accord, Nick, écoute. J'appelle l'indic, d'accord ? D'accord !

– T'as les poings tout serrés, mon vieux, qu'est-ce que ça veut dire ? dit Nick.

– On est frères en tant que flics, et il y a des truands de l'autre côté. T'entends ? Tu m'écoutes ?

– Je ne suis pas sourd, tu me prends peut-être pour un débile ?

– Écoute, dit Sonny, il y a des truands qui essayent de mettre la main sur un gros paquet d'armes. Des flingues énormes, des mitraillettes, toutes sortes d'armes automatiques. En fait, on voit peut-être notre boulot un peu différemment de toi. Nous on sait qu'on doit choper ces flingues, les faire disparaître de la circulation et foutre une bande de branleurs en taule.

McCabe était debout, les poings toujours serrés.

– Il faut qu'on soit soudés, dit-il. Il faut qu'on soit forts, plus forts que ces abrutis. Si on fait ça dans les règles, on va perdre, alors zobi les règles. Le but du jeu est d'anéantir ces abrutis.

– C'est comme ça que tu vois les choses ? fit Nick.

– C'est comme ça que ça se passe, fit Hawks.

Nick regarda Hawks.

– Je ne vois pas ça comme ça, capitaine. Et je n'ai jamais vu ça comme ça, dit-il.

– T'as tort, dit Sonny.

Le silence se fit autour de la table.

– Sonny, ajouta Nick, passe ce coup de fil. Fixe ce rancart. L'indic me parlera, je le convaincrai de me parler, c'est ma spécialité, faire parler les gens. Arrange tout ça et allons-y.

– Je t'ai dit qu'il ne voudra pas.

– J'ai horreur d'insister, Sonny.

McCabe ne répondit rien.

– Je suis désolé, dit Nick, mais va passer ce coup de fil, fixe ce rancart.

– Très bien, très bien, je vais essayer.

– Tu vas y arriver, dit Nick. Et Sonny, desserre tes poings. T'es là comme ça devant moi, alors forcément j'ai l'impression que tu me menaces.

McCabe éclata de rire et ses joues s'empourprèrent.

– Un dur, ça va, j'ai compris que t'étais un dur.

– Appelle l'indic. Et tu ferais bien de me dire son nom. Tu peux bien me dire son nom, hein ? Enfin, je vais jurer que je connais cet individu. Je dois au moins savoir son nom.

– Punto, dit McCabe. Il s'appelle Rodrigo Punto, c'est un indic d'enfer, en béton, du feu de Dieu.

Comme s'il lisait les pensées de Nick, McCabe ajouta :

– Tu sais ce qu'on dit, on repère un bon inspecteur à son indic. C'est ce qui se dit, et c'est vrai.

Il y eut encore un silence, un long moment de silence. Nick pencha la tête, dessina une petite boîte sur son bloc-notes, leva les yeux et dit tranquillement :

– J'en ai connu des flics, de toutes sortes, et les flics que j'ai vus se faire choper, se sont fait choper et foutre en taule à cause de leur indic. Je ne me fie pas aux informateurs, à aucun d'entre eux. Et un flic qui fait pas ça doit se faire soigner.

– Hmmm, fit Sonny McCabe. D'accord, je le passe ton coup de fil.

– Arrange-moi ça et puis on y va, on va voir si ce Rodrigo Punto est si bon que ça. Ensuite je te dégoterai tes mandats, ça te va comme ça ? dit Nick.

– Ça me va.

– Ce Rodrigo est un mec sur qui on peut compter, hein ?

– C'est le meilleur, dit Sonny, et il raconta à Nick comment il avait rencontré Rodrigo, que c'était un flic de La Havane, qu'il l'avait piqué avec un .45 chargé, puis relâché quand Rodrigo lui avait dit qu'il balancerait de gros bonnets. Combien Rodrigo détestait ces ordures, ces toquards qu'étaient que des criminels à Cuba et restaient en toute impunité dans le circuit quand ils arrivaient aux États-Unis. McCabe lui raconta tout.

Nick haussa les épaules et garda ses impressions pour lui, se dit que c'était une belle histoire.

McCabe se dirigea vers la porte de la salle de réunion, sous le regard aigu de Nick, et dit à ce dernier d'attendre une minute, puis lui lança :

– Qui sait, peut-être que je me trompe et que Rodrigo voudra bien te rencontrer.

Environ cinq minutes plus tard, il revint : un grand sourire crétin barrait son visage.

– Il veut bien nous rencontrer, à huit heures, chez *Fisher*, c'est un petit restau du Lower East Side. Il pense qu'il n'y aura ni Cubains, ni Italiens, ni Colombiens dans un restau juif, dit McCabe. Il a bien insisté, rien que toi et moi. Personne d'autre, rien que nous deux, c'est tout ce qu'il veut voir là-bas.

Et voilà, songea Nick sans surprise mais, devant la joie de McCabe et de son équipe, sans prendre pour autant la peine de faire une réflexion. Aussi demanda-t-il :

– Qu'est-ce qu'on fait avec ce mec, ce Rodrigo ? Combien on le paye ?

– Rien, dit McCabe. Je déconnais pas quand je te disais que c'était un indic du feu de Dieu.

– Sonny, me prends pas pour un con. Fais pas ça, c'est insultant.

Parce qu'il n'existait pas un seul indic sur terre qui ne voulût rien en échange. De l'argent, une protection, un prêt pour régler une dette, une vengeance. Quelque chose. Nick ne connaissait aucun indic, nulle part, qui, d'une manière ou d'une autre, faisait ça gratis. Il n'y eut aucun commentaire, en dehors d'un grand sourire niais de ce couillon de McCabe et quelques haussements d'épaules des autres.

2

Ce n'était pas parce que Diego Cienfuego était plus mince et plus grand que la majorité des Cubains, des Dominicains et des Colombiens de Jackson Heights. Ce n'était pas parce que ses cheveux étaient épais, qu'ils avaient la couleur de l'argent bruni et qu'ils lui tombaient sur les omoplates. Ce n'était pas parce qu'il savait jouer de la guitare classique, chanter et danser le flamenco comme s'il était une émanation, une incarnation de l'Andalousie, un magnifique fantôme tout droit échappé de l'antique Alhambra. Ce n'était pas parce que ses dents étaient d'un blanc immaculé, ni parce qu'il avait une élégance et une grâce rarement rencontrées à New York, sans parler de Queens. Ce n'était pas dû à sa façon de parler aux femmes, la façon dont ses yeux perçants semblables à deux saphirs s'emplissaient d'émotion, de sincère compassion et de compréhension quand il leur parlait. Plus que tout cela, c'était l'extraordinaire proximité quasi mystique qu'il avait d'emblée avec elles. La tactique parfaitement lisible qu'elles adoptaient pour lui signifier qu'elles voulaient lui sauter dessus, toutes celles qu'il rencontrait, toutes sans exception. Une passion irrationnelle, illogique – et c'est ce qui le perdit, ce qui anéantit la vie de Diego.

Environ huit semaines auparavant, Diego et Natalia avaient commencé à s'envoyer des baisers. Pour un homme de talent, un pro, c'était aberrant. Natalia était mariée à un homme dangereux et jaloux qui avait la réputation d'être violent, qui portait sur lui un flingue et vouait à Diego une haine particulière. Néanmoins, Diego avait avec les femmes ce problème qu'il n'avait jamais été vraiment capable de régler. C'était peut-être que son côté féminin était juste un peu trop prononcé par rapport à son côté masculin pour que ça ne lui attire pas des ennuis. Ce n'était peut-être pas plus compliqué que ça.

En tout cas, Diego Cienfuego était plongé dans les culottes des femmes depuis l'âge de douze ans. Et les femmes qu'il avait connues, toutes les femmes qu'il avait connues, le traitaient comme s'il était l'homme absolu. Elles le touchaient, le pelotaient, ne le lâchaient pas. Carmen Melendez, la sœur rachitique d'Oscar, le barman de *Los Campos*, elle lui avait envoyé la lettre la plus torride qui soit, accompagnée d'une douzaine de roses. Et cette femme était grand-mère, elle avait huit petits-enfants, non mais.

Diego Cienfuego descendit les marches métalliques du métro aérien, au niveau de la 108e Rue et de Roosevelt Avenue, en direction du *Hatuey*, des picotements entre les jambes. Excitation suprême, Natalia serait peut-être avec son délicieux petit cul et ses seins merveilleux en train de faire bouillir du lait derrière le comptoir. Et si Dieu le voulait, peut-être que son mari, ce gros débile, cet enfoiré de *mulatto*, Rodrigo, serait parti compter son argent ailleurs.

Le lendemain de son arrivée à New York, tout frais débarqué de Miami, Diego était entré dans ce restaurant, il avait remarqué Natalia Punto et elle lui avait adressé une moue provocante de ses lèvres écarlates. Une petite moue furtive, rien de grave, mais quand même provocante, un signe que Diego interpréta comme « Vous me plaisez, monsieur, vous me plaisez beaucoup ».

Cette moue fit s'emballer sa poitrine de Latin, et il leva le menton dans sa direction pour lui en adresser une à son tour. Ils poursuivaient ce petit jeu depuis maintenant deux mois sans que Rodrigo ne s'en aperçoive.

Ces derniers temps, quand il la voyait, Diego sifflait comme s'il appelait un chat et, ce faisant, Natalia se mettait à onduler des épaules, à bomber sa fameuse poitrine, puis elle lui adressait une moue d'anthologie.

Diego imaginait bien que ça ne poserait pas de problème de goupiller quelque chose avec Natalia. Rodrigo n'était presque jamais là, et la petite en crevait d'envie, c'était clair. Il pourrait organiser un après-midi dans un des hôtels aux alentours de l'aéroport, celui avec le plafond et les murs recouverts de miroirs, celui qui avait la baignoire double et les robinets dorés. Mais Diego n'avait jamais touché à la femme d'un autre et s'était promis de ne jamais le faire. Il était le genre d'homme à vivre selon des règles « d'honneur ». Il aimait flirter, tout simplement, surtout quand l'excitation comportait un minimum de risque. Et feindre des jeux érotiques avec la régulière de Rodrigo Punto mettait du piment à la partie, et pas qu'un peu.

Le cousin germain de feu la femme de Diego, Benny Matos, lui avait dit, et ne cessait de le lui répéter, que Rodrigo, le mari de Natalia, surnommait Diego la tapette stalinienne. Il disait que c'était un lèche-cul de Fidel, un *maricón* [1] qui aurait dû rester à Cuba. Benny lui conseillait vivement de ne pas s'approcher de Natalia.

Après ça, les gens étonnés demanderaient, les yeux en boules de loto, pourquoi Diego n'avait-il pas écouté ? Pourquoi n'avait-il pas pris au sérieux les avertissements de Benny ?

Diego Cienfuego prenait très peu de choses au sérieux dans la vie. Les gens qui le connaissaient bien le décrivaient comme un ovni, un rêveur, un gai luron, un excentrique venu d'une autre ère, un individu qui n'avait jamais vécu à Jackson Heights. Ce type était un poète, un pied tendre, doux comme un agneau, de la chair fraîche en pâture dans les rues de New York. Sincère, tellement sincère, et tellement d'autres raisons pour se retrouver dans une merde sans nom.

Ainsi, par un agréable et frais vendredi après-midi du printemps 1979, Diego descendit tranquillement Roosevelt Avenue, tout en parcourant des yeux la rue et le métro aérien au-dessus de lui. Il marchait, son cartable à la main comme un étudiant moitié moins vieux que lui, et pensait à Natalia, à Rodrigo, tandis qu'une douce brise lui caressait le visage. Deux blocs plus loin, il y avait le *Hatuey*, deux blocs plus loin, il y avait Natalia. Il accéléra. Il entendit un train au-dessus de lui s'acheminer vers l'ouest, en direction de Manhattan, telle une énorme bête d'acier enragée, chargée d'une mission de vengeance.

Six mois en Amérique, trois mois à New York, et les bruits de cet endroit le faisaient encore tressaillir. Il aimait beaucoup de choses dans cette ville mais en détestait plein d'autres. L'horrible bruit de l'acier sur l'acier, par exemple. Le hurlement des sirènes de police, le hululement strident des camions de pompiers à toute heure du jour et de la nuit, l'abasourdissaient.

Le métro passa au-dessus de sa tête, les vitrines des boutiques tremblèrent et il sentit ses jambes flageoler. Il s'arrêta en pleine rue, perçut le vrombissement de la rame sous ses pieds et eut un bref instant à l'esprit la douce image de Palma Sorino, son village à Cuba. La

1. Terme argotique espagnol désignant un homosexuel. *(N.d.T.)*

sérénité de cet endroit, les plaisirs qu'il avait connus là-bas, la femme qu'il avait enterrée dans cette terre si riche.

Tout cela appartenait au passé, New York était son nouveau monde à présent, il était prisonnier des griffes de la ville, de son immensité, de son chaos infernal de bruits, d'odeurs et de hordes humaines, dont certains individus semblaient tombés d'un autre système solaire. Ces jeunes gens bizarres qui empestaient la violence et avaient les yeux morts et plats du désespoir. Il ferait son trou parmi ceux-là.

Diego dans le tourbillon, l'idée le faisait sourire.

Il resta là un long moment à attendre que s'évanouisse le bruit du train, il resta là à regarder ce monde, tel un homme arrivé au terme de quelque chose.

Il dépassa la *bodega* portoricaine et prit la 111e Rue. En cet après-midi, des essaims de promeneurs s'agglutinaient sur le trottoir pour faire du lèche-vitrines ; deux jeunes policiers noirs portant costume et casquette bleus étaient assis dans une voiture de police garée le long du trottoir. L'un d'eux parlait à une jeune femme rubiconde qui désignait un groupe d'adolescents plantés à l'angle de la rue, les bras croisés.

Une grosse Buick noire apparut au coin de la 111e, fit demi-tour et alla se garer devant le *Hatuey*. Cette voiture appartenait au cousin de la femme de Diego, le gros Benny Matos. Ce n'était ni une Cadillac, ni une Mercedes, mais elle avait la classe avec ses sièges en cuir capitonnés et ses vitres teintées. Diego se doutait que Benny aurait pu avoir la voiture qu'il voulait, ce mec n'avait aucune morale et était bourré de fric.

Benny Matos était le propriétaire de *Los Campos*, le club latino le plus chic de Queens, qui faisait à la fois restaurant et boîte de nuit. Diego était le maître d'hôtel de Benny. Benny lui avait proposé ce boulot, pour lequel il convenait tout à fait, quand Diego était arrivé à New York. Le club était situé dans un grand immeuble bas sur Corona Avenue. Diego y travaillait de six heures du soir jusqu'à la fermeture et employait son temps à faire asseoir les gens ou à jouer de la guitare aux clients bourrés.

Le vendredi soir précédent, le club était resté ouvert tard à l'occasion d'une soirée privée que donnait Benny. Benny avait bu, et fumé quelques joints. Il s'était passé quelque chose pendant son rendez-vous avec les deux Colombiens ; Diego se souvenait de hurlements et de gestes menaçants. Un des Colombiens, un rouquin coiffé d'un panama, s'était mis à crier sur Benny : « Tu parles trop, grande gueule. » Plus tard dans la soirée, Benny avait demandé à Diego s'il savait ce qui se passait dans « tout ça ». Diego lui avait dit qu'il ne savait pas qu'il se « passait » quelque chose. Benny avait souri et dit, c'est bien, c'est super, c'est génial. Benny Matos lui avait chuchoté que ce n'était pas prudent de laisser ses amis et sa famille se faire à l'idée qu'on gagnait trop d'argent. Les Cubains, avait dit Benny, étaient un peuple tellement jaloux.

– Ça oui, lui avait dit Diego. T'as bien raison.

Diego ne voyait pas du tout de quoi Benny voulait parler, on aurait dit qu'il le mettait en garde. Contre quoi ? Diego était seulement le maître d'hôtel de Benny, il faisait asseoir les gens et jouait de la guitare. Il n'avait aucune part dans ses affaires. Diego savait bien que Benny était un peu pirate sur les bords – pirate était son mot pour gangster.

Benny intercepta Diego devant la boulangerie italienne à la grande porte rouge sur la 110e Rue.

– Je suis content de t'avoir trouvé, dit Benny. Je tourne en voiture depuis je sais pas combien de temps. Où t'étais passé, putain ?

– Je me suis perdu dans Manhattan en allant m'inscrire à l'école, dit sincèrement Diego. Je t'ai dit hier soir que j'allais m'inscrire. Je te l'ai dit.

Benny était coquet, habillé en blanc de la tête aux pieds. C'était un *Santero*, il avait un autel au sous-sol de sa maison où il tuait des poulets et des chèvres en offrande à Ochun et Chango. Diego se disait que Benny était un adorateur de Satan.

– Ah oui, et alors, tu t'es inscrit ?

– Oui, à deux cours. Je vais apprendre l'anglais.

– Ton anglais est très bien comme ça. Je te comprends parfaitement.

– Je te parle en espagnol.

Diego ne parlait quasiment jamais anglais à Jackson Heights ; il connaissait très peu de gens qui le faisaient. Il avait eu quelques conversations avec sa logeuse, une Allemande, qui ne s'étaient pas du tout bien passées. Ingrid l'avait invité à dîner chez elle. C'était une femme aux cuisses bien moulées et aux jambes musclées. La trentaine, toute dodue. Pas grasse, joliment ronde. Sexy, toute en braises secrètes. D'immenses yeux noisette qui étaient, avait remarqué Diego, réceptifs aux œillades.

– Bref, dit Benny. Écoute, j'ai besoin de toi ce soir. Oscar est malade ou je sais pas trop quoi, il faudra que tu t'occupes du bar. Tu peux peut-être amener ton gosse, que Justo te donne un coup de main pour nettoyer. Je le paie cinquante dollars la soirée. C'est super, non ? Putain, si je peux pas payer mon neveu cinquante dollars pour me dépanner, c'est que je suis quoi ?

– D'accord, dit Diego, je vais lui demander.

– Diego, c'est ton fils. Tu ne lui demandes pas, tu lui dis. Sois ferme avec tes enfants, Diego. Tu es, dit Benny, l'homme le plus doux du monde. Je ne sais pas comment tu fais pour vivre comme ça.

Benny regagna sa Buick et ouvrit sa portière en disant :

– Je savais qu'en passant près du *Hatuey*, je te trouverais. Je t'ai dit de ne pas t'approcher d'ici. De cette femme.

– Je vais prendre un café.

Benny le regarda d'un air amusé.

– Tu sais, Rodrigo était flic à La Havane pour Batista. C'est un véritable enfoiré.

Il y avait quelque chose d'informe et d'imprécis dans sa voix, un son légèrement hystérique, comme s'il avait peur.

– On sait qu'il a des amis dans la police ici, dit Benny. Cet enculé pourrait te buter et s'en tirer sans problème.

– J'aime bien le café qu'ils font, lui dit Diego.

– Des amis, dit Benny, Rodrigo Punto a des amis dans la police.

Diego ne pouvait envisager qu'on pût s'engueuler à ce sujet. Il lui fit un timide au revoir de la main.

– Rodrigo Punto, dit finalement Benny en montant dans sa voiture, est un *bedejo*. Il est habité par les esprits du mal.

Diego savait que Benny disait ça de tous les gens qu'il n'aimait pas, et Benny Matos aimait Rodrigo Punto à peu près autant que Rodrigo affectionnait Diego. Néanmoins, Diego sentit son estomac et son aine se contracter, ce qui n'était pas franchement plaisant, mais s'apparentait à une ombre de plaisir, une promesse de plaisirs à venir. Il leva de nouveau la main, sourit à Benny, se pencha pour lui dire qu'il aimait le café et la compagnie du *Hatuey*. Il n'avait pas d'autre objectif que de prendre un café en bonne compagnie, rien de plus, il avait l'air sincère.

Diego entra dans le *Hatuey*. Natalia était derrière le comptoir, en train de bavarder avec Dolorès Delgado, une amie qui faisait traverser les enfants à la sortie de l'école au coin de chez Diego. Dolorès était une femme entre deux âges, baraquée, pleine de vie, avec de longs cheveux. Diego sourit, dit bonjour et s'approcha du comptoir. Dolorès disait à Natalia qu'elle adorait aller se balader dans les montagnes à cette époque de l'année.

– L'air est si frais, si pur, dit-elle.

Elle était appuyée au comptoir, fumait une cigarette et plongeait le visage de Natalia dans un nuage de fumée.

Tout en buvant une gorgée de café, Dolorès jeta un coup d'œil à Diego comme si elle détenait un obscur secret. Un secret de femme. Diego regarda les deux femmes dans les miroirs qui recouvraient le mur, adressa un grand sourire à Dolorès et laissa longuement errer ses yeux sur Natalia.

Le reflet de Natalia dans le miroir se retourna et lui sourit quand il s'assit. Et bingo, encore une fois, cette fameuse moue. Il posa son cartable par terre à ses pieds.

De riches effluves de café et de porc rôti emplissaient l'atmosphère, la brise d'un petit ventilateur portatif charriait ce parfum jusqu'à Diego. Il ouvrit les narines et inhala, appuyé contre le comptoir.

– Je vous sers un café, Professeur ? demanda Natalia.

– Oui, s'il vous plaît, dès que vous aurez le temps. Comme d'habitude, avec peut-être un sandwich aussi.

– Professeur, dit Dolorès. Que pouvez-vous m'apprendre, Professeur ? Que pouvez-vous me montrer que je ne connaisse déjà ?

– Aaah, tout dépend de ce qu'une femme voluptueuse, sensible et tendre comme vous désirerait apprendre. Je suis à votre disposition. Demandez-moi et j'obéis.

– *Dios mío*, dit Dolorès, *que hombre bueno*.

Du coin de l'œil, Diego vit Natalia qui lui faisait signe, lui parlait avec les mains, lui disait de se tenir tranquille et de ne pas trop en dire. Elle examina ses ongles et se remit à lui faire des signes. Diego saisit le sens général à quelques mots près : « Tais-toi » disait-elle. Natalia faisait des grimaces dans le dos de Dolorès, de petites moues et lui faisait signe que « Cette bonne femme est une grande gueule ». Natalia fit ensuite un signe avec ses mains, sa bouche, une expression pour lui dire qu'elle souffrait le martyre. Tous ces regards, ces expressions, laissèrent Diego penser que ce jour-là Natalia était prête à franchir un cap. Elle inclina la tête dans la direction de la cuisine et pointa son doigt vers la pièce dissimulée derrière le rideau. Dolorès déblatérait à cent à l'heure contre les hommes, impitoyables, pourris par leur mère, ces hommes qui agissent et font l'amour comme des enfants. Tout en parlant, elle tendait les mains comme si elle était sur le point de toucher quelque chose de précieux.

Elle ne reprit pas son souffle avant que Natalia lui rappelle que les écoliers allaient bientôt sortir de classe. Natalia était appuyée contre le comptoir, les bras raides, les mains exsangues à force d'être agrippées au rebord du bar. Et Diego songea, Benny avait raison, les Cubains sont un peuple jaloux.

Dolorès poussa la porte avec son dos et, toute en gestes démesurés, lança à tue-tête :

– Si j'avais un homme comme vous, Professeur, je le traiterais comme un prince, un trésor, quelque chose de rare et de raffiné.

Pendant que Natalia préparait son sandwich, Diego se leva et fit quelques pas dans le *Hatuey*. C'était un petit bar, avec un comptoir de trois mètres de long et six tabourets, ainsi que deux tables collées contre un mur recouvert de photos et d'une carte de Cuba vert et rouge. Il y avait un juke-box dans un coin, et Diego en parcourut les titres. Natalia lui demanda s'il désirait une salade et Diego dit, oui, merci, il savait que ça lui ferait plaisir. Natalia faisait de merveilleuses salades.

Il inséra une pièce dans le juke-box et sélectionna Tito Puente, puis se dirigea vers son cartable et en sortit un livre.

Diego était assis au comptoir en train de lire des nouvelles de Mark Twain – *L'Homme et la machine* était sa favorite – quand il entendit : « *Hombre !* » Il leva les yeux et vit que Natalia lui souriait.

Natalia avait un visage outrageusement beau, avec des yeux ronds et noirs, et un nez droit qui passait inaperçu à cause de ses lèvres. Une chevelure couleur de miel retombait sur ses épaules. Mais ce qui rendait dingue Diego, c'était son sourire. Natalia avait un sourire irrésistible, un sourire qui réduisait à néant tous les autres sourires jamais vus.

– Tu sais, Diego, tu es superbe. Je pourrais rester là toute la journée à te regarder, superbe comme tu es. Enfin, je pourrais mais je ne peux pas. Je ne sais pas exactement à quelle heure Rodrigo doit revenir de Massapequa. Nous ne devrions pas gaspiller le peu de temps qu'il nous reste.

– Tu as raison, dit Diego, tout en se remémorant tout à coup son serment de ne jamais toucher à la femme d'un autre.

La voix de Natalia, songea-t-il, était aussi troublante que son sourire.

Natalia quitta son comptoir et vint se poster près de l'entrée de la cuisine, qui était tendue d'un rideau vert en tissu léger. Elle s'appuya contre l'encadrement de la porte, croisa les jambes, croisa les bras sous ses seins et le dévisagea.

Elle portait une jupe de paysanne, ample, très longue, ses jambes étaient cachées, elles qui, d'après le souvenir de Diego, étaient si parfaites, ainsi qu'un tee-shirt à fleurs. Sa jupe tombait à quelques centimètres au-dessus de ses sandales en cuir.

– Je crois que tu as anéanti la pauvre Dolorès. Je la connais. À cet instant précis, elle est en train de rêver à ce qu'elle aimerait te faire... enfin, faire pour toi.

– Elle est mariée, non ?

Natalia lui adressa un long sourire au ralenti et lui dit :

– À un homme qui travaille au bureau de poste et qui pue des pieds. Moi je n'en sais rien, je ne vois pas comment je pourrais savoir que le mari de Dolorès pue des pieds. Je ne fais que répéter ce qu'on m'a dit.

– Son mari sait comment elle parle aux hommes ? demanda Diego d'une voix douce. Elle est très joueuse.

– Parler, Diego, parler n'est pas difficile. Dolorès ne fait que parler. La différence entre Dolorès et moi, c'est qu'elle aime son mari, et que moi, je n'aime pas Rodrigo.

Hormis le doux mambo de Tito Puente que diffusait le juke-box, le restaurant était calme. Pendant quelques instants, ils écoutèrent la musique.

– C'est triste, finit par dire Diego.

– N'aie pas pitié de moi, tu n'as pas à avoir pitié de moi.

Natalia prit son sandwich et son café sur le comptoir et les lui apporta en disant :

– Avant j'avais des amis, beaucoup. Rodrigo n'aime pas que j'aie des amis, il veut que je travaille pour lui, c'est tout.

– C’est tout ?
– Enfin...
Il la dévisagea.
– On pourrait aller dans la cuisine, dit-elle.
Natalia vint s’asseoir sur un tabouret, dos au comptoir. Elle remonta sa jupe sur ses genoux, et Diego fut de nouveau bouleversé par cet étrange mélange de passion et de raison.
– Je suis désolé que tu sois malheureuse, Natalia. Vraiment.
Il ne parvenait pas à détacher ses yeux de ses jambes.
– Mais non. Rodrigo pourvoit à mes besoins, et je sais ce que c’est d’être livré à soi-même. Je ne suis pas malheureuse. Juste un peu en manque, si tu vois ce que je veux dire.
Diego leva les yeux, prêt à répondre. Mais il se ravisa et resta silencieux, son cœur battait la chamade.
– Je ne suis pas en train de jouer, Diego, je te veux. Je veux que tu penses à nous deux ensemble. Ça pourrait se faire ici, ça pourrait se faire maintenant.
Diego grimaça.
– Quelqu’un pourrait arriver, dit-il, n’importe qui pourrait arriver.
– Quasiment personne ne vient à cette heure-ci, et il y a la cloche sur la porte.
Natalia semblait léviter au-dessus d’elle-même, de Diego, et au-delà de toute logique, s’envoler ailleurs, vers une contrée où se cachait une douce aventure. Ses yeux étaient empreints d’une expression secrète et lointaine.
Il considéra toutes ces données. Se dit qu’il s’était juré quelque chose, son fameux serment de ne jamais toucher à la femme d’un autre. Jouer était agréable, allumer, flirter, était sain. Attention, se dit-il, tu es sur le point de t’engager sur une pente savonneuse.
Natalia émit un son du fond de la gorge, comme si elle avait ressenti une infime douleur.
– Diego ? dit-elle.
Un sourire effleurait la commissure de ses lèvres et elle tourna la tête.
– Je vais dans la cuisine préparer de la soupe, lui dit-elle, puis elle descendit de son tabouret. Si tu veux, tu peux venir avec moi.
Diego la suivit. Il ne dit pas oui, il ne dit pas non, il la suivit.

3

Dans la cuisine, des casseroles en tout genre et des plateaux métalliques pendaient à un rail en fer noir suspendu au plafond. Les murs étaient peints en jaune avec un liséré rouge, c'était propre, plus propre que ce que Diego avait imaginé. Dans un coin près de la cuisinière, il y avait une table et une chaise pliante. Il alla s'asseoir sur la chaise.

Natalia vint se planter devant lui comme si elle attendait quelque chose, les mains sur les hanches, avec son fameux sourire. Elle resta muette un long moment. Quand elle se mit à lui dire combien elle était nerveuse, Diego posa sa main sur la courbe de sa jambe. Natalia pencha la tête. Il approcha sa main de son visage, la fit courir le long de sa joue, tandis qu'elle restait totalement immobile, puis elle s'agenouilla devant lui. Diego passa sa main derrière la tête de Natalia qui s'approcha de lui, l'embrassa brusquement, intensément, se recula subitement et se releva. Natalia sourit, les yeux fermés et la bouche entrouverte.

– *Por fin* [1], dit-elle.

Elle abaissa la main gauche, saisit sa main droite et la colla entre ses jambes. La sueur perlait en bas des reins de Diego. À travers sa jupe, il sentit qu'elle ne portait rien en dessous. Et si Natalia avait conscience que sa main la touchait, son visage n'en laissait rien paraître.

Le puissant arôme de Natalia s'immisçait dans le sang de Diego si chaud qu'il commençait à frémir. Il avait tellement envie d'elle que ses os lui faisaient mal, mais il n'arrivait pas à en profiter, à se détendre, il n'avait jamais été aussi paranoïaque de toute sa vie.

1. « Enfin » en espagnol. *(N.d.T.)*

Pendant quelques minutes, son regard oscilla entre Natalia et le rideau vert. Elle émit de nouveau son petit cri de douleur, qui s'acheva par un « Diego » nerveux et épuisé.

La porte s'ouvrit, la cloche sonna et il sauta sur ses pieds comme s'il n'avait jamais entendu parler de gravité.

Natalia chuchota à toute vitesse :

– Diego, même si ce n'est que pour quelques minutes, j'aimerais pouvoir être libre. Je me dis que ça doit être si bon de faire l'amour à un professeur, un homme de lettres, un aristocrate. Je meurs d'envie de sentir ton corps sur le mien.

Elle le couva d'un regard admiratif, il ne savait pas ce qu'elle pouvait bien se dire. Diego eut un accès de panique. Il crut voir le rideau bouger.

– Il y a quelqu'un dans le restaurant, dit-il tout doucement.

Il entendit Natalia grogner comme si son cœur avait été transpercé par une épée. Elle le fixa l'espace d'une seconde, puis détourna les yeux. Elle le regarda de nouveau et lui tapota la poitrine en disant :

– Ne bouge pas, ne t'en va pas. Je reviens tout de suite.

Il la vit faire volte-face et passer le rideau de la porte pour s'engouffrer dans le restaurant.

Diego se ressaisit, s'étira et regarda autour de lui. Du restaurant lui parvenait la voix de Natalia qui parlait à une femme et lui servait un café. L'idée le frappa soudain qu'il était ridicule de traîner ici – dangereux même. Va-t'en, se dit-il, ça suffit. Il ne voulait pas faire l'amour dans une cuisine. Pas à une femme qui avait un mari, un mari qui portait une arme. Sauf qu'il fallait bien admettre que ce serait une vengeance très agréable et très spéciale. Rodrigo n'était pas un ami, il ne faisait que l'importuner et le démoraliser.

La cuisine comportait un placard ; il en ouvrit la porte. Un sac de marin pendait à un crochet. Il se surprit à l'attraper et à l'ouvrir.

Un chat jaune sortit de dessous la cuisinière, s'approcha de lui et lui sentit les chaussures.

Ce qu'il trouva dans le sac le revigora, le fit sourire. Des bas noirs avec un porte-jarretelles, une culotte dorée et un caraco. Puis le bruit d'une porte qui s'ouvre, la cloche, et la porte qui se referme. Diego éprouva un immense soulagement.

Le rideau frémit et Natalia apparut, tout sourire. Puis le doux son de « Diego » sur ses lèvres. Mais Diego avait la bougeotte maintenant, il lançait des coups d'œil partout autour de lui dans la cuisine, désireux de s'en aller.

Ils restèrent un long moment debout au milieu de la cuisine, les bras enlacés autour de la taille, tandis que le chat jaune décrivait des cercles à leurs pieds.

– Tu aimes ces trucs-là ? dit Natalia en désignant le sac de marin.

– J'adorerais te voir dedans, mais pas ici, pas maintenant.

Natalia marqua un temps, puis éclata de rire. Appuyée contre Diego, elle décrocha le sac, l'examina, sourit, et rit de nouveau.

– C'est beau, hein, c'est joli ces trucs-là, c'est sexy, hein ?

Diego haussa les épaules et dit :

– C'est très beau. Très féminin.

Elle était beaucoup plus petite que lui, peut-être d'une trentaine de centimètres. Il frotta sa joue contre ses cheveux et en inspira la douceur. Elle le toucha, ce qui le fit aussitôt bander.

– Rodrigo, dit-elle, c'est lui qui aime porter ça.

– Tu mens. Natalia, tu me fais marcher, pas ce macho de Rodrigo ?

Diego rejeta la tête en arrière et éclata de rire. Natalia en fit autant, tous deux rirent aux larmes, comme des gosses, à gorge déployée, comme des évadés d'un asile psychiatrique.

Et Diego de penser que dans le monde cubain, la nation des machos, Rodrigo se prenait pour l'empereur. Toujours là à se pavaner avec son col de chemise relevé, une grosse chaîne en or autour du cou qui disparaissait entre les sombres méandres de ses poils au niveau du V de sa chemise ouverte. Un cogneur qui parlait tout le temps de son fric.

Rodrigo Punto était propriétaire du restaurant le *Hatuey*, d'une laverie automatique, d'une *bodega* dans le Bronx et d'un taxi qu'il conduisait la nuit dans Manhattan parce que « c'est là qu'y a du pognon ».

Rodrigo n'avait peur de personne. Il portait sur la hanche un vieux Colt 45 de l'armée, un modèle spécial avec la crosse en nacre, et disait à tout le monde qu'il s'en servirait sans hésiter contre n'importe quelle ordure qui lui ferait la moindre emmerde. Au petit doigt de la main gauche, il avait une grosse bague en or où était sertie une pierre noire.

Tout ce que Diego savait c'était que Rodrigo avait été soldat à Cuba, puis flic. Benny lui avait dit qu'il avait tué des gens.

Diego évitait Rodrigo comme on contourne une rue où des pitbulls courent en liberté. La pensée de cette brute en train de parader dans son porte-jarretelles et ses bas le rendait dingue.

– Non, dit Diego, non non, oh mon Dieu, je ne peux pas le croire. Non.

– Je te jure, dit Natalia. Je te jure.

Diego était en extase, il dodelinait de la tête, la bouche béante de plaisir. Il pressa ses paumes l'une contre l'autre.

– Depuis combien de temps, dit-il. Quand a-t-il commencé à mettre tes sous-vêtements ?

– Dès notre lune de miel.

Diego roua de coups le flanc de la cuisinière, pris d'un rire frénétique. Natalia tournait en rond comme si elle avait été assommée.

– Dès notre lune de miel, répéta-t-elle.

Le fou rire de Diego effraya le chat jaune qui sauta sur la cuisinière, histoire de voir pourquoi cet homme était si hilare.

– J'aime bien les chats, dit Natalia. Plus que les gens. Avec un chat au moins, tu sais toujours à quoi t'en tenir.

Diego retourna s'asseoir sur la chaise pliante. Il plongea sa tête entre ses mains, le rire fusant de temps à autre. Il l'entendait rire elle aussi.

Natalia fit claquer sa langue et hocha la tête, le regard sombre.

– On ne sait jamais ce qui peut arriver, dit-elle.

– C'est dingue, dit Diego, c'est dingue.

Natalia vint alors se planter devant lui ; elle tomba à ses pieds. Puis elle se pressa contre lui, frotta son pubis de haut en bas contre lui. Elle ouvrit sa braguette et dit :

– Fais-moi l'amour, Diego.

Diego était gêné, il se sentait tout bête. Réveille-toi, se dit-il. Cette femme appartient à Rodrigo Punto, l'homme qu'elle a choisi. Et dans cette vie, on a généralement ce qu'on mérite.

Il s'appuya contre la cuisinière, regarda Natalia et ressentit une petite pointe d'angoisse. Il était temps d'y aller. Et puis sa main – ses longs doigts délicats – s'introduisit dans son pantalon.

– Diego ? dit-elle, la bouche incurvée en un sourire complice de satisfaction.

Natalia avait à présent le dos contre la cuisinière et les yeux mi-clos. Une raideur torride s'empara d'elle, et Diego vit ses paupières se fermer lentement comme des stores de vitrine.

– Natalia ! appela Rodrigo. Natalia ?

Sa voix était pesante et résonnait partout.

Natalia agrippa le bras de Diego, y planta ses ongles et dit :

– Oh mon Dieu, c'est lui, c'est Rodrigo. Je n'ai pas entendu la porte. Tu as entendu la porte, toi ?

– Natalia ? appela de nouveau Rodrigo.

Diego repoussa la main de Natalia et remonta sa braguette.

– Je suis là, je suis dans la cuisine, répondit Natalia, les yeux écarquillés.

Hormis le picotement qu'il ressentait sur son bras là où la main délicate de Natalia s'était agrippée, Diego n'éprouvait absolument rien. Pendant quelques secondes, il resta planté là sans rien dire, à regarder calmement Natalia s'arracher les cheveux. Voûtée, les genoux accolés, les coudes plantés dans les flancs, paralysée de peur. Elle fit penser à Diego à un daim apeuré dans le faisceau de lumière d'un chasseur. Les yeux de Diego se rivèrent sur le rideau et il attendit.

Diego flotta un court instant au-dessus de lui-même, flotta seulement, et quand il revint à lui, il entendit Rodrigo prétexter un voyage annulé, d'une voix presque chantonnante.

Diego était à peine embarrassé de porter aussi peu d'intérêt à la situation, mais force fut de constater qu'il était bel et bien avec la femme d'un autre et qu'il avait ce truc dans le pantalon qui faisait comme une tente. Il s'obligea à reprendre ses esprits et se rendit compte que Rodrigo n'était plus qu'à quelques centimètres d'eux, juste de l'autre côté du rideau, la main très probablement posée sur son arme. Le truc qui tendait le pantalon de Diego atteignit son paroxysme.

Bon, se dit-il, restons calme.

Il était habillé, sa braguette était fermée, et Natalia, bien que paniquée, avait l'air normal.

Dieu en était témoin, Diego avait un faible pour les instants dramatiques. Il leva les yeux au ciel et se dit : Seigneur, voilà un magnifique instant dramatique.

À Palma Sorino, tout le monde se connaissait ; personne n'aurait pu croire que Diego avait touché à la femme d'un autre. On n'aurait même pas effleuré cette possibilité. Mais ici, on était à Jackson Heights, dans Queens, à New York.

Le rideau frémit et Rodrigo apparut à la porte.

– Qu'est-ce que tu fous là ?

Rodrigo rejeta le rideau de côté, prêt à dégainer dès qu'il aperçut Diego.

– Doucement, doucement.

Diego leva les mains en l'air.

Natalia raconta comment Diego s'était retrouvé dans la cuisine, elle parlait vite, les mains coincées sous les aisselles. Et Diego eut l'impression que Rodrigo écoutait. Et plus elle parlait, plus Rodrigo écoutait, et plus il écoutait, plus l'histoire devenait plausible. Natalia captait l'attention de Rodrigo comme un magicien qui lance des tigres dans les airs, elle répétait les bonnes phrases, disait qu'elle était en train d'apprendre à Diego comment faire de la soupe, racontait qu'elle lui avait dit quelles épices attraper sur l'étagère du haut.

Rodrigo le regardait puis retournait à Natalia. Sa tête faisait des allers-retours comme s'il assistait à un match de tennis.

Rodrigo Punto se passa la main sur la bouche et jeta un coup d'œil à Natalia. Il était immobile, sidéré, comme s'il avait été en train de discuter avec un client dans son taxi, qu'il s'était plaint de la circulation, et que le client, la circulation et tous les gens dans la rue avaient soudain disparu, le laissant seul mais indemne derrière son volant au beau milieu de la Cinquième Avenue. Il avait l'air ahuri.

L'espace d'un instant, Diego se surprit à croire à l'histoire énorme de Natalia, et il pensa que Rodrigo en faisait de même. Il avait toujours beaucoup de mal à savoir ce que les autres pensaient, aussi supposait-il qu'ils pensaient un peu comme lui. S'il croyait à l'histoire de Natalia, Rodrigo devait sûrement y croire aussi.

Natalia, semblait-il, pressentait mieux que Diego l'humeur de Rodrigo. Elle baissa la tête, mais bien trop lentement : Rodrigo fit un petit pas vers elle et abattit la paume de sa main sur son visage.

Natalia fit un tour sur elle-même et s'écroula sur le sol de la cuisine où elle resta pétrifiée. Elle semblait à la fois terrifiée et engourdie ; la peau comme exsangue, blanche comme neige, les yeux perdus dans le vide, elle était assise avec un air grave et hagard.

Diego était abasourdi. Il la dévisagea un long moment, tandis que la colère s'accumulait, s'accumulait dans sa poitrine. Elle dut sentir qu'il la regardait et se mit à pleurer. Ce furent ces larmes qui firent sortir Diego de ses gonds.

– Espèce d'enfoiré, dit Diego, pourquoi tu l'as frappée ?

– Je parlais à Diego, dit Natalia. Je lui parlais, c'est tout.

En prononçant ces mots, elle regardait ses ongles et évitait leurs regards.

– Tu vas me dire la même chose, Diego ? dit Rodrigo. Tu vas me dire que tu es venu dans cette cuisine pour discuter avec ma femme ? C'est ça que tu veux me dire, espèce de petite tantouse de mes deux ?

Incertain quant aux intentions de Rodrigo, Diego devait se forcer à ne pas le quitter des yeux. À vrai dire, il avait eu tellement peur pour Natalia qu'il n'avait pas réellement pensé à son propre intérêt.

– Non, Rodrigo, non. Je voulais lui faire l'amour.

Rodrigo se pencha vers lui.

– Rien que pour ces mots, dit-il doucement, je devrais te tuer. Cette ville est une jungle, Diego, et tu es un infirme. Moi, je suis un tigre. Tu sais ce qu'un tigre fait à un infirme ?

Diego se racla la gorge et acquiesça. Son calme le suffoquait. Il faisait tout son possible pour rester sur le qui-vive, assurer les arrières de Natalia. Tôt ou tard, il lui faudrait rentrer chez elle avec cet enfoiré.

– Tu as une bonne épouse, Rodrigo, dit Diego. Tu ne la mérites pas.

Le sourire se dissipa peu à peu sur le visage de Rodrigo, jusqu'à ne plus laisser paraître que de la haine.

Dans de telles circonstances, se dit Diego, ce qu'il faut c'est de la discipline, du style. Protéger Natalia. Mais, apparemment, Rodrigo commençait à perdre son calme.

Rodrigo Punto devait faire un mètre quatre-vingts et peser dans les cent kilos. Une bonne dose de gras, mais beaucoup de muscles aussi, et il avait passé le plus clair de son temps à tabasser des mecs.

– Fais le malin, tafiole, tu vas payer. Très cher.

Les yeux de Rodrigo s'emplirent de frénésie, s'enflammèrent, chaleur incandescente, fer rouge, plus rouge, tels les yeux de Satan, de Satan omniscient, et il était assez drôle à regarder, effrayant et comique à la fois. Rodrigo tourna la tête à droite à gauche, un instant de déconcentration pendant lequel il jeta un œil à Natalia puis revint à Diego. Il se tâta le flanc, posa la main sur son arme, comme pour se rassurer l'espace de quelques secondes, hésita, puis décida qu'il n'y avait rien d'autre à faire que de foncer sur Diego, qu'il ne pouvait plus reculer, il était tout en tension, fou furieux.

Rodrigo se pencha, chargea Diego et lui enfonça sa tête dans la poitrine, ses doigts aveugles agrippés aux cheveux de Diego, il le balança par terre et l'envoya s'écraser contre le mur.

Diego avait peur, mais il parvint à se relever. Il était oppressé et n'arrivait pas à respirer, il avait l'impression d'avoir été frappé à la poitrine par un marteau-pilon. Il se mit à se déplacer lentement en longeant les murs de la cuisine, les épaules voûtées et les poings serrés. Rodrigo fondit sur lui. Diego n'avait nullement l'intention de se retrouver encore par terre, il savait qu'il esquiverait le coup. Natalia regardait.

– Ma femme voulait écarter les cuisses pour toi, hurla Rodrigo. Elle te baise avec les yeux, je le vois bien, tout le temps je le vois.

Diego était tellement recroquevillé sur lui-même qu'il voyait à peine net. La seule vue de Rodrigo et sa voix lui donnaient la chair de poule. L'homme déblatérait des incohérences, un fil de salive pendu au menton, les yeux en feu.

Tu n'avais pas pensé à ça, se dit Diego. Bien sûr que non, tu ne penses à rien. Le visage de Diego s'éclaira soudain d'un grand sourire, il faillit rire en revoyant tout à coup Rodrigo dans son porte-jarretelles et ses bas, image instantanée, flash, dans sa petite tenue dorée, Rodrigo le taureau déguisé.

Je sais qui tu es, espèce de malade, espèce d'enfoiré, songea-t-il, tandis qu'il se déplaçait très calmement dans la cuisine, froidement, un sourire à peine perceptible sur le visage.

Diego était un homme doux, pas un bagarreur. Mais il était aussi le genre de type, comme disait Benny Matos, le cousin de sa femme, à vous surprendre, quand il se décidait à se bagarrer.

– Il y a des gens, lança Rodrigo tout en mimant un flingue avec son pouce et son index, qui vous font penser, par leur comportement j'entends, qui vous font penser qu'ils veulent mourir.

Diego se tenait sur ses gardes et attendait de voir ce qu'allait faire Rodrigo.

– Je vais te punir, Diego. Je vais te punir devant cette salope que je suis obligé d'appeler ma femme.

Rodrigo décocha un coup de poing à Diego, puissant mais maladroit. Diego se baissa pour l'éviter et s'écarta, gracieux comme un danseur. Diego faisait un mètre quatre-vingt-dix, il était mince mais fort. Calme mais pas idiot.

Rodrigo percuta la cuisinière et trébucha sur Natalia, à présent assise avec les bras sur la tête pour se protéger. Il hocha la tête, sourit, se mordit la lèvre inférieure. Puis il se rua sur Diego, bras ouverts, bouche béante, et émit un cri de plaisir et de douleur mêlées.

Diego resta immobile, il réunit toutes ses forces, baissa l'épaule gauche et enfonça une méchante droite pile dans les côtes de Rodrigo. Rodrigo péta comme un cheval et tomba sur les genoux. Diego fléchit les jambes et assena à Rodrigo un coup sur le front telle une détente de piston. Rodrigo s'affaissa tête la première sur le sol, haletant.

Rodrigo ne bougeait pas, recroquevillé sur le côté, les bras serrés sur l'estomac, et poussait de petits gémissements.

– Natalia m'a dit qu'elle ne te trahirait pas, imbécile, dit Diego.

Il se pencha, attrapa Rodrigo par le nez et lui dit :

– Tu devrais lui baiser les pieds.

Natalia leva les yeux vers lui, comme si Diego lui demandait quelque chose.

Rodrigo regarda Diego.

– Enculé de communiste, dit-il.

Sa bouche et son menton ruisselaient de bave.

Diego s'agenouilla près de Natalia et la caressa doucement derrière la tête.

– Vous feriez mieux de partir, lui dit-elle.

Diego se releva, il avait peine à respirer, sa main lui faisait mal et il tremblait.

– S'il vous frappe encore, venez me chercher.

Il regarda Rodrigo.

– Rodrigo, dit-il. Tu devrais apprendre à te comporter comme un homme, pas comme un gangster.

Il passa le rideau, ramassa son cartable et sortit du *Hatuey*, tout en se demandant s'il n'aurait pas dû rester plus longtemps avec Natalia. Il finit par se dire qu'il aurait bien dû partir à un moment ou à un autre. Ce n'était pas sa femme, mais celle de Rodrigo Punto.

Il sortit dans la rue et consulta sa montre. Il était cinq heures et demie. Il allait être en retard à la maison.

Quelqu'un cria à la porte de la boulangerie italienne. Diego se retourna.

Rodrigo se tenait sur le trottoir à une centaine de mètres de lui, son .45 au poing.

– Je vais te tuer, enfoiré, beugla-t-il.

Tout le monde se mit à courir dans la rue, mais Diego fit un pas en avant. Rodrigo hurlait des paroles incompréhensibles, chargées de haine et de colère.

– Qu'est-ce que tu comptes faire ? dit Diego. Me flinguer parce que j'ai parlé à ta femme ? Vas-y, flingue-moi, espèce de malade.

Il entendit arriver un train au-dessus de lui, encore de l'acier sur de l'acier. Puis une sirène.

Rodrigo pointa son arme sur lui.

– T'es un homme mort ! couina-t-il. Un homme mort !

Diego ne répondit pas. Il était hypnotisé par le flingue que Rodrigo avait à la main. Il ne bougeait pas, une main sur la hanche, l'autre tenant son cartable. Il devait y avoir six personnes plantées sur le trottoir, et Diego les vit se carapater quand Rodrigo leva son arme. Diego resta immobile.

Qu'était-il censé faire, se retourner et courir, se faire tirer dans le dos par un malade mental ? Il envisagea la possibilité de charger Rodrigo, en espérant que ce dingue manquerait sa cible quand il ferait feu. Se ravisa. L'aberration de la situation donnait à Diego l'impression d'être au cinéma en train de regarder un ennuyeux western sans aucun intérêt.

Une petite femme maigrichonne avec de longues nattes et aucune dent sortit de la boulangerie italienne et, une fois sur le trottoir, jeta un coup d'œil circulaire, aperçut Rodrigo, lâcha sa miche de pain et partit en courant.

Rodrigo criait toujours, en agitant les bras. Diego recula, obliquant vers une grosse boîte aux lettres derrière laquelle il avait l'intention de se cacher.

Rodrigo pointa son arme sur lui.

La réalité de cette arme provoqua chez Diego l'envie de hurler à l'aide, police. Il avait entendu une sirène : où était la police ? Il se baissa, s'appuya sur un genou, essaya de faire rentrer sa carcasse d'un mètre quatre-vingt-dix derrière la boîte aux lettres bleue.

La police était dans le coin, devait l'être, raisonnait Diego, c'était une ville où la police était partout. Quelqu'un doit être en train d'appeler du secours, il y avait au moins cinquante personnes qui couraient dans tous les sens. Diego glissa un œil derrière la boîte aux lettres, observa Rodrigo, à présent à moins de soixante mètres, hypnotisé par la vivacité du moindre de ses gestes, la détermination absolue de son comportement. Diego ne lâchait pas Rodrigo des yeux et le voyait approcher lentement. Il sentait son cœur battre à tout rompre et avait l'impression qu'il couvrait le bruit de la rue.

La grosse Buick noire de Benny Matos vint se garer dans un crissement de pneus le long du trottoir. La portière s'ouvrit brusquement, et Benny, énorme dans son costume blanc, furieux, sauta de sa voiture, une batte de base-ball à la main et le nom de Rodrigo à la bouche.

– Tu veux flinguer quelqu'un, Rodrigo ? Hé ! tu m'entends, je te parle, mon vieux ?

Benny était à mi-chemin entre Diego et Rodrigo qui, lui, était au beau milieu du trottoir et hochait violemment la tête, les yeux brillant d'une rage incontrôlable.

– C'est pas toi que je veux, dit Rodrigo, c'est cet enculé de communiste qui se planque derrière la boîte aux lettres.

– Ce que tu veux n'a plus aucune importance, tu sais. C'est moi qui suis devant toi. Moi, Benny Matos, et je vais t'éclater la tronche, connard.

Les yeux de Diego passaient de Rodrigo à Benny pour revenir ensuite à Rodrigo. Il vit Natalia sortir du *Hatuey*, les bras repliés sur les épaules. De l'autre côté de l'avenue, les gens étaient en ligne comme pour regarder un défilé. Ils avaient tous l'air complètement cinglés, se dit Diego, ils riaient et les pointaient du doigt.

– Flingue-le, flingue-le !

Tout en s'approchant de Rodrigo, Benny tapotait la paume de sa main avec la batte et disait :

– Je vais faire valdinguer ta tête de nœud de l'autre côté de la rue.

Diego ressentit une pointe d'envie passagère devant le sang-froid de Benny, son courage indéniable. Il se demanda comment ça faisait d'éclater la tête de quelqu'un avec une batte de base-ball. De voir sa tête exploser comme un melon.

Rodrigo se mit en position de tir, les deux mains sur la crosse. Benny continua d'avancer.

Un petit gosse avec un tee-shirt « I Love New York » surgit, manqua de percuter Rodrigo et mima un flingue de deux doigts en faisant : « Pan-pan-pan ! »

Le gosse s'éloigna en sautillant, en riant et tirant, riant et tirant.

Diego se passa les mains dans les cheveux et se dit : « Des décérébrés, cette ville regorge de décérébrés. »

– Je suis un homme, cria Rodrigo, et je vais te montrer quel genre d'homme je suis.

Diego se leva et posa ses mains sur le dessus de la boîte aux lettres.

– Rodrigo, cria-t-il, tu es fou. Je n'ai rien fait. On n'a rien fait.

– Baisse-toi ! hurla Benny. Rodrigo, je viens te chercher, maintenant.

Natalia tomba à genoux, croisa les bras sur son ventre et brailla :

– Rodrigo, on est innocents ! ! !

Surpris, Rodrigo se retourna.

En un instant, Benny fut sur lui. Il écrasa sa batte sur l'épaule de Rodrigo qu'il envoya valser dans la vitrine de la boulangerie italienne, tandis que son flingue était éjecté dans la rue.

Le petit Black au tee-shirt cria : « Touché, coulé ! »

Benny leva de nouveau sa batte et se mit à frapper Rodrigo à intervalles réguliers. Diego saisit son cartable et courut jusqu'à la voiture de Benny. Il se sentait incapable de ne pas avoir pitié de Rodrigo.

– *Hombre*, dit-il à haute voix, quelle affreuse journée.

Benny agrippa Diego par l'épaule et le flanqua sur le siège passager de sa voiture Il démarra et passa son bras par la fenêtre, le poing en l'air.

– Je t'avais prévenu, je t'avais prévenu, dit-il.

Diego regarda par la vitre de la voiture les gens qui leur disaient au revoir, les applaudissaient, riaient, sautaient partout, hurlaient comme une communauté de singes au zoo. Certains le fixaient un instant puis détournaient aussitôt les yeux.

– C'est pas vrai, dit-il. On dirait qu'ils nous prennent pour des héros.

Benny éclata de rire.

– Ouais.
– C'est dingue. Ce pays, cette ville sont dingues. Tout le monde se fout de ce que tu fais ?
– Ouais.
Benny éclata de rire à nouveau.
Diego se sentit envahi par une étrange sensation de vertige. Il sut aussitôt qu'il aurait beau essayer de s'en débarrasser, l'image de ces gens sur le trottoir en train de crier « flingue-le, flingue-le ! », de ces gens qui riaient, applaudissaient et agitaient les bras, cette image serait à jamais gravée dans son esprit. C'est le tourbillon, songea-t-il, pour de bon.

4

De l'autre côté du Williamsburg Bridge, en face de Jackson Heights, chez *Fisher*, restaurant d'Essex Street, au cœur du Lower East Side, Rodrigo attendait, assis dans un box en face de la cuisine, le bras en écharpe, et vit venir à lui Nick et Sonny McCabe.

Le restaurant était étroit et profond, il y avait six tables devant et douze boxes derrière, aucun client, trois serveurs agglutinés à la caisse. Au-dessus de leur tête était accrochée une cage bleue dans laquelle un canari jaune et noir piaillait à intervalles réguliers comme un répondeur téléphonique. Les serveurs discutaient dans une langue que Rodrigo n'avait jamais entendue, ce qui le rendait anxieux et nerveux alors qu'il était déjà assez tendu et agité comme ça.

Nick regardait Rodrigo qui essayait désespérément d'avoir l'air calme et détaché. Adossé à la banquette, un bras étendu le long du box, Rodrigo affectait une moue méprisante, comme si se retrouver ici n'était rien moins qu'une tannée, pour lui l'homme très occupé qui avait peu de temps à perdre.

– Rodrigo, mon indic. Rodrigo Punto, je te présente l'inspecteur Nick Manaris.

McCabe se glissa dans le box, tira une Marlboro du paquet que Rodrigo avait laissé sur la table et l'alluma. Nick resta un instant debout, concentré sur les menus affichés au mur. Au bout de quelques secondes, il s'assit à côté de Sonny.

– Je t'avais dit, Sonny, que je ne voulais parler à personne d'autre qu'à toi. Je te l'avais dit, ça. Il faut croire que ce que je veux n'a aucune importance, dit Rodrigo.

Le canari piailla et battit des ailes comme s'il avait pris un rail de cocaïne. Rodrigo tressaillit.

Un grand serveur osseux avec un bouc s'avança vers eux et leur demanda s'ils avaient choisi. Il portait un tablier blanc, un jean, un tee-shirt Harvard rouge délavé et des baskets.

– Oh oui, dit Rodrigo. J'ai faim. Vous avez des sandwichs au jambon avec du fromage fondu ?

Le serveur sourit.

– Écoutez, regardez la carte et je reviens dans quelques minutes. Vous voulez un café, quelque chose à boire ?

Nick dit qu'il voulait un soda au céleri et Sonny une bière.

– Un soda au céleri ? fit Rodrigo.

Il dit au serveur qu'il prendrait un café, noir, et tant pis pour la carte, il mangerait plus tard.

– Rodrigo, ce que tu veux est important, très important pour nous, dit Sonny. Mais je vais te dire un truc, on a des règles, des impératifs. Putain, t'étais flic, tu sais ce que c'est.

– J'étais capitaine. C'est moi qui les faisais, les règles. Personne ne me disait ce que j'avais à faire, jusqu'à ce que ces enculés de communistes arrivent. C'est à ce moment-là que je suis parti. Je supporte pas les règles.

Nick se pencha vers Rodrigo et lui parla doucement sans le quitter des yeux.

– J'ai beaucoup de respect pour toi, Rodrigo. Ce que tu fais demande du courage, je respecte les hommes qui ont du courage, des tripes. Des couilles, quoi.

– Hmmm, fit Rodrigo tout en scrutant Nick.

Et Nick se dit : glacial, cet enfoiré est glacial.

– Toi et Sonny, vous êtes de bons copains ?

Le serveur revint avant que Nick ait pu répondre.

– On est des frères, dit Sonny. Tous les flics sont des frères.

– J'ai connu des frères qui se sont entre-tués. Me raconte pas de conneries.

– On est proches, dit Nick. Sonny et moi, ça fait des années, on est des amis de longue date.

Il jeta à Sonny un œil amusé.

– T'as jarté ce flingue que tu portais ? demanda Sonny à Rodrigo. Je veux pas que tu te fasses coincer à cause d'un flingue.

Il exhala de la fumée par le nez.

– Je le porte, ce flingue, d'accord ? Pas maintenant, je te dis pas que je le porte tout le temps, seulement quand je travaille. Je t'ai dit que je préférais me faire arrêter plutôt que de me faire tuer. Se faire tuer c'est se faire tuer, tu sais, se faire tuer c'est mourir. Et là où je vais, y a des Blacks partout, et ils ont tous des flingues. Je travaille la nuit, je dois me protéger.

Sonny dit « Évidemment », comme si ça tombait sous le sens.

– T'as raison. Faut que tu fasses gaffe, que tu sois toujours sur le qui-vive. Mais te fais pas choper, d'accord.

Nick prit son soda et en but quelques gorgées sans se presser.

– Pourquoi tu demandes pas un permis ? dit-il. On pourrait t'aider, te donner un coup de main pour les démarches. On peut s'en occuper pour toi.

– Nick, dit Rodrigo. Tu délires. Ils donnent pas de permis à des gens comme moi. Si t'es un *gringo*, que t'es proprio d'une bijouterie et que t'as un ami ou une famille qu'a des contacts, ils te le filent. Mais un Latino comme moi, ça arrive jamais.

– Oh, dit Sonny. Quand cette histoire sera finie, que l'affaire sera bouclée, on te devra bien ça. On va faire tout notre possible. T'as ma parole.

– J'ai faim, dit Rodrigo. Qu'est-ce que c'est que ce restaurant où y a rien à manger ?

– C'est toi qui l'as choisi, dit Sonny, les yeux rivés au menu accroché au mur qui proposait du *cottage cheese*, de la *sour cream*, des cocktails de fruits, du *cheesecake*, des légumes à la vapeur, du hareng au vin blanc ou à la crème.

– Ouais, parce que j'ai déposé un client ici hier soir, que j'ai regardé autour de moi et que j'ai vu que personne ne me ressemblait. Je me suis dit que c'était l'endroit idéal pour te retrouver, Sonny.

– Qu'est-ce qu'est arrivé à ton bras ? dit Nick.

– C'est un accident.

Nick se surprit encore à réfléchir à McCabe et à cette affaire, cet indic, Hawks et les autres, au fait qu'il aurait voulu se tirer de cette équipe, mais aussi qu'il avait récemment ressenti le besoin d'être en groupe, parmi d'autres. Il était assis là avec son soda, il regardait Sonny et Rodrigo rire ensemble, plaisanter, se lancer des vannes, et il se sentit poignardé en plein cœur par un désir, un besoin de se libérer de la sensation que tout le monde autour de lui manigançait quelque chose. Blessé par le souvenir de dix ans dans ce métier sans jamais avoir été capable de s'adapter. Jamais de coéquipier, jamais quelqu'un avec qui rigoler.

Des coéquipiers qui se serraient les coudes : Nick n'avait jamais chéri cette image. Le jour de la remise des diplômes, son sergent avait passé son bras autour du tout jeune flic, il avait pointé son doigt vers ses camarades de promo qui s'en allaient par deux ou trois, aussi titubants de bonheur que s'ils avaient été en lune de miel, et il lui avait dit : « Nick, fais-toi un ami, trouve-toi un coéquipier. Jusqu'à ce que tu fasses équipe, tu ne seras rien d'autre qu'un solitaire. Et c'est pas comme ça qu'on s'en sort dans ce métier. » À l'époque, ces propos lui avaient paru sensés, presque inoubliables, mais en y repensant et en essayant plus tard de s'y soustraire, Nick s'était rendu compte que même s'il désirait vaguement appartenir, faire partie, il avait du mal à se voir comme un parmi tant d'autres, il ne s'était jamais considéré comme un suiveur. Sa mère était morte quand il avait dix ans, il avait été élevé par son père, refilé le week-end à des parents divers pour que son père puisse souffler un peu. Il s'était toujours senti de trop, passant de cousin en cousin, de bagarre en bagarre. Et aujourd'hui, après dix ans au NYPD, il se considérait encore comme un intrus, plus que comme un bon petit soldat en uniforme qui fait corps avec sa division.

Adossé à la banquette, il vit Sonny se pencher au-dessus de la table et chuchoter à l'oreille de Rodrigo qui éclata de rire. Il y avait quelque chose de drôle, c'était lui qui était drôle, c'était de lui qu'on riait. Nick était déprimé d'être là et rêvait d'être déjà parti, il sortit le dossier et le plaça devant lui. Puis il le souleva et tapota son menton avec. Rodrigo était assis juste en face de Nick mais il se débrouillait pour éviter son regard comme si de rien n'était.

Nick était tendu, blessé, un peu furax.

– Bon les gars, vous voulez bien qu'on parle de cette affaire ? demanda-t-il.

– Bien sûr, dit Rodrigo.

Voix basse et ton confidentiel.

Sonny se passa la main dans les cheveux et dit :

– C'est pour ça qu'on est là. Sûrement pas pour la bouffe.

Nick remarqua le sourire incrédule de Sonny : rien n'était sérieux pour ce mec-là.

– Il commence à se faire tard, dit Nick. S'il faut que je tape ces procès-verbaux, on a intérêt à se magner.

Sonny haussa les épaules.

– Vas-y.

– D'accord, bon, qu'est-ce qu'on sait ? Qui attend quoi, et où ?

Nick commençait à regretter d'avoir lancé ça mais il embraya.

– Je crois savoir que tu as vu des armes, des échantillons, c'est ça ?

Un instant, Rodrigo resta interdit. Puis il rejeta la tête en arrière, étira son bras valide et bâilla. Sonny souriait.

– Il y a quelque chose de drôle ? dit Nick. J'ai dit quelque chose de drôle ?

– Tu veux pas te détendre un peu ? dit McCabe.

Nick lui adressa un sourire crispé, puis se retourna et jeta un œil au restaurant vide, hormis un serveur assis à une table près de la porte, en train de boire, sembla-t-il à Nick, un verre de thé.

– Depuis combien de temps tu connais ces gens-là, Benny Matos et les autres ? dit-il finalement.

– Trop longtemps, dit Rodrigo.

– Tu l'as vu avec un flingue, une arme automatique ?

– Ben ouais.

– Et les autres ? L'Italien, Tony Bellatesta, le Colombien ? Tu les as tous vus avec des flingues ?

– Ben ouais.

– Bon, où tu les as vus, ces flingues ?

– Benny les a foutus dans le coffre de sa voiture, y en a plusieurs caisses. J'ai vu les flingues, je les ai vus au club, au sous-sol du club.

– Quel genre de flingues ? Qu'est-ce que t'as vu ?

– Tu devrais pas être si précis, laisse-le parler, chuchota McCabe.

Rodrigo lança à Nick un regard hésitant.

– Des flingues, quoi, des automatiques. Des mitraillettes.

Nick sortit de son dossier une série de clichés pirates. D'abord Benny Matos.

– Tu as vu des flingues dans la voiture de ce mec-là ?

– Je viens de te le dire, c'est Benny, ça, et j'ai vu les flingues dans sa Buick. Et chez lui, j'en ai vu aussi chez lui.

– T'as été chez Benny Matos ?

– Évidemment, comment je saurais que les flingues sont là-bas sinon ?

Puis la photo du Colombien.

– Celui-là, tu connais son nom ?

– Medina. Ils l'appellent Cano parce qu'il est roux[1]. Bien sûr que je l'ai vu, et l'Italien que t'as là aussi. Je les ai tous vus avec des flingues. Mais il y en a un que tu ne me montres pas. Le plus important, le boss. Le cerveau.

– Ah bon ? Qui ça ? dit McCabe.

– T'as oublié, hein ? T'étais bourré ou quoi ? Mais je t'en ai parlé : Cienfuego, Diego Cienfuego. Ils l'appellent le Professeur. Lui, c'est le gros morceau. Et cet enfoiré, je vous dis pas, il est tellement sympathique, tellement malin. Il reste à l'écart, il se mouille pas. Mais c'est lui qui donne les ordres, c'est lui le chef.

Le regard de Nick erra un moment, il se remémorait tout le temps passé avec des indics. À en croire ce type, il lui faudrait rédiger un procès-verbal supplémentaire. Ce qui voulait dire qu'il avait une tonne de boulot pour la soirée.

Nick desserra son col, se passa la main autour du cou, puis dans les cheveux. Trempée.

– Diego Cienfuego, tu dis ?

Rodrigo leva la tête vers Nick.

– Chope le Professeur, Nick. Chope-le et tu feras du bon boulot. Rends-toi célèbre comme Sonny et on écrira aussi un livre sur toi.

– Un livre ?

– Ben oui, y a des mecs qui sont en train d'écrire un livre sur Sonny. Pas vrai, Sonny ? Dis-lui, mon vieux. Je croyais que vous étiez copains tous les deux ?

– Un livre, Sonny ?

– Tu sais comment c'est, les gens parlent, parlent, et rien ne se fait. Que du bla-bla.

Nick voyait bien que McCabe voulait changer de sujet.

– En attendant, on a un nouveau candidat, Cienfuego. Ça fait un mandat de plus, Nick.

Nick baissa de nouveau les yeux sur son dossier et songea, plus on est de fous, plus on rit. Sonny lui tapota l'épaule et lui dit à voix basse avec son ton de petit rigolo :

1. « Cano » signifie « aux cheveux blancs »; type d'antiphrase fréquent en espagnol. *(N.d.T.)*

– Robinson est ton copain, ton pote, non ? Il signera tout ce que tu lui donneras.

– Mon Dieu, marmonna Nick. Bon, Rodrigo, ces gens-là, tu ne les aimes pas, hein ?

Rodrigo se pencha en avant et chuchota :

– Si je ne les aime pas ? Je les hais, oui.

De la haine. Nick avait du mal à imaginer meilleure raison pour être indic, balance, informateur, mouchard. Et il se dit : dans la rue, c'est chacun pour soi, ça a toujours été comme ça et ça le sera toujours.

– Rodrigo, ajouta-t-il. Dis-moi, à ton avis, on dispose de combien de temps ?

Rodrigo consulta sa montre : il était huit heures dix.

– Je peux rester encore une heure, pas plus. J'ai du boulot.

– Je veux dire, avec les flingues. Tu penses que Matos va les avoir quand ? Ce soir, demain, quand ?

– Je sais pas exactement. Je vous appellerai.

– À vue de nez, dit Sonny.

– Demain, demain soir, peut-être dimanche ? Lundi ? Je dirais lundi. Le restaurant est fermé le lundi pour le bizness. Le lundi, ils vont là-bas pour faire les comptes. Y'a personne là-bas le lundi. Ils vont livrer les flingues lundi, je dirais.

Rodrigo était un peu nerveux. Une pellicule luisante recouvrait son front.

Nick hocha la tête et vida son soda.

En quittant Essex Street au volant de son véhicule banalisé, Nick avait la ferme impression que McCabe l'observait en douce, lui lançait des coups d'œil de côté. Ils avaient pris la FDR Drive vers le sud. Sonny, la nuque contre l'appuie-tête, les yeux tour à tour ouverts ou fermés, faisait un petit somme. De temps à autre, Nick lui jetait un œil et croisait son regard.

Sonny avait le menton enfoncé dans son épaule et fermait les yeux comme un gamin malicieux.

Ce mec, McCabe, le faisait marrer, quel personnage. Un marlou de première, mais avec le charisme indéniable que Nick associait toujours aux Irlandais.

Nick réfléchissait au phénomène selon lequel les flics comme McCabe avaient constamment l'air d'être complices de leurs informateurs, si bizarre l'indic fût-il. Dans un certain sens, c'étaient les flics qui travaillaient pour les indics. Ce qui l'amena à se demander, comme tant de choses dans ce métier l'amenaient à se demander : qui sont les salauds dans l'histoire, au juste ?

Il trouva une place à un bloc du bureau sur Old Slip et South Street, et se gara. Sonny le regarda du coin de l'œil et, l'espace d'un instant, Nick put entrevoir la singularité de Sonny McCabe.

– Où on est ?

– À ton avis ?

– Au bureau ?

– Tu ne dormais pas, tu te fous de moi ?

Sonny soupira en se frottant les yeux.

– Tu vois, j'arrive pas à comprendre les mecs comme toi. C'est quoi ton problème ?

– J'ai pas de problème.

– C'est ça, t'as pas de problème. Tu me regardes comme si t'étais meilleur que moi, avec l'air de dire que je vaux même pas la peine qu'on me regarde. Et le plus fort, c'est que tu crois toujours que je te baratine. Tu crois que je suis un menteur. Je dor-mais.

Les muscles des mâchoires de Sonny étaient saillants. Et son beau visage, si facile à lire, qui s'accusait tout seul, un visage semblable à un ciel de nuit claire au-dessus de l'océan, ici la Croix du Sud et la Petite Ourse, là la Voie lactée.

Souriant comme un enfant devant son nouveau jouet le matin de Noël, Sonny s'étira et bâilla, puis dit :

– Oooh ! là, là ! les mecs comme toi ça me rend cinglé.

– Les mecs comme moi ? Qu'est-ce que t'entends par les mecs comme moi ?

– Tu sais très bien ce que j'entends par les mecs comme toi. Tu sais très bien ce que je veux dire.

Il le dit tout doucement, comme si un passant avait pu l'entendre.

– Bon, dit McCabe. Tu veux t'en jeter un petit ? Qu'est-ce que t'en dis, on va au *Post Time*, y aura des types de l'équipe là-bas. Je sais que Moran y sera, il habite au bar, celui-là. Hawks aussi, il sera sur son perchoir au bout du comptoir en train de raconter ses histoires d'ancien combattant.

– Il faut que j'y aille, dit Nick.

– Tiens, tu vois ? Les gens veulent être sympas avec toi, et toi, tu te casses. Où est-ce que tu dois aller ?

– Excuse-moi, patron, mais il y a les mandats. Tu vois ce que je veux dire ? Ça va me prendre plusieurs heures pour les taper. Et après il faut que j'appelle le procureur. J'ai pas le temps d'aller au *Post Time*.

McCabe marmonna quelque chose comme « évidemment ».

– Tu comptes toi-même taper ?

Nick jeta un regard à Sonny, pris d'une vague angoisse. Il n'en pouvait plus de ce type, comme d'une rage de dents.

– Moi ? Ça va pas. J'ai qu'à filer quelques billets au mec de l'administration qu'est dans le bureau du dessus et il s'en occupe. Il tape comme une gonzesse. J'écris rapidos à la main et je donne mon truc à Flynn. C'est une vraie machine.

– Moi je tape mes mandats tout seul.

– Mais toi et moi, on est des inspecteurs principaux. On n'a pas besoin de taper nos mandats.

Nick haussa les épaules sans rien dire.

– Bon, allons-y.

– Je ne vais pas au *Post Time*.

– Je sais, je sais. Allez, on monte là-haut tous les deux, on tape ces mandats et on est débarrassés.

McCabe ouvrit la portière de la voiture et sortit. Puis il se pencha, les mains sur les hanches, regarda Nick à l'intérieur du véhicule et dit :

– Alors, qu'est-ce que t'en dis ? Débarrassons-nous de ce truc.

Nick hésita, réfléchissant à ce qu'il pouvait bien lui répondre.

– Nick ?

Nick ne dit rien.

– T'as besoin d'aide pour remplir ces mandats, pas vrai ? dit Sonny comme si cette idée l'agaçait.

Nick acquiesça, il espérait avoir l'air concerné.

– T'es maso ou quoi ? Je vais pas te laisser tout seul là-haut à faire tout le boulot.

– Je tape bien, dit Nick d'une petite voix.

– Ouais, ça j'en suis sûr.

– Je t'assure.

– Bon, tant mieux. Donc on va faire ça en moins de deux et on après on ira boire un coup.

Nick attendit un bon moment avant de dire :

– D'accord, allons-y.

Furieux d'avoir été pris de court par ce type, là, ce McCabe. Incapable de l'éconduire.

– Je voudrais te dire quelque chose, fit McCabe en montant les escaliers du bureau de l'UCCO. Je peux te dire quelque chose ?

Silence de Nick.

– Je ne sais pas avec qui tu as travaillé avant. Enfin, je ne sais pas comment tu travaillais avec tes coéquipiers. Mais moi, je vais partout, n'importe quand, je fais tout, et tout bien, pour mes coéquipiers. Dans ce métier, y a coéquipier et coéquipier.

Sonny lui tapota l'épaule.

– Tu comprends ce que je te dis ?

– Bien sûr, dit Nick.

Nick parcourut le bureau du regard, trouva une table vide avec une machine à écrire dessus, fouilla les tiroirs à la recherche de formulaires de mandats. Il vit Sonny parler au type de l'administration, plonger la main dans sa poche, en sortir une liasse et prendre un billet.

Sonny s'avança vers Nick.

– Qu'est-ce que tu viens de magouiller ? lui demanda Nick.

– Rien. Rien du tout. Écoute, mon vieux, Flynn va taper les mandats. D'accord ?

Sonny avait un ton quasi amusé. Il prit le dossier avec les notes de Nick et l'apporta à l'officier Flynn.

Nick était sur le point d'insulter Sonny, mais tant pis, se dit-il, laisse tomber. Il se redressa sur sa chaise, se mit à ranger le bureau. Flynn commença à taper, il allait vite, vraiment vite. Rien à foutre.

5

Diego dit fermement à Justo, comme tout homme aurait dit à son fils, je n'aime pas que tu portes des jeans, des tee-shirts et des tennis. Voilà de l'argent pour t'acheter des vêtements, on est en Amérique, il y a une demi-douzaine de magasins dans chaque rue, achète-toi quelque chose de décent. Il lorgna Justo du coin de l'œil et découvrit sa femme morte sur le visage de son fils.

Silence de Justo. Il regarda Diego. Quand il entendait des choses qu'il ne voulait pas écouter, Justo avait pris l'habitude de fixer les yeux de son interlocuteur comme un hypnotiseur.

– Ce serait bien de te voir en costume cravate, dit Diego, avec une belle paire de chaussures.

Justo lui souriait, et il posa ses mains sur les épaules de Diego.

– Papi, dit-il, Benny veut que je vienne au restaurant pour aider à la cui-sine.

– Je ne parlais pas de ce soir. Il y a d'autres moments où tu auras besoin d'un costume et d'une cravate.

Justo lui dit qu'il n'avait pas le temps de faire les magasins, entre l'école et les heures qu'il passait à s'occuper de Mariaclara et Miguel. Diego lui dit, prends le temps, un homme est ce qu'il a l'air d'être. Tu as l'air d'un clodo, un gosse de la rue, un *gringo* sans classe. Et puis, écoute, ne discute pas avec moi.

Ils étaient au coin de la 108ᵉ Rue et de Roosevelt Avenue devant le flot de voitures du vendredi soir, et guettaient la voiture qui les emmènerait à *Los Campos*. Benny lui en envoyait systématiquement une, toujours conduite par un Portoricain du nom d'Hector Perez, révolutionnaire et drogué de son état.

En général, Hector passait prendre Diego vers six heures et le ramenait chez lui après la fermeture de *Los Campos*. Diego montait dans la voiture et ils reprenaient leur conversation sur la situation mondiale, l'impérialisme américain, le communisme cubain et le marché de la cocaïne. Diego suspectait à moitié Benny et Hector de faire du trafic de drogue ensemble. Il n'avait jamais posé la question.

Dès sa première semaine à New York, dès son premier jour de travail, Benny avait envoyé Hector, et Hector avait dit à Diego : « C'est dur ici, New York n'est pas une ville facile, mais c'est beaucoup mieux que La Havane, mon pote. »

Premièrement, il avait dit à Hector qu'il n'était pas de La Havane. Et, deuxièmement, comment Hector pouvait savoir comment c'était à Cuba?

« Je sais qu'y a pas une personne sensée qui se tire dans le Sud, si tu vois ce que je veux dire », était ce qu'Hector avait répondu.

Diego croisa les bras et consulta sa montre. Justo marcha jusqu'au magasin de chaussures du coin et se planta devant la vitrine, en faisant tinter des pièces dans sa poche, le visage collé à la vitre. Son fils aîné était un beau jeune homme responsable et dévoué, pour lequel les études et la musique comptaient beaucoup. Il avait seize ans, en paraissait plus et vivait pour prendre soin de ses petits frère et sœur, les aidait à s'habiller, leur préparait à manger quand Diego partait visiter New York. Justo se plaignait beaucoup mais souriait aussi beaucoup, son visage était éclairé par les grands yeux noirs de sa mère, il avait la même fossette sur le menton, les mêmes dents en avant, et la peau de Diego couleur cannelle claire. Il avait des cheveux noirs ondulés, longs jusqu'aux épaules, ce qui lui éclairait le visage et faisait ressortir ses pommettes. Un tombeur, un autre tombeur nommé Cienfuego.

Le ciel s'était assombri au-dessus de la ville, il n'y avait ni étoiles ni lune, rien que le réverbère du coin de la rue. Justo, qui était en train d'admirer des bottines et des mocassins en cuir, des modèles coûteux, le visage happé par le halo de lumière, ressemblait à un enfant devant son gâteau d'anniversaire.

Diego regardait son fils et se disait que lui-même était un homme bon et vertueux, un homme dans un nouveau pays avec une nouvelle vie, un homme, se dit-il, qui pouvait prendre soin de sa famille. Un homme sur le chemin de la réussite.

Il lui faudrait renoncer au flirt, du moins quelque temps. Et s'il n'y renonçait pas complètement, peut-être un peu à droite à gauche par pure politesse, mais Natalia Punto, non merci. Il examina son reflet dans la vitrine du magasin. Tu es cubain, se dit-il, tu es ce que tu as l'air d'être.

Diego se retourna en entendant passer un train au-dessus de sa tête, il ressentit une petite pointe d'excitation en repensant à cet après-midi, Benny planté là avec sa batte qu'il tapotait contre la paume de sa main. Il repensa à un épisode qui s'était passé quand il vivait à Miami quelques mois auparavant, un épisode dont il n'était pas très fier. Seigneur, quand on a peur, tous les autres moments de panique qu'on a eus dans la vie resurgissent. Il se remémorait la scène dans la cuisine, la belle Natalia agenouillée devant lui. Rodrigo, son flingue, sa petite tenue dorée, toute cette aventure était complètement dingue. Pauvre Rodrigo, pauvre couillon. Vivre en sachant que votre femme regarde les autres hommes.

Il vint se poster derrière son fils et Justo croisa ses yeux dans le reflet de la vitrine.

– Papi, quelle ville, j'adore cet endroit. On trouve tout ici. Tout est là, absolument tout. C'est le paradis, New York.

– On dit qu'au paradis il y avait un serpent, lui dit Diego. Mais tu as raison, c'est une ville merveilleuse. Seulement ça ne va pas être facile d'en percer les secrets. Ce n'est pas Palma Sorino, ce n'est pas chez nous. Enfin pas encore.

– Cette ville n'a pas de secrets, c'est l'argent la réponse, ici. La question, bien sûr, c'est comment en avoir.

– Justo, tu es doué et plein de ressources, tu comprends les choses. L'argent est important mais il ne faut pas qu'il te tourne la tête.

– T'inquiète, c'est pas à moi que ça arrivera. Si un jour j'ai de l'argent, ce sera parce que je l'aurai gagné.

– J'espère bien.

– Je ne suis pas Oncle Benny.

– Benny n'est pas ton oncle. C'est un cousin éloigné.

– Oncle, cousin, c'est pareil. C'est la famille. Il m'appelle son neveu, je l'appelle mon oncle. Qu'est-ce que ça peut faire ?

La voiture arriva et ils y montèrent, Diego à l'arrière, Justo à l'avant à côté d'Hector. Diego pensait à la nuit qu'il allait passer. Il finirait tard, le vendredi il finissait toujours tard. *Los Campos* avait une petite piste de danse, un grand bar et une salle de cinquante couverts. Avec sa guitare, Diego faisait l'orchestre ambulant.

Les amis de Benny, ces gangsters à la démarche de panthère, allaient sûrement venir. Et le Colombien, Cano, demanderait à Diego de jouer et de chanter un boléro, et quand il le ferait, les femmes qui seraient assises au bar se mettraient à crier. Diego aimait bien ça, les femmes qui criaient, il aimait bien être une star.

Dans la voiture, Diego se détendit, le coude appuyé sur le siège en cuir, une main posée sur l'autre, et pensa à ses deux cadets, Miguel et Mariaclara. Ils étaient, en ce moment, entre de bonnes mains, avec sa logeuse, Ingrid. La pensée de ses enfants heureux et satisfaits lui donna l'impression que la vie ici se passerait très bien.

En approchant de *Los Campos*, un taxi les doubla à toute allure sur la droite, d'assez près pour que Diego puisse en distinguer le chauffeur et le passager sur le siège arrière. C'était le taxi de Rodrigo, c'était lui qui conduisait, et son passager était Oscar Melendez, le barman de Benny. Celui dont Benny lui avait dit qu'il était trop malade pour venir travailler. Qu'est-ce qu'Oscar foutait à traîner avec Rodrigo ?

– Hector, hé ! Hector, c'est pas Rodrigo et Oscar dans ce taxi ? dit Diego.

– T'as raison. Qu'est-ce qu'ils font tous les deux ensemble ?

– Je croyais qu'il était malade, dit Justo.

– Ce Rodrigo est un gros facho, dit Hector. Il était flic avant. Tu savais ça, Diego ? Cet enculé était flic à La Havane.

– Je sais. J'ai entendu parler de ça. Et je peux te dire que c'est pas un copain. Ce cinglé me déteste.

– Pourquoi ? demanda Justo. Pourquoi Rodrigo te déteste ?

Hector éclata de rire, hocha la tête, se retourna sur son siège, pointa ses grands yeux marron sur Diego, et Diego se demanda comment le Portoricain pouvait conduire sans regarder où il allait.

– Si Rodrigo t'aime pas, dit-il, le prends pas mal, il aime personne. Cet enfoiré est un crocodile domestique qui a trop grandi. Il faudrait que quelqu'un le mate.

Diego leva les mains en l'air.

– J'ai rien fait pour qu'il me haïsse, ce type, dit-il. Bon sang, je me demande si Benny sait qu'Oscar voit Rodrigo ?

Hector éclata de rire, mais pas d'un rire totalement franc.

– Rodrigo, c'est l'ennemi, dit-il. C'est un ennemi violent et insatiable, comme l'Amérique impérialiste. Il faut lui sauter dessus et l'anéantir, et tous les complices de cet ennemi, qui ont trahi leur sang, doivent être anéantis aussi.

Il avait l'air défoncé et bourré ; il y avait de la douleur dans ses yeux, exacerbée par la cocaïne et l'alcool.

– Waouh, dit Justo, ça c'est du discours, Hector.

– Je crois bien que c'est un de mes plus courts. Vous voulez en entendre un autre ?

Diego sourit.

– Tu as deux oreilles et une seule bouche, dit-il. Tu ferais peut-être mieux de plus écouter et de moins parler.

– T'es un mec intelligent, Professeur, dit Hector. Mais pas tout à fait assez.

– Personne n'est plus intelligent que mon père, dit Justo. Personne.

Hector s'agitait sur son siège.

– Oh ! là, là ! dit-il, je me sens hyper mal.

Ils quittèrent Roosevelt Avenue, prirent Corona Avenue et arrivèrent sur le parking de *Los Campos*. Le restaurant, qui ressemblait à une usine à côté des maisons jumelles avoisinantes, était un immeuble en ciment d'un étage, peint en vert et noir. Sur la façade, côté rue, il y avait deux grandes baies vitrées de part et d'autre d'une double porte en chêne et cuivre ornée de fer forgé. Au milieu de l'une des baies figurait une forme au néon rouge qui rappelait vaguement la carte de Cuba.

Le long du trottoir devant *Los Campos* sur Corona Avenue, était garée une Mercedes noire.

À la vue des vitres fumées, Diego sut à qui appartenait le véhicule : Cano, le Colombien fan de boléro. Il était arrivé tôt.

Diego et Justo descendirent de voiture et se retrouvèrent sur le parking. Hector sortit côté conducteur en disant :

– Tu sais, c'est chaque jour plus clair pour moi. Que ton oncle, ton oncle Benny, est un saint.

Hector s'étira, bâilla, les cheveux dans la figure. Il souleva soudain sa chemise et montra à Diego et Justo l'endroit où il avait reçu trois balles quelques années auparavant, avant qu'on le laisse pour mort.

– C'est deux frères portoricains de East Harlem qui m'ont fait ça. Benny m'a trouvé et a pris soin de moi. Cet homme est un saint.

– Qu'est-ce qui est arrivé aux deux mecs ? demanda Justo.

– Allez, Justo, dit Diego, on n'a pas le temps. On est déjà en retard.

– Ils ont perdu le goût de vivre, dit Hector. T'imagines un peu ? Des funérailles avec que des Latinos, mais en petit comité, chez Oritz sur la 116e Rue. J'y étais, c'était très sympa, la famille et les amis. Un peu de musique et quelques larmes, sympa.

Hector ne cessait de parler, de s'agiter, quasi titubant de plaisir. La drogue en pleine action.

Diego frappa dans ses mains et dit :

– T'as fumé de la mari-blabla ce soir, Hector, hein ?

Pressés, Diego et Justo entrèrent par la porte de service du restaurant. Hector était reparti, sur une nouvelle mission pour Benny. Diego examina le contenu de la salle, quelques couples et une famille de quatre. Le vendredi soir, les gens arrivaient tard. Justo s'éloigna vers la cuisine, leva la main et dit :

– À tout à l'heure, Papi.

Il y avait Benny et Cano dans le salon, debout au bar en train de picoler, de chuchoter, tête contre tête comme un couple de tourtereaux. Benny lui lança un coup d'œil, qu'est-ce qui se passe ? Et Diego haussa les épaules, puis se raidit quand Cano posa ses yeux sur lui.

Cano était petit, mince, une dégaine d'oiseau avec des cheveux roux flamboyants. Vêtu de son éternelle *guayabera* bleu ciel ornée de dentelle fantaisie, il sirotait son rhum en souriant et fit signe à Diego de venir les rejoindre. Il n'était pas beau. Mais Diego le trouvait intelligent. L'espagnol de Cano était impeccable.

– *¿ Qué tal*, Professeur ? dit Cano en voyant arriver Diego.

Et Benny sourit, légèrement surpris ; Diego pensait que Benny serait peut-être en colère. Diego tendit la main pour serrer le poisson froid, osseux et maigre qui tenait lieu de main à Cano, vit qu'il était sept heures et demie et qu'il avait une demi-heure de retard.

Le salon était dans le style art déco chinois, séparé de la salle principale par un panneau en bois couleur pêche qui montait à hauteur d'épaule. Il y avait de grandes tables rondes dans la salle, où s'élevaient des murs couleur corail jusqu'à un plafond bleu profond. Sur le mur derrière le bar, il y avait une gigantesque fresque du port de La Havane peinte à la main.

– Désolé d'être en retard, dit Diego. Il fallait que je voie mes enfants, et tu connais Hector.

L'espace d'un instant, Diego resta interdit.

– J'ai amené Justo, parvint-il à articuler.

Il passa derrière le bar. Il n'y avait personne d'autre que Benny et Cano dans le salon.

Avec un soudain sourire paternel puis un éclat de rire, Benny raconta à Cano l'aventure de la journée sur Roosevelt Avenue. Et il disait, cette salope qui tournait sur elle-même dans la rue en criant on est innocents, on est innocents, ne lui tire pas dessus. Diego plissa les yeux, histoire d'avoir l'air sous le choc et halluciné pour parler à Cano et lui dire « cet enculé voulait me buter ».

Ce fut au tour de Cano de rire.

– Te buter, dit-il, mais pourquoi ?

– Ce mec, dit Benny, cet enfoiré de Rodrigo, croyait que mon cousin voulait baiser sa femme.

Erreur, Diego le comprit immédiatement ; il vit le visage de Cano se contracter très légèrement.

– C'est vrai, demanda Cano, t'as baisé la femme de ce mec-là, t'as baisé sa bonne femme ?

– Bien sûr que non, dit Diego. Je vais dans son restaurant, le *Hatuey* (vous connaissez le *Hatuey*) parce que j'adore le café et les sandwichs qu'elle fait là-bas.

– Le café et les sandwichs ? dit Cano.

– Cette nana a un cul et une paire de nibards absolument parfaits, mon vieux, dit Benny.

– Tu veux dire, dit Cano, qu'elle est belle, que cette Natalia est belle ?

Diego sentit son estomac se serrer.

– Belle, ça oui, Natalia est très belle. Elle dit qu'elle m'aime, qu'elle pense à moi tout le temps. Parfois quand elle est couchée la nuit, elle me dit qu'elle rêve que je suis en elle.

– Et tu me dis que tu vas au *Hatuey* pour le café et les sandwichs, dit Cano.

– Cette nana est une *puta*, mon vieux, dit Benny, et tu ferais mieux d'arrêter tout ça, Diego. Elle est mauvaise, comme une bouteille de poison.

Diego leva les mains en l'air, le visage sincère, innocent.

– Jusqu'à présent je n'ai rien fait de mal, rien de honteux. Bien sûr que Natalia est la femme idéale pour moi, mais elle est mariée.

– La femme idéale, dit Cano, est un concept bien pratique pour dire une chatte. Rien de plus.

– Ce qu'il veut dire, Diego, expliqua Benny, c'est que si tu ne projettes pas de foutre cette nana dans ton lit et de la baiser jusqu'à ce qu'elle en puisse plus, alors qu'est-ce que tu branles avec elle ?

Diego ne put s'en empêcher, il sourit.

– C'est pas drôle, dit Benny. Cette nana a un mari qui veut foutre une bastos dans ton petit cul de Cubain. Réveille-toi, mon vieux ! Il va falloir que je tue ce connard, ce Rodrigo, pour que tu puisses prendre ton café et ton sandwich en paix.

Cano grogna.

– C'est ça que tu veux ? Tu veux que je le bute, boum-boum ? Je l'emmerde, je le bute cet enculé.

– Je vous en prie, dit Diego, restons calmes. Tu deviens fou, parfois, Benny.

Benny agita son verre en l'air en disant :

– Diego, si tu ne veux pas te faire Natalia, alors fous-lui la paix à cette chienne.

Cano dévisageait Diego d'un air dur, comme s'il ne croyait pas à son histoire.

– C'est exactement ce que je fais, dit Diego.

Il se retourna et inspecta les bouteilles du bar, vérifia les robinets de Coca, bière et soda.

– Tu sais, dit-il, je viens juste de le voir dans son taxi, avec Oscar comme passager, ton barman.

– Attends, dit Benny tout en levant la main. Quoi ?

– J'ai vu Rodrigo dans son taxi sur Roosevelt Avenue.

– Et Oscar était avec lui ?

– Exact. Tu ne le traites peut-être pas bien, il cherche peut-être un boulot.

Benny le scruta.

– Qui est ce Rodrigo ? dit Cano. Quelqu'un d'important ?

Benny hocha la tête.

– Benny m'a dit qu'Oscar était trop malade pour venir travailler, dit Diego, c'est pour ça que je suis derrière le bar ce soir.

Il regarda derrière Benny, derrière Cano, les trois *Americanos* qui passaient la porte, des Italiens de Brooklyn. Ils se ressemblaient et aucun d'entre eux ne devait avoir plus de vingt-cinq ans. Il revint à Benny, *Dios*, il était encore en train de le dévisager.

– Je ne sais pas ce qu'Oscar fait avec Rodrigo, dit Diego. Peut-être que tu le sais, toi, non ?

Qu'est-ce qu'il avait Benny, à le dévisager comme ça ?

– Oscar connaît mes affaires, dit Benny au bout de quelques secondes, et il les connaît bien.

Cano pencha la tête vers Benny.

– Comment ça il connaît tes affaires ? Encore une fois, qui est ce Rodrigo ?

Il posa ses mains sur le bar.

Les trois Italiens entrèrent dans la salle et prirent leur table habituelle à l'arrière, en face des toilettes pour hommes. Ils portaient tous des vestes en cuir zippées et affichaient tous le même sourire vide. Diego connaissait l'un d'entre eux sous le nom de Shorty ; c'était comme ça qu'il se présentait.

– Oscar connaît mes affaires et c'est un vrai débile, dit Benny.

L'espace d'un instant, Cano regarda Benny d'un air rêveur comme s'il se demandait comment réagir.

– Et ce Rodrigo ? dit-il.

– C'est un gros enfoiré de *mulatto*, un menteur et un voleur. Il conduit un taxi et tient le *Hatuey*. On m'a dit qu'il avait des amis dans la police.

Cano se tourna vers Diego qui haussa les épaules en signe d'ignorance.

– J'ai l'impression que tu as des ennuis, mon ami. Des ennuis dont tu ferais bien de t'occuper. Peut-être que quelqu'un devrait aller à la *botánica* chercher du poison pour ces deux mecs.

Il prononça ses mots avec dureté, avec rage. Diego recula, choqué, surpris. Il regarda Benny.

– Putain, Cano, dit Benny, je veux pas que mes ennemis meurent, sinon je vais me retrouver seul et sans but dans la vie.

Et Cano, qui souriait à présent, ajouta :

– T'inquiète, j'ai assez d'ennemis pour deux.

Diego se taisait, il savait que Cano et Benny pensaient ce qu'ils disaient.

Et Benny renchérit :

– C'est bien que tu aies vu ce que tu as vu, Diego. Très bien. Oscar et Rodrigo ensemble, c'est des mauvaises nouvelles. Si je n'avais pas su ça, je me serais peut-être retrouvé dans une histoire complètement pourrie.

– Tu veux mon avis ? demanda Cano.

Benny le regarda.

– Non, dit-il.

6

Vingt et une heures trente : Nick traversait le Queensboro Bridge ; à l'horizon, le port et Manhattan étaient plongés dans l'obscurité sous un ciel couvert. Un orage avait éclaté sur la ville et une pluie drue s'abattait sur la voiture de Nick tandis qu'il se dirigeait vers Queens. Après les événements de la journée, il était fatigué et anxieux, mais il avait retrouvé le moral aussitôt après avoir laissé McCabe et les autres au *Post Time*. McCabe dans son élément, qui allait et venait en mocassins italiens pour servir les boissons, tapait les gens dans le dos ; le bouffon sur scène, l'idole de tous. Nick l'avait observé un long moment.

Nick avançait en repensant aux dernières minutes passées là-bas, la façon dont McCabe l'avait rejoint au moment où il quittait le *Post Time*, avait passé son bras autour de ses épaules, lui avait souri, lui avait dit, alors, mon vieux, on a passé une bonne journée, hein ? La façon dont McCabe lui avait pincé la joue, lui avait dit qu'il apprendrait à se détendre, lui avait dit, on t'aime, Nick, mais ce serait tellement génial que t'apprennes à te décoincer un peu. Sonny McCabe avait accompagné Nick à sa voiture, le bras toujours autour de ses épaules, et lui avait parlé sur le ton de la confidence, du coin de la bouche, lui avait expliqué que l'UCCO était une super section, que le boulot était fantastique, et que Nick allait adorer faire partie de leur équipe. Sonny avait demandé à Nick s'il voulait qu'il reste avec lui, peut-être pour lui donner un coup de main quand il rencontrerait le procureur. Ils étaient coéquipiers, et Sonny n'aimait pas envoyer ses coéquipiers bosser tout seuls. Au milieu du pont, dans l'obscurité de sa voiture, sous des trombes d'eau, avec la ville à ses pieds, Nick se surprit à sourire.

Détendu, hormis une pointe de méfiance qui traînait dans un coin de sa tête quand il songeait à cette affaire, Nick trouvait qu'il s'en sortait plutôt bien.

Au départ, Nick Manaris avait été patrouilleur dans East Harlem. Deux ans après, un passage éclair à la brigade Anti-Délinquance de Brooklyn, puis sa promotion comme inspecteur, et une affectation à la brigade Criminelle de Manhattan Nord. Deux autres promotions puis son assignation à la section des Stupéfiants. Une année aux Stups qui parut un siècle. Cette brigade était un joyeux bordel de corruption où grouillaient les flics déjantés. Nick ne voulait pas se mêler à ça. Il ne s'était pas fait d'amis, il n'avait rien à dire à ses collègues des Stups. Il demanda sa mutation.

Les transferts n'étaient pas faciles à obtenir pour un inspecteur principal. Mais Nick « avait des appuis ». Il alla voir Andre Robinson, son rabbin. Andre passa un coup de fil et, bingo, Nick quitta les Stups pour intégrer l'UCCO.

Il était hilare, il regardait l'East River, il y avait deux remorqueurs accrochés à leurs chaînes en plein courant, l'eau filait, se précipitait et gonflait à la surface contre la résistance du ciment et de la pierre des piliers du pont. Au point mort dans les embouteillages, il regardait la rivière et se surprit à penser à Renata.

Nick avait épousé une fille de Westport, dans le Connecticut. Elle détestait le boulot de Nick, elle détestait Le Métier. Ils n'avaient pas d'enfant et elle en était malade. Il avait vingt-neuf ans quand elle était partie, quand elle l'avait quitté pour un prof d'anglais de Jersey. La quarantaine, dépossédé, débordant de peine et d'amour frustré, Nick Manaris était depuis lors entraîné dans une longue danse rageuse avec la vie.

Pendant des années, il avait été incapable de rencontrer des femmes. Renata, sa tentative de relation la plus récente, avait décampé pour partir dans le Sud. Il espérait qu'elle reviendrait mais, en même temps, se demandait : « Qu'est-ce qui est pire, une relation merdique ou pas de relation du tout ? » En tout cas, son instinct lui disait que Renata c'était de l'histoire ancienne, fini, une fois de plus.

Il avait convaincu une seule fois Renata de l'accompagner pêcher du côté de Block Island. C'était marrant qu'une femme, ex-athlète de renom au lycée et à la fac, qui adorait le plein air et courait huit kilomètres par jour, n'aime pas les bateaux ni la pêche. Renata avait essayé pourtant, elle avait essayé. Mais elle se plaignait que l'océan lui faisait peur, cette mer déchaînée, qu'elle ne pouvait pas utiliser les toilettes et finalement, alors que Nick était en train de lancer une ligne légère pour attraper des demoiselles qui nageaient en surface, qu'elle ne s'amusait pas du tout.

Ce que Renata préférait, c'était passer sa journée à dénicher les soldes. Une soirée super, c'était louer une vidéo et se faire livrer une pizza de chez *Ray*. Manger dehors était important, un point crucial. Enfin, s'il n'y avait rien de bien au vidéoclub. Sa vie professionnelle était si fatigante, disait-elle, si épuisante. Éducatrice spécialisée rattachée à la commission des Programmes scolaires de New York, Renata passait ses journées à se battre à main nue avec des enfants défavorisés et retardés, des mini gangsters profondément marqués, c'étaient ses mots. Elle n'était pas une bonne éducatrice, elle se mettait à l'agonie tous les jours. Grande blonde, guerrière au sens érotique, exotique du terme, elle se passait très bien de sexe. Ça m'est égal, lui avait-elle dit. Faire l'amour n'était pas une de ses passions. Gros problème. Il se rappelait Renata debout dans la cuisine, les doigts pincés sur l'arête de son nez, en train de dire qu'il n'était jamais là au bon moment, qu'il avait des horaires de fou. En plus, ses petits criminels pervers l'épuisaient. Et pour couronner le tout, il était parti trop souvent pêcher le week-end.

Nick admettait qu'il était un pêcheur compulsif, invétéré. Debout à deux heures du matin les jours de congé, il roulait trois bonnes heures vers le nord jusqu'à une plage précise où il lançait sa ligne dans les rouleaux. Il y rencontrait parfois E.Z. Brochard et partait au large sur son bateau. Renata avait grandi à New York, ses parents avaient grandi à New York. Cette nana n'avait aucun sens de l'aventure, et pour Nick, un bon bateau, un gros poisson, une journée passée sur l'océan avec des gens qui pensaient comme lui, c'était le paradis. Et quand, un matin, à bord du bateau perché sur une vague de trois mètres de haut, Renata, le teint verdâtre, avait demandé, qu'est-ce t'aimes là-dedans, Nick ?, il lui avait répondu, j'aime tout, Renata. J'aime tout comme un fou. Ses yeux fouillaient la mer derrière elle tandis qu'il cherchait les mots adéquats. C'est réel, c'est apaisant, c'est moi. Arrête, avait-elle dit, arrête. Renata, avait-il rétorqué, pour moi, ce bateau, cet endroit, cet océan, c'est la célébration suprême. Je me sens totalement vivant, je sens chaque nerf et chaque fibre de mon corps sans tension. Ce fut peut-être à ce moment précis que Renata décida de prendre son envol.

Quand il prit le petit virage à gauche au pied du Queensboro Bridge, il aperçut une BMW noire aux vitres fumées. La même BMW qu'il avait remarquée garée dans la rue pas très loin du *Post Time*. L'espace d'un instant, il eut la sensation d'être suivi. Nick gardait l'œil, songeant qu'il n'y avait rien de plus menaçant qu'une BMW noire aux vitres fumées. Satan est à vos trousses. Au niveau de Woodhaven Boulevard, la BM tourna à droite et disparut. Simple coïncidence, certainement, le conducteur devait habiter Queens et il n'y avait pas trente-six façons d'aller à Queens depuis le centre-ville, une seule possibilité si on ne voulait pas claquer deux dollars pour prendre le Midtown Tunnel. Il n'eut pas ce raisonnement mais, pour être franc, il avait d'autres choses en tête.

Nick continua sa route vers l'est sur Queens Boulevard, se frayant un chemin à travers la circulation ralentie par la pluie de ce vendredi soir. Il n'avait pas été chez Andre depuis plusieurs mois et il était heureux de rendre visite à une des deux personnes qu'il pouvait vraiment considérer comme son ami.

La résidence des Tours de Queens se trouvait sur Austin Street dans le quartier de Forest Hills, trente étages au-dessus de la ville; elle comportait un parking souterrain, un voiturier et un ascenseur qui diffusait des airs de comédies musicales. Par nuit claire on avait une vue spectaculaire sur Manhattan depuis l'appartement d'Andre qui était situé au vingt-quatrième étage. Nick alla directement glisser son véhicule au beau milieu d'une rangée de voitures garées. Il prit son attaché-case sur le siège du passager et tendit ses clefs au voiturier, un adolescent noir en uniforme.

Nick pénétra dans l'ascenseur, appuya sur le bouton vingt-quatre, recula et attendit, il ne savait pas vraiment ce qu'il ressentait, s'il voulait impressionner McCabe, le capitaine Hawks et les autres, si cela avait ou non de l'importance. Ces pensées allaient et venaient dans son esprit tout le long du couloir qui le mena à la porte d'Andre, puis cette porte s'ouvrit et il vit Andre, aimable et poli, élégant dans ses mocassins en cuir fin et son pull en cachemire rouge, aussi élégant que lorsqu'il portait ses costumes à fines rayures. De l'appartement affluaient les notes de Big Bill Broonzy. Et Andre de lui demander, comment tu vas depuis tout ce temps ? Tu n'appelles pas, tu n'écris pas. Il passa son bras autour des épaules de Nick, l'étreignit, l'entraîna à l'intérieur avec son assurance et son charme habituels.

Nick et Andre discutaient depuis vingt minutes dans le salon en prenant un verre quand Nick dit :

– Je suis venu combien, dix, quinze fois ? Et tu vois, je n'avais jamais remarqué ça auparavant.

– Quoi ?

Nick s'extirpa du canapé et fit le tour de la pièce en regardant les rayonnages qui s'alignaient sur les murs.

– Tes livres sont classés par ordre alphabétique.

– Oui, et alors ?

– Et alors ? Tu es sérieux ? Il y a peut-être ici un millier de livres, du sol au plafond, et tu les as classés par ordre alphabétique ?

– Et alors ?

Nick éclata de rire et hocha la tête. Andre lui dit qu'il faisait ça depuis qu'il était à la fac, il ne trouvait pas ça si terrible. Personne d'autre ne lui avait fait la réflexion. Tes disques, tes cassettes, tout ça aussi ? demanda Nick, et Andre lui dit, bien sûr, pourquoi ? Où est le problème ? Putain, c'est pas rien, dit Nick. Je suis surpris, tu sais ? Je suis surpris. Il se tourna vers Andre dans l'attente d'une réponse, mais Andre avait pris les mandats et évitait le regard de Nick.

– Alors tu as rencontré l'informateur. Quel est ton avis, il est sûr ?

– Sûr ? Comment ça, sûr ? C'est un indic.

– Arrête ton char, il est sûr ou pas ?

– Accrochée au dernier formulaire, celui pour Cienfuego, il y a une liste. Arrestations et délits, renseignements fournis par ce Rodrigo Punto. Tout est là. Cinq arrestations, quatre condamnations faites à partir de renseignements fournis par Punto.

Andre leva les yeux des pages de notes qu'il avait devant lui. Sans ses lunettes, il devait un peu les plisser pour voir Nick.

– Tu crois tout ça ?

– J'ai préparé les formulaires, signé les mandats.

Après un très long moment, Andre émit un grognement. Il baissa les yeux et continua à lire les formulaires qu'il avait sur les genoux.

– C'est en ordre, dit-il. Je pourrai sans problème les faire signer par un juge.

– Bon.

– Demain on est samedi, Janeway est à la chambre d'accusation. Si je donne mon accord, il les signera.

Bruce Janeway faisait partie des meubles de la Cour, c'était un alcoolique invétéré et un tombeur de première. Nick l'avait toujours connu comme un juge penchant plutôt pour la défense. Super concerné par le sort des gangsters, avec sa queue-de-cheval et sa Jeep rouge décapotable, il faisait le signe « peace and love » aux spectateurs de sa salle d'audience et réduisait les flics en bouillie à la moindre occasion. Il avait toujours l'air d'une consultation psychiatrique à lui tout seul, un véritable emmerdeur.

– Janeway ? dit-il. C'est pas une affaire. Depuis quand Janeway est notre allié ?

– Depuis la nuit où il a levé une pute au *Stadium Lounge*, en face du Shea. Tu ne peux pas savoir dans quelle drôle de merde était Janeway. La pute était un agent, le maillon d'un plan qu'on avait élaboré. On a eu une petite conversation, le gentil juge et moi. Dix minutes après, bingo, Janeway passa de Bruce le Libérateur à Janeway l'Emprisonneur.

– Ça lui fait les pieds.

– Ah, la politique, dit Andre.

– C'est ton rayon. Un vrai don.

– On verra ça bientôt. J'ai décidé de me présenter comme procureur l'année prochaine.

– La dernière fois qu'on en a parlé, t'étais pas si sûr.

– Maintenant si. Je l'annoncerai au cours du printemps. Les Démocrates de Queens, c'est un gros morceau mais, en toute modestie, je sais comment les satisfaire.

– Ah bon ? dit Nick. Comment ?

– En faisant campagne. En élevant la langue de bois au rang de forme artistique. Tu fais ça avec le sourire. Tu leur dis que t'es un affamé et que tu as la rage de vaincre. Tu leur dis que tu es démocrate mais que tu crois encore à la peine de mort, sujet brûlant dans Queens. Ensuite, tu évoques Roosevelt et Kennedy, tu leur dis comment ces types-là t'ont profondément touché à un niveau personnel. Comment Martin Luther King, Bobby et Jack ont changé ta vie.

Que tu es prêt à soutenir le programme démocrate pour la ville. Que tu iras jusqu'au bout. Tu leur dis ce qu'ils veulent entendre : rien ne vaut une bonne vieille langue de bois.

– Mais où tu vois de la langue de bois là-dedans ? Tu as l'air sincère quand tu dis ça, fit Nick.

– Tu le verras tout de suite. Ce ne sera pas long. Écoute, dit Andre tout en se redressant dans le canapé. « Je suis partant, pour l'élection et la suite des événements, je vous prends à ce poste. À mes côtés. Je vous prends comme chef de groupe. »

– Bravo, dit Nick. J'espère que tu iras jusqu'au bout. Procureur, Maire, Gouverneur. Premier sénateur noir de l'État de New York.

– Procureur me suffit pour le moment.

– Cette ville pourrait tomber sur bien pire que toi, merde. Elle est déjà tombée sur bien pire que toi d'ailleurs.

– Voilà ce qu'on appelle un accueil retentissant.

– Dans la mesure du possible, tu peux compter sur mon soutien.

Andre eut un bref sourire et jeta à Nick un petit regard malicieux, on voyait l'enfant qui sommeillait en lui, l'enfant qu'il avait été. Beau à tomber par terre, malin comme un singe, brillantissime.

– Je t'en suis reconnaissant, vraiment, dit-il, sincèrement touché.

Sur le ton de la confidence, du secret inavoué, Andre ajouta, quand tu étais à Fordham Law tu as marqué les personnes qu'il fallait. Moi en premier lieu, et ce jésuite, le père Raymond. Nous attendions beaucoup de toi. Tu aurais fait un super avocat. Nick répondit, il y a bien assez d'avocats dans ce pays, tu parles, bien assez de bons en plus. J'aime bien être flic et j'adore pêcher. Les deux passions de ma vie.

Andre l'observa un instant et finit par dire :

– À propos des passions de ta vie, comment va Renata ?

– Elle est partie. À Miami, pour une réunion de travail.

Nick était nerveux, il se détourna et parcourut les murs recouverts de livres.

– Les choses ont mal tourné pour nous.

– Je suis désolé. Je l'aime bien. Elle est maligne, dynamique. Quelqu'un comme il te fallait. J'aimais bien ce qu'elle avait dit de ton éventuel retour à la fac de droit. C'était pas bête.

– Elle voulait beaucoup de choses, beaucoup. Je ne pouvais pas lui offrir la moitié de ce qu'elle demandait.

Nick termina sa bière, déglutit comme s'il voulait faire passer un kilo de chips.

– Tu en veux une autre ?

– Non merci. Bon, je te retrouve à la Cour demain matin. Je te laisse quatre mandats. Ça ne devrait pas être long.

– Je voudrais te demander quelque chose, dit Andre. Assieds-toi une minute et écoute-moi, d'accord. Si ta réponse est non, oublie tout.

Nick s'enfonça dans le canapé et croisa les mains sur ses genoux. Les yeux d'Andre ne le lâchaient pas.

– J'obtiendrai ces mandats pour toi. Tu les veux, je le ferai. Mais d'abord je vais te dire ce que je pense de ton capitaine Hawks et des autres. L'autre, là, McCabe, Moran, toute cette équipe de l'UCCO.

Nick ne dit rien.

– Tu sais, je t'ai fait muter là-bas pour une raison bien précise. Tu voulais quitter les Stups, hein ? De toi à moi, entre nous, je savais que tu ne ferais pas de vieux os là-bas.

Nick expira et s'étira.

– Non, ça tu avais raison. Je ne me plaisais pas là-bas. Pas du tout.

– Tu vois, je le savais, je te connais. Je suis content d'avoir pu t'aider.

Andre se pencha en avant, les coudes sur les genoux, ses longs doigts entrecroisés.

– On se connaît depuis dix ans, c'est ça ? J'ai été au cabinet du ministre de la Justice pendant cinq ans, j'ai passé deux ans à mon compte et trois ici au cabinet du procureur. Je n'ai jamais rien tenté, je ne suis jamais venu te demander ce que tu savais ou pas à propos de certaines choses qui se passaient au NYPD. Je n'ai jamais été te voir pour te dire, bon, qu'est-ce qui se trame là-dedans ? Je me disais, attends qu'il fasse le premier pas, attends que Nick vienne te voir, il viendra en temps voulu. Mais je ne peux plus attendre.

– De quoi tu parles ? dit Nick.

– Tu sais, beaucoup de choses se sont passées ces dernières années. Je suis certain que tu l'as remarqué. T'es le flic le plus intelligent que je connaisse.

Nick retourna son grand sourire à Andre.

– Combien de plaintes tu crois que j'ai vu défiler sur mon bureau ces derniers temps ? J'en reçois deux ou trois par semaine, des gens qui accusent des flics de faire tel ou tel truc, de leur prendre leur argent, de les frapper, d'aider les dealers. Nick, depuis le temps que je suis dans cette ville, il y a une odeur de péché qui flotte au-dessus de la police.

Nick se décala sur le canapé, leva le menton et dit :

– Je ne saisis pas le sens de cette conversation. Je n'y comprends rien.

– Attends une minute. Écoute-moi jusqu'au bout. Je crois que tu me dois bien ça.

Nick se tut.

– Nick, ce que je suis en train de te dire, c'est que la police est dans la merde jusqu'au cou. Depuis des années. Qu'est-ce que j'y peux ? me demanderas-tu. Et pourquoi je ferais quoi que ce soit ? D'accord, mais tu peux changer les choses, tu peux être vraiment utile.

– Tu déconnes ou quoi ? Tu n'es pas sérieux, Andre.

– Attends, ne te braque pas avant de m'avoir écouté jusqu'au bout. Ce que je te demande, c'est quelques minutes. On est amis, non ?

– Vas-y, vas-y, dit Nick brutalement, tout en parcourant la pièce du regard et en se demandant quel genre de mec pouvait bien être celui qui classait ses livres par ordre alphabétique.

– Bon, concentre-toi. Le NYPD a eu son compte d'enquêtes, c'est un fait. Des broutilles la plupart du temps, un commissariat de police par-ci, un autre par-là. Des flics en uniforme, rien d'important. D'accord ? Bon, je t'explique.

Andre marqua un temps d'arrêt dans l'espoir d'attirer l'attention de Nick.

– Tu es prêt ?

– Allez, Andre, vas-y.

– Bon. Le capitaine Hawks, là, ton chef. Ça fait des années que c'est un pourri, on a des pages et des pages sur lui depuis dix ans. Il est promu, et en plus on lui donne le contrôle d'une section aussi délicate que l'UCCO. Comme si ce type allait changer de comportement, tu vois ?

Les yeux de Nick étaient rivés sur la moquette.

– Changer de comportement... Il amène avec lui dans la section Sonny McCabe, Eddie Moran et une poignée de bandits de leur espèce.

Nick jeta un coup d'œil furtif à Andre, puis détourna le regard : il rêvait d'être déjà parti.

– Je peux te poser une question, Nick, comment tu t'entends avec ces mecs-là ? dit Andre presque timidement.

– Bien, je m'entends très bien avec eux.

Andre rit de toutes ses dents.

– Je ne te crois pas. Tu n'es pas honnête avec moi.

Nick ignora cette remarque.

– Je suis dans le métier depuis dix ans. Je m'occupe de mes affaires, je fais mon boulot et je rentre chez moi. Ce métier n'est pas ma vie. Bien sûr que j'aime ça, que j'y prends du plaisir. Je suis bien payé, j'ai plein de temps libre, et je peux m'offrir pas mal de petits extra.

– Ce n'est pas ce que je suis en train de te dire. Tu sais – je sais que tu le sais – que l'UCCO grouille de corruption.

– Andre, tu es en train de m'embarquer dans quelque chose qui ne me plaît pas.

Andre pencha la tête, se frotta le front du dos de la main et dit :

– Ce type, là, le capitaine Hawks, et les autres, ce sont des rusés. Ils instaurent leurs propres règles et font comme bon leur semble. Crois-moi, ils sont à deux doigts de se prendre une enquête et un procès dans la tronche.

– Je ne pense pas que nous soyons obligés d'avoir cette conversation, Andre. Je ne suis pas aux Internal Affairs [1], et toi non plus. Si tu as des doutes, ce que tu dois faire c'est en informer l'IAD, et les laisser s'occuper de ça.

– On est amis depuis dix ans, Nick, non ? Je suis déjà venu te demander un service ? Pour être franc, la raison pour laquelle je te parle en ce moment, c'est que j'ai besoin que tu me rendes un service.

Nick devait se faire violence pour ne pas éviter le regard d'Andre. Il était de plus en plus tendu, au bord de la colère. Honnêtement, il ne s'était jamais attendu à ça, jamais de la vie.

Andre se leva du canapé, alla jusqu'à la cuisine et en revint avec deux nouvelles bières. Il tendit une bouteille à Nick et leva la sienne pour trinquer.

---

1. Internal Affairs Department : police des polices, équivalent de l'IGS française. *(N.d.T.)*

– Il y a beaucoup d'intrigues politiques complexes qui se trament au cabinet du procureur. Santoro est un type génial. Il m'a dit qu'il me choisirait pour lui succéder, mais il ne l'a pas encore fait. Les leaders locaux du parti m'ont dit qu'ils me soutiendraient tout de suite, mais ils ne l'ont pas encore fait. En plus, le problème de race est majeur à Queens, quoi qu'ils en disent en public. Je sais ce qu'ils se disent entre eux en privé. Ce ne sera pas facile pour moi, Nick.

– Et qu'est-ce que je peux faire, Andre ? Je ne suis qu'un flic.

– Je veux faciliter le choix du parti. J'ai besoin d'une énorme affaire, Nick, un truc qui fasse tout péter. La première page du *New York Times*, le journal télé de dix-huit et dix-neuf heures. J'ai besoin de ton aide.

Il prit une gorgée de bière, les yeux fixés sur Nick.

– Écoute, Nick, je veux savoir ce que Hawks et les autres manigancent. Ils manigancent quelque chose. Je les connais, c'est un sale coup, et je veux les épingler, les scotcher tous contre le mur.

Nick se sentit défaillir. Il fit rouler sa tête comme pour soulager une tension de la nuque et dit :

– Si on résout cette histoire de *Los Campos*, tu l'auras ta grosse affaire.

– Mais je m'en fous de cette affaire, ce n'est pas ça qu'il me faut. Tu sais ce qu'il me faut. Ne fais pas le malin avec moi.

– Attends une seconde, dit Nick, agressé. De quoi tu parles ? Qu'est-ce que tu baragouines ? Non, attends, attends. Tu me demandes d'être un informateur, d'espionner les gens avec qui je travaille. Il faudrait que j'aie pété un plomb. Que je sois une ordure, un malade, pour faire un truc pareil. Qu'est-ce que tu veux, Andre, m'envoyer en enfer ?

– Tu fais partie de leur équipe, ce serait un jeu d'enfant pour toi, tu n'aurais qu'à ouvrir l'œil. Pour voir ce qu'ils manigancent. Nick, arrête, ce sont des pourris. Ils ne s'occupent jamais d'une affaire s'il n'y a pas du fric à se faire. Le fait est, continua-t-il avant que Nick n'ait eu le temps de répliquer, que tu ferais ça pour moi, pour moi. Tu vas bientôt avoir la possibilité de me venir en aide.

– Andre, c'est bien la dernière chose que je te croyais capable de me demander. Tu es mon ami.

– Le monde n'est pas parfait, Nick. Il faut prendre position. Écoute, ces types sont comme un schlass planté dans le flanc de la police.

– Ce que tu demandes... Si ce que tu es en train de me dire, c'est que tu veux que je sois un mouchard, alors moi je te dis que nous ne sommes pas amis, que nous ne l'avons jamais été. Nous sommes des étrangers.

Andre le dévisagea tristement.

– D'accord, Nick, écoute, peut-être que j'aurais dû le formuler autrement.

Il pressa ses paumes l'une contre l'autre comme s'il faisait une prière.

– D'accord. Ce que je veux dire, c'est que si on veut que les choses fonctionnent bien dans cette ville, les flics de cette espèce doivent tomber. C'est primordial, tu comprends ?

Nick but une longue rasade de bière. Il commença à dire quelque chose, hésita. Se demanda s'il ne devait pas s'excuser, se lever et partir. Il haussa les sourcils.

– Tu as organisé mon transfert à l'UCCO en pensant que j'espionnerais pour toi ?

Andre acquiesça. Nick songea, c'est étrange, c'est vraiment étrange, tu croyais connaître Andre Robinson et tu ne connaissais pas du tout Andre Robinson. Il était effondré, il fallait en finir avec ces conneries et se tirer.

– Cette conversation, dit Nick, me démoralise complètement, parce qu'elle me rappelle que nous nous servons tous les uns des autres. Tous, avec nos propres façons de faire, tout le monde baise tout le monde. C'est l'apologie du « chacun-pour-soi-connard ». Et les gens veulent savoir pourquoi j'aime l'honnêteté de l'océan.

– Écoute, dit Andre. Si je t'ai insulté, j'en suis désolé. Je pensais que, comme nous étions amis et que nous partagions la même vision morale du monde, notre amitié et nos convictions communes justifieraient le fait que je te demande un service.

– Je vais te dire quelque chose, Andre, tes justifications, c'est des conneries. Tu étais prêt à foutre ma vie en l'air pour faire avancer ta carrière politique. Désolé, dit Nick, non merci.

Il se leva.

Andre se redressa, le raccompagna à la porte, passa son bras autour de ses épaules et l'entraîna comme l'avait fait Sonny McCabe. Ils étaient devant la porte de l'appartement.

– Mes intentions étaient bonnes et honorables, dit Andre.

Andre aimait parler, il continua pendant cinq bonnes minutes, décrivant les pressions qu'il subissait, le sort de l'homme noir en Amérique. Quand il se remit à lui parler du capitaine Hawks, Nick décida que ça suffisait.

– Je ne veux plus entendre parler de ça, dit Nick. Tu me dis que tes intentions étaient bonnes. Tout le monde a de bonnes intentions, peut-être même Hawks et Sonny McCabe. Ce que je veux savoir c'est ce que tu comptes faire avec ces PV ?

– Retrouve-moi à la Cour demain matin. Je les ferai signer.

– Bien, très bien. Que je puisse retourner faire mon travail et arrêter des truands.

– Assure-toi que personne ne soit tué, hein ? McCabe et les autres sont une bande de cow-boys.

– Personne ne se fera tuer, pas si je peux l'en empêcher.

– Bien, bien. Mais on ne sait jamais. Quand tu auras travaillé quelque temps avec ces individus, tu envisageras peut-être différemment ma requête. Donc si les choses se profilent comme je le pense avec ton équipe, je te poserai peut-être encore la question à l'occasion.

Nick se contenta de sourire. Ils se serrèrent la main.

– Je te vois demain matin, dit Nick.

Ce ne fut qu'à mi-chemin de chez lui qu'il perçut le soupçon de menace contenu dans les derniers mots d'Andre. Il songea de nouveau à l'océan, à la mer, aux requins bleus, aux requins à maquereaux, aux grands requins blancs. Nick avait attrapé des tas de requins bleus, qu'il ferrait puis relâchait, et des requins à maquereaux, qu'il mangeait. Un jour, environ deux ans auparavant, près de Mud Hole, à quelque vingt-cinq miles à l'ouest de Block Island, il était tombé sur un grand blanc. Le poisson dévorait une baleine morte qui flottait. Il se souvint qu'il avait regardé le monstre aller et venir, ses grandes mâchoires arracher d'énormes lambeaux de viande. Il faisait beau, la mer était étale, des sternes dansaient sur la baleine, prenaient leur part. Il se souvint de ce qu'il avait ressenti à ce moment-là, sa compassion totale pour la baleine, exactement comme il se sentait maintenant, pratiquement sans amis, seul.

Près d'une demi-heure plus tard, Nick laissa sa voiture sur le parking du poste de police à deux blocs de chez lui, tout en repensant à Andre, comme ce dernier l'avait choqué. Pas à cause de ce qu'il avait dit, même si ça l'avait aussi abattu, haché menu. Andre parlait d'une voix si douce, il essayait de l'absorber, de l'attirer à lui. Andre connaissait très bien les conséquences de ce qu'il demandait, et savait que Nick en serait blessé. Le simple fait qu'il ait l'intention de le demander. Fils de pute.

Mais ce besoin impérieux de se retrouver au sommet, ça aussi ça l'avait choqué. Il serait procureur, et peut-être même maire, oui. Lui, le type qui avait l'habitude de parler des politiciens avec mépris, avec dégoût. Et c'était pire que ça : Andre avait osé dire qu'il avait prévu depuis longtemps de faire de lui un informateur. Un indic. À présent Nick n'était pas certain d'avoir agi comme il aurait fallu. Il se disait qu'il aurait dû pousser une gueulante. Sauter sur Andre et lui faire la peau. Putain, un mouchard, Andre Robinson voulait faire de lui un mouchard.

Fils de pute.

Ce qui était amusant, c'était que Nick ne se sentait pas en droit de se plaindre. Depuis des années, Andre était son soutien, son appui dans le métier. Sans Andre Robinson, il aurait encore été en train d'éviter les jets de briques dans la brigade Anti-Délinquance. Il aurait simplement souhaité qu'Andre ne lui eût jamais parlé comme il l'avait fait. C'était étrange, il était gêné, il avait honte qu'on puisse penser à lui en ces termes, se dire qu'il était une balance potentielle. Et il avait tout aussi honte d'y accorder tant d'importance, parce que c'était ce qu'Andre avait pensé qu'il ferait. N'être qu'un indic de plus. Ça le rendait malade. Il aurait aimé se dire que, quand Andre lui parlait de l'UCCO, c'était sincère. Comme un copain, comme un ami, qui demandait conseil sur ceci ou cela. Pas comme un accusateur, au visage tout tordu. Seigneur ! Comme Andre pouvait vite passer de l'un à l'autre, de l'ami à l'accusateur, c'était sidérant. Et quand il avait dit à Nick qu'il était le flic le plus malin qu'il avait jamais vu. Quel connard.

De retour chez lui, Nick s'examina dans le miroir de la salle de bains. Il avait mal à l'œil droit, un mal de chien, il était tout injecté de sang. Il avait besoin de sommeil, d'une bonne nuit de repos, sept, huit heures. Brancher le répondeur et couper la sonnerie du téléphone, se mettre au lit, sans une pensée pour Renata, sans se coucher pour regarder les dernières informations du soir, ce qu'il avait tendance à faire. Nick Manaris avait toutes les informations dont il avait besoin. Le lendemain, il récupérerait les mandats signés et puis voilà.

Dans son lit il se tortilla dans tous les sens pour trouver le sommeil. Il se demanda si Andre avait pu lire son visage. Nick était fier du fait que personne ne pouvait jamais lire son visage s'il ne le voulait pas. Il s'enroula dans les couvertures, en pensant à Renata dans son bikini noir, à la façon dont elle plantait ses pouces sous ses seins pour les faire pigeonner, riait et donnait des frissons à Nick. Son cœur battait la chamade dans ses oreilles, rugissait. Andre disait, *Je te poserai peut-être encore la question à l'occasion.*

Fils de pute.

7

Diego passa tout le début de la soirée à servir à boire, à papoter avec les habitués de *Los Campos*, des Cubains, des Portoricains et des Colombiens. De petits malfrats maigres et gominés, de sortie avec leurs bonnes femmes. Des truands dans tous les coins, qui affichaient un étrange sourire figé, comme si tous les mystères de la nuit leur étaient familiers. Des gars qui sifflaient et criaient : « Allez, Professeur, on va prendre un whisky avec un peu d'eau, et un gin-fizz avec une petite cerise confite pour la dame. » Quelques-uns buvaient du whisky haut de gamme, la plupart prenaient des Cuba Libre – rhum, Coca, citron vert.

Des types avec des chemises flamboyantes, des pantalons en soie et lin, des coupes de cheveux bien soignées et des bijoux coûteux, des chaussures italiennes et espagnoles, qui tapaient dans leurs mains et roulaient des mécaniques sur la musique de Prez Prado et Mongo Santamaría. Ils avaient l'air d'*hombres* établis mais n'étaient en fait à peine plus que des gosses. Et même si Diego filait doux au son de leur espagnol, il les trouvait amusants, voire même charmants. Il n'y avait pas un barbu et personne ne portait de costume.

Tout au bout du bar, un Cubain noir avec un bec-de-lièvre avait passé son bras autour d'une femme vêtue d'une robe verte miteuse, et posé la main sur sa hanche grasse. Cet homme s'appelait Montoya, il portait une veste de ville noire et avait l'air, sembla-t-il à Diego, malheureux.

Montoya lui sourit. Un peu plus tard, il s'approcha de Diego et lui demanda doucement s'il comptait chanter. Diego avait déjà dit à certains clients qu'il allait bientôt jouer un boléro, ce qu'il répéta à Montoya.

Plus tard encore, vers trois heures du matin, quand l'effervescence du club commença à diminuer, Diego apporta un tabouret de bar et sa guitare sur la piste de danse.

Dans un halo de lumière, il chanta *Bésame mucho* tel un esprit céleste, en y mettant tout son cœur. Avec sa voix de crooner démodé, il touchait le cœur de chacun dans la salle, faisait resurgir des images de l'ancien temps et des amours passées. Les couples se tenaient en dehors du halo de lumière, dans l'obscurité, et soupiraient, s'embrassaient, des mains se faufilaient entre les cuisses ouvertes.

Quand Diego eut terminé son dernier couplet, il regagna son poste derrière le bar. Il se sentait transformé, il avait les yeux embués, il était détendu, tout en essayant de tenir son rôle de star devant la douzaine de femmes célibataires qui restaient là et faisaient des allées et venues dans leur robe sexy, lui souriaient, lui envoyaient des baisers. Certaines se pressaient contre le bar tandis que d'autres étaient assises à une table, seules ou à deux. Quelques-unes étaient des professionnelles ; elles se balançaient avec indolence et déshabillaient du regard les célibataires éméchés. Certaines avaient un verre de bière à la main offert par des hommes dont le cerveau était dans un tel brouillard qu'ils pensaient offrir du champagne. Ces femmes seraient payées plus tard, par Benny.

En plus de l'heure tardive et des néons du bar nimbés dans un épais nuage de fumée de cigarettes, Diego se disait que l'insolente odeur de marijuana qui régnait sur le club le dotait d'une atmosphère bohème. Ce qui ne lui déplaisait pas.

Diego entendit Benny l'interpeller de la table où il se trouvait, au centre de la salle.

– Diego, dit-il. C'était magnifique. Tu as beaucoup de talent.

Vêtu de son costume blanc en soie, Benny était assis avec Cano, leurs visages illuminés par la lueur rouge d'une bougie. Les frères Vasserman de Manhattan et Tito Roman flanqué de sa bande du Bronx étaient assis à une table derrière eux. Des gangsters, des vrais de vrai. Diego les avait souvent surpris en train de parler de flingues et de cocaïne. Pour lui, ces gens étaient des ordures. Des types dont il était sage de rester à l'écart.

Chino, le plus jeune des frères Vasserman, avait un large visage avenant avec des yeux bridés d'Asiatique qui lui donnaient l'air innocent, doux. Mais à sa façon de retrousser sa lèvre et de hocher la tête quand il souriait, on savait qu'il était tout sauf ça. Mambo, le frère aîné, semblait, selon Diego, avoir adopté le style de la rue de New York, œil aux aguets et bouche cousue. Il avait un visage de hibou et un cou de porc. Les amis de Benny, remarqua Diego, allaient et venaient comme un banc de prédateurs au fond de l'océan.

– C'était vraiment bien, mon ami, dit Cano. *Ven acà conmigo.* Viens près de moi.

– Merci, lança Diego.

Il parcourut la salle du regard, à la recherche d'un joyeux luron, d'une excuse pour aller ailleurs, n'importe où ailleurs qu'à la table de Cano et Benny. Il but une gorgée de sa vodka-orange ; elle était trop forte.

– *Ven acà*, lança Cano.

Il était assis les mains croisées derrière la tête. À côté de Cano, Benny était penché en pleine conversation à voix basse avec Mambo Vasserman, l'homme au cou de porc.

Cano ne quittait pas Diego des yeux. Diego essayait d'éviter son regard, mais quand il le croisa, il fut surpris de voir que le Colombien souriait, comme s'il venait de découvrir un secret incroyable.

Tout à coup, le juke-box se mit à vomir un air de salsa. Dans un coin du club, un groupe de quatre femmes se tortillaient comme des danseuses de cabaret chevronnées.

Diego essayait d'avoir l'air naturel, tout en sirotant son cocktail. Il était de plus en plus anxieux, effrayé.

– *Ven*, Professeur, cria Cano.

Diego traversa la salle en direction de la table de Benny et Cano.

– Professeur, dit Cano. J'ai entendu dire que tu étais castriste.

Diego s'éclaircit la gorge.

– Comment ? dit-il.

– J'ai dit, j'ai entendu dire que tu étais coco. C'est vrai ? T'étais un copain de Castro ?

– Non, non. Pas un copain. J'ai cru en lui à un moment. Il avait des rêves et il s'est dévoué à son pays. Avant. Il y a très longtemps.

– Un *Pionera*, hein ? Je parie que t'adorais cet enfoiré de coco, cette salope de Che, hein ?

Diego vit grandir la suspicion dans les yeux de Cano. Il le regarda se verser du whisky de la bouteille qu'il avait devant lui.

– Adorer ? Oui, j'imagine qu'on pourrait dire que je l'adorais, c'était un homme plein de dignité. Et puis on l'a tué, et tu sais, les temps ont changé.

– Alors qu'est-ce que tu fais ici ? Tu devrais être à La Havane, mon vieux. Pas ici avec ces traîtres et ces impérialistes.

Les frères Vasserman avaient quitté leur table et s'étaient avancés vers la piste de danse. Ils étaient en train de se dandiner.

– Tu sais, Cano, dit Diego, je ne suis pas quelqu'un d'engagé politiquement. Je suis venu chercher la belle vie pour mes gosses et moi. Comme toi, non ?

Debout, Cano titubait un peu et posa sa main sur le bras de Diego.

– Comme moi ? T'es pas comme moi, mon vieux. Je hais les cocos, je hais les flics, je hais tous les enculés qui sont pas dans mon camp. T'es dans mon camp, Professeur ? Dis-moi, t'es de quel côté ?

Benny leva la main, sourit et dit :

– Cano, Diego était le mari de ma cousine. Il est de ma famille. Depuis quand tu parles politique, je t'ai jamais entendu parler politique. C'est une blague ou quoi ?

Cano n'avait pas l'air de trouver ça drôle. Il se détourna de Benny, dévisagea Diego et s'approcha tout près de lui. Diego aurait pu embrasser son front s'il s'était penché. L'haleine du Colombien était chargée d'alcool, de tabac et de reflux amers qui remontaient de son estomac et envahissaient sa gorge. Diego se mit de profil, enfouit son menton dans son épaule. Il avait la nausée, et la peur qui le rongeait grandissait, se déplaçait comme un serpent dans ses viscères.

– Ce mec, dit Cano, est un con, Benny. Ton cousin, là, ce mec de ta famille, c'est une gonzesse, il a pas de couilles, il a pas assez de poigne pour être un homme.

Il lança un grand sourire à Diego.

Personne auparavant n'avait traité Diego de lâche. Il était anéanti par les propos du Colombien, sa façon de lui parler. Diego avait été lâche à Miami, et Cano le pétrifiait, l'effrayait comme alors. Il dévisagea Cano, puis jeta quelques coups d'œil dans la salle, ahuri par la vivacité de ce souvenir.

– Tu sais, Cano...

Diego hésita, il sentait qu'il allait se créer des ennuis mais il fonça.

– Je crois que tu as trop bu.

– Mais je t'emmerde, moi, dit Cano. Demain, qu'est-ce que tu fais demain ?

– Cano, dit Benny.

– La ferme, Benny. Je veux qu'il soit là demain. À trois heures. T'entends, Professeur ? Demain à trois heures, ici.

Diego et Cano se dévisagèrent, puis Cano se tourna vers Benny et dit :

– T'es un débile. Tu parles trop et tu fais confiance à tout le monde, même à un enculé de barman.

Diego était perdu : Cano parlait-il d'Oscar Melendez ou de lui ?

Benny hocha la tête en souriant.

– Non, c'est faux.

Il leva son rhum-coca ; Diego vit que sa main tremblait.

– Je serai là, dit Diego.

Cano tapota amicalement le bras de Diego.

– Qui sait ? dit-il. Tu me prouveras peut-être que j'ai tort.

Diego se mit à rire.

Cano sourit, joyeux.

Diego et Justo attendaient sur le parking qu'Hector vînt les chercher. Cano apparut par la porte de service du club, il s'avança vers Diego et le dépassa d'environ un mètre.

– Écoute, Diego, dit-il. J'ai besoin de te parler.

Diego haussa les épaules, l'air de dire pourquoi pas ? ou à propos de quoi ?

– On dit que tu es très intelligent. C'est peut-être vrai, hein ?

Diego haussa les épaules.

– Je vais te parler de mon expérience de la vie. Tu apprendras peut-être quelque chose.

Diego croisa les bras et essaya de se calmer. Comment s'y prendre avec ce type-là ? Que faire ?

– Je n'ai jamais prétendu être très intelligent. Je suis comme je suis, dit-il, tout en se demandant ce que ces gens, ce que ce Colombien, pouvaient bien lui vouloir.

– Tu as déjà été arrêté ? Déjà été en prison ?

Diego se sentit trembler d'appréhension.

– Non.

– Moi, oui. Et je vais te dire un truc, Professeur, la prison peut faire du bien. Beaucoup de bien. Comme à l'université, le temps passé en prison peut t'apprendre plein de choses.

Diego ne répondit pas.

– Quand tu deviens un familier de la prison, tu te sens pris d'une passion toute neuve pour la liberté. La nuit le ciel te semble plus beau, plus brillant.

Il enfonça soudain son doigt dans la poitrine de Diego.

– La couleur rouge devient plus rouge pour toi. Tout à coup, tu tombes amoureux de l'air matinal, du miracle du corps d'une femme et de la passion qui l'anime.

La main de Cano toucha sa joue, s'y attarda puis se retira.

– Tu vois, je ne retournerai jamais en prison. Jamais.

Diego regarda Cano, qui ouvrait tout grand les mains.

– Ton cousin Benny est un dur, dit Cano, un vrai dur. Mais les mots « intelligent » et « Benny » ne devraient jamais être utilisés dans la même phrase. Tu comprends ce que je te dis ?

Diego hésita, il n'était pas du tout sûr de comprendre ce que voulait dire Cano.

– Je comprends, mentit-il. Un homme comme toi doit être prudent.

Diego se disait que Cano était saoul, défoncé et extrêmement dangereux. Exactement comme les types qui l'avaient humilié à Miami.

– Tu sais, les gens conseillent d'être prudent, mais je me fous de ce que les gens pensent. Je crois qu'on n'a qu'une seule chance dans la vie, et aujourd'hui je suis prêt à prendre mes responsabilités.

Cano leva la main et la posa sur l'épaule de Diego.

– Tu as fait quelque chose de bien, ce soir. Tu nous as prévenus pour Oscar et Rodrigo. C'était bien, très bien.

Diego détourna les yeux.

– Ce n'était pas grand-chose, dit-il. Ils étaient dans la même voiture, c'est tout. Rien de grave.

Il essaya d'avoir l'air détaché, de ne pas s'avouer à lui-même qu'il avait bel et bien fait du tort à Oscar et Rodrigo.

Cano l'attrapa par le poignet.

– Tu es là à trois heures demain. D'accord, mon ami ? dit-il.

Diego ne répondit pas.

– Je veux te voir ici demain, d'accord ? répéta Cano.

– Pour quoi faire ?

– Mais parce que je te le demande. C'est un genre de test, tu vois ?

– Un test, dit Diego.

C'était plus un constat triste qu'une question.

– Tu as peur, Diego. Je veux juste voir jusqu'à quel point tu as la trouille.

Diego libéra son poignet d'un coup sec, il se serait damné pour être déjà parti.

– Écoute, Cano, dit-il à voix basse, tu te trompes. Je n'ai pas peur.

– La peur, dit Cano, a l'odeur de la chatte. Tu sens la chatte de la tête aux pieds.

– De quoi je devrais avoir peur ?

– C'est toi qui vas me le dire. De la mort peut-être, tout le monde a peur de la mort, non ?

– Tu te trompes, Cano. La mort ne m'effraie pas. J'ai vécu assez longtemps pour savoir qu'elle peut arriver demain ou plus tard, mais qu'elle finira par frapper tout le monde. Même les durs comme toi.

Diego recula de quelques pas.

– Tu seras là demain ?

– Bien sûr.

Diego tremblait à cette idée. *Demain à trois heures*, le son de ces mots retentissait dans sa tête comme une incantation.

– Il est fou.

Diego regardait par la vitre de la voiture, les yeux perdus dans le vide.

– Il boit, et il fume bien trop d'herbe. Et j'imagine qu'il prend aussi énormément de coke.

– Putain, ce mec, c'est un sorcier, dit Hector, c'est Cano l'enchanteur. Il t'aime bien, tu sais. Il m'a dit lui-même qu'il te trouvait sympa. Tu devrais bien te comporter avec lui, Professeur, c'est un mec important.

Diego ne répondit pas. Il repassait dans sa tête cette conversation aberrante. Que faire ? Cano était un malade, un vrai cinglé.

Qu'est-ce qu'il me veut ? songea-t-il. Mais qu'est-ce que ce détraqué de rouquin colombien a mijoté ? Il voulait le voir à *Los Campos* : pour quoi faire ?

Diego se taisait, en grande discussion avec lui-même, tandis qu'Hector roulait trop vite sur Roosevelt Avenue. Diego était assis là à se tordre les mains, à se poser des questions, à polémiquer avec lui-même, pendant que défilaient à toute allure les trottoirs de ce petit matin sur lequel pesait un silence de mort. L'odeur de la peur. Il avait l'impression d'être un clown, et il imaginait Cano et les frères Vasserman au club en train de rire. Diego essayait de reprendre courage mais c'était comme s'il avait espéré se transformer en fantôme et pouvoir disparaître. Cano lui avait dit d'être à *Los Campos* à trois heures et il avait répondu qu'il y serait ; c'était sans appel. Il fallait qu'il se pointe là-bas. Il s'imaginait en train d'expliquer à Cano qu'il avait eu d'autres choses à faire. Je serais bien venu mais je devais emmener mes enfants au zoo.

Diego se retourna et vit que Justo s'était allongé sur la banquette arrière. Le pauvre garçon était épuisé, ses yeux étaient bouffis et minuscules après ces neuf heures passées à verser du produit dans les casseroles à la cuisine de *Los Campos*. Diego regardait son fils et se disait, il a vu si peu de la vie, et pourtant tellement.

La Buick de Benny était garée le long du trottoir devant chez Diego. Diego ressentit un soulagement instantané, comme dans un bain chaud quand on a les os endoloris.

Hector se gara en double file, Diego réveilla Justo et conduisit par le coude son râleur de fils, éreinté, anéanti, jusqu'au perron puis à l'intérieur de l'immeuble.

Le soleil perçait à travers une mince ligne rose et gris qui bordait le ciel matinal. Il était cinq heures quand Diego rejoignit Benny dans sa voiture.

– Putain, je suis crevé, dit Benny.

– Moi aussi. Tu rentres chez toi ?

– Oh oui.

– Écoute, dit Diego, je suis content que tu sois passé. Je dois te parler.

– Je me doutais bien que tu en aurais envie. Je me suis dit qu'après cette discussion avec Cano, tu n'arriverais pas à dormir. Cano peut produire un tel effet, il peut faire ça à tout le monde. Il peut empêcher n'importe qui de dormir. Putain, il est cinq heures du mat', dit Benny sur un ton geignard en consultant sa montre.

– Cet homme est méchant, Benny. Ce Cano est un pervers.

– Un enfoiré. Quand tu es parti, il m'a dit qu'il allait te mater, t'apprendre quelque chose, tu vois. Il m'a sorti son baratin sur la prison, comme quoi il n'y retournerait jamais.

– D'abord il m'a traité de lâche, et ensuite il m'a fait le même baratin. Je ne suis pas un lâche, Benny.

– Mais je le sais bien, mon vieux. T'as pas tenu tête à Rodrigo peut-être, alors qu'il pointait son flingue sur toi ? T'as tenu bon. T'as pas cédé de terrain. Cano te connaît pas. Il croit que tout le monde est nul sauf lui.

– Il n'a pas tout à fait tort. Je ne suis pas comme lui, moi. Je ne suis pas un criminel, un gangster. Ce type est fou et intelligent. Un type fou et intelligent, c'est très dangereux. Tu ferais mieux de faire attention.

– Je l'emmerde, dit Benny, tandis que la colère lui montait au visage. C'est le problème avec les Colombiens, tu leur files un flingue et ils se prennent pour Superman.

– J'ai rencontré des Colombiens très bien, mon ami, dit Diego.

– Ah bon ? Pas moi.

– Il veut que je sois au club à trois heures demain.

– Je sais, et tu lui as dit que tu y serais. C'est le problème.

– Je voulais passer un peu de temps avec mes gosses. Mariaclara et Miguel sont trop souvent seuls. Ce n'est pas bien, ce n'est pas sain.

Benny adressa à Diego un effrayant sourire las.

– Tu as déjà dit à Cano que tu serais là.

– Ouais, on parle, on parle, dit Diego, tout en songeant que Cano était tellement défoncé qu'il ne se souviendrait probablement pas de leur conversation.

Il pensa aux yeux de Cano, ces yeux bleus de Colombien fou, puis fit rapidement disparaître cette image, repensa à Cano, Cano qui le dévisageait, sifflait dans sa direction comme une vipère à tignasse rousse. Disait *C'est une gonzesse, il a pas assez de poigne pour être un homme*. Comme les types de Miami, les petits Yankees noirs qui lui avaient montré leurs flingues et lui avaient pris l'argent qu'il avait dans sa poche, sa montre, le collier de sa fille. La façon qu'ils avaient eue de faire ce petit claquement quand il les avait suppliés de ne pas faire de mal à son enfant. Mariaclara qui était là, dans cette rue de Miami, imperturbable, sans un soupçon d'émotion, sans peur aucune. Et même quand ils avaient arraché le collier de son cou, pas un son. Il se revoyait à présent comme ces adolescents féroces l'avaient vu, à genoux, en train de prier, de supplier, absolument terrorisé. Il se rappelait les yeux noirs de sa fille, impassibles, posés sur son père, et se voyait à travers les yeux de son enfant.

– Écoute, dit Benny, c'est à toi de voir. Si tu veux, tu peux passer la journée avec tes gosses. Je m'occuperai de Cano.

Diego s'adossa au siège de la voiture et vit de nouveau Miami.

– Pourquoi est-ce qu'il veut que j'aille là-bas ? Qu'est-ce qui se passe à trois heures ?

– On règle des affaires, dit Benny. On doit juste régler quelques affaires.

– Mais je ne suis pas impliqué dans vos affaires, moi.

– Tu gravites autour, mon ami. Tu ne sais peut-être pas que tu gravites autour ; mais c'est le cas.

Diego fronça les sourcils. Sur le visage souriant de Benny il lut le mot « problèmes », et ce mot eut dans son esprit fatigué une résonance impitoyable.

– Tu sais, tu pourrais gagner de l'argent, dit Benny. Les gens font confiance aux types comme toi, si sympas et si cultivés. T'es pas un mec de la rue comme moi, ni un pauvre gars comme Cano. Tu pourrais vraiment gagner de l'argent, de l'argent pour ta famille.

Diego s'imagina avec autant d'argent que Benny et Cano semblaient avoir. Pouvoir faire des choses pour ses enfants, payer leurs études, s'acheter une voiture. C'était n'importe quoi. Il était un honnête homme et si l'honnête homme croyait en quelque chose, y croyait vraiment, alors il devait agir en conséquence. Pourtant, Diego comprenait assez bien cette vie pour savoir qu'en fin de compte il y a peu d'espoir pour l'honnête homme. Si je m'éloigne de Benny, se dit-il, je serai perdu dans cette ville. Il était ahuri, et les réponses ne se bousculaient pas au portillon.

– Tu en penses quoi, Benny ?

– C'est à toi de voir. Mais tu ne peux pas continuer à travailler au club si tu ne te joins pas à nous. Il faut que tu sois des nôtres ou que tu disparaisses. Cano n'acceptera rien d'autre. Écoute, Diego,

Cano se fout qu'un mec soit con ou intelligent, tant qu'il sait dans quel camp il est.

– Et c'est lui qui commande ?

– Oui, oui, c'est lui. Tu sais, si tu travailles pas à *Los Campos*, tu pourras pas trouver grand-chose dans cette ville. Bien sûr, tu pourrais être plongeur, ou livreur. Si t'as de la chance tu pourras peut-être trouver une place quelque part pour chanter. Mais ça m'étonnerait. Tu tiens un bon truc ici, Diego. Réfléchis-y.

Diego haussa les épaules et songea que tout cela était probablement vrai.

Benny prit la main de Diego et y glissa un rouleau de billets. Diego baissa les yeux et compta les zéros.

– Tu es un mec intelligent, tu comprends ce que je te dis. Ce qu'il y a là, c'est pour Justo et toi.

Diego compta trois cents dollars.

– Tu me paies toujours par chèque, et le mardi.

– C'est pour Justo, et un petit supplément pour toi.

Diego sentait l'argent dans sa main, sentait quelques centaines de dollars d'argent à dépenser en extra.

– Pourquoi t'essaies pas juste un certain temps ? Tu vas peut-être adorer ça, les affaires.

– Ah oui ? Et quel genre d'affaires c'est, Benny ?

– Viens à trois heures et tu verras.

Une demi-heure plus tard, conscient qu'il ne dormirait pas cette nuit-là, Diego quitta son lit en silence et alla dans la chambre de Mariaclara. Sa lanterne magique tournait sur la table de nuit. Il resta là une minute ou deux, regarda sa fille dormir, puis alla jusqu'à la chambre de ses fils et y jeta un œil. Il se rendit ensuite dans la cuisine, se fit une tasse de café, prit un livre et se mit à lire. Peu de temps après, il eut un éclair d'enthousiasme, s'empara de son bloc-notes, d'un stylo, et commença à écrire. Il écrivit longuement, une *décima guajira*, un poème traditionnel ; les Cubains ont toujours exprimé leurs sentiments les plus passionnés, leur amour, leur haine et leur peur, par les formes anciennes. Diego écrivit avec hâte, avec appétit. Quand elle est récitée, la *décima* est lue avec une voix plaintive mouillée de larmes.

Au loin sur Roosevelt Avenue, à une distance indéfinie, on entendait les gémissements et les hurlements d'un chien, d'abord un seul, puis d'autres, furieux, désespérés et abandonnés.

8

Sept heures quarante-cinq du matin. Quatre étages sous la fenêtre de Nick, trois policiers attendaient que leur ronde de minuit à huit heures du matin s'achève. Nick se disait qu'ils devaient être du commissariat voisin. Ils se tenaient au coin sous le store d'une épicerie. De loin, ces flics avaient l'air jeunes et bien bâtis, ils avaient un corps bien entretenu. Le cuivre, le cuir et l'argent de leur uniforme étaient neufs et brillants ; ils luisaient dans la lumière obscure du matin.

Il avait plu toute la nuit et il pleuvait encore, une pluie déprimante, pas drue mais régulière, comme si elle s'était installée pour la semaine. Les flics bavardaient, se donnaient des coups de coude et se taquinaient, oscillaient entre la pluie et le store, et, quatre étages plus haut, il était clair qu'ils étaient copains. Il y avait beaucoup de monde pour un samedi matin, quelques SDF déguenillés passèrent devant les flics, mais la foule était surtout composée de New-Yorkais qui démarraient leur journée d'un pas alerte. Un taxi prit un couloir de bus et se gara devant les flics. Un Noir vêtu d'une veste de treillis et d'un béret vert sortit côté conducteur. Le chauffeur de taxi jeta un œil aux flics et rentra en courant dans l'épicerie, la main sur son béret comme si c'était un trésor qu'on aurait pu lui voler. Les policiers se retournèrent et lui sourirent. Un des flics fit lentement le tour du taxi comme s'il l'inspectait. Puis, il s'arrêta, regarda à droite et à gauche, s'agenouilla, sortit un couteau de sa poche et, brusquement, d'un coup sec, creva le pneu avant du taxi. Nick vit le flic se relever, faire un tour d'horizon comme si de rien n'était. Puis il virevolta jusqu'aux deux autres. Ils se regardèrent et éclatèrent de rire. Ils remontèrent la rue ensemble, en direction du commissariat. Nick se dit que c'était une journée de flic type, mais il savait parfaitement que tant que les flics étaient des êtres humains et restaient à la fois des êtres et des humains, il y aurait toujours des cinglés parmi eux. Et puis merde, quand on prend le risque de se garer sur un arrêt de bus, pile devant trois flics qui viennent de passer huit plombes dans le froid et sous la pluie, on vient pas chialer.

Nick se tenait à la fenêtre en buvant son café, il regardait le chauffeur de taxi changer son pneu quand il lui vint à l'esprit que, en dépit de tout, la raison, la sécurité et le bon sens, il ressentait en fin de compte un besoin croissant de bosser sur cette affaire avec Sonny McCabe et les autres. Andre avait peut-être raison à leur sujet, et peut-être totalement tort. Il le découvrirait pour satisfaire sa propre curiosité. Ce serait une aventure, un antidote contre la vacuité quotidienne de sa vie. Il serait intéressant de voir de tels flics en action, songea-t-il. Intéressant de voir des flics qui croyaient en des trucs qu'il n'avait jamais réussi à comprendre. Ce serait différent. Il ne devait rien à Andre, il ne serait pas son espion. Tout ce qu'il pourrait faire ou voir avec McCabe et les autres ne concernerait que lui. Une froide excitation jusqu'alors inconnue s'empara de lui. Il termina son café et vit qu'à ses pieds, la rue cédait à une pluie drue. Il avait attendu chez lui dans l'espoir qu'Andre l'appelle, mais non.

Il était huit heures et quart et il n'avait reçu aucun coup de fil. Il soupçonnait qu'Andre devait l'attendre à la Cour. Qu'il aille se faire foutre, pensa-t-il tout en s'habillant. Nick avait été clair : qu'est-ce qu'il restait à ajouter ? Seulement Andre ne laisserait pas tomber, c'était un politicien, et faire de la politique transforme les gens bien. Les politiciens manipulent les autres comme bon leur semble et ne regardent pas à la dépense, ces enfoirés.

Comme il était en colère. Son amertume le surprit.

Pour s'obliger à cesser de ruminer, Nick retourna à la cuisine, qu'il se mit à nettoyer. Il s'était laissé une note sur le réfrigérateur. Et merde... On était samedi matin, il avait projeté la semaine dernière d'aller pêcher avec E.Z. Brochard.

E.Z. avait été inspecteur aux Stups de Providence. Nick avait fait sa connaissance huit ans auparavant, alors qu'ils assistaient tous deux à un séminaire sur le crime organisé à l'école du FBI. E.Z. était aujourd'hui à la retraite et dirigeait une affaire de locations de bateaux de pêche dans un village du nom de Wickham. Il était barbu, solitaire et sauvage, mais Nick l'avait tout de suite trouvé sympathique. Ils pêchaient ensemble depuis des années.

Nick ne savait pas combien de temps ça prendrait, combien d'années il continuerait à jouer aux gendarmes et aux voleurs, mais il n'y avait aucun doute dans son esprit qu'un jour il en aurait assez, que ce jour-là il ferait ses bagages pour regagner le Nord, et qu'E.Z. serait là.

Nick saisit le téléphone de la cuisine et composa un numéro : il supposait qu'il serait coincé sur cette affaire au moins plusieurs jours de plus. E.Z. décrocha au bout de la troisième sonnerie, Nick lui dit qu'il avait du boulot de dernière minute pour la nouvelle unité où il travaillait, et qu'il débarquerait d'ici une semaine.

– Il y a des années, je m'inquiétais. J'ai arrêté de me faire de la bile pour toi. T'arriveras quand t'arriveras. C'est une journée pourrie de toute façon.

E.Z. semblait s'adresser à lui-même sa réponse.

– J'espère que je t'ai pas planté.

– Meuh non, je vais prendre mon petit déjeuner, peut-être aller voir le bateau, et puis rentrer me réchauffer. Écoute, dit-il à Nick, fais-toi plaisir, finis-en avec ces truands new-yorkais et ramène ta fraise.

– Je vais faire tout mon possible.

– Au fait, tu sais, la maison des vieux Allen au bout de la route, la petite baraque vert et blanc près du lac salé – tu vois où c'est ?

– Bien sûr.

– Elle sera mise en vente le mois prochain.

– Ils vont demander une tonne de fric pour cette maison. Et ils auront raison, l'endroit est magnifique.

– Tu peux l'avoir pour cent cinquante mille.

– E.Z., cette baraque en vaut deux cent cinquante. Même plus.

– Les Allen ont pas besoin d'argent, Nick. Tu sais, tout ce que veut Peggy Allen c'est se débarrasser de cet endroit et partir dans le Sud pour être avec ses petits-enfants.

– Y'a quoi comme terrain ?

– Deux hectares, peut-être un peu plus en comptant un hectare de marais salant à l'extrême nord.

– Cent cinquante mille, dit Nick.

Il essayait de se représenter la petite maison. Il eut un rire embarrassé.

– Tu l'as dit bouffi, ça vaut carrément plus. Et écoute, mon vieux, les Allen t'ont à la bonne. Ils me l'ont dit qu'ils t'avaient à la bonne. Les gens du coin essayent de vendre à des personnes qu'ils connaissent, et s'ils t'ont à la bonne, ils seront conciliants.

– E.Z., je ne possède pas une somme pareille.

– Bon, en tout cas, garde ça dans un coin de ta tête, dit-il à Nick.

Nick lui garantit que oui.

À neuf heures, il quitta son appartement et, dans le couloir, en direction de l'ascenseur, il se rendit compte qu'il ne s'était pas senti aussi détendu et motivé depuis très longtemps. La question était : pourquoi ? McCabe et les autres étaient tarés, c'était un fait, c'était sûr ; Andre et son couplet « sois-mon-espion » appartenaient à une autre dimension. Qu'est-ce qu'il était en train d'essayer de prouver ? Nick commençait à s'apitoyer sur lui-même, mais il se dit, allez mon vieux, laisse-toi porter, mets une pointe d'aventure dans ta vie. Va te balader dans un champ de mines un peu, putain. Nick songea soudain qu'être flic à New York pouvait vous procurer l'hilarité qu'éprouve un voyageur dans une zone de conflit avec son billet de retour dans la poche. Une urgence du feu de Dieu, voilà ce que c'était, le genre d'urgence qu'il n'avait pas ressenti depuis des années.

9

– Où est Nick, putain ?

Dix heures du matin, par un sinistre samedi venteux et balayé par la pluie, le genre de journée où on est fou de joie d'être inspecteur, de ne pas porter l'uniforme, et qu'est-ce que je fous là ? À attendre un mec qui s'enverrait même pas en l'air dans un bordel avec des biftons plein les fouilles. Un emmerdeur-né.

Sonny McCabe était assis sur un banc au premier rang de la chambre d'accusation de la Cour de Queens, rang réservé aux flics et aux avocats. Positionnement familier dans une salle d'audience familière, grouillant d'avocats et de racheteurs de caution, les éternels serpents, qui se faufilaient et se glissaient partout, cherchant à récolter le moindre dollar. Sonny était plus curieux qu'énervé et tournait la tête comme un hibou pour essayer de dénicher son connard de coéquipier. Il paraissait aux yeux de tous ce qu'il était, un inspecteur top niveau. Sa plaque dorée d'inspecteur était piquée sur la poche poitrine de son costume en moleskine à cinq cents dollars. Une inspectrice était assise à côté de lui, et Sonny se dit, putain, quelle belle paire de flotteurs elle a, cette gonzesse. La vache, j'ai pas vu des nichons pareils depuis Mme Radu le jour du pique-nique en classe de quatrième. Il poireautait là depuis une heure, à attendre Nick, à regarder les malfrats coffrés pendant la nuit défiler seuls ou par deux, de la salle des détenus au banc des accusés en face du juge.

Quelques minutes plus tôt, nerveux et contrarié, il avait été voir dans la salle des détenus s'il pouvait trouver l'assistant du procureur qui avait peut-être vu Nick Manaris.

La pièce était une cellule de détention de trois mètres sur six où s'amassaient une quinzaine de prisonniers, les uns sur les autres, dans une promiscuité moite. Une rumeur constante s'élevait, mêlée à des odeurs d'urine et des relents de pets, le tout constituant une atmosphère unique, présente dans les moindres recoins, entêtante, que Sonny McCabe remarqua à peine. Assis dans la salle d'audience, il se souvint de l'époque où il portait l'uniforme ; ce qui l'avait horrifié, impressionné et bouleversé alors n'avait plus rien d'étonnant, d'émouvant ni de déroutant. Sa naïveté et son émerveillement de jeune bleu étaient presque irritants rétrospectivement.

Pour Sonny McCabe, le monde se divisait en deux catégories, les couilles molles et les véritables êtres humains. Les criminels et les flics, pour être plus précis. Il ne trouva pas l'assistant du procureur, et toujours pas de signe de Nick. Il s'assit donc, agacé, impatient de l'intercepter. Il espérait bien que son coéquipier avait les mandats et qu'ils étaient prêts à être signés par cette tapette de juge. Qui était assis là avec sa queue-de-cheval, grand et maigre avec des poireaux partout sur la gueule. Il en avait un sur le front de la taille d'une pièce de monnaie, entre les sourcils. Sonny avait l'impression que le bon juge s'était fait tirer entre les deux yeux avec un .45.

Le calendrier des séances du week-end, conclut Sonny, c'était vraiment la parade des fauves, en majorité des outrages sur la voie publique et des conduites en état d'ivresse. Il y avait le quota habituel de détentions d'armes et de drogue, une équipe de la Criminelle avait cueilli dans la rue deux gorilles pour vol, et les Mœurs avaient chopé une pute en costume de cow-girl. Un flic du poste de Far Rockaway tenait un cambrioleur, et il y avait deux zonards gaulés pour agression sur un flic, avec des bandages tout autour de la tête. Un crétin arriva en pyjama devant le juge en traînant des pieds, il s'était fait arrêter pour agression sur sa femme avec un fer à friser brûlant. Il l'avait surprise en train de se bécoter avec le livreur de pizzas, et tout le monde se marrait. Puis débarqua un immense Noir avec le crâne rasé et des bottes de moto, épinglé pour viol sur une grande Asiate qui chialait tout ce qu'elle pouvait, qui disait qu'elle était prof et patati et patata, et Sonny se dit, un mec de couleur qui viole une gonzesse de couleur c'est peut-être pas vraiment un crime. Une bonne douzaine de retraités fans de procès se tenaient sous les fenêtres le long du mur, et tuaient le temps pendant que le temps les tuait.

La ménagerie du samedi matin, tous menottés dans le dos, défilait devant Bruce le Libérateur. Pete Hawkins, sergent à la brigade des glandus, avait un jour dit à Sonny que Janeway préférait les hommes aux femmes mais l'argent à toute autre chose. Sonny se souvenait avoir pensé et alors, où est le problème ?

Le juge Janeway levait rarement les yeux. Il parlait d'une voix monotone, faisait retomber son maillet, qui s'abattait telles les grilles de l'enfer avec une caution démesurée ou pas de caution du tout. L'avocat commis d'office avait un visage de gamin et, imagina Sonny, devait s'éclater à élever des caniches et à chanter des chansons de Peter Allen. Un vrai chou. On la faisait pas à Sonny McCabe, pas après quatre années pleines passées aux Mœurs. Sonny, fier de son radar à pédés, ravi de pouvoir repérer un travelo en un clin d'œil, regardait l'avocat commis d'office souffler et haleter, s'attarder sur les prisonniers avec une légère expression de dégoût. Et de sortir son baratin au juge à coups de petits sourires et de clins d'œil en douce, de faire son éternel numéro, la caution par-ci, la conditionnelle par-là. L'assistant du procureur, un jeunot au teint olivâtre, dans les vingt-cinq ans, des cheveux blonds coupés comme à l'armée, et un costume miteux de prêt-à-porter, se massait lentement la tête avec les mains. Tout ça faisait marrer Sonny, on avait vraiment l'impression d'être au cirque.

La fliquette ne l'avait pas fermée depuis qu'elle s'était assise, mais Sonny avait du mal à entendre ce qu'elle disait, avec toute l'agitation du procès, l'assistance, les accusés, les familles des victimes et les flics en uniforme qui jactaient comme des pies. Elle baissa la tête pour appuyer son menton sur sa main et dit, putain, j'ai passé vingt-quatre heures à traquer ce connard, je l'ai chopé à deux heures du mat' et maintenant je dois rester assise ici toute la journée. Mais bon, qu'est-ce que tu veux que je fasse d'autre ?

Sonny lui dit qu'elle aurait peut-être dû passer le concours des pompiers. Quoique ce serait un vrai casse-tête pour monter à l'échelle avec une poitrine pareille. Sonny, t'es intenable, dit-elle. Quel comique. Qu'est-ce que tu fous là, toi ? Il lui dit qu'il attendait son coéquipier.

– Tiens, dit-il, le voilà, tu le vois debout là-bas avec son grand sourire niais de trou-du-cul ? C'est lui, c'est mon coéquipier adoré.

– Nick Manaris ? dit-elle. Tu travailles avec Nick ? T'as du pot.

– Tu le connais, t'as bossé avec lui ?

Sonny la regarda du coin de l'œil et la vit loucher.

– J'ai été à la brigade Anti-Délinquance avec lui, dit-elle. Ce mec va te péter le moral en deux. Un vrai peine-à-jouir.

Sonny fit signe à Nick qui dansait d'un pied sur l'autre et regardait partout autour de lui.

– Ouais, dit-il, ça t'as raison. Ce vieux Nick n'a aucun sens de l'humour. Toi par contre, ma poulette, t'es une vraie marrante. Ce qu'il te faut, c'est des vacances, un petit voyage à Puerto Rico ou quelque chose du genre.

– Des vacances ?

– Ou de la coke. Peut-être que ce qu'il te faut c'est une bonne partie de jambes en l'air.

– Tu vois, dit-elle, c'est déprimant de passer quinze ans comme une conne à perdre du temps avec des cons.

Il éclata de rire et la conversation s'arrêta là.

Impatient de rejoindre Nick, Sonny se fraya un chemin à travers la foule de l'allée. Il croyait la fliquette, dont il ne savait pas le nom, il savait seulement qu'il était tout ce qu'il y avait de plus connu. Sonny McCabe connaissait le nom de la moitié des gens qui le connaissaient, célèbre comme il était. Il trouvait cependant que cette gonzesse aux gros seins avait vu juste en disant que Nick était un peine-à-jouir, mais il en avait rien à branler, il travaillerait quand même avec lui, il le materait. Nick Manaris, d'après Sonny, avait un potentiel.

Le chemin de Sonny était bloqué par la foule de flics et d'avocats qui se pressaient les uns contre les autres. Il adressa un nouveau signe du bras à Nick, Nick sourit, là, avec son nez cassé, et merde, Robinson, l'assistant du procureur, derrière Nick, en pleine conversation avec deux avocats. Il partait en campagne à travers la salle comme un soldat aguerri. Sonny était certain d'avoir entendu que Robinson serait soutenu par les Démocrates pour être le prochain procureur de Queens, mais ce n'était peut-être qu'une rumeur. Il l'espérait, il détestait cet enfoiré de Black qui se la jouait beau parleur. Sonny était un peu tendu, la poitrine serrée. Il vit Robinson attraper Nick par l'épaule, lui chuchoter quelque chose, puis se détourner et sortir de la salle. Il portait un costume trois-pièces à fines rayures bleu nuit, très cher. Sonny avait un costume exactement comme celui-là, il connaissait le prix. Crâneur de nègre. Enculé avec son petit sourire en coin, sa grosse bagouse d'université à la main droite, pour bien montrer qu'il avait fait des études, mais qui valait, Sonny le savait bien, que dalle dans la rue, dans le monde réel.

De loin, Nick regardait fixement Sonny, impassible, hormis une légère tension de la mâchoire.

– Ça fait une heure que j'attends ici, dit Sonny.

– Désolé, mais j'ai été directement voir Andre, il a appelé le greffier : dès que Janeway fait une pause, on va dans son bureau.

Sonny attrapa Nick par le coude, le visage fendu d'un immense sourire.

– Alors c'est parti, chuchota Sonny à toute vitesse.

Il tira Nick à l'extérieur de la salle d'audience et l'entraîna dans le couloir.

Andre Robinson les suivit, s'arrêta à quelques mètres d'eux, s'adossa au mur et se mit à lire les procès-verbaux.

– Alors, à ton avis ? demanda Sonny à Nick.

– Quoi ?

– Les mandats. Tu penses que Janeway va les signer ou pas ?

– Pourquoi pas ? Bien sûr qu'il va les signer. Ils sont fiables. C'est parti, il faut juste attendre la pause de la matinée.

– Super, c'est super, dit Sonny. Eddie Moran et le capitaine Hawks écoutent les zonzons à la planque avec Suarez. Monserette et une équipe du bureau sont postés près du club. On bouge pas tant qu'on n'a pas de nouvelles de Rodrigo et qu'il nous a pas filé le tuyau.

Sonny s'interrompit, regarda à droite et à gauche dans le corridor.

– Je peux fumer ici, non ?

Il se pencha en avant et alluma une cigarette. Nick remarqua que ses mains tremblaient.

– Putain, on a passé une de ces soirées hier. On est pas rentrés avant six heures du mat'. T'aurais dû revenir.

– J'étais mort. Le temps qu'on finisse avec Andre, j'en pouvais plus.

– On a été chez *Dan*. Tu vois le bar en face de la compagnie de téléphone sur Church Street ?

Sonny jeta un petit coup d'œil à Nick.

– T'as déjà été là-bas ?

– Une seule fois.

Nick se passa la main sur la bouche et se retourna pour jeter un coup d'œil à Andre.

– Il y a quelques années avec deux mecs des Stups.

– Putain, on s'est payé du bon temps. Ça devait être une nuit creuse. Il y avait des putes partout.

– T'as assuré ?

– Si t'arrives pas à te taper une gonzesse chez *Dan*, c'est que t'es vraiment dans la merde.

Les habitués de chez *Dan* étaient des call-girls de luxe qui utilisaient chez *Dan – Bar & Grill* pour attendre les clients. Nick comprenait pourquoi cet endroit existait depuis la Prohibition. Danny Tomazzo, le dernier propriétaire, un pseudo-mafieux désabusé, graissait la patte de tout le monde, de la maison mère à la Cour. Les inspecteurs qui connaissaient cet endroit passaient en fin de journée et consommaient gratis au bar. Aucun flic ne payait. La plupart des femmes qui travaillaient là vivaient en banlieue. Éreintées à la fin de la nuit, elles se faisaient ramener chez elles par un flic. Les putes reconnaissantes remerciaient avec une petite pipe.

Nick et Sonny allaient et venaient dans le couloir pour tuer le temps, Sonny radotait à n'en plus finir son récit de la nuit précédente, le bras autour des épaules de Nick, il le serrait contre lui, lui donnait des petits coups de hanche, lui murmurait des trucs à l'oreille. Andre était adossé au mur et évitait négligemment de croiser le regard de Nick.

Nick flottait sur une mer agitée, convaincu qu'Andre avait Sonny en plein dans son champ de vision, lui qui lui avait répété le matin même, je compte sur toi pour garder l'œil. Qu'est-ce que ça voulait dire, putain ? De dire à Nick que McCabe était un pourri, le naufrage assuré.

Nick s'était surpris à se retrouver dans la position de défendre Sonny.

– Un flic est un flic, merde, avait-il dit à Andre. McCabe est comme des centaines d'autres. Un peu plus grande gueule, c'est tout.

Les témoignages exagérés d'attention et de chaleur que lui portait Sonny étaient comiques. Pourtant, il l'aimait plutôt bien ce mec-là. Plutôt. Ce qu'il préférait, à y repenser, ce n'était pas tant que Sonny fût si facile à vexer mais le regard que lui adressait Sonny quand il le vexait. Ces yeux, ce sourire. Quand on avait affaire à Sonny McCabe, on avait la sensation d'avoir gagné un billet d'entrée pour une pièce comique. Ce mec trouvait tout drôle et il vous poussait à en faire autant avec lui.

À vrai dire, sa réaction par rapport à Sonny l'avait surpris et alarmé. Néanmoins, le douloureux sentiment de déprime qu'il avait éprouvé la veille s'était inversé. Sa chance basculait, il la sentait basculer, comme parfois lors d'un combat, l'énergie quitte l'autre et vient à vous. Le cerveau se déconnecte et le corps prend le relais. Pour des raisons qu'il ne parvenait à s'expliquer, Nick avait l'impression que sa vie était en train de changer et que ce McCabe était au cœur de cette mutation générale.

Aussi, quand Andre s'était acharné sur Sonny, Nick l'avait-il mal pris.

– Mets-toi à la place de McCabe ou de n'importe quel flic, avait-il dit à Andre. Coltine-toi quelque temps les tonnes de merdes qu'on se tape tous les jours et on verra comment tu t'en sors. Évidemment que Sonny McCabe est un clown, un café-théâtre ambulant, un cirque à lui tout seul. Mais tu vois, c'est peut-être comme ça qu'il a appris à compenser.

– Quoi ? Qu'est-ce qu'il compense en étant un voleur ?

– Mais putain, la pourriture de la rue, l'hypocrisie éhontée de ces enculés de politiciens. Voilà quoi, avait répondu Nick à Andre en pensant, il compense les gens de ton espèce.

Nick supposait qu'Andre n'allait sûrement pas abandonner comme ça la pression qu'il lui infligeait. Andre n'était pas spécialement doué comme administrateur, mais il était superbe dans une salle d'audience, il impressionnait vraiment Nick. Andre ne jetait jamais l'éponge, il ne savait pas laisser tomber.

Quand Nick avait passé la porte de la Cour, Andre était là et l'attendait. Ils avaient directement été dans son bureau et, une fois entrés, Nick lui avait dit, je n'ai pas dormi de la nuit. Je suis resté debout à penser à toi et à ton petit jeu. Tu sais ce que je crois, Andre ? avait-il dit. Je crois que tu es persuadé de détenir la vérité. Tu es un gros con arrogant, voilà ce que je crois. Si tu continues à me foutre la pression, je te traiterai comme je traite les autres procureurs. Comme des champignons : on les met dans le noir et on leur file de la merde à bouffer. Andre dit, je trouve ça drôle que tu ne m'aies jamais parlé comme ça avant. Tout en réprimant l'envie de dire qu'il faut un début à tout, Nick souligna qu'Andre ne lui avait jusque-là jamais demandé d'être un mouchard.

– Nick, dit Andre. Tu sais à quoi tu ressembles ? Eh bien, tu me fais penser à un abruti de flic.

– Je ferais peut-être bien de suivre le troupeau pendant quelque temps. Peut-être que c'est justement ce que j'aurais dû faire pendant toutes ces années.

– Et tu vas te mettre à traîner avec ces individus rien que pour voir jusqu'où tu peux t'enfoncer. C'est ça que tu veux ? Allez, allez réveille-toi. Qu'est-ce qui te prend ?

– Écoute, je vais très bien, Andre. Je crois qu'il est temps que je change, c'est tout.

– Rejoins McCabe et son équipe, et c'est en taule que tu changeras, gros malin.

Nick entreprit de répondre mais se ravisa.

– Tu vas faire signer ces mandats par Janeway ou pas ?

– J'ai dit que je le ferais. Tu devrais descendre dans la chambre d'accusation. Je t'y rejoins dans une dizaine de minutes.

Un instant, Andre sembla envisager un problème invisible.

– Écoute, dit-il finalement. Si je me goure sur le capitaine Hawks et Sonny McCabe, c'est que tout fout le camp et que tout ce que je sais sur la nature humaine est faux.

– Tout le monde peut se tromper, lui dit Nick. Je peux y aller, maintenant ? On n'a pas toute la journée, monsieur le Conseiller.

– Fais-moi plaisir, dit amicalement Andre, tout sourire. Souviens-toi que nous semons tous les graines de notre propre perte.

– Putain, tu me files la migraine. Qu'est-ce que ça veut dire ces conneries ?

– Vous êtes quelqu'un d'intelligent, inspecteur principal. Réfléchissez, Manaris.

Dans le couloir devant le bureau de Janeway, Nick attendait épaule contre épaule avec McCabe. De l'autre côté du couloir, Andre penchait légèrement en avant, les mains derrière le dos. Il ne cessait de jeter des coups d'œil furtifs dans la direction de Nick, puis de s'intéresser au couloir. Nick tournait la tête, refusait de croiser son regard.

Sonny était complètement détendu, il fredonnait une petite gigue, chantonnait pour lui tout seul, une cigarette à la main, toisant la parade d'avocats et de flics, de familles de victimes et d'accusés qui défilaient devant eux. Malgré le brouhaha, Nick entendait Andre respirer par la bouche. Il avait l'air tendu et contrarié. La porte du juge s'ouvrit, Janeway apparut, accompagné par un greffier, et les conduisit dans un confortable bureau avec de la moquette, deux fenêtres, des murs recouverts d'une vingtaine de photos officielles du juge bras dessus bras dessous avec des personnalités politiques locales. Assise à côté du bureau de Janeway, une sténodactylo buvait du café qu'elle versait d'un thermos, et mâchonnait un petit pain.

En pénétrant dans la pièce, Janeway prit Andre par le bras et dit :

– J'ai lu tous les formulaires, c'est parfait. Aucun problème. Il ne manque plus que la déposition de l'inspecteur Manaris et vous aurez vos mandats.

Nick examina la pièce et son regard s'arrêta sur Sonny, qui lui fit un grand sourire et un clin d'œil. Puis ses yeux allèrent se poser sur Andre et leurs regards se croisèrent d'un bout à l'autre de la pièce.

De retour dans le couloir quelques minutes plus tard, Sonny McCabe observa Nick qui discutait avec le procureur Robinson et se demanda ce qui pouvait l'attirer chez ce type. Sonny se dit, ce mec est pas si génial que ça, c'est pas un battant, ni la poule aux œufs d'or. Sûr que non. Tout irait plus vite si Nick était un battant, mais Sonny s'en foutait aussi. Il alluma une nouvelle cigarette. Peut-être que s'il parvenait à le faire changer, à lui montrer la lumière... Il pensait que c'était possible, il avait vu ça des dizaines de fois. Un mec inflexible qui se met à gigoter comme un ver dans une pomme. Tu leur fous les grosses coupures sous les yeux, tu leur expliques comment ça se passe.

Il était convaincu que c'était possible, il y avait quelque chose d'indéniable entre eux. Il était intrigué par ce Nick, cet inspecteur principal qui voulait qu'on croie qu'il était blanc comme neige. L'expérience de Sonny lui disait que ça n'existait pas, quelqu'un de totalement honnête, surtout un flic, surtout un flic dans le métier depuis aussi longtemps que Nick. Nick lui jetait de temps à autre un regard, discret et dur à la fois. Un regard qui vous transperce comme un coup de couteau. Il était évident que ce mec savait s'y prendre avec les autres, il avait un truc et savait comment s'en servir. Facile, un million de fois plus facile que le coéquipier habituel de Sonny, Eddie Moran. Eddie devenait lent et paresseux, il sombrait de plus en plus dans la picole, ce con. Les flics adoraient les anciens sportifs, les boxeurs entre autres ; Sonny avait entendu dire que Nick avait été professionnel dans le temps, boxeur dans un club. La plupart des flics adoraient les anciens sportifs parce qu'ils leur rappelaient ce qu'ils auraient aimé être et qu'ils n'avaient pas pu être.

La plupart des flics n'ont aucun intérêt. Ils sont en majorité complètement débiles, soumis à l'autorité, à leurs supérieurs, et babas devant les anciens sportifs professionnels. Il était pareil. Mickey Mantle, Sonny était resté bouche bée le soir où il l'avait rencontré. Comme un gros gogol, à marmonner et à merdouiller. Comme les autres – sauf avec ses chefs. Il en avait rien à branler de ses chefs, tous des nabots toujours la main tendue.

Sonny était en train de parler dans le couloir à un type accusé de meurtre, avec qui il avait bossé aux Mœurs. Mais il ne faisait pas attention à lui. Il tirait de grandes bouffées de cigarette et jetait de petits coups d'œil vers Nick et le procureur. Nick lui sourit. Sonny souriait aussi en écoutant l'histoire du meurtrier, mais la dernière chose qu'il voulait entendre c'était bien les aventures d'un flic, ou d'autres flics, autres que ses coéquipiers. Ce Nick Manaris, se dit-il, avait une confiance en lui hors normes, et des couilles de taureau. C'était ce que voyait Sonny, et c'était ce qui l'intéressait. Sonny décida qu'il allait amadouer son nouveau coéquipier, et voir ce que ça donnerait.

10

Quand ils sortirent de la Cour, la pluie avait cessé. La journée était passée de grise à dorée, lumineuse et ventée, avec de blancs lambeaux de nuages qui parcouraient le ciel de Queens. Nick prit la place du passager dans la voiture, Sonny se mit au volant.

Sonny ne tarissait pas sur Robinson et Janeway, disant que chaque fois qu'Andre voyait un groupe de deux ou trois personnes, il allait faire ses vingt minutes de bla-bla. Ce mec n'est ni plus ni moins qu'une sangsue de politicien libéral.

Nick se taisait. Ce qu'il ressentait depuis peu pour Andre, il se foutait que Sonny l'exprime.

Nick imaginait qu'ils fileraient tout droit à la planque mais Sonny semblait avoir d'autres plans.

Ils roulèrent jusqu'à une sandwicherie-*salumeria* italienne de Glendale sur Metropolitan Avenue. Sonny se gara derrière une voiture de police. Il y avait une décalcomanie FLICS TOUJOURS sur la vitre arrière, et sur le pare-chocs, un autocollant I LOVE NEW YORK.

– Allez, Nick, dit Sonny, viens.

– On va où ?

– Chercher de quoi déjeuner, les autres doivent être affamés.

Avec son bon visage honnête, irrésistible.

Nick jeta un œil au magasin.

– Ils doivent être huit ou dix à nous attendre.

– Et alors ?

– Avec toi et moi, ça fait dix ou douze. On va prendre douze sandwiches ?

Sonny sourit à Nick de toutes ses dents, de nouveau irrésistible.

Nick se dit, ce mec-là, ce Sonny, il aime jouer les Père Noël, les grands frères.

– Ma question est, lui dit Nick, comment sais-tu ce qu'ils veulent manger ?

– Fais-moi confiance. Tu viens avec moi, oui ou non ?

D'une voix suave et douce, inconnue chez Sonny McCabe. Nick croisa les bras et l'examina.

– Allez, dit Sonny, je les connais ici, ce sont les pros du sandwich top niveau, ils sont grandioses.

À treize heures, la boutique était bondée, il y avait des clients au comptoir et à de petites tables rondes, des fonctionnaires pour la plupart. Environ une douzaine d'éboueurs et six flics en uniforme du poste du coin, tous occupés à mâcher leurs énormes sandwichs en roulant des yeux.

Sonny passa la porte en premier et fit un grand mouvement des bras comme s'il s'apprêtait à diriger un orchestre. Il cria :

– Hep, par ici, vieux. Qu'est-ce que je peux bouffer qui va pas m'empoisonner ?

L'homme derrière le comptoir portait une casquette de base-ball et avait le nez romain. Il hurla en direction de la cuisine :

– Sonny est là. Ho, Anne, c'est Sonny McCabe.

Une femme sortit en trombe de la cuisine en glapissant :

– Sonny ! Sonny !

Et tout à coup, tout le monde se bouscula pour serrer la main de Sonny en disant, salut, salut mon vieux, comment tu vas, depuis le temps ? Une scène de délire totalement imprévue. Ils accaparèrent Sonny au milieu de la salle pendant cinq bonnes minutes. Ils lui serraient la main, lui tapotaient l'épaule, lui pinçaient la joue. Anne passa ses bras autour du cou de Sonny et l'embrassa sur la bouche.

– Pas la langue, pas la langue, hurla Sonny. Ou ton mari va m'arracher le cœur.

Tout le monde écroulé de rire.

Un gros flic en uniforme d'une quarantaine d'années s'avança et lui tapa dans le dos.

– Enfoiré.

Derrière lui apparut un autre flic. Ils s'étreignirent.

– Tu nous as manqué, champion, où t'étais passé ?

– Parti faire la peau aux truands, où veux-tu ?

Sonny lança à Nick un bref regard hagard, les yeux écarquillés.

Nick rit pour la première fois depuis plusieurs jours, il avait soudain l'impression d'être sur scène, d'appartenir à un groupe de rock, d'accompagner le chanteur, Sonny McCabe.

Anne prit Nick par le coude, le fit tourner sur lui-même, lui sourit, l'examina sur toutes ses coutures, l'inspecta.

– T'es qui ? demanda-t-elle.

– Mon nouveau coéquipier, lui dit Sonny. Il lui expliqua qu'Anne et lui avaient fait tout leur primaire plus le lycée ensemble. Son mari, Carmine, le malabar avec la casquette de base-ball, était propriétaire de cet endroit.

– Mais, dit Anne, tu devais appeler mon frère.

– Non, dit Sonny, c'est Richie qui devait m'appeler.

– Tu as l'air en pleine forme, lui dit-elle.

Sonny acquiesça mais ne lui retourna pas le compliment.

Nick s'assit au milieu de trois des plus belles épaves de New York, et se dit que cette Anne avait un sourire chaleureux, des yeux tristes, et regarde-moi ces courbes. Vêtue d'un jean, de bottes et d'un col roulé, Anne avait l'air d'avoir été dessinée. D'immenses yeux marron, avec un curieux regard d'enfant, et ses cheveux, longs et noirs, tirés en arrière, son grand front. Et ce truc qu'elle faisait avec ses lèvres, de les pincer avant de parler. Anne, songea Nick, n'était pas quelqu'un que Renata aurait apprécié.

Trois années passées avec une éducatrice flippée, trois années à l'écouter gémir et se plaindre des filles qu'elle avait comme élèves au lycée. Les poules soumises des mini gangsters, elle les appelait. Des chiennes en chaleur, en manque. Leurs copains, des coureurs au sang chaud avec le cerveau dans le slibard. Putain, il l'entendait encore. Renata détestait ces filles à peine moins que leurs mecs. Des branleurs qui les sautaient dans les couloirs du bahut dès douze ans. À quatorze ans, les filles se défonçaient et disparaissaient sur les banquettes arrière des voitures. Les petites connes. Étrange, cette femme qui détestait faire l'amour et qui parlait toujours des rapports sexuels des autres. Trois ans à regarder Renata faire les cent pas dans l'appartement, avec ses longs doigts qui trituraient son nez. Tous les jours à pleurnicher parce que ses mini gangsters vivaient pour le sexe. Supporter et écouter ces conneries tous les jours l'avaient usé. Il était parti pêcher. Il préférait être seul, être seul plutôt que de devoir écouter une névrosée. Fini Renata, se dit Nick, adieu les Renata.

Sonny appela Nick pour lui demander d'aller chercher deux packs de six bières Bud dans le frigo. Il lui dit que Monserette et Suarez aimaient les sandwichs chauds. Il leur prendrait des boulettes et de la saucisse, avec une tonne de piment par-dessus. Les métèques adoraient ces saloperies pimentées. Bon, les métèques, c'est fait. Eddie Moran et le capitaine Hawks mangeaient du porc rôti avec de la mayonnaise, des tomates et de la salade. Quatre jambon-fromage pour l'autre équipe. Quant à lui, dit Sonny à Nick, il était très rosbif, et il demanda à Nick ce qu'il voulait. Nick lui dit peu importe, peut-être le salami de Gênes, avec du provolone, un peu de moutarde et de la salade. La moutarde au miel ? fit Sonny. Ils souriaient tous les deux. Nick dit, peu importe.

Sonny passa la commande, Nick dit, et les autres, les autres inspecteurs du bureau. Sonny dit, pardon, y a pas écrit wagon-restaurant, qu'est-ce que tu crois ? Ils boufferont des jambon-fromage. Il paya le tout avec un billet de cent dollars, et demanda à Carmine d'inscrire le nom de chaque inspecteur sur les emballages des sandwichs. Carmine acquiesça d'un air entendu. Nick alla prendre la bière dans le réfrigérateur, deux packs de Bud et une St. Paulie Girl brune pour lui.

Le gros flic en uniforme s'avança vers Nick et dit :

– Tu sais pas la chance que t'as de faire équipe avec Sonny McCabe.

– Ah ouais ? dit Nick. Et pourquoi ?

– Je connais dix, vingt personnes qui ont été tirées d'affaire par ce mec. Sonny McCabe est un saint. T'as besoin de lui, tu l'appelles, il est là.

– C'est vrai ? dit Nick. Un mec bien, quoi ?

– Le meilleur.

Sonny, avec son sac plein de sandwichs, saluait et criait au revoir, tout en se dirigeant vers la porte. Tandis qu'ils sortaient, Anne regarda Nick d'un air interrogateur.

Nick tint la porte à Sonny et dit, attends, je veux payer mon sandwich, et il tendit à Sonny un billet de cinq dollars. Sonny lui répondit, m'insulte pas, hein. C'est pas un problème, si tu veux payer quelque chose, invite-moi à dîner ce soir. Ça te va ?

– À dîner ?

– Bon, à déjeuner demain, si tu préfères.

– Tu sais, Sonny, en jouant les grands seigneurs, tu donnes pas une bonne image, c'est débile.

– À qui je donne pas une bonne image ?

– Aux gens, voilà à qui. T'es un flic et t'as un rouleau de billets dans la poche, t'as l'air de je sais pas quoi. D'un mafieux, d'un joueur. Tu as réglé ces sandwichs avec un billet de cent dollars. Les gens remarquent ce genre de truc.

– Écoute, dit Sonny, tu remarques un camion de déménagement derrière un corbillard, toi ? On s'en fout du fric, Nick. Tu vois ce que je veux dire ?

– C'est pas le problème. Tu te balades avec un projecteur braqué sur toi. Un vrai panneau d'affichage. Avec tes poches pleines de fric comme ça. Tu dois pas être très net.

– Mais de quoi tu parles, putain ? Comment tu sais où je trouve mon fric, toi.

– Sonny...

– Sonny, mon cul. Et si je te disais que je fais des chantiers en plus ? Si je te disais que je bosse tous les week-ends de cinq heures du matin à cinq heures du soir ? Et si je te disais que j'ai ma propre affaire dans le bâtiment ? Qu'est-ce que tu dirais, hein ?

– C'est vrai ? Tu as ta propre entreprise de bâtiment ?

– T'es cinglé ou quoi ? Où je trouverais le temps ? En plus, est-ce que mes mains ressemblent à des mains d'ouvrier ? T'es complètement cinglé, hein.

Quand Sonny se baissa pour ouvrir la portière de la voiture, Nick vit son fameux sourire. C'était un sacré numéro, ce type.

Sonny fit le tour du véhicule et tendit les clefs à Nick.

– Conduis, dit-il. Je suis crevé.

Tandis que Nick s'engageait dans la circulation, Sonny dit :

– Putain, j'adore les mecs qui font ce métier, je t'assure. Ce sont les seuls un peu malins. Les flics savent repérer les menteurs. Toute ma vie je me suis senti proche des flics comme de personne d'autre. Y compris ma femme et mes gosses.

Une certaine part de Nick ressentait la même chose. Il appelait ça la sagesse de l'uniforme. Un lien émotionnel entre tous les flics du monde. Un lien qui n'avait jamais vraiment existé pour lui mais qui aurait dû. Et pour tout dire, c'était une des grandes déceptions de sa vie.

– Ça te fait réfléchir, hein ? Tu te poses des questions, hein ? fit Sonny.

– Peut-être.

– Mais oui. Un mec comme toi peut pas connaître un mec comme moi en deux secondes.

– Ça, t'as raison.

– Laisse tomber, on verra ça plus tard. Bon, appuie sur le champignon, les autres sont affamés et je veux pas que leurs sandwichs refroidissent.

– Tu veux que je mette la sirène et le gyro ?

– C'est la chose la plus sensée que tu aies dite de la journée, mon vieux.

– Ah bon ?

– Exactement.

– Sonny McCabe, dit Nick, vous êtes un phénomène.

– Oh oui, Nick. Tu sais, mon pote, dit-il en souriant, tu devrais pas croire tout ce que t'entends sur moi.

– Je m'en souviendrai, lui dit Nick.

– C'est vrai, t'entends des trucs. Les gens disent des choses, du bien, du mal, on se demande qui invente ces conneries. Moi j'en sais rien.

– Tout ce que je sais c'est ce que je vois. Et ce que j'ai vu tout à l'heure, c'est un clone du Père Noël.

– Mais, dit Sonny, c'est naturel, c'est pas du bidon.

– Ce que je crois, c'est que c'est un numéro bien rodé, dit Nick. J'ai l'impression que tu as plein de numéros en stock et que ça c'en était un parmi tant d'autres.

– Évidemment que c'est ce que tu crois. Mais c'est vraiment pas comme ça que ça se passe.

Nick conduisait la voiture à travers les rues de Queens en direction de *Los Campos*, étonnamment détendu. Si tu cherches à comprendre ce type, se dit-il, t'es débile. T'essayes de trouver une prise sur ce bâton de dynamite d'un mètre quatre-vingts, ce Sonny McCabe, et tu te connais même pas toi-même. Pauvre con.

Mais il faut que tu t'accroches, songea-t-il. Il faut que tu t'accroches si tu veux savoir ce que c'est que d'être happé par l'urgence. Pas très malin, mon vieux, se dit-il. Pas malin du tout.

11

Tard dans la matinée, vers onze heures, Justo se leva et prit le bus sur Queens Boulevard avec Mariaclara et Miguel pour aller faire des courses chez Alexander. Diego resta au lit entre éveil et rêve. La pluie heurtait la vitre de sa chambre ; il se réveillait un instant, se tournait et se retournait, pensant à Cano, Benny et Rodrigo, puis, en l'espace de quelques secondes, plongeait de nouveau dans un sommeil agité. Il avait décidé au petit matin qu'il n'avait pas d'autre choix que de prévenir Rodrigo. Ce ne serait pas une mince affaire d'essayer d'expliquer l'appréhension de Benny et Cano à ce *mulatto* enragé. De dire à Rodrigo qu'ils se demandaient ce qu'il savait de leurs affaires, les rumeurs de sa collaboration avec la police. Mais il ne voyait pas d'autre solution. Dans ses moments d'éveil, les événements de la nuit précédente lui revenaient à l'esprit, comme autant de coups violents de la mémoire. Il lui fallait faire face à ce qu'il avait fait, et ce qu'il avait fait c'était de glisser Rodrigo et Oscar sous le nez de Cano.

Il émergea à fleur de sommeil, conscient d'un rêve, et tandis que ce rêve se poursuivait, il se vit entre Benny et Cano dans une grande pièce qui faisait penser à une galerie d'église. Tous trois portaient d'élégants costumes blancs. La pièce était sans fenêtre et également toute blanche ; elle comportait un plafond de cathédrale sous lequel était accroché un gigantesque crucifix en bois dégoulinant de sang. Terrifié, Diego leva la main devant lui. Rodrigo était embroché sur la croix, vêtu de sa petite tenue dorée. Il avait la tête extrêmement enflée et déformée, tel un masque caricatural de carnaval en papier mâché, les yeux exorbités sous l'horreur de l'agonie. L'image roula et tourbillonna sous les paupières de Diego. Quand elle réapparut, il vit que quelqu'un avait barbouillé de rouge à lèvres le nez et la lèvre supérieure de Rodrigo; de l'ombre à paupières verte brillait sur les paupières du mourant. Il était affublé de son porte-jarretelles, et ses bas noirs avaient été déchirés aux genoux. Du sang giclait d'une blessure que Rodrigo avait à la poitrine. Diego implora Dieu dans son sommeil.

Cano jeta un œil à Rodrigo, puis un regard noir à Diego mêlé d'une sorte de calme halluciné, et Diego baissa les yeux sur le sol.

Au bout de quelques secondes, Diego perçut une musique, pas dans la galerie mais venue d'une porte fermée derrière un tabernacle doré. Cette musique était à peine audible, et il gardait la tête penchée, essayant d'en distinguer la mélodie. Diego fit un pas en avant; il était effrayé, furieux, au bord de la panique. Il tendit le cou, l'oreille, et entendit le son étouffé d'une guitare. *Bésame mucho*, songea-t-il, c'était *Bésame mucho.* C'est ma chanson, dit-il à Cano. C'est toi qui joues? lui demanda Cano. Le cousin de sa femme morte, Benny, exécutait de minuscules pas de danse au son de la chanson. Non loin de là, il entendit une sirène, puis le piétinement de bottes à l'assaut, une offensive. Les communistes, dit-il à Cano, veulent que tu leur abandonnes ton intellect. Je préfère mourir que d'abandonner mon cerveau.

C'est ça, bien sûr. Mais tu n'oserais pas, dit Cano. Tu es un lâche, je sais que tu es un lâche parce que tes nègres de Miami me l'ont dit.

Il se retourna vers l'endroit où dansait Benny. Benny avait disparu, et à sa place se tenaient les quatre jeunes gangsters de Miami, tout sourire.

Tu es un salaud, dit Diego à Cano.

Eh oui, et plus pervers encore que tu ne peux l'imaginer.

Puis la pluie, le vent et la pluie, il entendait les vitres qui crépitaient. Il était éveillé, recroquevillé dans son lit, les accords mélodieux d'une guitare dans la tête.

Il sortit de son lit, alla dans la cuisine et trouva de l'eau frémissante ainsi qu'une cafetière d'espresso préparée à son attention. Il y avait un mot de Justo, *J'ai pris l'argent, Papi. Je vais faire des courses avec Mariaclara et Miguel.* Sur le mot, Mariaclara avait dessiné un cœur qui souriait.

Diego se fit son café. Quand il regarda par la fenêtre, la pluie qu'il attendait n'était plus là; la rue était mouillée mais le soleil brillait bien haut. Il resta là à observer la rue, il entendait le ramdam du métro deux blocs plus loin sur Roosevelt Avenue. Son cœur battait extrêmement vite.

Il retourna dans sa chambre, s'assit sur le bord de son lit et finit son café. Un frisson soudain le parcourut quand il se souvint de son rêve, du crucifix, de Rodrigo. Il consulta sa montre. Il était midi.

Bon sang, se dit-il, je suis en retard ; il me reste très peu de temps. Il finit son café, en but un autre, se doucha et s'habilla. Il resta un moment devant le miroir de la salle de bains, se peigna les cheveux et les tira en arrière. Il devrait peut-être les faire couper ? Mais ils mettent tellement de temps à pousser, songea-t-il. Il hocha la tête en regardant son reflet dans le miroir comme si son image et lui savaient qu'il ne le ferait jamais.

Diego sortit dans la rue et respira le parfum vivifiant et inconnu de cet air d'automne. Tout en marchant le long de Roosevelt Avenue, il pensa à un poème qu'il avait lu un jour et qui parlait d'un daim si apeuré qu'il allait demander à un lion de le protéger. Mais il n'était ni un animal ni un lâche ; il saurait s'y prendre avec ce Cano, ce Colombien. Cet homme était dérangé, il devait avoir des voix. Cette façon de regarder Diego, toujours de petits coups d'œil furtifs.

Malgré tout, Diego n'avait pas peur du Colombien. De toute façon, il ne comptait plus sur Benny pour le protéger. Benny, lui semblait-il, jouait sur les deux tableaux. Au final, il serait du côté du plus puissant. Il ne serait d'aucune aide, seul l'argent l'intéressait. Il se débrouillerait tout seul.

Diego se dirigeait vers le *Hatuey*, impatient d'y trouver Rodrigo. En marchant, sa détermination décupla, et tout à coup disparut. Pourquoi ne pas simplement appeler Rodrigo au *Hatuey* et lui laisser un message, pour le mettre en garde ? Trop tard. À une heure et demie, il arriva au restaurant. Il était fermé. Résolu, il regarda par la vitre, la main en visière sur les yeux. Le restaurant était sombre, mais il y avait de la lumière qui filtrait sous le rideau de la cuisine.

Diego parcourut la rue du regard, de plus en plus inquiet. Il serra le poing et frappa sans conviction à la fenêtre. Peut-être que Rodrigo ou Natalia était à l'intérieur, pensa-t-il. Ou peut-être que Rodrigo était déjà mort, tué par Cano. Ou peut-être que Natalia et Rodrigo s'étaient enfuis maintenant que sa rencontre avec Oscar était connue de tous.

– Rodrigo, cria Diego à la fenêtre sombre.

Il alla jusqu'à la porte d'entrée où pendait le panneau « Fermé » et cogna, plus fort cette fois-ci. Quelques secondes plus tard, il frappa de nouveau, puis se dirigea jusqu'au coin et revint sur ses pas, pris d'une agitation incontrôlée. La porte s'ouvrit et Natalia apparut, empourprée et légèrement essoufflée, vêtue de la même robe de paysanne qu'elle portait le jour précédent. L'estomac de Diego se souleva et sa bouche s'assécha. Natalia sourit et hocha la tête. Diego fourra les mains dans ses poches et détourna les yeux. Il était à la fois gêné et heureux.

– J'espère que je ne te dérange pas. Je cherche Rodrigo.

– Rodrigo n'est pas rentré hier soir, lui dit-elle.

Diego passa devant elle et entra dans le restaurant, écarta distraitement le rideau de la cuisine et pénétra dans la cuisine. Il regarda autour de lui.

– Tu as eu de ses nouvelles ? Il t'a appelée ?

Natalia ferma la porte à clef et s'arrêta devant le miroir pour lisser ses cheveux.

– Non, dit-elle. C'est rare, mais c'est déjà arrivé. Mais pas depuis très, très longtemps.

Elle alla aux toilettes et laissa la porte ouverte.

– J'ai fait chauffer de l'eau. Tu veux un café ?

– Non. Oui... Peut-être. Écoute, quand est-ce que tu l'as vu pour la dernière fois ?

– J'ai conduit Rodrigo à l'hôpital – tu sais que Benny lui a cassé le bras ? J'ai attendu avec lui aux urgences, et puis il m'a dit de partir, de prendre un taxi et de rentrer à la maison. C'est la dernière fois que je lui ai parlé.

– C'est bizarre, dit Diego au bout de quelques secondes. C'est bizarre, non ?

Natalia haussa les épaules. Elle baissa sa culotte, releva sa jupe et s'assit sur la cuvette.

– Tu devrais fermer la porte, dit Diego. Ce n'est pas correct.

Natalia éclata de rire.

– Je suis une femme indépendante, Professeur. Tu te sens peut-être menacé par une femme comme moi.

Diego lui tourna le dos. Le bruit de la chasse d'eau le troubla et l'excita. Il ne lui répondit pas. Il essayait de se calmer, appuyé contre le mur, et tentait de retrouver l'énergie et la détermination à prévenir Rodrigo qu'il avait ressenties peu de temps auparavant. Mais elles avaient disparu.

Natalia sortit des toilettes. Elle s'avança et vint se planter à côté de lui.

– J'essaie de trouver ton mari, lui dit-il.

– C'est gentil. Pourquoi ?

– Je veux lui parler.

– Lui ne veut pas te parler, Diego, il veut te tuer.

– Je lui parlerai, je lui expliquerai.

– Ça ne servira à rien. Rodrigo ne t'écoutera pas. Diego, il te hait. Son amour pour moi est tellement violent, il est jaloux comme personne.

– Je n'appelle pas ça de l'amour, Natalia, j'appelle ça de la folie.

– Amour fou et folie, tu peux me dire la différence. Enfin, peut-être que si je lui avais donné un enfant...

– Natalia, je dois lui parler. Il y a des choses que je dois lui dire.

Natalia sourit, sans plus.

Diego se mit à élaborer des plans, des tactiques pour approcher Rodrigo. Il agirait avec honneur et préviendrait cet homme. Tard dans la nuit, assis dans la voiture de Benny, il avait compris qu'il devait le faire, et il l'avait de nouveau compris le matin même.

Diego et Natalia étaient debout côte à côte, tous deux adossés au mur. Il se retenait, mesurant combien il était honorable de vouloir prendre sous son aile la femme d'un autre. Natalia leva les yeux vers lui ; elle semblait un peu anxieuse. Diego songea qu'il valait mieux ne pas penser du tout. Prévenir Rodrigo du danger qu'il courait était une chose, mais vouloir sa femme en était une autre. Sa *pinga*, dure et frissonnante, chassa toute idée d'honneur, pour faire place à l'image des seins de Natalia, de ses cuisses et de ses fesses. Et il comprit alors comment l'homme d'honneur pouvait être déchiré, se diviser en deux. Diego éprouvait plus de plaisir que de consternation.

– J'ai mis le panneau Fermé sur la porte, chuchota-t-elle.

Natalia posa sa tête sur l'épaule de Diego dont la colonne vertébrale se raidit à ce contact. Il la regarda et elle passa le bout de sa langue sur sa lèvre. Elle baissa la main et le caressa à travers son pantalon. Elle envoya soudain ses hanches en avant, ses épaules roulèrent d'avant en arrière, ses seins s'agitèrent.

– Viens, dit-elle, ça suffit, allons dans la cuisine.

Il la suivit, tout en consultant sa montre. Il était deux heures. Il marchait derrière Natalia, derrière le tortillement insolent de son cul tandis qu'elle l'entraînait par la *pinga* derrière le rideau, sans résistance, comme un petit garçon. Il observait ce cul délicieux qui l'avait chamboulé dès la première fois qu'il l'avait vu. À ce moment-là, Diego Cienfuego se dit qu'il était peut-être tombé amoureux. Il l'était sûrement en partie. Elle se retourna et passa ses bras autour de son cou. Son regard, remarqua Diego, était plus de l'ordre de la soumission que de l'inquiétude.

– Tu n'as pas peur que Rodrigo nous coince encore ? chuchota-t-il.

Elle prit sa main, la mit sur ses seins et attira Diego contre elle.

– Non, dit-elle, je ne peux pas te dire pourquoi mais je n'ai plus peur de Rodrigo.

Elle prit son visage entre ses mains et l'embrassa à pleine bouche.

Ils restèrent un moment sans dire un mot.

Il n'y avait aucun bruit à part le ronronnement du chat jaune qui se frottait contre leurs pieds, le chat et leur propre respiration contenue. La cuisine était chaude, ils étaient seuls, isolés et protégés, perdus dans le temps.

– Je veux que tu me touches là où c'est bon, Professeur, lui dit Natalia. Je veux que tu me touches. Je veux que tu perdes contrôle, tu perdrais contrôle si tu me touchais.

Soudain Diego mit sa main sur la nuque de Natalia, sous ses cheveux. Il la souleva et la porta jusqu'à la table comme une enfant. Le peu de crainte que Diego ressentait encore s'évanouit à mesure que croissait son désir pour Natalia. Il l'assit sur la table, mais ses mains ne la lâchèrent pas. Elle chuchota son nom à l'infini, chanson douce qui emplit son cœur de joie.

– Parle-moi, Professeur, dit-elle. Décris-moi les montagnes rouges de la lune et la poudre de sable blanc, les palmiers et l'eau bleue, chaude et lisse. Je veux me souvenir de tout ça, je ne l'oublierai jamais.

Mais Diego sentit qu'il n'avait pas le temps de parler ou de faire de la poésie. Il glissa ses deux mains sous sa jupe, fit basculer Natalia en arrière, parcourut ses cuisses de ses paumes, puis attrapa sa petite culotte et la fit glisser. Elle l'attira vers elle, en haletant et en se pressant contre lui, les bras enroulés autour de son cou. Diego sentait son corps sous ses doigts, un corps magnifique, simple et doux. Tous deux émettaient de petits sons à présent. Il défit son pantalon et lui prit les fesses, étonnamment fraîches et extraordinairement fermes, à pleines mains. Il ferma les yeux de joie, la souleva, afin d'entrer en elle, cette sensation pure, cette excitation, toujours nouvelle, et profondément familière. Diego tint fermement Natalia contre la table, elle entrouvrit les jambes, puis les lèvres, et sa bouche décrivit un cercle parfait. Il s'introduisit en elle et ses cuisses l'agrippèrent avec une force surprenante, elle projeta son torse en avant comme pour l'éjecter, luttant en même temps pour suivre son rythme. Ayant trouvé leur harmonie, ils évoluèrent en une unité exquise, un boléro parfait, comme s'ils avaient dansé ensemble depuis des années. Pur plaisir pour Diego à ce moment-là, sans pensées, rien de Rodrigo Punto, aucune pensée pour personne à ce moment-là, et même Natalia fut exclue de cette pure extase, de cette cadence humide peau contre peau. Il jouit en premier, furieusement, secoué de tremblements qui parcoururent tout son corps, et il resta avec elle, en elle, jusqu'à ce qu'elle soupire et crie, mon Dieu, oh mon Dieu, Diego, ses hanches en furie, en tension croissante un instant proche de la convulsion, le dos arqué, les mains agrippées à ses cheveux, allant et venant jusqu'à ce qu'ils se fondent ensemble dans la fournaise qu'ils avaient générée.

Leur danse de la table ne dura pas longtemps, juste assez. Et quand ils eurent terminé, Natalia regarda Diego d'un air malicieux, la tête inclinée, les bras toujours enlacés autour de son cou.

– Tu sais, dit-elle. C'était exactement comme je l'espérais. Parfait, *hombre*, parfait. Je crois que je t'aimerai toujours.

Diego pensa à un poème que Benny lui avait dit quand ils étaient à Cuba, à Palma Sorino. Diego, avait-il dit, tu sais qu'un homme doit s'estimer heureux si son amour dure autant qu'un coup de queue.

Ce bon vieux Benny.

Ils se turent un long moment, tandis que Diego caressait les joues, les sourcils, le nez de Natalia du bout des doigts. Il se retira délicatement et ramassa sa culotte par terre. Il releva sa jupe et remonta doucement sa culotte le long de ses jambes et de ses cuisses. Natalia se rassit sur la table et Diego lui mit ses chaussures, d'abord l'une puis l'autre.

Le révolutionnaire drogué, Hector, son chauffeur, attendait, garé le long du trottoir, quand Diego passa la porte du *Hatuey*. Il avait laissé Natalia assise au comptoir en train de boire un café, après qu'elle lui eut dit qu'il était l'opposé de Rodrigo. Diego ne voulait pas penser à Rodrigo et lui. Il luttait à présent contre un douloureux spasme de conscience, interminable, oppressant. Il avait vu Natalia tortiller quelques mèches de cheveux entre ses doigts. Il avait vu qu'elle pleurait.

En quittant Natalia, il éprouva une horrible sensation de vertige, il se souvenait du dilemme de l'homme d'honneur et se disait, maintenant *hombre*, c'est fini, et Rodrigo peut reprendre sa femme.

12

Nick mit quelques minutes à piger de quoi Sonny parlait. Il voulait que Nick pense qu'avoir un écrivain, un civil greffé à une mission comme celle-ci n'avait rien d'extraordinaire, mais il était trop gêné pour le dire. Sonny n'arrêtait pas de parler. Nick l'écoutait à peine.

Ils étaient arrêtés à un feu rouge sur Corona Avenue. Samedi après-midi, une heure et demie, circulation fluide, un bus, deux camions et un taxi devant eux. Nick regarda les gens qui attendaient à l'arrêt de bus, sur les cinq aucun n'était blanc, tous sud-américains. L'un d'eux était un petit homme trapu, avec une gueule d'Indien on aurait dit. Un Maya, pensa Nick, un Maya avec une casquette de base-ball et un coupe-vent vert zippé. Un Maya qui attendait le Q41. Le quartier changeait à vue d'œil. Ce n'était pas que Nick trouvait qu'il changeait en mal, il remarquait les changements, voilà tout.

Cinq minutes plus tard, toujours assis dans leur véhicule, ils se garèrent à deux blocs de la planque. Sonny lui demanda s'il connaissait Frank Kurtz. Nick se pencha au-dessus du siège pour attraper le sac de sandwichs et dit, ouais, j'ai entendu parler de lui. Sonny lui dit qu'il serait probablement amené à le rencontrer aujourd'hui. Avait-il déjà lu un de ses livres ? Nick dit, non, il ne lisait pas de romans policiers. Sonny dit, ah d'accord.

– Ouais, tu vas le rencontrer aujourd'hui, ce Kurtz, dit Sonny. Il écrit un livre sur moi.

Nick se souvint que Frank Kurtz avait écrit plusieurs romans policiers, dont un, se rappelait-il, qui avait eu pas mal de succès. Il en avait lu quelques paragraphes quelque part, peut-être dans le supplément du *New York Times*. Il se rappelait qu'il n'avait pas trouvé ça terrible, l'écriture n'était pas bonne du tout.

– Ah bon ? dit-il.

Sonny le regarda.

– Ouais. Il a eu l'autorisation de nous suivre.

– Dans une opération bulldozer ? Tu déconnes ? Il pourrait y avoir des complications. Ces mecs ont des flingues, il le sait ça ?

Nick se raidit sur son siège, le sac de sandwichs sur les genoux, pris d'un léger accès d'appréhension.

– Écoute, d'abord ce type est un ancien flic, un lieutenant civil de Brooklyn. C'est pas monsieur Tout-le-monde ; il connaît la chanson. Et je vais te dire, quand je fais une descente, moi, je la fais tranquille, en douceur. Je suis pas du genre à tirer dans le tas. On chopera ces mecs à la coule. Pas de balles perdues. Pas besoin.

– C'est la chose la plus sensée que je t'aie entendu dire depuis longtemps, lui dit Nick.

– Je dis beaucoup de choses sensées. Peut-être que si t'étais pas toujours dans ta tour d'ivoire, tu m'entendrais.

– Je t'entends, Sonny. Crois-moi, je t'entends.

– Ouais, bon. Kurtz, il écrit des bouquins sur les flics – t'as entendu parler de lui, non ?

– Je t'ai dit que oui.

– Mais t'as jamais lu un de ses livres. *Commissariat fantôme* ? *Bleu de Chine* ?

– Sonny, je ne lis pas les histoires de flics, je les vis, merde. Mais maintenant que tu m'en parles, je crois que j'ai effectivement lu un extrait de quelque chose qu'il a écrit. Ce qui est sûr c'est que c'est ni Jimmy Breslin ni Saul Bellow.

Sonny l'examina pensivement, comme perdu.

– Qui est Saul Bellow ? dit-il.

– Un écrivain d'enfer.

Sonny se passa les doigts dans les cheveux. Quand ce type est nerveux, comprit Nick, il a l'air d'être en colère.

Sonny dit, comme s'il se parlait à lui-même :

– Enfin, bref, les livres de Kurtz sont super, vraiment super. Il est question qu'ils fassent un téléfilm du dernier, *Commissariat fantôme*. Ils ont obtenu Paul Newman pour le rôle principal. Mais là, c'est la première fois que le mec écrit pas de la fiction. Ce bouquin qu'il veut écrire sur moi, ça va être la réalité.

– La réalité ? S'il écrit la vérité sur toi, tu finiras sous les verrous. La vérité, tu te fous de moi.

– Retire immédiatement ce que tu viens de dire ! Pour qui tu me prends, un criminel ?

– Sonny, je te prends pour rien du tout. Mais franchement, t'es pas sérieux. Tu peux pas amener un civil sur un coup comme celui-là.

– Nick, ce mec a quitté le métier il y a quoi, deux, trois ans. C'est pas un civil. En plus, il a obtenu une autorisation.

Sonny, sembla-t-il à Nick, était très tendu, mais son ton restait amical et léger.

– Le capitaine Hawks est au courant ? Qu'est-ce qu'il dit ?

– Hawks ? Hawks ? Le capitaine s'est fait refaire les dents, ça lui a coûté trois mille dollars. Il prend des cours d'art dramatique. Je lui ai promis qu'on lui trouverait un petit rôle.

Nick hocha la tête, il pensait, tu croyais pouvoir y arriver avec cette équipe de cinglés ?

– Génial, dit-il.

Nick ne bougeait plus, il était abasourdi. Il entendait la voix d'Andre, sa mise en garde.

Il regarda Sonny, qui se retourna vers lui, ses sourcils reprenaient leur petite danse sur son front. Son sourire s'agrandit et Sonny dit :

– Des livres, des films, des séries télé. Je vais être célèbre, putain.

Les yeux de Sonny brillaient et ne quittaient pas Nick. De grands yeux bleus, expressifs, ce type adorait le son de sa propre voix, ou du moins en avait-il l'air, et cette fierté sur son visage, il disait toutes les conneries qu'on pouvait s'attendre à le voir dire.

– Sonny, tu es déjà célèbre, et d'après ce que je vois, c'est ça ton problème.

– Tu sais, dit gaiement Sonny, c'est dommage qu'on ait pas fait équipe plus tôt. On fait une bonne équipe.

– Ah ouais ?

– Exactement. Je vais te dire pourquoi c'est dommage : tu porterais pas ces fringues craignos sinon.

Il regarda Nick, haussa les épaules et dit :

– Tu vas peut-être pas me croire, mais j'étais comme toi avant. Il y a très longtemps, exactement comme toi. Jusqu'à ce que je voie où se trouve la vérité.

– Sonny, dit Nick, tu recommences.

– Quoi, je recommence quoi ?

– À faire le mariole, pour te faire mousser.

Était-il possible, se demanda Nick, que ce Sonny McCabe n'eût aucune conscience de ce qu'il suscitait ? Il hocha la tête à cette idée. Il ricana mais il commençait à en avoir ras le bol.

– À quoi tu penses, qu'est-ce que t'as ? dit Sonny.

Ce qui l'arrêta net.

– Rien, répondit Nick. Allons-y, les sandwichs vont être froids.

Tandis qu'il se tournait sur son siège pour ouvrir la portière de la voiture, il lui vint à l'esprit qu'il pourrait peut-être faire entendre raison à Sonny, le réveiller, lui dire qu'il y avait des gens, des gens importants, qui l'avaient pris comme cible. Mais il n'avait pas le temps, trop long à expliquer, trop de forces en marche à présent. Il expira, c'était un signe d'inquiétude. Et merde, ce McCabe était une énigme pour lui.

Nick sortit de la voiture et laissa toutes ses questions en suspens pour le moment. Il songea qu'il n'y avait pas moyen de savoir si Sonny le faisait marcher à propos de l'autorisation de Kurtz à les suivre. Il se dit qu'il le demanderait à l'écrivain quand il le verrait mais il avait la sensation que c'était sûrement vrai. Comme pour tout dans cette section, Sonny demandait et Hawks exécutait. C'était comme si le capitaine Hawks était un fantôme dans son propre bureau, il se pliait aux besoins d'un inspecteur qui était quoi, trois, quatre rangs au-dessous de lui ? Drôle de truc.

Il vit Suarez attendre seul sur le trottoir devant la bijouterie. L'appartement au-dessus de la boutique était vide et avait été transformé en planque. Suarez se tenait la tête baissée, les bras croisés, les yeux fixés sur *Los Campos* de l'autre côté de la rue. Il faisait semblant d'attendre le bus et jetait de temps en temps un coup d'œil au parking du club. Nick et Sonny se dirigèrent vers l'inspecteur mais Suarez ne les regarda pas, apparemment soucieux de ne pas attirer l'attention sur lui. Afin de ne pas le déranger, Nick passa devant Suarez l'air de rien.

Sonny lui fit un grand sourire, puis, la bouche en coin :

– On a des sandwichs, mon vieux.

– Il était temps, putain, dit Suarez, qui fit volte-face et entra après eux dans l'immeuble.

L'escalier qui menait au premier étage était sombre. Sonny monta les marches quatre à quatre devant Nick et disparut dans l'appartement. Suarez s'accrocha à la veste de Nick, légère remorque à l'arrière.

– J'espère que t'as bien dormi cette nuit. Il va y avoir du boulot aujourd'hui. Je peux te dire qu'il se passe des trucs de l'autre côté de la rue.

Sa voix sortait sur un ton monocorde, étouffée, comme s'il était à bout de souffle et qu'il essayait de chuchoter.

Ils atteignirent le premier étage et entrèrent dans l'appartement. Ça faisait près d'une semaine que Nick n'était pas venu à la planque. Il entra lentement, prit en compte tout ce qui s'y passait comme l'aurait fait un visiteur, salua de loin Eddie Moran qui était à la fenêtre en train de guetter à travers un store vénitien. Sur une chaise en bois dans un coin sombre de la pièce était assis un grand maigre avec une barbe et des lunettes cerclées. Il se leva, fit un signe de la main en direction de Nick et lança :

– Salut !

Nick remarqua qu'il était très tendu.

– Frank Kurtz, Nick, dit Suarez. Il va nous suivre.

– Vous savez, dit Kurtz, je serai pas dans vos pattes, je suis juste là pour regarder.

Nick sourit et dit :

– On a des sandwichs. Ils sont énormes. Je suis sûr qu'on va te trouver quelque chose si ça te dit.

– Super, dit Kurtz, je meurs de faim. Alors qu'est-ce que tu en penses, il va y avoir de l'action aujourd'hui ?

– On attend toujours que l'indic nous appelle, dit Eddie Moran à Nick. Il a l'air d'avoir disparu.

– Vous avez essayé chez lui ? demanda Sonny.

– Chez lui, au *Hatuey*, j'ai parlé à sa femme. Elle a un anglais épouvantable. Elle m'a dit qu'elle a pas eu de nouvelles de Rodrigo depuis hier après-midi.

Sonny était à côté du capitaine Hawks qui étudiait un plan de *Los Campos*. Il attrapa une radio portative, appela les mecs planqués dans la rue et dans le sous-marin.

– Allez les gars, à la soupe, dit-il à la radio.

Il soupira profondément.

– Rodrigo s'est peut-être fait arrêter. Il porte toujours son flingue sur lui. Quelqu'un a vérifié ?

– J'ai vérifié, dit Moran. Il s'est pas fait pincer. Putain quel emmerdeur, ce mec. Je déteste bosser avec des gens à qui je peux pas parler ou que je comprends pas.

– Tu parles, dit Sonny. C'est un vrai marlou celui-là. Rends-moi service, Eddie, tu veux ? Pose ces sandwichs sur la table là-bas. Les noms sont marqués dessus et il y a des bières ici pour qui veut.

Eddie Moran sortit les sandwichs du sac et les répartit sur la table. Il apporta au capitaine celui sur lequel était marqué « Hawks ». Hawks fit un clin d'œil à Nick et lui désigna la fenêtre de la tête.

Nick regarda la rue en contrebas à travers le store. Il y avait une camionnette blanche et une demi-douzaine de voitures sur le parking de *Los Campos*. Benny Matos, le propriétaire du club, avait garé sa Buick le long du trottoir. Nick remarqua la Mercedes noire derrière la Buick, il savait que c'était celle du Colombien, Medina.

Sonny et Kurtz rejoignirent Nick à la fenêtre. Ils aperçurent les deux hommes élégants qui montaient la garde devant la porte d'entrée du club. Sonny se détourna, à peine concerné.

Beaucoup d'activité, se disait Nick, bien trop pour un samedi après-midi. Quelque chose se tramait. La porte d'entrée principale s'ouvrit, et il vit Benny Matos sortir sur le trottoir, à la manière d'une sentinelle, les mains sur les hanches, la tête comme une girouette.

– T'as vu ce mec, Sonny, dit Nick.

– Regarde-moi ce connard, cet hippopotame habillé tout en blanc, dit Sonny. Il faut bien te dire que, ce matin, ce vieux Benny s'est habillé, s'est planté devant son miroir. Il s'est regardé sous toutes les coutures et s'est dit, je suis beau, je suis prêt. Et ce débile avait peut-être raison, non ?

Tout le monde se plia de rire.

– Vous savez, les gars, dit Sonny, ces danseurs de mambo à la con, là, ils attendent, ils attendent quelqu'un.

– Un petit groupe est arrivé vers huit heures ce matin, dit Hawks. Puis la camionnette du parking, qui s'est pointée vers huit heures et demie. Ils ont été direct à la porte de service. Notre champ de vision était bouché, Suarez a pas vu grand-chose. Hein, Carl ?

L'inspecteur Suarez dévorait son sandwich avec application.

– Ils ont sorti quelque chose, ou quelqu'un, de la camionnette. Ils étaient quatre. Medina, le rouquin colombien, était là. Mais j'ai pas compris ce qu'ils foutaient.

– Rien sur les bandes ? demanda Nick.

– Rien d'intéressant au téléphone, dit Eddie Moran. Et on dirait qu'ils ne sont pas dans le bureau. Le micro est resté silencieux.

L'appartement ne comportait aucun meuble à part deux tables appuyées contre un mur. Sur l'une d'elles étaient posés les magnétos à bandes, un pour le téléphone de *Los Campos* et un pour le micro du bureau. Nick était un adepte du micro caché dans une pièce. D'autres ne juraient que par les micros dans les appareils téléphoniques, les lignes sur écoute, les stylos pirates, mais il n'avait jamais vu un micro ne rien donner dans une pièce. En outre, il y avait peu de choses dans la vie dont il se réjouissait plus que d'être assis à écouter l'ennemi détendu en train de bavarder. C'était comme la pêche au requin, l'ennemi était là, à portée de main, et ne se doutait nullement qu'il était sur le point d'être harponné et ferré.

À force de travailler sur écoutes et micros pendant des années, Nick était dans le secret des détails les plus fous et les plus ahurissants de la vie criminelle, mais, après quelques années, on pouvait s'y perdre, et ce qui faisait autrefois sursauter commençait à passer inaperçu, aussi inconsistant que de l'air.

– Moi je dis, fit Nick, qu'il faut qu'on parle à Rodrigo. Quelque chose se trame là-dedans, c'est sûr. C'est peut-être un gros coup, c'est peut-être rien du tout.

Il regarda de nouveau à travers le store. Trop d'effervescence dans la rue ; aux quatre coins du parking, des hommes attendaient.

– Sonny, il faut qu'on sache ce qui se passe là-dedans. Et il faut qu'on le sache vite.

– On va trouver ce que ces *banditos* manigancent. C'est juste une question de temps, répondit Sonny, patient.

– J'imagine qu'ils sont en train de faire une sorte de réunion, dit Suarez.

– Qu'est-ce que t'imagines d'autre ? lui demanda Sonny.

– Mais on entend rien sur les bandes. Je sais pas ce que je peux imaginer d'autre.

Il parcourut la pièce du regard.

– J'écoute ces mecs depuis six mois. Ils parlent, parlent, parlent, et tout ce dont ils parlent, c'est de flingues. Un peu de dope par-ci par-là, mais surtout de flingues. Ces enculés sont peut-être armés jusqu'aux dents, vous savez ?

– Carl, dit Sonny, tu es le meilleur interprète qui soit. Seulement, relier ce que tu entends à ce qui se passe n'a jamais été ton point fort. On a des pages de conversation et on sait toujours pas ce qui se passe.

Il se tourna vers Nick.

– Qu'est-ce que t'en dis ?

– Avant tout, je crois que les flingues sont là maintenant, ou qu'ils arrivent aujourd'hui. On n'a jamais vu tant d'activité autour de ce club dans la journée. Mais j'aimerais quand même bien savoir où est cet enfoiré de Rodrigo. Je sais pas pour toi, mais j'aime pas la tournure que ça prend, le fait qu'il soit pas là.

Nick alla jusqu'à la table et prit la moitié de son sandwich.

– Vas-y, Frank, dit-il à l'écrivain, il y en a plein là, sers-toi. Ce que je veux savoir, dit Nick, c'est combien de temps tu envisages de ne pas bouger ? Putain, ils pourraient recevoir leurs flingues et partir avec qu'on serait encore en train de pique-niquer.

– Il a raison, dit le capitaine Hawks.

– On peut pas frapper à l'aveugle, dit Sonny. Si on fait ça, on risque de tout foutre en l'air.

– On va pas frapper à l'aveugle, dit Suarez. Quand Monserette arrivera, on le laissera manger un morceau, et puis lui et moi on ira faire un petit tour de l'autre côté de la rue. On peut s'approcher tout près. On captera peut-être quelque chose, on tâtera le terrain.

– Bon, dit Sonny, c'est une bonne idée. Pas plus mauvaise qu'une autre. Qu'est-ce que vous en pensez, capitaine ?

Le capitaine Hawks acquiesça tout en mâchant son sandwich et dit :

– Si seulement ce con d'indic pouvait appeler.

– Ce connard de bouffeur de tortilla m'appelle tous les jours vers midi, dit Sonny. J'ai appelé au bureau, aucun signe de lui.

– On l'a peut-être ligoté, dit timidement Frank Kurtz.

– J'imagine, dit Sonny.

– J'aime pas ça, Sonny, dit Nick.

– Moi non plus, mais pas de panique. Tu veux que je prenne ton pouls, tu paniques ?

Nick était gonflé à bloc, son instinct lui disait qu'il était temps d'aller défoncer cette porte de l'autre côté de la rue, de remonter ses manches. Ça faisait un bout de temps qu'il n'avait pas fait ce qui ressemblait même de loin à une opération de police dangereuse. Il avait hâte et ne parvenait pas à savoir si c'était bon ou mauvais signe.

– Je ne panique pas, dit-il. Je suis remonté et prêt à y aller. Et toi, Sonny, t'es d'attaque ?

– Eh, quand le signal sera donné, t'as pas intérêt à te trouver sur mon chemin, mon vieux.

Éclat de rire général ; gêne de Nick.

– Oh ! là, là ! dit Frank Kurtz, ça s'invente pas, ça.

Et il prit des notes.

Nick entendit la porte d'en bas s'ouvrir, puis des bruits de pas qui montaient l'escalier.

La deuxième équipe – Monserette et quatre autres inspecteurs – arriva et fonça sur la nourriture. Sonny et le capitaine Hawks prirent le plan de *Los Campos* et se retirèrent dans une autre pièce en refermant la porte derrière eux.

Debout devant la table où étaient posés les magnétos à bandes et les émetteurs, Nick se retrouva à boire une bière avec Frank Kurtz. Un des émetteurs était relié au bureau de *Los Campos*. On entendait de la musique et des rires, puis un cri sourd. Il n'y avait apparemment personne dans le bureau, mais le micro planqué dans le faux plafond était assez puissant pour capter les conversations et les bruits du couloir voisin. Kurtz, semblait-il, appréciait sa bière : il en but deux bouteilles.

– Tu vois, lui dit Kurtz, en vingt ans, je n'ai jamais utilisé ni écoutes ni micro. En fait, quand on y pense, être si proche des gens, c'est quasi mystique.

Nick sourit et se dit, mystique, ouais c'est ça, c'est mystique.

– Alors, Nick, ça fait combien de temps que t'es dans le métier ?

– Ça va faire onze ans, lui dit Nick.

Il avait décidé de s'autoriser une seule petite bière. Impossible de dire comment allait se dérouler ce coup, et il voulait avoir tous ses esprits. Mais il avait un peu pitié de Kurtz ; l'écrivain avait l'air perdu, une petite conversation avec lui était la moindre des choses.

– Je vais te dire, les dix années suivantes filent à vitesse grand V, dit Kurtz. Les dix premières années qu'on passe dans le métier durent des siècles, mais les dix suivantes passent à la vitesse de la lumière. Marié ?

– Non. Je l'ai été, j'ai essayé, mais ça n'a pas marché.

– Divorcé ?

– Exact.

– C'est vache. Le dilemme du flic...

Il leva sa bouteille de bière.

– ... la picole et la gaudriole.

Nick sourit et songea qu'il devrait peut-être aller rejoindre Sonny et Hawks.

Kurtz termina sa bière et examina l'assemblée d'inspecteurs avec affection.

– Tu vois, dit-il, quand t'auras rendu ton insigne, ça te manquera, ça. La fraternité entre flics.

– Il paraît.

Kurtz dévisagea Nick et lui tapota l'avant-bras du plat de la main.

– Crois-moi, c'est ça qui est important, c'est tout ce qui compte, lutter contre le mal avec des gens que tu aimes, des gens qui t'aiment. La solidarité entre frères.

Nick le dévisagea à son tour, et se dit, qu'est-ce que t'en sais, toi, un civil ? Ça faisait des années qu'il entendait ce couplet sur l'esprit de corps que rabâchaient les mecs qui restaient derrière leur bureau.

– Je donnerais mon bras droit pour être de nouveau avec vous, les gars.

– Tu veux dire pour être là à l'année ou le temps d'écrire un bouquin ?

Kurtz hocha la tête, confus.

– T'as raison, dit-il. La plupart du temps c'est à mourir d'ennui, ce métier. Et le baratin des supérieurs... Pffff, ça, ça me manque pas, le baratin des gradés.

– Je ne me suis jamais ennuyé, lui dit Nick.

Soudain, une voix émergea de l'émetteur, une voix proche et claire. Nick et Kurtz se tournèrent en même temps ; c'était comme si quelqu'un les avait rejoints.

– Bon, *¿ dónde ésta* Manny[1] ? *¿ Dónde* Manny, hein ?

– C'est quelque chose, ce micro, dit Kurtz.

---

1. « Où est Manny ? » *(N.d.T.)*

– S'il est bien posé, je veux dire au bon endroit, et qu'il n'y a pas de grosse interférence, c'est comme s'ils te chuchotaient dans l'oreille. Comme une nana qui dirait, vas-y, vas-y.

– Ouh, c'est bon, ça.

Il tira un stylo à bille de la poche poitrine de sa chemise et ouvrit son carnet.

Nick rit.

– Dis-moi, Nick, comment tu vois les choses ? Tu crois que vous allez faire mouche aujourd'hui ?

– Ouais, je crois. J'aimerais quand même avoir des nouvelles de l'indic. Sans lui, c'est au petit bonheur la chance. C'est comme au loto, et dans ce métier on n'a pas spécialement envie de tirer le bon numéro, on n'a pas le choix, on tire.

Il vit que Kurtz ne le quittait pas des yeux.

– Alors comme ça, t'écris un bouquin ?

Kurtz acquiesça.

– J'ai toujours voulu faire un vrai livre sur la police, une histoire authentique.

– Le monde de Sonny McCabe. Un flic est un flic, dit Nick.

Kurtz rit mais Nick se dit qu'il l'avait mis mal à l'aise.

– Qu'est-ce que ça représente pour toi ? demanda Kurtz. On m'a dit que t'étais inspecteur principal, le top. Tu dois adorer ça.

– Je peux pas te répondre. C'est différent pour tout le monde.

– D'accord, mais pour toi ?

Nick lui sourit.

– Frank, dit-il, tu as été flic. T'as pas besoin de poser ce genre de questions. Si tu veux savoir pourquoi un flic aime être flic et ce qui s'ensuit, demande-le-toi. Tu as fait vingt ans dans la police. Je vais pas te le dicter, c'est toi l'écrivain.

– T'as déjà lu un de mes bouquins ?

– Un bout de ton dernier. C'était bien, sympa.

– Soyons clair, j'apprécie ta gentillesse, mais j'ai horreur qu'on dise ça.

– Quoi ?

– Sympa. Ça me donne l'impression d'avoir écrit un épisode de *Kojak*.

– Désolé. En plus, j'aime bien *Kojak*. Tu sais, Crâne d'œuf, celui qui peut résoudre n'importe quelle affaire et qui rend toujours justice avec le sourire.

L'écrivain leva sa bière en signe d'approbation, et dit que Kojak, c'était bien mais que c'était de la fiction. Sonny McCabe c'était du vrai de vrai ; et de raconter la première fois qu'il s'était retrouvé face à Sonny McCabe, de se pencher en avant, d'approcher son visage de celui de Nick, de chuchoter, de dire à Nick que Sonny avait débarqué dans son commissariat de Brooklyn un soir, tard, tout esquinté. Il avait trois malfrats avec lui. Des jeunes, des mecs de la rue, de gangs, pas des petits joueurs. Sonny les avait chopés sans jamais sortir son flingue. Et de réciter sa leçon d'une façon que Nick trouvait fascinante.

Kurtz se redressa pour vider sa bière et Nick dit :

– Tu parles d'une histoire.

Nick s'étira et bâilla, il voyait déjà l'épopée de Sonny McCabe entre les mains de ce type-là, il imaginait la vie de Sonny louée et élevée au rang de légende dans un livre. Kurtz jeta un coup d'œil à Nick et ce regard poussa Nick à penser que ce mec savait ce qu'il pensait.

– Tu sais, dit-il, Sonny a détenu trois années de suite le record d'arrestations aux Mœurs.

– C'est le meilleur, dit Kurtz. Au fait, dit-il. Si on fait le film, on va avoir besoin de conseillers techniques. Je dois pouvoir te caser.

– C'est vrai ? Je crois que rien ne me ferait plus plaisir.

Kurtz lui fit un clin d'œil et lui tapa sur l'épaule.

13

– Benny m'a dit où te trouver, dit Hector sur le court trajet de *Los Campos*.

Il ne dit pas grand-chose de plus. Il était trois heures et demie de l'après-midi.

La voiture s'engagea sur le parking de *Los Campos*. En descendant, Diego vit Mambo Vasserman, l'homme au cou de porc, devant la porte de service du club; son frère Chino se tenait juste derrière lui et lui parlait à voix basse. Diego suivit Hector jusqu'à la porte. Les frères Vasserman s'écartèrent et Mambo dit à Hector :

– Ils vous attendent au sous-sol, *chico*.

Diego compta environ une demi-douzaine d'hommes, et plus encore dans le couloir et dans la cuisine. Il jeta un œil à cette foule et y reconnut Tito Roman du Bronx. Tito dévisageait Diego d'un air mauvais. À la connaissance de Diego, Tito ne savait rien de lui si ce n'était qu'il était le maître d'hôtel du club, mais l'air avec lequel il regardait Diego semblait dire autre chose. C'était un regard maléfique, et maléfiques, se dit-il, c'était ce que tous ces gens semblaient être.

Il y avait aussi des hommes au bar, et deux autres qui montaient la garde à l'entrée. Paco Morales, qui travaillait de temps à autre à la cuisine, le salua de la main quand Diego entra. En passant à côté d'eux, Diego remarqua qu'en fait, il connaissait bon nombre des hommes avec qui Benny faisait son business. Trop pour ne pas être impliqué à un niveau ou à un autre.

La porte qui menait au sous-sol fut ouverte par Chino Vasserman, qui la tint pour Hector et Diego, puis la verrouilla. Diego n'avait jamais été au sous-sol de *Los Campos* auparavant.

À contrecœur, il descendit l'escalier derrière Hector jusqu'à une vaste salle sans fenêtre. Les murs étaient en parpaings de ciment blanchis à la chaux, et une lumière éblouissante pendait au centre du plafond, ce qui faisait ressembler la pièce à une grande cellule de prison. Les murs luisaient d'humidité et la chape de béton par terre était poisseuse. Le long d'un des murs s'étendait une rangée de ce qui avait l'air de grands containers gris. Six, peut-être sept. Dans un coin, deux machettes, une lance, un arc, un carquois et plusieurs flèches étaient appuyés contre le mur. Diego jeta un coup d'œil rapide vers le coin opposé, où se tenaient Rodrigo et Oscar, attachés par un câble à un pic métallique scellé dans le ciment. Un second câble plus fin les maintenait l'un contre l'autre au niveau des bras, ce câble sciait leurs muscles sous leurs épaules et, à y regarder plus attentivement, Diego vit qu'il faisait bleuir leur peau. Il s'était plus ou moins attendu à trouver les deux hommes ici, ce n'était pas ça. Mais les voir dans cet état l'abasourdit, le sidéra. Tous deux, sembla-t-il à Diego, semblaient hypnotisés par la douleur qu'ils enduraient. Ils étaient debout l'un contre l'autre sur la pointe des pieds, complètement nus, le bras cassé de Rodrigo pendait, plâtré, le long de son flanc. La pièce empestait la fumée de cigarettes et le salpêtre, le détergent et l'urine. Il y avait une table au centre de la pièce, Benny et Cano y étaient assis, mangeaient des sandwichs et buvaient de la bière au goulot.

Cano pointa une main dans la direction de Diego et dit :

– Tu as une demi-heure de retard, Professeur.

– Il était occupé, dit gentiment Benny, occupé à baiser la femme du mouchard.

Rodrigo émit un petit grognement qui se rapprochait plus d'une plainte.

– Ceci, dit Diego en agitant la main en l'air, est barbare, immoral. C'est l'âge de pierre. Qu'est-ce que vous foutez ?

Et, pour la première fois, Diego s'interrogea soudain sur ses propres chances de quitter ce sous-sol en vie.

– La moralité, dit Cano, est une invention des faibles pour faire rentrer les forts dans le rang. Tu sais ça, Professeur. Dans cette pièce, inutile de plaider. Alors tais-toi et assieds-toi.

Diego regarda autour de lui mais ne vit aucune chaise.

– Par terre, putain, dit Cano, assieds-toi par terre, Professeur.

– Benny, dit Diego.

– Je ne peux plus t'aider, ne me demande rien.

– Le sol est humide, dit Diego. Je vais rester debout si ça ne vous dérange pas. Je peux très bien rester debout, ça me va.

– Putain tu vas t'asseoir, *hombre*, parce que je t'ai dit de t'asseoir.

Cano sortit de sa ceinture un pistolet argenté et en frappa la crosse contre la table.

Diego s'immobilisa, songeant c'est la fin, c'est ici que tout va se terminer.

– Je t'ai dit, Cano, dit Benny, Diego est intelligent. Et en plus de sa cervelle, il a des couilles. C'est un cas.

Cano regarda Diego, puis Benny. Un petit sourire calme pointait sur le visage de Benny.

– On verra bien, hein ? On se rendra bientôt compte si ce que tu dis est vrai, lui dit Cano.

– Pourquoi suis-je ici ? dit Diego.

Il était hagard et sentait croître sa peur.

– Nous t'avons troublé, dit Cano. Tu veux savoir ce qui se passe. Nous comprenons.

– C'est un mec bien, dit Benny.

– Que tu dis, fit Cano. Que tu dis. Il y a quelque chose chez les hommes comme nous qui fait que les hommes comme toi se demandent si Dieu est mort, hein, Professeur ?

– Cano, dit Benny, pourquoi tu ne lui demandes pas tout de suite ce que tu veux, sans toutes ces conneries ?

Cano termina sa bière d'une seule longue gorgée.

– Lui « demander » ? dit-il. Je devrais être poli et « demander » au Professeur ?

Les yeux de Cano se dirigèrent sur Rodrigo et Oscar.

– Je ne dois rien lui demander. Je lui « dis », rétorqua Cano à Benny. C'est un lâche, il a peur de son ombre, c'est un nul.

Cano sourit.

– Diego, dit-il, nous avons besoin de ton appartement.

Cano pinça les lèvres comme s'il voulait lui envoyer un baiser.

– Tu sais, j'adore les gens de ton espèce. Tu vas nous aider. Maintenant tu vas gentiment me donner des réponses nettes, d'accord ?

– Vas-y, lui dit Diego.

– Tu n'as eu aucun problème avec la police, la police ne te connaît pas. C'est juste ?

– Oui, dit Diego.
– Ni à Miami, ni ici ?
– Exact.
– Tu t'es plu là-bas ? C'était bien comme ville, Miami ?
Diego ne lui répondit pas.
– J'ai besoin de ton appart' de merde parce qu'il est sûr.
Cano se mit soudain à lui crier dessus.
– C'est un endroit sûr pour nos containers. Ces deux connards de mouchards ont rendu notre petite planque ici un peu risquée. Tu me suis ?
– Écoute, dit Diego, il y a mes enfants dans mon appartement. Tu crois que je vais vous laisser les mettre en danger ? Il faudra d'abord me tuer.
– Oh, mon ami, dit Cano. Ne parle pas de quelque chose que tu ne veux pas. Je pourrais te satisfaire.
– Tu ne me fais pas peur, Cano, tu ne m'as jamais fait peur.
Cano eut presque l'air gêné.
– Écoute-moi bien, dit-il, tes enfants sont en pleine forme. Les petits sont avec ta proprio, et Justo est, en ce moment précis, là-haut dans la cuisine.
Une image de Justo au milieu de cette folie se mit à tournoyer dans la tête de Diego, et son corps fut envahi par une vague de répulsion.
– Mon seul souci est la sécurité de mes enfants, dit-il.
Cano acquiesça.
– Diego, aide-moi, tu veux ? ahana Oscar le barman derrière lui. J'ai été accusé à tort, aide-moi, je t'en prie.
Diego se retourna et regarda Oscar, puis Rodrigo. Rodrigo avait la tête baissée, il semblait savoir qu'il n'y avait aucun espoir.
– Oscar, dit Benny, dis à Diego ce que tu m'as dit.
La voix de Benny était tranchante et froide, d'un ton que Diego n'avait jamais entendu auparavant. Oscar releva la tête et la secoua.
– Je n'ai jamais été dans le taxi de Rodrigo. Jamais, dit Oscar. Diego doit avoir fait erreur. C'est quelqu'un d'autre qu'il a vu, pas moi.
Benny hocha la tête.
– Ce mec te traite de menteur, Diego.
Diego ne répondit pas.

– Benny..., dit Rodrigo.

Benny tourna lentement la tête.

– Disons qu'on a été faire un tour ? Et alors, qu'est-ce que ça peut faire ?

– J'ai jamais été avec toi ! hurla Oscar.

Benny, sembla-t-il à Diego, réfléchit. Il réfléchit, puis hocha la tête.

– Je ne te parlais pas à toi, Rodrigo. Si ? dit-il.

Rodrigo laissa retomber sa tête.

Cano se leva et s'écarta de la table pour aller dans le coin de la pièce où se trouvaient la machette, l'arc, les flèches et la lance. Il prit l'arc et le banda. Puis il inséra une flèche. Les autres dans la pièce ne bougeaient pas, ils attendaient de voir ce qu'allait faire Cano. Hector se passa la main dans les cheveux, le visage barré d'un sourire de dément.

– Vous voyez, dit Cano, nous savons qu'Oscar était avec Rodrigo. Nous savons que Rodrigo est un indic de la police. Nous savons qu'Oscar est au courant de nos affaires. Nous voulons savoir ce qu'Oscar a dit à Rodrigo, et ce que cet enfoiré de mouchard, Rodrigo, a dit aux flics. Nous voulons savoir ce qui se passe, putain de bordel.

– Écoute, écoute-moi, supplia Oscar. Je n'ai rien fait. Je le jure. Rien !

– Cano, dit Diego. Ce n'est pas possible qu'ils aient simplement été faire un tour ensemble ?

– Non, dit Cano.

Diego détourna les yeux. Il trouvait absolument insupportable l'expression d'horreur qu'affichait le visage d'Oscar.

Cano décocha sa flèche et toucha Oscar en haut de la cuisse. Le cri d'Oscar fut interminable et couvrit à moitié le rire insensé d'Hector.

Cano renversa l'arc entre ses mains, le regarda, puis tourna les yeux vers Diego. Il lorgna Oscar.

– J'ai loupé tes couilles, dit-il.

Benny grogna de déplaisir.

Les hurlements d'Oscar ne s'arrêtèrent que lorsque Manny Vasserman le bâillonna avec un gros sparadrap.

Diego vit les yeux exorbités d'Oscar – ces gens étaient des malades.

– Mon Dieu, Benny, dit Diego. Pourquoi avoir fait venir Justo ici ? Nous sommes de la même famille, au nom du ciel.

Il fixait le visage poupon de Benny.

– Voyons, Benny ! Cano et toi vivez dans un monde de fous, mais pas moi. Qu'est-ce que je pourrais bien...

– Calme-toi, dit Cano, tout en engageant une nouvelle flèche. Je t'ai dit que nous avons besoin de chez toi, de ton appartement.

Diego commençait à paniquer, à s'inquiéter vraiment pour la première fois. C'était comme s'il avait jusqu'ici compté sur l'ultime victoire de l'homme d'honneur. Il y avait cru dur comme fer et avait en vain imaginé que l'honneur et le droit étaient de son côté. À présent, à sa plus grande terreur, quand il regardait autour de lui, il voyait en fin de compte que l'honneur se pliait invariablement aux circonstances.

– Tu es un pauvre con, Professeur, dit Cano.

Diego porta une main à son front, songeant angoisse, horreur, désespoir, tourbillon. Il fallait qu'il sorte d'ici, de ce sous-sol puant, de cette ville démente. Qu'il prenne ses enfants et qu'il se sauve de New York comme il s'était sauvé de Miami.

Le Colombien s'avança et vint se planter devant Diego, il y avait un air qui s'apparentait à du plaisir pur sur son visage. Il essaya de le forcer à prendre l'arc.

– Tue cet enfoiré de mouchard, Diego. Vas-y, tue Rodrigo. Allez mon vieux, t'as culbuté sa femme, tu peux bien le buter maintenant.

Son haleine était brûlante et affreuse, l'haleine d'un lion après le carnage.

– Je ne suis pas un assassin, Cano. Je ne veux rien avoir à faire avec ta folie. Je suis un homme d'honneur, merde.

Cano rit.

– Tu n'es qu'un bouffon, Professeur. Tu crois que tu es un héros mais c'est faux. Tu es le pire des hypocrites. Tu te tapes la femme d'un autre, il te menace comme n'importe qui l'aurait fait. Et après ça, tu cours vers nous, vers Benny et moi. Tu balances. Et puis tu clames que tu es un homme d'honneur. Je déteste ton insolence, espèce d'hypocrite. Pantin.

– Cano, dit Diego, tu es fou. Tu le sais ça, *hombre*, tu sais que tu es un malade mental, merde ?

Cano tira sur la corde, la flèche pointée sur Rodrigo, un petit sourire au coin des lèvres. Diego jeta un œil à Cano et prit la mesure de toute sa fureur, tandis que Cano disait :

– Fou ? Je ne suis pas fou. Je suis intelligent, et plus intelligent que toi, Professeur. Rodrigo, dit doucement Cano. Tu as fourni des renseignements à la police. Je sais que tu as fourni des renseignements. Je veux savoir ce que tu leur as dit. Hein ? Hein ! Hein !

Rodrigo se mit à parler lentement de la police, à dire qu'il ne connaissait pas de policier, mais l'expression de Cano le fit vite se raviser et il changea de sujet, il se mit à dire à Cano qu'il serait un excellent contact pour vendre ses flingues et qu'il pourrait gagner beaucoup d'argent pour lui.

Cano lui dit qu'il voulait savoir pour ces connards de flics.

– Je peux t'aider ! cria Rodrigo. Je connais des gens, plein de gens susceptibles d'acheter tes flingues ! Tu as des flingues à vendre et moi, j'ai les gens qui peuvent les acheter. Des gens importants, qui ont de l'argent.

Le sourire de Cano s'élargit. Il se tourna vers Benny. Benny renifla et tapota la table de ses doigts.

– Dis-moi, Benny, dit Cano. Comment tu crois que cette ordure sait que nous avons des flingues ?

– C'est Oscar qui lui a dit, dit Benny. Oscar lui a tout dit.

Rodrigo se tortilla au moment précis où Cano décocha sa flèche, qui alla frapper un parpaing du mur avec un claquement horrible. Le bruit de cette flèche sur le ciment resta en suspens, envahit la pièce.

– Merde, encore raté. Comment j'ai pu manquer ce gros enfoiré ?

Hector s'approcha de Rodrigo, se tortilla, se contorsionna pour imiter ses mouvements tout en couinant. Les frères Vasserman se tenaient sur le côté et ne cessaient de jouer avec leurs couteaux. Une longue plainte s'échappa de Rodrigo, comme puisée du fin fond de son âme.

– Au nom du ciel, dit Diego, dis-leur Rodrigo, dis-leur ce qu'ils veulent savoir.

– Va te faire foutre, toi, espèce de fiotte. Pourquoi je leur donnerais les réponses qu'ils attendent ? Quoi que je dise, tes amis ne me laisseront pas en vie.

Diego eut un petit rire. Mon Dieu, songea-t-il, comme cet homme est fort. Rodrigo avait vraiment du courage. Et Diego croyait au courage.

Cano posa l'arc et la flèche, et retourna dans le coin de la pièce où se trouvaient la lance et les machettes. Il prit le javelot et l'apporta à Benny, lui tendit, puis sortit son pistolet de sa ceinture. Il alla doucement appuyer le flingue argenté contre la tête d'Oscar.

– Tu as raison, Rodrigo, dit-il. Pour toi c'est terminé, mon ami. Maintenant ton seul souci c'est de savoir comment tu vas mourir.

Cano arma son flingue, et les yeux d'Oscar s'écarquillèrent. Le Colombien tira en plein dans la tête, le front explosa, laissant apparaître le cerveau. Les pieds d'Oscar eurent un petit mouvement convulsif. Du sang maculait les manches de la *guayabera* de Cano et coulait en filets le long de son poignet et de ses doigts.

– Je dois dire, Cano..., dit Benny. Ça je dois dire que...

– Je suis content que tu approuves, Benny, dit Cano.

Diego regarda autour de lui et dit :

– Oh mon Dieu, quel malade. Seigneur, mais c'est affreux de mourir ici ! hurla-t-il.

Cano rit et dit :

– Tu connais la meilleure ?

Il s'essuya les yeux avec le dos de son poignet, puis saisit le javelot que tenait Benny. Rodrigo ramena la tête en arrière, regarda Diego et Diego n'eut pas d'autre choix que de croiser son regard.

– Je vous ai niqués, bande d'enfoirés. J'ai dit aux flics que vous aviez les flingues ici, dit Rodrigo. J'ai dit, ils ont des flingues dans leurs voitures et dans leurs maisons.

Cano grimaça et soupira profondément comme s'il savait parfaitement comment ça allait finir.

– Vous êtes finis ! hurla Rodrigo. Les flics vont venir, oui, ils vont venir vous chercher, vous tous !

Puis il tourna la tête vers le mur. Cano recula, puis marcha lentement en cercle autour de Diego, et Diego dut se retourner, le regarder et attendre. Cano frappa Rodrigo avec la lance, violemment, la lui planta en plein dans le flanc.

Les yeux de Rodrigo s'écarquillèrent de surprise. Il agita les pieds et tomba sur le côté contre le mur, entraînant la lance avec lui. Rodrigo poussa un seul cri, un cri adressé à sa femme d'une voix étouffée, spectrale.

– Mon Dieu ! cria Diego.

– Oui, ton Dieu, dit Cano. Tu peux invoquer Dieu, la Vierge Marie et qui tu veux, connard.

Cano se mit la main à l'entrejambe.

– J'emmerde les saints, et je t'emmerde.

Diego ne lâcha pas Cano des yeux et un calme étrange l'envahit. Il observa Cano et revit soudain tout ce terrifiant épisode défiler sur le visage du Colombien. Je suis là, se disait-il, je suis là. Ils m'ont eu. Sa bouche était sèche, sa poitrine empêtrée par les battements de son cœur, et son corps tendu par une étrange et effroyable excitation. Cano souriait et, dans son esprit, Diego le voyait trôner au milieu des gangsters de Miami.

14

À part Sonny et Hawks, tous les inspecteurs de l'opération étaient assis dans la salle de planque, ils terminaient leur sandwich et leur bière, et les rires accompagnaient le constant brouhaha sourd des conversations ; tout le monde attendait que le capitaine et McCabe fissent leur apparition. Tous étaient affalés et écoutaient de vieilles histoires d'anciens combattants, des luttes épiques, ou les dix minutes d'amour extraordinaires passées avec une fan de flics à l'arrière d'une voiture de patrouille.

Nick était assis avec Kurtz tout au bout de la pièce près de la fenêtre afin d'avoir un angle de vision englobant à la fois la rue et son interlocuteur.

– Ça me démange d'aller les rejoindre, dit Kurtz.

– Vas-y, lui dit Nick. Les flics racontent les meilleures histoires. Fonce et prends des notes.

– Ils ont l'air bien jeunes pour être inspecteurs, lui dit Kurtz. Ou c'est peut-être juste moi qui vieillis.

– Ils sont jeunes.

Kurtz les observait du coin de l'œil par-dessus ses lunettes avec un grand sourire de plaisir. Durant la plus grande partie de sa carrière, il avait été un type de l'ombre, derrière son bureau. Il balaya des miettes de pain de son pull et lança un coup d'œil à Nick. Il lui dit, il faut que j'écoute ça, et il alla rejoindre le groupe hilare.

Un jeune inspecteur noir, du nom de Lloyd quelque chose, était au beau milieu d'un récit qu'il racontait dans la dentelle.

– Je pars faire la fête vendredi dernier, je tombe sur cette nana et je me la tape à l'arrière de ma voiture. Je vais pas à l'hôtel, moi, c'est naze. Enfin bon, elle chlinguait, cette salope, je te jure. Elle puait, quoi. C'était pas une odeur franchement dégueulasse, c'était son parfum, entre parenthèses elle avait un corps hallucinant, mais elle s'en était foutu trois tonnes.

Kurtz se balançait sur sa chaise, les bras croisés, les yeux rivés sur Lloyd.

Nick sourit. Il ne se serait pas levé pour les rejoindre mais il sourit. Le flic poursuivit son histoire, c'était un beau mec, il rappelait un peu à Nick Harry Belafonte jeune. Habillé comme les gars de la rue avec un jean, des baskets et un sweat-shirt rouge à capuche.

– Sur ce, je rentre chez moi, dit Lloyd aux autres. En douce, comme un cambrioleur, et mon chien ouvre même pas les yeux. C'est bon, je suis à la maison, sauvé. Ma bonne femme dort comme une souche. Je me déshabille, je pose mes fringues sur la chaise et je me glisse dans le lit. D'accord ? Mais quand je me réveille, je vois ma femme en train de renifler mon caleçon comme un tamanoir. Elle renifle partout en secouant la tête. Je me dis, je me promets, je me jure à moi-même que la prochaine fois, je jette ce con de caleçon en revenant. Que je m'en achète un nouveau et que je le fous dans la boîte à gants.

Éclat de rire général.

Kurtz demanda, c'est tout ? Et Lloyd dit, quoi tout ? Non c'est pas tout. Hier soir, pendant que je faisais ma ronde, je tombe de nouveau sur la chlingueuse. Et c'est reparti, dans la voiture, les quatre fers en l'air. En rentrant chez moi, je sentais son odeur partout sur moi, et Kurtz dit, Mon Dieu. Pourquoi t'as pas été prendre une douche ?

– Ah ouais, où ça ? J'étais tout au sud du Bronx, tu vois, à quatre heures du mat'.

– Continue, continue, dit Frank.

– Bref, je fonce vers Manhattan. Je balance mon calebar par la fenêtre à la sortie quarante, belle technique au passage, rapidité d'exécution. J'arrive vers cinq heures, cinq heures et demie du matin. Je passe devant le clebs, impec, mais j'étais épuisé, lessivé. Je me lave pas. Je saute dans le lit et je m'écroule. Et à six, sept heures du mat', je suis réveillé par des reniflements. Je me fige sur place, je ne bouge pas, j'ouvre seulement les yeux et qui je vois, ma femme, le nez à un centimètre de mon ventre. Je pouvais la sentir. Elle me reniflait tout le corps, jusqu'entre les jambes. Avec une main qui tenait le drap du lit, et l'autre, mon flingue.

Franz Kurtz se frappa le front.

– Merde alors, dit-il. Quel flingue ?

– MON flingue, je te dis, mon revolver de fonction. Ce flingue-là. Niqué ! Ni-qué !

Le groupe de flics rugit, et Lloyd traversa la pièce en quelques pas de danse, les bras ouverts, en criant :

– Mais chérie ! Mais mon chou !

Le rire de Kurtz était plus fort que tous les autres.

De son poste près de la fenêtre, Nick baissa les yeux sur le parking de *Los Campos*. Une voiture s'y engagea et deux hommes en sortirent.

– Carl, dit-il, viens voir. Je veux que tu me dises qui sont ces deux mecs-là.

L'inspecteur Suarez s'approcha et regarda par la fenêtre.

– Celui-là, dit-il, le grand. Je crois qu'il s'appelle Diego Cienfuego, ils l'appellent le Professeur. L'autre petit enfoiré, c'est l'homme à tout faire de Matos, Hector. Un petit dealer d'East Harlem. En plus toxico. Gros passif.

– Ah, dit Nick, le Professeur.

Trois autres hommes sortirent par la porte de service du club. Le petit groupe resta un instant immobile, tous voûtés et sérieux comme un cercle de vautours, à attendre.

– Ce mec, là, dit Nick, le plus grand, le Professeur, l'indic dit que c'est lui qui tient les rennes.

– Quoi ?

L'inspecteur Suarez sembla pâlir un peu sous son teint sombre.

– Il t'a dit quoi ?

– Il a dit que ce mec, là, ce Diego Cienfuego, c'est le chef. Il a dit, vous le savez sûrement pas, ce type agit en sourdine, mais c'est lui qui commande tout.

– Tu es en train de me raconter que Rodrigo t'a dit que c'est Cienfuego le boss ?

Nick acquiesça, tout en se demandant quand Sonny et Hawks allaient se ramener.

– S'il a dit ça, il ment.

Nick grimaça. Il regarda Suarez.

– Je pige pas. Pourquoi il mentirait ?

– Écoute, c'est toi l'inspecteur principal, je pense pas que ce soit une grande découverte : les indics mentent tout le temps.

Nick se tourna pour regarder le parking et plissa les yeux, p
Il regarda les cinq hommes s'avancer jusqu'à la porte de service d
Los Campos.

– Alors tu crois que Rodrigo déconne ?

– Tu vois, ça va faire bientôt quatre mois que j'écoute ces caïds. Je pense que je sais qui est qui, j'ai été dans leur club une douzaine de fois, Cienfuego fait asseoir les gens et chante des chansons. Je ne doute pas qu'il sache ce qui se passe, mais c'est pas lui le boss, c'est même pas un gros client.

– Pourquoi Rodrigo nous mènerait en bateau ? Il m'a dit que le Professeur agissait dans l'ombre, en sourdine, mais que c'était lui qui tirait les ficelles. Voilà ce qu'il a dit.

Nick vit Suarez détourner les yeux, hocher la tête, pensif.

– Le mec en blanc, Benny, le mec qu'a un ventre si gros qu'il faudrait un nom pour ça, dit Carl, c'est lui le boss, lui et le rouquin colombien, Medina. C'est eux qui mènent la danse.

– Mais Rodrigo...

– Rodrigo t'a bourré le mou, me demande pas pourquoi. Ces connards de Cubains sont cinglés. Je comprends même pas ce qui les pousse à agir. C'est une espèce à part, les Cubains.

– Sûrement, dit Nick.

– Et je vais te dire aussi : ils n'oublient rien et ne pardonnent rien. Rodrigo aurait intérêt à disparaître de la planète si ces enfoirés découvraient qu'il les a trahis.

15

À quatre heures moins le quart, Sonny et le capitaine Hawks regagnèrent la salle de surveillance et se dirigèrent vers la fenêtre en traversant le groupe d'inspecteurs affalés. Ils restèrent un moment à épier à travers les stores, puis traversèrent de nouveau la pièce.

– Bon, on a essayé de contacter l'indic, il n'est pas dans les parages, dit le capitaine Hawks.

– On se les fait quand même ? demanda l'inspecteur Suarez.

– Impossible, pas tant qu'on n'a pas de nouvelles de notre homme. Mais notre idée c'est de vous envoyer, Sergi et toi, dans la rue pour fouiner un peu.

L'inspecteur Sergi Monserette, le deuxième inspecteur hispanophone, trouvait que ce n'était pas une mauvaise idée. Mais comment resteraient-ils en contact ? Hawks dit, on va vous poser un émetteur, comme ça on entendra ce que vous dites. Si vous sentez qu'on doit y aller, vous nous le faites savoir. Je ne sais pas quoi faire d'autre. Je pense qu'il faut qu'on attende jusqu'à ce qu'on ait des nouvelles de Rodrigo.

L'inspecteur Monserette dit qu'il en avait assez de rester assis là à regarder. Rodrigo s'était peut-être fait la malle, merde.

Eddie Moran distribua les vestes et gilets d'assaut et sortit deux fusils à pompe. Au milieu de la pièce, Suarez retira son pull et son tee-shirt. Il resta immobile le temps que Monserette lui applique le sparadrap sur le corps. Suarez grimaça et leva les bras afin que Monserette le lui colle sur la poitrine pour fixer l'antenne et le micro. Nick savait que ce ruban adhésif s'effilochait, se déchirait et faisait un mal de chien quand on l'enlevait. Et ce mec avait une poitrine de singe.

– Bon, dit le capitaine Hawks. Je veux que vous écoutiez attentivement.

Sonny se tourna vers Lloyd et son équipe d'inspecteurs pour leur dire gentiment, les mains en porte-voix :

– Allez, on écoute. Le capitaine va tout expliquer.

– Je veux m'assurer que vous avez tous bien compris, dit Hawks. Carl et Sergi vont faire un repérage dans la rue. Carl a un micro, s'ils entendent quelque chose et estiment qu'il faut y aller, on y va.

Nick avait l'impression que tout le monde était de plus en plus nerveux, tous rassemblés comme ça au centre de la pièce, et que l'adrénaline commençait à monter.

– Si on y va, je veux que ça se passe calmement. On n'est pas une milice, dit Hawks. On annonce la couleur mais mollo. Je ne veux pas que ça tourne au vinaigre.

Tous se mirent à marcher comme des chats, à sortir leurs armes, à les vérifier. Eddie Moran enclencha une cartouche dans son fusil à pompe, et le bruit du métal sur le métal attira l'attention de tout le monde. Kurtz prenait des notes comme un fou.

– Il y a deux entrées, devant et derrière, dit Sonny. Eddie et moi, on prend Lloyd et son équipe et on va à la porte de devant. Nick, toi et le capitaine vous rejoignez Carl et Sergi et vous vous occupez de la porte de derrière.

Nick échangea un petit sourire et un clin d'œil avec les inspecteurs Monserette et Suarez, et Suarez articula « boum-boum » en silence.

Un gars de l'équipe de Lloyd, un petit trapu avec des cheveux blonds qui lui tombaient sur les épaules, dit :

– Si Carl et Sergi sont dans la rue et qu'on entend par le micro que ça chauffe, qui va traduire ?

Hawks fit quelques pas en cercle, les bras écartés, les sourcils froncés de frustration et de détresse.

– Bon, qui d'autre parle espagnol ici ?

– Moi, dit Kurtz, je ne suis ni Carl ni Sergi, mais je me débrouille.

– Dieu soit loué, dit Sonny. Monte le son de cet émetteur et écoute bien. Tu vois, tu vois, Nick, ce vieux Frank va nous être utile finalement.

Frank dévisagea Nick un instant comme s'il lui posait une question.

– Les radios ? dit Nick.

– J'en aurai une, dit Sonny, et toi aussi. On en laissera une autre sur la table pour que Frank puisse nous joindre nous ou le commissariat. Au cas où.

Le plan était de se glisser jusqu'aux portes de *Los Campos*, entrer par l'avant et l'arrière, encercler tout le monde et rendez-vous général dans la salle du restaurant. Rodrigo leur avait dit que les flingues étaient planqués dans des caisses au sous-sol.

Une fois les préparatifs de l'assaut terminés, les inspecteurs Suarez et Monserette quittèrent l'appartement.

Nick s'assit sur une chaise pliante en bois près de la fenêtre. Eddie Moran s'approcha de lui et lui tendit un fusil.

– J'aime pas mettre ça sur le tapis, dit Nick, mais est-ce que quelqu'un a pensé à appeler le poste local pour leur dire ce qui se passe ?

Hawks et Sonny échangèrent un regard et hochèrent vigoureusement la tête.

– Je veux que personne ne soit au courant de ce que nous faisons avant que nous ne soyons à l'intérieur, dit Hawks.

– Et pourquoi ?

– Nick, dit Hawks, on ne sait pas qui connaît qui là-bas. Tu piges ?

– C'est pas à moi de le dire, dit Nick, mais je crois qu'il faudrait appeler le poste, leur dire qu'on fait une perquisition et peut-être leur demander une ou deux voitures. Ça peut pas faire de mal d'avoir un peu de renfort.

– On a dix hommes.

Sonny alluma une cigarette.

– On veut pas que ça tourne à la partouze. On aura pas besoin d'aide.

Nick se tourna vers la fenêtre, l'estomac un peu noué, comme s'il avait envie de pisser, avec un très mauvais pressentiment.

– C'est à vous de voir, dit-il, mais j'aimerais bien voir une présence en uniforme pour une descente de ce genre. Il faut pas que ces mecs s'imaginent que c'est un braquage. Ils pourraient péter les plombs et se mettre à tirer.

– Oh, dit Eddie Moran, on porte tous des vestes d'assaut. Y a marqué NYPD dessus, non ?

– C'est pas pareil, Eddie. Nos deux gars portent des sweat-shirts.

Nick désigna par la fenêtre Sergi et Carl qui traversaient l'avenue.

– Ils vont se retrouver au beau milieu de la mêlée.

– C'est des pros, ils savent ce qu'ils font, dit Sonny.

Nick se tortilla sur son siège, le fusil à pompe Remington couché sur ses genoux. Il était surpris de le sentir aussi lourd. Soit il s'était carrément affaibli depuis la dernière fois qu'il en avait porté un, soit il avait oublié le poids de cette arme.

Nick se leva et s'approcha de la table, il prit douze cartouches, en glissa six dans chacune de ses poches de veste. Puis il sortit son insigne de son étui, l'accrocha à une chaîne et se passa cette chaîne autour du cou.

Cette opération, semblait-il à Nick, avait démarré avec l'impatience et la joyeuse confusion habituelles. C'était agréable, ça montait à la tête. Comme de poser le pied sur une piste, avec les haut-parleurs qui disaient « Et tout le monde danse ! ». L'anticipation de la suite délivrait de sacrées décharges dans le sang. L'excitation de l'action, voilà pourquoi il aimait être flic. Le fait était qu'il adorait le contact, ce qui lui faisait se demander, est-ce vraiment sain ?

L'avantage dans ce genre d'opération, c'était qu'on avait affaire à du matériel qui ne pouvait pas être détruit. Des flingues, ce n'était pas de la drogue, ça ne disparaissait pas comme ça. Il n'y avait aucune urgence à les prendre de vitesse, par surprise. Une fois assurés que les flingues étaient bien à *Los Campos*, ils n'avaient qu'à annoncer la couleur, montrer les mandats et entrer. Ça devrait aller tout seul.

Évidemment une descente comme celle-ci pouvait tout aussi bien mal tourner. C'était une des choses auxquelles Nick n'aimait pas beaucoup penser, il n'aimait même pas du tout ça.

– Putain, on va peut-être rester assis là toute la nuit, dit Eddie Moran à Sonny.

– Fais ton boulot, d'accord, dit Sonny.

– Test, un, deux, trois. J'espère que vous m'entendez, les gars, dit la voix de Carl Suarez dans l'émetteur.

Eddie Moran se tenait devant la fenêtre, concentré sur la porte principale du club. Il jouait avec les stores vénitiens, tout en observant la rue et le parking. Les boules, les jetons. Il se retourna vers Nick et désigna la fenêtre de la tête mais vit que Nick était perdu dans ses pensées, et appela donc Sonny.

– Ils sont juste devant le club, dit Moran, Sergi frappe à la porte.

Comme l'inspecteur Suarez, Sergi Monserette était un enquêteur-traducteur. Un garçon doux dont les parents étaient nés à Barcelone. Mince et musclé, Nick lui donnait dans les vingt-neuf, trente ans au plus. Il avait une crinière de cheveux châtain clair qu'il peignait en arrière. Ses mouvements étaient tranquilles et précis, et il semblait à Nick que l'esprit de ce type était toujours ailleurs, dissocié de son corps. Il voyait Monserette comme un vrai cérébral, un homme chargé d'un passé. Et même s'ils avaient tous deux travaillé aux Stups, Nick n'avait pas été amené à le connaître ; en fait, ils ne s'étaient jamais rencontrés avant l'affectation de Nick à l'UCCO. De manière générale, pensait Nick, Monserette l'ignorait.

Le capitaine Hawks lui avait dit que Monserette avait eu de grosses emmerdes au cours d'une opération menée de front avec la DEA, une enquête qui l'avait conduit en Arizona puis au Mexique. Une affaire fédérale complètement dingue au cours de laquelle un agent de la DEA était mort et Monserette avait été gravement blessé. Il avait reçu la médaille d'honneur de la maison, remise par le maire pendant son séjour à l'hôpital.

– Sergi frappe à la porte, dit Moran. Personne ne répond.

– Hé ! *¡ Oye !* Y a quelqu'un ? fit la voix de Carl Suarez dans le micro.

Pan !

– C'était un coup de feu ! cria Franz Kurtz, ahuri. Un coup de feu, un coup de feu, j'ai entendu un coup de feu !

– Rembobine, rembobine ! hurla Sonny.

Pan !

– Putain, dit Hawks, c'est un coup de feu.

Puis des voix espagnoles, des mots qui se bousculent dans l'émetteur. Kurtz dit, attendez, attendez une minute. Sonny hurle, allez, allez, qu'est-ce qui se passe, bordel ? Kurtz dit, ils ont dit « et d'un », « bientôt de deux ». C'est ce que j'ai entendu, « et d'un »...

La voix de Carl Suarez surgit dans l'émetteur.

– On a entendu un coup de feu dans le club ! cria-t-il. UN COUP DE FEU DANS LE CLUB ! ALLONS-Y !

– Bon, dit Nick, on y va.

– Attendez, dit le capitaine Hawks, attendez une minute.

Carl appela de nouveau.

– Sonny, allons-y.

Hawks, paniqué, braqua les yeux sur Sonny. Sonny courut à la fenêtre et remonta les stores.

– Ils frappent à la porte de devant, dit-il. Ils essayent vraiment de rentrer. Qui leur a dit de faire ça ? Qu'est-ce qu'ils foutent, putain ?

Nick rejoignit Sonny à la fenêtre. Sergi et Carl étaient devant la porte, et Carl tapait sur la porte du plat de la main, Nick vit qu'il avait son arme dans l'autre main.

– Police ! Police ! Ouvrez cette porte, cria l'un d'eux.

Cette voix sembla quasi hystérique à Nick.

Il s'empara de son fusil à pompe, se dirigea vers la porte, l'ouvrit et se tint dans l'entrebâillement.

– Capitaine, dit-il, nous n'allons pas recevoir une invitation écrite.

– Bon, on y va, on y va ! cria le capitaine Hawks, d'une voix qui éclata dans la pièce. Vous savez où vous devez vous poster, allez-y.

– Je devrais peut-être appeler le poste local, dit Franz Kurtz, qu'il y ait quelques voitures avec nous.

Hawks le regarda d'un air sombre.

– Ouais, ouais, peut-être.

– Allez, dit Nick, qu'est-ce que tu branles à rester là, Sonny ? Et vous tous, putain, y a des mecs qui risquent de se faire tirer dessus de l'autre côté de la rue.

– Et merde, dit Sonny avec un sourire narquois, on a tout foiré.

Nick descendit les escaliers en trombe, son fusil dans une main, en appuyant son autre main contre les murs pour ne pas perdre l'équilibre. Il était légèrement essoufflé quand il sortit sur le trottoir, et se sentit pris d'une suée. Néanmoins, il ne ressentait aucune peur. À son grand étonnement, toute sa peur avait disparu, comme des nuages chassés par le vent quand un ciel se découvre. Il se tint un instant immobile sur le trottoir, puis se mit à courir, courir de l'autre côté de l'avenue en direction de *Los Campos*.

La porte de devant était grande ouverte. Carl et Sergi avaient disparu. Nick s'avança vers l'entrée mais Sonny l'avait rejoint et lui dit :

– Passe par-derrière, on s'occupe de devant.

Sur le parking du club, un grand gamin noir efflanqué faisait des allées et venues sur un skateboard. Il jeta un œil à Nick qui hurlait :

– Police, dégagez d'ici !

Le gamin détala sans demander son reste.

Nick était à dix mètres de la porte de service quand elle s'ouvrit brusquement et que surgit un homme en costume gris perle et chapeau de cow-boy.

– Police ! cria Nick, plus surpris qu'autre chose.

Il indiqua le sol du bout de son fusil.

– À terre, à terre ! dit-il.

Nick entendit le capitaine Hawks derrière lui :

– Je m'en occupe, avancez.

Hawks traîna l'homme jusqu'à une voiture garée et le menotta à la poignée de la portière.

La porte arrière du club était ouverte, et Nick vit qu'il y avait de la lumière dans le couloir. Quelque part à l'intérieur résonnaient des coups de feu, le pop-pop-pop des armes automatiques, l'explosion d'un coup de fusil à pompe. Nick s'élança par la porte ouverte et Hawks le rejoignit après l'avoir refermée derrière lui.

16

Tout à coup, Diego eut la sensation de pouvoir dominer sa peur. Son angoisse disparut et il fut tout étonné de se sentir aussi fort. Il savait que tout ce qui se passait dans ce sous-sol était réel. Pourtant il avait l'impression d'être en même temps à un coin de rue de Miami. Les petits gangsters apparurent devant lui. Il les voyait, il les voyait et les entendait tous. Ils étaient là, pour de bon ; il voyait leurs visages sadiques, leurs yeux jaunis par la drogue. Un instant il crut qu'il allait crier. Il se jeta sur Cano, glissa sur le béton humide du sous-sol, mais en deux petits pas il fut sur lui.

Diego agrippa Cano par sa *guayabera* bleue, le balança à travers la pièce et poursuivit le Colombien tel l'ange vengeur du Seigneur. Il faisait près de trente centimètres de plus que Cano et était également plus fort, beaucoup plus fort. Et Diego était rapide – mais pas assez. Cano détala dans un coin et saisit une des machettes. Mais Diego n'avait pas peur, il ne ressentait aucune espèce d'appréhension. Ramassé en position de combat, Cano eut un petit rire. Il fit signe aux autres de reculer et dit :

– Laissez-nous. Que je voie ce que cette grande pisseuse maigrichonne a dans le bide.

Ses narines palpitaient, ses yeux étaient furieux, grotesques, sauvages. Cano marqua un temps, rassembla ses forces, puis s'avança vers Diego.

– Attends ! hurla Benny.

Bêtement, Diego se tourna vers Benny. Chino Vasserman surgit derrière lui et passa son bras autour du cou de Diego, un bras fort et massif.

– Attends ! hurla de nouveau Benny.

Des bruits retentirent au-dessus d'eux – entrechocs, bousculades, pas précipités, cris, coups distincts, bris de verre peut-être, puis un coup de feu.

Chino retira son bras du cou de Diego et se glissa au pied des escaliers, le laissant au milieu de la pièce. Il avait l'air hagard et effrayé et sortit un pistolet de sa ceinture, qu'il tint maladroitement.

– *¿ Oye dime, qué pasa ?* cria Chino.

Il reçut pour toute réponse une surenchère de pas précipités et un coup violent à la porte du sous-sol. Il y eut un nouveau coup de feu, puis un autre, puis une rafale d'armes automatiques.

– Qu'est-ce que c'est que ce bordel ! rugit Benny, d'une voix extraordinairement grave, délirante.

Cano marchait en rond, il tenait sa machette en l'air et hochait la tête pour exprimer sa totale confusion, son incompréhension, son incapacité à enregistrer ce qui se passait. Il n'émettait aucun son, mais son regard était chargé de terreur pure.

La porte du sous-sol s'ouvrit dans un bruit fracassant.

Tito Roman, le dealer du Bronx, apparut en haut des marches. Il les regarda, hoquetant de panique.

– Les flics, merde ! cria-t-il. La police est là !

Hector bondit en haut des escaliers, suivi de près par les frères Vasserman. Cano et Benny couraient dans trois directions différentes, cherchant désespérément une issue, et criaient en chœur :

– Les flics ! Les flics ! les flics !

Benny se traînait, gras comme il était. La panique sur le visage de Cano et la terreur dans ses yeux de Colombien procurèrent à Diego une pointe de plaisir. Au-dessus de lui retentirent de nouveaux coups de feu d'automatiques, puis l'explosion d'une détonation. Diego avait de plus en plus mal à la tête. Les murs blanchis à la chaux, les corps mutilés qui pendaient l'accablaient. Il imagina son enfant, son fils Justo, au beau milieu de la bataille, et l'horreur le consuma. Diego avait tellement peur pour Justo qu'il crut qu'il allait vomir.

Désespéré, il se dirigea vers les escaliers et grimpa les marches quatre à quatre. La porte du sous-sol était ouverte, et il vit un inspecteur de police devant lui armé de ce qui ressemblait à un fusil. Il était bien bâti et avait un visage où se lisaient la méchanceté et la perversité. Quelqu'un avait dû lui casser le nez dans le passé. Autour de son cou pendait une chaîne argentée où était accroché un insigne doré. Il portait une veste bleue à fermeture éclair sur le devant de laquelle était imprimée la mention NYPD. Il leva son arme à la hauteur de la tête de Diego et sourit – ou sembla sourire.

– Un pas, espèce d'enculé, et je te fais sauter la cervelle.

Les deux hommes se dévisagèrent. Des déflagrations, des cris envahissaient le club, et la cage d'escalier s'emplit d'une odeur de poudre tandis que mourait l'écho des coups de feu.

17

Nick trouva Carl Suarez assis par terre dans le couloir, les mains crispées sur son pistolet, l'arme sur les genoux. Il avait l'air d'avoir pleuré. Nick s'accroupit à côté de Carl et lui toucha le visage. Le corps de l'inspecteur Suarez se raidit en un spasme soudain. Hawks se tenait derrière Nick, le souffle irrégulier. Des hurlements et des bruits de chute retentirent dans le restaurant au bout du couloir. Nick dit, ça va?

– Qu'est-ce qui s'est passé, merde? hurla Hawks.

Carl enfouit sa tête entre ses mains et se mit à sangloter :

– Mon Dieu, Mon Dieu. Ils ont tué Sergi, ils lui ont tiré dans la tête. Mon Dieu!

– Il faut que j'aille voir, dit Hawks.

– Non, non, l'arrêta Carl, ils ont tous des flingues, ils sont complètement cinglés. Nick, ils ont cru qu'on venait les braquer. Ils ont posé aucune question, ils se sont mis à tirer tout de suite.

– Bon, bon, dit Nick, ça va aller. Capitaine, restez ici avec Carl. J'y vais.

Nick était en train de se redresser quand le capitaine Hawks lui passa devant et, sans faire exprès, donna un coup de pied dans la tête de Carl et un coup de genou à Nick, qui le renversa sur l'inspecteur Suarez.

Hawks s'élança dans le couloir en criant :

– Putain qu'est-ce qui se passe ici? Qu'est-ce qui se passe?

Carl émit un petit grognement.

Nick se dit, Suarez est complètement sonné et maintenant, c'est Hawks qui panique. Et un homme qui panique dans une situation de combat, comme tout le monde le savait, était capable de faire preuve d'une témérité et d'une bêtise étonnantes.

– Mais capitaine, cria Nick, baissez-vous !

Hawks se retourna vers lui en hurlant :

– Quoi, connard ! Il faut que je commande à mes hommes ! Toi, reste là avec cette espèce de lavette !

Une silhouette coiffée d'un panama surgit dans le couloir, fit feu, pan ! et Hawks se plia en deux comme une marionnette, son bras, son arme pointés vers le plafond. Il s'écroula, le dos contre le mur du couloir, et s'affaissa sur le sol. Poum ! fit le fusil à pompe de Nick, et l'agresseur disparut dans le restaurant.

Sa main libre posée sur l'épaule de Carl, Nick se redressa et avança dans le couloir. Il s'approcha de Hawks et le retourna, sans savoir ce qui l'attendait. La poitrine du capitaine était couverte de sang. Il n'avait jamais rien vu de tel, rien durant toutes ces années dans le métier, un flic mort par balle. Le capitaine Hawks geignit :

– Alice.

Puis la lumière disparut de ses yeux.

Nick se mit à ramper, tout en gémissant à mi-voix, quel bordel, quel merdier. Et soudain la peur de la mort, qui ne s'était pas encore manifestée, l'assaillit.

Il y eut une nouvelle déflagration, et Nick fut assourdi par l'explosion toute proche d'un coup de feu. Quelqu'un cria :

– Ne tirez pas !

Au loin, Nick crut entendre des sirènes mais il ne parvenait à savoir si elles étaient réelles ou imaginaires. Tout près de lui, des hommes criaient, juraient, quelqu'un invoqua Dieu. La voix d'Eddie Moran, celle de Lloyd, celle de Sonny McCabe.

Nick se redressa et remonta rapidement le couloir en rasant les murs, le fusil fermement pressé contre sa poitrine. Il atteignit le bout du couloir qui donnait sur le restaurant et y jeta un œil. Son regard tomba sur l'homme qui avait tué le capitaine Hawks, l'homme qu'il avait lui-même tué. Il était mort. Il avait le visage et l'épaule en partie arrachés, mais il portait encore son panama. C'est hallucinant, songea Nick, hallucinant.

Un adolescent gisait non loin. Il était couché en travers d'une table, à moitié mort, touché aux jambes et au ventre. Quatre hommes étaient étendus sur la piste de danse, sens dessus dessous. Deux d'entre eux étaient morts, les deux autres grièvement blessés, presque morts. Les morts étaient étonnamment immobiles. L'un d'eux était l'inspecteur Sergi Monserette. Traqué, songea Nick, Sergi Monserette avait été traqué depuis le Mexique par les esprits des morts et rattrapé dans Queens. Un courant d'air froid venu d'un appareil de climatisation situé au-dessus de sa tête glissa sur lui, et Nick croisa les bras pour se réchauffer.

Sonny McCabe se tenait au milieu de la pièce. Il hocha la tête comme s'il était gêné.

– Va voir au sous-sol, dit Sonny. Fais gaffe, Nick, y a du monde en bas.

Il se souviendrait et ne se souviendrait pas s'être dirigé vers le sous-sol, avoir vu un homme remonter les escaliers, avoir pointé son arme sur lui.

– Un pas, espèce d'enculé, et je te fais sauter la cervelle.

Ça il ne s'en souviendrait pas.

Mais il se souviendrait toujours être descendu au sous-sol, avoir vu les cadavres torturés qui pendaient. Leur position debout, les corps nus enserrés par un câble métallique. Cette vision allait devenir le souvenir le plus intense, le plus profond et le plus marquant de sa vie. Et au fil des heures, des jours, des mois et des années durant lesquels se déroulerait la vie de Nick Manaris, il ne connaîtrait plus jamais terreur ni douleur plus grandes que pendant les longues heures de ce samedi après-midi passé dans Queens.

Plus tard, Nick se retrouva dans le restaurant de *Los Campos*. Il y avait sept corps ; dont deux policiers. Ce tableau faisait trembler son âme à tout rompre. Il regardait l'homme qu'ils appelaient le Professeur se tordre les mains, pas moyen de les garder au repos. Il ne cessait de parcourir des yeux les visages des gens qui l'entouraient, accablé de désespoir, laissant s'échapper des gémissements macabres puis un long sanglot plaintif. Nick restait interdit devant la douleur de cet homme. Il ressentait le besoin de le toucher, mais c'était absurde. Il n'arrivait pourtant pas à détacher ses yeux de l'homme ni à boucher ses oreilles pour ne pas entendre ses lamentations.

– *Mi Justo. ¿ Que le has hecho ha mi muchacho, mi hijo, mi niño ?* [1]

---

1. « Mon Justo. Qu'est-ce que tu lui as fait à mon garçon, mon fils, mon enfant ? » *(N.d.T.)*

Sonny McCabe, qui respirait bruyamment la bouche ouverte, fixait l'homme du regard et se mit tout à coup à lui hurler dessus :

– À qui la faute ? À qui la faute ?

Sonny attrapa les poignets de l'homme, les lui tordit derrière le dos et fit claquer les menottes.

18

Deux heures s'étaient écoulées depuis que l'équipe avait assailli *Los Campos*. Nick était assis seul à une table dans le restaurant du club et aspirait à l'invisibilité. Il n'était pas sûr de savoir quoi faire de lui-même. La vision de tant de morts et de mourants en un après-midi ne s'estompait pas dans son esprit. Le capitaine Hawks, l'inspecteur Monserette et les corps des civils étaient étendus là depuis, lui semblait-il, une éternité. Déjà deux heures et il était encore assis à penser et à se demander ce qui avait bien pu se passer là-dedans.

Tout à l'heure, en remontant les escaliers du sous-sol, Nick avait aperçu le Police Commissioner[1] et Andre au moment où ils étaient entrés dans le club. Persuadé qu'Andre allait le coincer pour lui poser des questions, des questions auxquelles il n'était pas certain d'être prêt à répondre, Nick se maintint à distance. Il chercha des yeux Sonny McCabe. Quand il croisa son regard, il lui fit signe de le suivre aux toilettes.

Nick prit Sonny par le bras et lui dit :

– Comment on va expliquer ce bordel ?

Sa tension décroissait et la colère avait durci dans son ventre.

Sonny sourit crânement.

– De quoi tu causes ?

– Des deux flics et des cinq civils morts, voilà de quoi je cause.

– Ce que je vois, ce sont trois enfoirés de trafiquants d'armes, morts, deux informateurs torturés et deux flics, deux héros, assassinés. Voilà ce que je vois.

1. Equivalent du préfet de police, le Police Commissioner ou PC est nommé par le maire. *(N.d.T.)*

Sonny soupira et consulta sa montre.

Nick examina le visage de Sonny, essayant de se figurer ce qu'il s'en dégageait. De la colère ou de la peur ? Il soupçonnait que ce fût un peu des deux.

– Écoute, dit-il, on va nous poser des questions pas évidentes, et on ferait mieux de préparer des réponses.

Sonny grimaça, hocha la tête et haussa légèrement les épaules.

– Mais on a fait notre boulot, mon pote. Réfléchis, on n'a rien fait de mal, rien.

Et, d'une voix plus douce :

– Enfin quoi, t'es flic, t'étais là, on a fait ce qu'on avait à faire. Ces tas de merde ont commencé à tirer, et qu'est-ce qu'on était censés foutre, partir en courant ?

– Sept morts. Je n'ai jamais rien vu de pareil.

Sonny haussa les épaules, il semblait perdu.

– J'arrive pas à piger pourquoi Suarez et Monserette se sont mis à frapper à la porte. Ils ont décidé ça tout seuls, personne leur a demandé, de frapper à la porte comme ça. C'était complètement con.

– On aurait dû prévoir du renfort, en uniforme, dit Nick qui essayait de rester positif et fort. On aurait dû appeler le poste local à l'aide.

– C'était la décision de Hawks, qu'est-ce que tu fous, t'essayes de lui rejeter la faute ?

Nick le dévisagea, muet et sévère.

Les yeux de Sonny allèrent se poser sur la porte des toilettes.

– Cet homme est mort en héros. Je ne laisserai personne le salir.

– Je savais que ça allait mal tourner, dit Nick. Je le sentais.

Sonny le regarda, pensif.

– Bravo. C'est marrant, tu trouves pas, d'avoir gardé tes pressentiments pour toi. Cette impression que t'avais, t'en as rien dit.

– Si, j'ai dit à Hawks que je pensais qu'il fallait prévenir le poste. Pour leur demander de l'aide.

– N'importe quoi.

Nick vit la colère monter sur le visage de Sonny et la laissa redescendre.

Sonny détourna la tête, énervé.

– Putain mais t'es de quel côté, toi ? Il est mort, merde.

– C'est pas bien, dit Nick, il a eu tort.

– Pas bien, hein ? Je vais te dire, moi, ce qui est pas bien. Va voir les deux mecs qui pendent au sous-sol comme deux quartiers de bœuf. Les gens qui ont fait ça, c'est de ça qu'on parle. Et c'est ça que j'appelle « pas bien ». Écoute, dit Sonny.

Il posa ses mains sur les épaules de Nick et le rapprocha de lui.

– On a perdu deux collègues aujourd'hui, et on va faire en sorte qu'ils ne soient pas morts pour rien. Ces enculés de trafiquants d'armes, ces tortionnaires, vont payer. On va les faire payer. Tu m'entends, t'es d'accord avec moi ? Et c'est pas des conneries, je peux te le garantir.

Silence de Nick.

– Putain, tu sens pas le mal ici ? Mais c'est la chambre des horreurs cet endroit. Et ce sont ces ordures, Cienfuego, Medina et Matos qui sont à l'origine de tout ça. La question que je me pose c'est d'où tu débarques ?

– Je ne sais pas, dit Nick. Je me pose des questions.

– Ouais, eh ben moi j'ai pas de réponses mais j'ai des explications, dit calmement Sonny.

Quand ils sortirent des toilettes, Nick resta un long moment immobile à l'entrée du restaurant, près de la porte qui donnait sur la rue. Ce dont il avait besoin, c'était de sortir d'ici, de ce club, et d'aller réfléchir quelque part. Hawks, Monserette, Rodrigo et l'autre pauvre mec au sous-sol ne cessaient de tournoyer dans sa tête, comme une scène de film d'horreur. Et l'autre, Cienfuego, qui geignait sur son fils. Nick ne comprenait pas l'espagnol mais il comprenait la douleur. Un cauchemar comme celui-là, tout ce qu'on veut c'est l'oublier. Il n'arrivait pas à s'en débarrasser, de ce regard qu'avait porté sur lui Cienfuego. Comme s'il implorait sa pitié, comme s'il avait besoin de son aide.

Il fallut à Nick beaucoup de concentration pour prendre des notes, rassembler ses esprits. Sonny parlait à Carl Suarez au bar. Andre, les bras croisés, parlait avec le PC et le chef de section.

Une douzaine d'inspecteurs et la moitié de non-gradés circulaient à travers le club, contemplaient le théâtre de la bataille en plissant les yeux et en hochant la tête. Un photographe de la police installa son trépied.

– Quel que soit le nombre de clichés que vous avez l'intention de prendre, doublez-les tous, hein ? lança le chef de section.

Nick s'appuya dans l'encadrement de la porte, regarda par la fenêtre et vit s'attrouper à l'extérieur des journalistes de télé et de presse écrite qui réclamaient des informations. Il y avait des projecteurs, des caméras et des micros de toutes les chaînes de New York. Steve Stern, un grand type élégant aux cheveux roux, sortit d'une voiture. Il s'avança vers deux flics en uniforme qui montaient la garde devant la porte principale du club. Nick connaissait très bien Stern ; il avait fait une émission locale de vulgarisation sur la police pendant des années et avait une fois interviewé Nick sur les gangs de jeunes.

– Interdit au public, lancèrent en chœur les uniformes.

Tous trois plantés sur le trottoir regardèrent une ambulance arriver. Deux Noirs bien musclés passèrent devant les flics et le journaliste en faisant rouler deux civières, et entrèrent dans le club. Un capitaine en uniforme s'approcha d'eux.

– Prenez d'abord les deux officiers.

Les deux hommes se raidirent et jetèrent au capitaine un regard agacé mais patient.

– J'ai dit, assurez-vous de bien prendre les deux officiers avant les autres.

Les infirmiers ne dirent rien et attendirent qu'on leur dise exactement qui était qui.

– Nick, appela Andre.

Nick rangea son carnet. Il ne voulait pas parler à Andre, il n'était pas sûr de ce qu'il allait lui dire.

– Inspecteur Manaris, dit le chef de section, venez par ici une minute, s'il vous plaît.

Sonny se détourna de sa conversation avec Suarez. Il lança un regard menaçant à Nick. Nick se tourna vers Andre, tous deux se regardèrent un instant fixement – constat, je t'avais bien dit. Nick se mit à traverser la pièce, en songeant, j'espère tellement qu'il ne va pas me demander quelque chose dont je ne saurai pas me dépêtrer. Son esprit erra un moment ailleurs, une simple errance, et quand il revint à lui, le chef de section était en train d'évoquer la nécessité d'être vigilant sur les notes qu'il prenait.

Nick acquiesça.

– Je n'en ai pris que quelques-unes, pas beaucoup, seulement quelques-unes.

Il comprenait parfaitement ce que le chef voulait dire, ses notes personnelles seraient un jour une pièce à conviction, une pièce à conviction utilisable par un avocat de la défense. Ses propres mots pourraient être utilisés contre lui.

– Discutez-en bien avec vos collègues, assurez-vous d'être sur la même longueur d'ondes, dit le chef de section.

Il avait des yeux d'un marron intense, presque noirs, que Nick trouvait sympathiques.

Le chef de section était inspecteur depuis près de trente ans, rien de ce qui était arrivé cet après-midi ne pouvait le surprendre ni le choquer. Il s'appelait Jack Ludwig. Il était fils d'immigrés allemands venus de Bavière qui tenaient une boulangerie dans Ridgewood. Un grand gaillard qui entraînait de jeunes footballeurs, adorait les bières d'importation et les cigares coûteux. Il en connaissait un rayon sur le crime et les bavures. Il avait horreur des journalistes et des politiciens, et peu d'estime pour les prêtres. Jack Ludwig jugeait un homme à son regard, à sa voix et selon qu'il avait ou non quelque chose d'intelligent à dire. Même si le chef de section avait été élevé à son rang prestigieux par le PC actuel, la rumeur courait qu'il ne l'appréciait pas beaucoup.

– Le fait est, dit Andre à Nick, sur un ton très formel et professionnel, que je ne veux pas que vous fassiez de déclaration à qui que ce soit avant que je ne vous aie interrogé. C'est valable pour vos collègues et tout le monde ici. Je ne veux pas que cette histoire soit racontée douze fois de douze manières différentes. Vous comprenez ?

– Évidemment, dit Nick.

– Je vais être en retard à mon rendez-vous avec le maire, dit le PC. Il faut que j'y aille. Il faudra joindre les familles du capitaine Hawks et de l'inspecteur Monserette. Vous savez, dit-il, l'ironie du sort a voulu que je remette la médaille d'honneur à Monserette il y a environ un an. Jack, dit-il à Ludwig, le procureur Robinson va réunir toutes les informations. Soyez à ses ordres ; c'est le bureau du procureur qui s'occupe de cette affaire.

Jack Ludwig adressa un sourire crispé au PC et acquiesça. Nick se dit, ce type ne sait vraiment pas cacher sa colère.

Le PC fit un clin d'œil à Andre et lui serra la main. C'était un petit homme mince, pas loin de la cinquantaine, vêtu d'un blazer bleu et d'un pantalon gris, avec des cheveux blonds soigneusement coiffés. Plus proche du présentateur télé que du Police Commissioner, se dit Nick. Rien qui dépasse, pas d'arme.

Le PC pointa son doigt sur la poitrine de Nick.

– Inspecteur, dit-il, je parie que quand vous vous êtes réveillé ce matin, vous n'avez pas pensé que la mort passerait si près de vous aujourd'hui.

Il regarda Nick, il attendait une réponse.

– C'est vrai.

Le PC l'étudia un instant puis se tourna vers le chef de section.

– Vous voyez, Jack, dit-il, un officier de police ne sait jamais quand Dieu va venir lui mettre la main sur l'épaule.

Tous acquiescèrent sans grand enthousiasme.

– Nous ne savons jamais quand le grand livre d'or va s'ouvrir avec notre nom en haut de la page.

Les mains jointes comme s'il priait, le PC les regarda l'un après l'autre.

– C'est pourquoi j'aimerais tant voir tous mes officiers touchés par la grâce.

Il prit une longue inspiration.

– Dites-moi, inspecteur Manaris, combien de vos collègues ici présents, combien de vos frères sont touchés par la grâce, pensez-vous ?

La question était si abrupte et si bête qu'un instant Nick ne sut comment y répondre.

– Je ne sais pas, dit-il finalement. Peu, j'imagine.

– Et vous, inspecteur, comment vous sentez-vous ?

– Bien, lui dit Nick.

– Vous avez tué un homme.

Le PC le dévisagea d'un air grave.

Nick hésita, il brûlait de parler franchement, mais se contenta de dire :

– Il ne m'en a pas donné le choix.

Le PC agita la main comme pour déclarer l'affaire classée, et Nick en fut soulagé.

Andre haussa les épaules.

– Vous avez tué un homme qui venait d'assassiner un capitaine de police. Pour moi, vous êtes un héros.

– C'est clair, dit le chef de section, avec un petit sourire.

Nick ne dit rien.

Les corps de Sergi Monserette et du capitaine Hawks furent soulevés et placés sur les civières, les sangles bien serrées. Quand les infirmiers les sortirent par la porte principale de *Los Campos*, la presse se referma sur eux.

Le PC marmonna quelque chose que Nick ne saisit pas, puis se tourna vers Andre.

– Nous tiendrons la conférence de presse un peu plus tard dans la soirée.

Andre lui jeta un œil.

– À mon bureau ?

– Je crois que la maison mère s'y prêtera mieux.

– Cette affaire est la nôtre. C'est le procureur Santoro qui devrait tenir la conférence.

– Je ne crois pas. Deux officiers de police ont été tués, l'un d'eux était capitaine de police. Je ne pense pas qu'aucun capitaine de police ait été tué en service dans les cinquante dernières années. La conférence devrait avoir lieu au NYPD.

– J'en parlerai à M. Santoro. Peut-être devrions-nous tous deux en tenir une, lui dit Andre.

– Que puis-je répondre à cela ?

Le PC détourna la tête.

– Nous sommes dans un pays libre.

– En effet, dit Andre.

Le PC observa longuement Andre.

– Jack, dit-il au chef de section, accompagnez-moi à ma voiture.

Totalement détaché de toute cette conversation, assailli de questions et de réponses, soucieux de l'état de l'inspecteur Suarez, Nick promenait distraitement son regard à travers le club, de plus en plus bondé au fur et à mesure que s'additionnaient les inspecteurs et les officiers en uniforme. Il y avait quelque chose d'affreusement intéressé et politique dans la façon dont Andre et le PC traitaient cette affaire, en réduisant toute cette souffrance à la décision de qui tiendrait la conférence de presse, de qui en bénéficierait. Nick connut un instant de clairvoyance pure : il ne réussirait jamais dans leur monde, ne deviendrait jamais plus qu'inspecteur de terrain, parce qu'il n'avait tout simplement pas l'ambition aveugle et le besoin souverain et effréné qu'Andre, et certainement le PC, avaient d'être le premier. Andre serait un gagnant : le PC, Sonny McCabe, le chef de section, le journaliste Steve Stern et peut-être même l'écrivain, Frank Kurtz, finiraient par être des gagnants également. Pas par intelligence ou par courage mais parce qu'ils comprenaient que, pour l'emporter, il fallait avoir la conviction qu'aucune autre vie que la vôtre ne comptait, que ce qui importait pour soi passait en premier à tout prix, toujours, dans toutes les circonstances.

Andre parcourut le club des yeux.

– Réunis ton équipe et rendez-vous dans mon bureau le plus tôt possible, dit-il à Nick.

– L'inspecteur Suarez est très secoué. Il va peut-être avoir besoin de faire une pause, dit Nick.

– Ah bon ? Il est en état de choc ? dit Andre. Le contraire serait étonnant. Écoute, dit-il, écoute, personne ne fait de pause. Laisse tomber. Vous travaillez tous jusqu'à ce que j'aie pris toutes vos dépositions et qu'on ait fixé une date d'audience.

Nick se contenta d'acquiescer.

Andre soupira, regarda distraitement ses pieds, hocha la tête avec un air mélodramatique de regret.

– Je savais qu'il y aurait des problèmes avec cette équipe. Ce n'était qu'une question de temps.

Nick lui dit qu'ils étaient encore en train de compter les armes en bas au sous-sol. Le plus gros coup de filet dont il ait jamais entendu parler. Cinq, peut-être six cents automatiques. Andre lui rappela les sept morts. Nick dit, d'accord, d'accord, comme si je le savais pas. Andre dit que ce n'était pas l'endroit mais qu'il avait des questions. Comme « qui a donné l'ordre à la con de défoncer la porte d'un bar où tous les gangsters étaient armés jusqu'aux dents ? ». Dans ce genre-là. Nick écoutait.

– Je ne peux tout simplement pas concevoir que des inspecteurs expérimentés aient pris les décisions qui ont été prises aujourd'hui. Toi si ? Sept morts, Nick. Sept.

Nick ne savait pas quoi répondre, il avait dit tout ce qu'il avait à dire.

– Faites en sorte d'avoir tous une version qui tient la route. Quand je vais poser les questions, je ne veux pas de bafouillages.

J'attends des dépositions claires et concises sur tous vos faits et gestes.

– On a fait notre boulot, c'est tout ce que je sais.

– Eh bien, mon ami, toi et ton équipe avez intérêt à être préparés à en dire plus.

Andre sourit et fit au revoir de la main aux gens qui traînaient dans le restaurant.

– Essayez d'être à mon bureau d'ici une heure. J'ai hâte d'entendre ce que vous avez à raconter.

– Nous y serons, dit Nick calmement.

Andre mentionna de nouveau le fait que sept personnes avaient été tuées, même si, bien sûr, le plus tragique était la mort des deux officiers de police. Et quand il tiendrait sa conférence de presse dans la soirée, il le rappellerait. Que deux flics étaient morts en héros. Nick marmonna que oui, c'était bien, qu'Andre devait faire savoir à tout le monde qu'ils avaient été héroïques. Puis il finit par dire qu'il allait traîner ici encore un peu et qu'ensuite il rassemblerait tout le monde et...

– Fais en sorte que ta version à toi tienne la route, dit Andre, puis, revenant à la situation générale : Tout le monde ici est sonné, abasourdi. Trop ahuri pour penser. Ils sont tous à côté de leurs pompes. Je compte sur toi pour les remonter.

Nick toussa, la main devant la bouche, et regarda autour de lui.

– Je vais leur parler. Je m'inquiète pour Suarez, il est sens dessus dessous, dit-il, mais si doucement, si bas, qu'Andre eut du mal à l'entendre. Andre continua de parler, d'une voix lointaine puis agacée parce qu'il reprochait au Police Commissioner de vouloir sa propre conférence de presse, alors que cette conférence devait en principe être tenue par le bureau du procureur, et n'était-ce pas leur affaire, l'affaire du procureur ? Il aurait très bien pu, fit remarquer Andre avec malice, convoquer la presse sans en informer le PC mais ce n'était pas correct. Deux flics étaient morts dans cette histoire après tout.

– Comment s'appelaient-ils ? Hawks, c'est ça ? capitaine Hawks et inspecteur Monserette.

– C'est censé être drôle ? Tu connaissais très bien le capitaine Hawks.

– Évidemment que je le connaissais.

– Et Monserette ? Tu le connaissais aussi ? Ces deux hommes sont morts en héros. J'étais là, Andre, j'ai vu ce qui s'est passé.

– Oui oui. Je connaissais l'inspecteur Monserette.

Andre hocha la tête et sourit, comme si Nick ne le voyait pas. Nick leva le menton, en colère.

– Qu'est-ce qui te fait marrer ?

Andre dit sous le souffle quelque chose que Nick n'entendit pas.

– Quoi ?

– J'ai dit : je t'avais prévenu.

Andre le dévisagea. Nick voulait poursuivre la discussion mais Andre fit volte-face et lui dit par-dessus l'épaule :

– Allez. Raccompagne-moi à la porte.

Arrivé à l'entrée du club, Andre ajouta :

– Tout ce que je veux, Nick, tout ce que je veux que tu fasses pour le moment, c'est que tu prépares tes collègues à répondre à mes questions.

Andre marqua un temps, il pencha la tête en arrière, perdu dans ses pensées.

– Cette opération, cette descente que vous avez faite ici, a un sens pour toi ?

Nick était sur le point de répondre quand Andre le devança et dit, c'est pas grave, réfléchis-y.

– On a fait notre boulot, dit Nick, comme piégé.

– Et maintenant c'est à moi de faire le mien.

La voix d'Andre se faisait blanche et maussade, un léger tremblement ici aussi. Il jeta un œil à Nick, ouvrit la porte, sortit, se fraya un chemin jusqu'à sa voiture à travers une horde de journalistes, les chassa de la main, annonça sa décision de tenir une conférence de presse plus tard dans la journée.

Nick observait Andre : il essayait d'être discret en le suivant du coin de l'œil mais ressentait le besoin de le regarder partir.

Il vit deux grands gaillards en costume sortir d'une BMW noire à vitres fumées garée juste derrière la voiture d'Andre. Andre alla parler aux deux hommes. Nick se rappelait de cette BMW, il l'avait vue garée dans la rue en face du *Post Time*, et plus tard sur Queensboro Bridge. Il s'appuya dans l'encadrement de la porte, remarqua comme Andre et les deux costards avaient l'air de bien s'entendre, et fut pris d'une vague bouffée d'appréhension. Puis Andre retourna à sa voiture, démarra, fit demi-tour et descendit Corona Avenue en direction de Roosevelt, la BMW derrière lui. Qui pouvaient bien être ces mecs ? Nick avait le sentiment d'ignorer beaucoup de choses. C'était la voiture qu'il avait vue sur le pont, ça c'était sûr.

Nick crut que le flic posté devant le club était un petit nouveau, un bleu. C'était un grand type, peut-être un mètre quatre-vingt-dix, alerte, l'œil vif. Mais il comprit au bout d'une minute de discussion avec lui, que Pete Schmidt avait dix ans de métier.

– J'ai toujours été dans ce secteur. Je suis heureux ici, c'est tranquille. Je sais tout faire et j'ai plein de boulot. Arrestations, clandestins, on a tout ce que vous voulez.

Planté devant le club, l'officier Schmidt raconta à Nick que son père avait une entreprise de plomberie, mais lui ne se voyait pas plombier, trop de travail, et c'était sale en plus, et dur, et l'hiver, ah l'hiver. Il avait fait flic parce que la moitié de ses copains étaient devenus pompiers, mais merci bien. Il n'était pas du genre à se jeter dans un immeuble en flammes.

Quelle tristesse, deux flics – dont un capitaine.

– Je fais régulièrement des rondes de huit à quatre sur Roosevelt Avenue. Des deux côtés, de la 108e à la 112e. Un des macchabées qu'ils ont emmenés, Rodrigo Punto, j'ai entendu dire qu'à Cuba il était du métier. Toujours est-il que Punto tient un café dans mon secteur, le *Hatuey*. Un vrai barjo. J'essayais de le coincer parce qu'on m'avait dit que ce malade avait braqué un mec, en pleine rue. Billy Zito, un bon petit gars, un super footballeur à son époque – qui a fait Hofstra et gagné la Little All-American – bref, Billy tient la boulangerie à côté du café. Il m'a dit que Rodrigo avait failli buter un mec parce qu'il croyait que le mec niquait sa bonne femme, ce dingue. Et finalement quelqu'un l'a désarmé, dit Pete. Je peux vous aider ? Je sais tout ce qui se passe dans le coin. C'est mon quartier, quoi.

– Vous savez qui c'était le mec qu'il voulait buter ?

– Je peux vous trouver ça. Donnez-moi un ou deux jours, je vais me renseigner.

Nick tendit sa carte à Pete et lui dit de l'appeler. Ils restèrent là, devant *Los Campos*, à boire leur café dans des tasses du club

– Je me demandais, dit Nick, la BMW noire, celle qui s'est garée juste là, avec les vitres fumées ; vous avez identifié le conducteur ?

– Plutôt ouais. Ils ont débarqué, ils se sont garés juste devant. Je me suis dit, ils manquent pas d'air. J'étais sur le point de les faire dégager quand ils m'ont sorti leurs plaques. Des fédéraux. Imaginez-vous en train de rouler dans une voiture pareille. Et moi qui les prenais pour des gangsters, des dealers ou je sais pas quoi. Je suis d'une perspicacité...

– Des fédéraux ? Quel genre de fédéraux ?

– Oh, j'ai vu des gros insignes dorés, agent spécial, gouvernement des États-Unis, ça m'a suffi.

Nick marqua un temps.

– Pete, je peux vous demander quelque chose ?

– Demandez toujours.

– Le Black, le type qui est sorti du club il y a quelques minutes.

– Très classe, qui est monté dans le véhicule sérigraphié ?

– C'est ça, dit Nick.

– Je l'ai déjà vu quelque part. Je sais pas qui c'est, mais je l'ai déjà vu.

– Il est procureur adjoint.

– Je l'ai vu à la Cour, voilà. Et alors ?

– Vous avez entendu ce qu'il a dit aux deux types, aux fédéraux ? demanda Nick, vivement intéressé. Vous avez entendu ce qu'il leur a dit ?

Pete Schmidt réfléchit, tâta son ceinturon, se balança d'un pied sur l'autre.

– « Ils ont été emmenés au commissariat du coin. Arrêtons-nous là-bas, on ira ensuite au bureau. » Voilà ce qu'il a dit.

19

Sonny McCabe ouvrit les bras pour l'accueillir. Et dit, mais où t'étais fourré ? J'étais là à tenir la main de Carl, à essayer de l'empêcher de péter les plombs. Moran, Lloyd et l'équipe de Lloyd aidaient à transporter les prisonniers et je me disais, où est passé mon coéquipier ? Qu'est-ce que tu foutais ? Il faut qu'on se mette d'accord, qu'on sache bien qui va dire quoi.

– Où est ton copain l'écrivain ? Où est Kurtz ?

– Je ne l'ai pas vu.

– Il est sûrement encore à la planque.

– Je vais appeler. Bon, on se met d'accord alors ?

Nick jeta un œil à Sonny qui haussa les épaules et lui fit son sourire de couillon, puis se raidit quand Eddie Moran et Lloyd passèrent la porte. Nick dit à Sonny de trouver Kurtz, de lui dire qu'ils allaient au bureau du procureur. Sonny alluma une cigarette, parcourut la pièce du regard et dit, peut-être qu'on devrait d'abord se mettre d'accord. Nick dit, pourquoi ? On raconte ce qui s'est passé, c'est tout. Pas besoin de convenir d'une histoire ici. Eddie Moran était au bar, une bière à la main. Sonny se détourna de Nick, s'approcha d'Eddie et lui chuchota un truc. C'était quelque chose, ces deux-là. Nick repéra l'inspecteur Suarez et lui passa le bras autour des épaules.

– Comment ça va, mon vieux ?

– Ça va aller.

– Il va falloir qu'on aille au bureau du procureur. Faire une déposition, répondre aux questions. T'as fait le point, y a quelque chose que tu veux me dire ?

– Écoute, je frappe à une porte, j'entends un coup de feu, je frappe plus fort, et tout ce que je sais c'est que tout à coup la porte s'ouvre et qu'un gros enculé me tire à l'intérieur. Ces enfoirés m'agrippent par le col, me poussent à l'intérieur, me jettent par terre comme une vieille poupée. Sergi hurle, police, police, on est des flics. J'entends quelqu'un gueuler, et mon cul ! Et ce fils de pute tire sur Sergi en pleine tête. Je cours dans le couloir, et c'est là que tu m'as trouvé. Qu'est-ce que tu veux que je te dise d'autre ?

Deux trois détails le frappèrent immédiatement mais Nick laissa tomber et dit :

– Bon, d'accord. C'est comme ça que ça s'est passé, c'est comme ça que ça s'est passé.

– Putain, tu peux le dire que c'est comme ça.

L'inspecteur Suarez plissa les yeux.

– Il m'a traité de lavette, Nick. Le capitaine Hawks, Dieu ait son âme, il m'a traité de lavette. Mais je te jure, je suis pas une lavette. Je suis tous les jours dehors, dans la rue, exposé, ma vie est en première ligne tous les jours, putain. Et il me traite de lavette. C'est comme s'il me tuait. Comme s'il brisait mon cœur. Je l'ai entendu, je l'ai entendu te dire de rester avec l'espèce de lavette, merde. Mais moi, je suis pas une lavette, tu sais ?

Il regarda Nick.

– Je t'ai vu en pleine action, dit Nick, je t'ai vu frapper à la porte de *Los Campos* et essayer d'entrer dans le club. C'était pas un comportement de lavette, mais de héros, de mec qui a des couilles.

– Ouais.

L'inspecteur Suarez porta ses mains à son visage qu'il frotta en décrivant de petits cercles.

– J'avais jamais imaginé qu'on puisse un jour penser ça de moi, je suis pas un foireux, pas moi.

Lloyd, l'inspecteur qui racontait ses histoires, s'assit à l'arrière du véhicule de police, et Suarez le rejoignit. Nick se mit au volant et Sonny sur le siège passager. Eddie Moran, à moitié bourré, les suivait avec deux membres de l'équipe de Lloyd.

Moran pété, voilà ce qui préoccupait Nick pour l'instant. Ce mec était glaçant, une espèce d'ivrogne irlandais, irritable et méchant. Mais, comme McCabe, malgré tous ses problèmes, Eddie Moran était un flic d'enfer. Si buter des gens et en bastonner d'autres étaient ce qu'il fallait pour faire un bon flic. À eux deux, ils avaient descendu quatre personnes à *Los Campos*. Et d'ailleurs, aucun des deux ne devait en avoir rien à foutre.

– Alors, Lloyd, t'as une histoire drôle à nous raconter ?

Nick leva les yeux dans le rétroviseur.

– J'aimerais bien, je voudrais bien avoir un truc drôle à dire.

Lloyd se tassa et se mit à regarder par la fenêtre défiler les rues de Queens.

– Putain, dit Sonny, vous avez déjà vu quelque chose comme ce qui est arrivé à Rodrigo ?

– Je peux pas croire que Sergi et Hawks, dit Carl, je peux pas le croire. T'arrives à le croire, toi, Sonny ?

– Non. Non, Carl, j'y arrive pas.

Ils roulèrent jusqu'à la Cour de Queens. Nick pénétra dans le parking et alla se garer ; tout le monde se redressa, sombre et anxieux.

Nick avait l'impression que l'inspecteur Suarez allait craquer. Il avait l'air torturé, sa bouche tremblait, ses yeux s'ouvraient et se fermaient comme ceux d'une peluche de fête foraine. Suarez était tourné vers Lloyd comme s'il voulait lui dire quelque chose. Le pauvre gars avait vu Monserette se faire tirer dans la tête, et Nick entrevoyait les indescriptibles cauchemars qui l'assaillaient.

Le parking était un bâtiment bas relié à la Cour, aux bureaux du procureur et à la maison d'arrêt du comté de Queens. Un parking de quatre étages en ciment, plus le toit. En semaine c'était l'enfer pour trouver une place, et le week-end, il n'exploitait que vingt-cinq pour cent de sa capacité. Il y avait des emplacements réservés et numérotés pour le bureau du procureur au rez-de-chaussée.

Nick remarqua les quatre voitures garées dans le même sens : trois d'entre elles étaient des voitures officielles de la commune, la quatrième était une BMW noire à vitres fumées. Il se gara à côté de la BM. Eddie Moran s'arrêta au même niveau.

Nick marqua une pause. Lloyd et Suarez sortirent par les portes arrière du véhicule. Sonny était toujours assis et observait Nick.

– Qu'est-ce que tu regardes ? dit-il.

– Cette BMW.

– Qu'est-ce qu'elle a ?

– Je te dirai plus tard.

– Des clous, ouais, dis-le-moi maintenant.

Sonny sembla sur le point d'ajouter quelque chose mais ouvrit sa portière et sortit. Il alla se planter à côté de la BMW, se pencha, regarda à travers la vitre, les mains dans les poches. Nick vint se poster à côté de lui.

– J'ai déjà vu cette voiture, dit Nick. Je l'ai vue plus d'une fois.

– Ah ouais, où ça?

– Elle était garée sur South Street, en face du *Post Time*. Ensuite, sur le pont de la 59e. Elle me suivait.

– Arrête. Pourquoi elle t'aurait suivi?

– Bonne question.

Sonny posa la main sur le toit de la voiture et en fit le tour. Nick le suivit.

À l'intérieur, il y avait un gyrophare rouge qu'on aimante sur le toit, et le poste de radio habituel des fédéraux, bonne qualité. Nick lut la plaque d'immatriculation : Ohio. Il releva le numéro, tout en sachant que cela ne servirait à rien. Les papiers d'immatriculation de la voiture avaient été retirés du central, c'était un fait. Il sentait que Sonny le regardait.

– C'est une bagnole de fédéraux, dit Nick.

– Ah bon? dit Sonny, tout en tapant le toit du plat de la main.

– Carl, t'as ton couteau? demanda-t-il à l'inspecteur Suarez. Passe-le-moi deux secondes.

Suarez fouilla dans sa poche et en sortit un cran d'arrêt.

– Donne-le-moi, je te le rends tout de suite.

Suarez tendit le couteau à Sonny, il avait l'air de s'en foutre. Sonny essaya d'ouvrir la porte du passager, elle était verrouillée. Il fit alors lentement le tour, s'approcha de chaque pneu et les taillada à l'aide du couteau comme s'il avait pleinement conscience de ce qu'il était en train de faire.

– Sonny, dit Nick.

– Ils sont pas chiés de filer un de mes coéquipiers, dit Sonny.

Nick entendit la voix avant de voir le type :

– Hé! qu'est-ce tu fous? Dégage de ma bagnole.

C'était un des deux hommes qu'il avait vus plus tôt avec Andre. Il s'avançait vers eux, l'air prudent, comme s'il se disait, qu'est-ce que c'est que ce bordel?

– Vous savez quoi, dit Sonny, je crois que quelqu'un vous a crevé vos pneus.

– Ouais, j'espère pour toi que c'est pas toi, mon pote, parce que c'est un véhicule du gouvernement.

– Quel gouvernement ?

De près, le type avait l'air plus balèze que ce dont se rappelait Nick. Pas laid, très présentable dans ses rayures bleues. Un peu bronzé, rasé de près. Il se tourna vers Nick et lui demanda :

– Vous avez vu qui a fait ça ?

– Fait quoi ?

L'agent plissa les yeux et jeta un regard à ses pneus.

– Je suis un agent fédéral.

– Tant mieux pour vous. Qu'est-ce que vous foutiez à me suivre l'autre soir ?

– Quel autre soir ?

– Sur le pont. D'abord je vous ai vu garé sur South Street, puis sur le pont. Ne me mentez pas, vous me suiviez. Je le sais, alors pas de bobards.

L'agent hocha la tête tout en prenant son temps.

– Vous êtes fou, ou saoul. Pourquoi je vous aurais suivi ?

– Mon collègue n'est ni saoul ni fou, dit Sonny, mais je vais vous dire, moi je le suis. Je suis même plus que fou, et si je vous vois dans mon rétro, je vous casse la gueule.

Nick était impressionné par la façon dont Sonny restait planté là, nez à nez avec l'agent, du style, ça suffit les conneries. Il y avait beaucoup plus qu'un simple soupçon de folie dans ses yeux, et il faisait reculer le type.

– Tu vois, mon vieux, dit Sonny, on est des inspecteurs de New York, on a plein d'ennemis ici. Et toi, tu conduis cette bagnole flambant neuve avec ses vitres fumées. Comment on est censés savoir que t'es pas un ennemi, hein ?

– Bon, calme-toi, d'accord ? Écoutez, je ne suis en ville que depuis quelques jours. Et je n'ai suivi personne.

– Je vous ai vu à *Los Campos*, dit Nick, je vous ai vu là-bas.

L'agent avait le dos collé à la BMW, les épaules voûtées, et il les regardait.

– Vous feriez mieux de dégager, dit-il. Et ce n'est pas moi qui parle, c'est l'Oncle Sam.

Sonny McCabe dit alors :

– Tu peux dire à ton oncle, ta tante et ta grand-mère, tu peux leur dire à tous de ma part à moi, Sonny McCabe. Tu peux dire à toute ta petite famille que si je te vois dans mon rétro, je te ruine la gueule.

L'agent leur sourit.

– Vous savez que vous me faites super peur, les gars ? dit-il.

Nick hésita, réfléchit un instant.

– Ça te ferait pas de mal, dit-il.

– J'entends bien, dit l'agent.

– Bon, lui dit Nick, tant mieux.

Ils traversèrent le parking, personne ne prononça un mot jusqu'à l'ascenseur qui allait les emmener dans le bâtiment de la Cour sur Queens Boulevard.

– Tu as vu cette raclure à *Los Campos* ? demanda Sonny à Nick.

– Hmmm.

Eddie Moran, qui tanguait un peu, bascula sur les talons de ses bottes en peau de serpent, les yeux rivés sur le bouton de l'ascenseur. Quand il se pencha en avant, il ferma l'œil gauche et pointa son pouce sur « haut ». Carl Suarez faisait des grimaces à son reflet sur la porte de l'ascenseur. Lloyd et ses deux collègues se tenaient, tête baissée, les mains dans les poches.

Quand ils sortirent de l'ascenseur au cinquième étage, celui du procureur, le vigile leur dit :

– Oh là ! qu'est-ce que c'est que ça, une invasion ?

– Écoute, mon vieux, dit Sonny. Tu peux pas savoir la journée qu'on a eue.

– Ça c'est sûr, dit le vigile. C'est partout à la radio et à la télé, lui dit-il. Vous êtes célèbres, les gars.

Sonny en fut tellement excité qu'il se mit à tourner sur lui-même, à sourire et à applaudir. Nick le regardait danser dans le couloir, et songea de nouveau, qu'est-ce que c'est que ce mec ?

Sonny fit un clin d'œil à Nick, sourit et hocha la tête.

– Je ne vois rien aujourd'hui qui vaille la peine de sourire, dit Nick. Mais encore une fois, je pourrais me tromper.

– Tu sais ce que je pense quand je t'entends parler comme ça ? répondit Sonny. Tu sais ce que je ressens ?

– Dis-moi.

– Je pense que tu t'inquiètes trop pour des choses que tu ne peux pas changer. Tu es un inquiet, Nick, déprimé en plus. C'est ça ton problème.

– Sergi et Hawks sont allongés sur une table réfrigérée, ce genre de trucs me déprime, oui.

Nick était sur le point de disserter sur la condition humaine, sur ce monde de connards, mais il décida de laisser tomber : soit on comprend, soit on ne comprend pas.

– C'est le pire jour de ma vie, dit-il, et le pompon c'est que c'est pas encore fini.

Sonny ne sembla pas l'avoir entendu. Au bout de quelques secondes, il ajouta :

– Je connaissais Hawks depuis dix ans. Plus. Sergi depuis cinq, ne me fais pas de sermon, Nick. Tu crois me connaître, mais tu ne me connais pas du tout.

– Et je ne te connaîtrai jamais, c'est ça ?

– Oh si. Mais ça prendra un peu de temps. Ce que j'aimerais bien savoir, ce qui me préoccupe, c'est ces fédéraux. Qu'est-ce que tu crois qu'ils foutent dans le coin ? J'aime pas ça.

– Je comprends.

– Ah bon ?

– Ouais, je sais ce que tu te dis.

20

Diego était sur le trottoir devant *Los Campos*, flanqué d'un inspecteur de chaque côté, et attendait qu'une voiture de police le conduisît au poste local. Le flic sur sa droite, le Noir, le tenait doucement par la nuque, qu'il serrait de temps en temps. C'était presque amical. Presque.

Des flics en uniforme manœuvraient, formaient des barrages pour garder les curieux à distance. Des inspecteurs allaient et venaient, entraient dans *Los Campos* puis ressortaient pour l'observer, discutaient entre eux, conversations que Diego ne comprenait pas. Un sergent de police au teint rose avec des taches de rousseur sur les joues réglait la circulation. De temps en temps, l'inspecteur complètement fou qui parlait espagnol s'approchait de Diego, lui jetait des insultes au visage et lui crachait sur les pieds. Il y avait également des journalistes. Diego ne les voyait pas mais il les entendait crier leurs questions, faire cliqueter leurs appareils photo quelque part derrière lui. Un certain nombre de policiers avec plein de galons dorés faisaient leur apparition, échangeaient des saluts avec les agents. Les officiers les plus âgés semblaient abattus et furieux. Contrairement aux inspecteurs, aucun gradé ne faisait attention à lui.

Pour Diego, le remords et la douleur qu'il ressentait s'apparentaient à de la folie – c'était de la folie. Il lui était difficile de respirer, il avait mal à la poitrine et il haletait. Diego avait froid. Il frissonnait et avait l'impression que sa vie était en train de disparaître devant ses yeux. Il était très fatigué et ne parvenait pas à réfléchir, à se concentrer. Sa nuque était raide, son dos aussi. On lui avait tordu les bras en arrière, ses poignets étaient tenus par des menottes, ce qui lui endolorissait les épaules. Poussé par une urgence proche de l'espoir, il ne cessait de guetter la rue à la recherche d'un visage familier mais n'en trouvait pas. Son esprit s'emplissait d'images des deux enfants qui lui restaient, Mariaclara et Miguel. Qui leur expliquerait la mort de Justo ? Qui leur dirait pourquoi la police avait tué leur frère ? Qui prendrait soin d'eux ? Diego ne savait plus où il en était et ne voulait plus rien d'autre qu'être avec ses enfants. Il ne parvenait à rendre réelle l'idée que son Justo avait disparu. Il était intimement convaincu qu'étant donné la situation, il pourrait expliquer aux autorités les circonstances qui les avaient amenés, Justo et lui, à *Los Campos*. S'ils le laissaient s'expliquer, il était certain que la police se rendrait compte qu'il était innocent. Tout le monde s'en rendrait compte. Mais personne ne semblait s'intéresser à ça, ils se contentaient de ricaner et de le ridiculiser, de lui crier dessus et de l'injurier.

Davantage de policiers l'entouraient à présent, et Diego était assommé par les vagues de leurs sarcasmes stridents. Il était furieux de comprendre si peu de choses. Il entendit quelqu'un dire :

– Tous les corps sont partis ?

Diego se répéta ces mots. Il ne les comprenait pas et en éprouvait du vertige. Il avait perdu toute notion de temps et d'espace, son esprit ballottait, peuplé d'images de Justo. Ce garçon qui aimait tant la vie et avait si peu vécu.

Un véhicule de police arriva. Un officier descendit du côté passager. Il vint chercher Diego et l'emmena jusqu'à la voiture, mit une main sur sa tête, ouvrit la portière arrière et le poussa à l'intérieur. Diego s'assit sur ses mains, les genoux presque au niveau du menton, et sanglota. Au bout de quelques instants, le flic, qui était quasiment aussi grand que Diego, monta dans la voiture et lui dit de fermer sa gueule.

D'autres officiers de police s'approchèrent de la voiture pour le voir et faire des commentaires. Ils parlèrent entre eux quelques minutes, puis Diego fut conduit au poste du coin.

On lui fit traverser les bureaux, on l'emmena au troisième étage et on le mit dans une cellule. Quelques flics en uniforme s'approchèrent pour lui parler. Diego était debout dans le coin, il n'y avait pas de place pour s'asseoir. Il ne comprenait pas ce qu'ils demandaient ou disaient, aussi ne répondait-il rien, il se contentait de regarder leurs visages et de hocher la tête. La foule d'officiers de police se densifia, et des inspecteurs s'approchèrent alors de sa cellule pour lui hurler dessus.

Un sergent en uniforme du nom de Ramos le traîna hors de la cellule et lui dit en espagnol que l'inspecteur Monserette avait des amis dans ce poste. Ramos tenait une batte en bois, une matraque qu'il obligea Diego à regarder et il lui dit qu'il allait tellement la lui enfoncer dans le cul qu'elle lui ressortirait par la bouche. Diego regarda Ramos dans les yeux, sans rien dire.

Ramos lui retira ses menottes, le conduisit dans un bureau et lui dit de se tenir tranquille le temps qu'il prenne ses empreintes. Plus tard, Diego ne se souviendrait pas de grand-chose. Certains éléments, certaines images, des employés de bureau, des civils, principalement d'énormes femmes noires qui allaient et venaient autour de lui. Certaines travaillaient sur des machines à écrire, d'autres se tenaient devant des placards ou portaient des dossiers. Une jolie fille à la peau couleur Coca-Cola lui sourit et hocha la tête comme si elle avait eu pitié de lui. Ou peut-être essayait-elle de lui dire qu'elle pensait qu'il était perdu, cuit.

Quand il en eut terminé avec les empreintes, Ramos le menotta de nouveau et l'assit sur une chaise en bois devant un bureau. Il inséra un formulaire dans une machine à écrire électrique et lui posa des questions : nom, adresse, âge, date et lieu de naissance, taille et poids, couleur des yeux et des cheveux, arrestations éventuelles. Diego répondit à toutes les questions et, quand Ramos eut fini, il releva Diego et lui fit de nouveau faire tout le tour du poste, descendre des escaliers, passer devant l'accueil, jusqu'à une porte qui menait aux cellules. Ramos le mit dans une cage avec un type de la bande de Tito Roman du Bronx, du nom de Felix Caban.

Felix venait de La Havane mais était depuis longtemps aux États-Unis. Diego savait qu'il était un peu fou, cocaïnomane comme Benny, pire que Benny. Un vendredi soir, dans les toilettes de *Los Campos*, Diego avait trouvé Felix assis sur une cuvette en train de sniffer de la cocaïne sur un couvercle de bouteille de jus de fruits. Il avait la tête renversée en arrière, contre le mur, le couvercle dans sa main ouverte, comme s'il attendait l'aumône. Une des putes de Benny était en train de le sucer, une vraie professionnelle, et Diego se souvenait être resté là à regarder en se disant, cette femme connaît bien son métier. À l'époque, il avait cru que Felix avait fait une overdose, il avait la lèvre et le nez couverts d'une épaisse couche de poudre et ses yeux écarquillés avaient un air de mort. Benny lui dit par la suite que Felix pouvait s'envoyer la moitié d'une montagne de bolivienne et en redemander. Dans les toilettes, Felix avait poussé Diego à essayer. Essayer la fille et la coke. Diego avait trouvé le courage de lui dire qu'il n'aimait pas la coke, qu'il n'aimait pas du tout la drogue. Un jour sans coke est un jour sans soleil, lui avait dit Felix. Et la fille ? Diego lui avait répondu, peut-être plus tard – elle avait l'air fantastique.

– Je suis désolé pour ton fils, lui dit Felix.

Il lui tendit la main et Diego la prit.

– Ça a dérapé, Professeur. Je ne sais pas ce qui s'est passé. Je ne sais pas comment ça a commencé, mais quand ça a commencé, j'ai cru que j'allais mourir, et maintenant je regrette de ne pas être mort.

Felix lui dit que la seule idée de passer les cinquante prochaines années en prison à cause de cet enfoiré de Colombien, ce malade de Cano, le rendait malade à en crever. Et Tito Roman est mort, les flics l'ont tué. J'imagine que tu le sais. Diego dit qu'avec son fils, beaucoup étaient morts. Six, peut-être sept personnes.

Felix dit que les flics couraient partout comme des forcenés et criaient sur tout le monde.

– L'inspecteur portoricain, il s'est amené vers moi, il m'a craché dessus, il m'a insulté et il m'a dit que son ami avait été tué. Comme si j'en avais quelque chose à foutre. D'ailleurs je lui ai dit, je lui ai dit que j'en avais rien à foutre de son ami. Je lui ai dit, on a tous de la famille. Je lui ai dit que j'étais inquiet pour moi, j'ai dit que j'avais rien fait. Je crois que ce que j'ai dit l'a achevé, le Portoricain. Parce que quand je lui ai dit ce que je pensais de son copain, je l'ai vu devenir tout blanc, ce qui n'est pas facile pour un Portoricain noir.

Diego, du côté du banc le plus près des toilettes, détourna les yeux de Felix. L'officier Ramos se tenait devant la porte de la cellule.

– J'ai dit au Portoricain, et merde, les familles des flics morts ne pleurent pas plus que les autres, dit Felix. Je lui ai dit que j'étais innocent, mais les Portoricains se croient les plus forts dès qu'ils ont un insigne et un flingue. Et écoute ça, ce connard me dit qu'à la première occasion, il me butera, il m'éclatera la gueule. Je lui fais, je t'emmerde ! Je t'emmerde ! Je t'emmerde ! Je peux t'en raconter des kilos sur les flics porto-ricains. Tu veux ?

Diego tourna la tête vers la porte de la cellule.

– Je dois te dire, Cienfuego, que t'as le droit de passer un coup de fil, lança Ramos. Voilà, c'est dit.

Felix regarda Diego.

– T'as quelqu'un à appeler ? Un avocat, quelqu'un ? Moi je l'ai pas passé mon coup de fil, dit-il à Ramos.

– C'est l'Amérique, t'as le droit de passer un coup de fil. Mais j'ai pas dit que t'allais pouvoir le faire. Enculé de Cubain, connard de buteur de flics.

Ramos s'en alla et Felix conclut :

– Qu'est-ce que je te disais ? Tu leur donnes un uniforme et ils se prennent pour Superman.

Diego essaya de se décontracter, il s'adossa au mur, étendit les jambes et dit :

– Tu vois, s'ils me reprochent de ne pas avoir été au courant de ce qui se passait au club, je suis fini.

Felix le regarda longuement.

– Je ne veux pas nier que j'ai été stupide de ne pas voir ce que manigançait Benny. Si c'est un crime de ne pas faire attention, alors j'accepterai mon châtiment sans broncher.

– C'est une question ou une affirmation ? fit Felix. Parce que si c'est une question, je peux te répondre qu'on est tous dans la merde jusqu'au cou. Tous, Professeur.

Diego secoua la tête comme pour y voir plus clair.

– Mon Dieu, dit-il, je ne peux pas croire que ne rien savoir soit un crime dans ce pays, parce que, si c'est le cas, tout le monde devrait aller en prison, même les flics. Surtout les flics. Et pourtant, j'ai bien l'impression que mon ignorance et ma confiance vont... vont me coûter très cher. Elles m'ont déjà coûté un fils.

Diego sauta du banc, traversa la cellule et s'agrippa aux barreaux en beuglant :

– Espèce d'enfoirés ! Vous m'avez pris mon fils !

– Calme-toi, lui dit Felix, calme-toi, attends de voir ce qui se passe. Ils vont te donner un médicament, quelque chose pour te calmer.

– T'as déjà été en prison, toi ?

– Bien sûr, plein de fois.

– Alors, c'est quoi le secret ? Comment on survit dans un endroit aussi terrible ?

– Professeur, personne ne sait ce qui va nous arriver, à toi, à moi, à tout le monde.

– Ça m'a pas l'air en bonne voie.

– Eh bien, si tu vas en prison, rappelle-toi que Felix Caban t'aura dit que la seule façon de survivre en prison c'est d'oublier le monde extérieur. Parce que le monde extérieur t'oublie, mon ami.

– Magnifique.

– Écoute, il y a des chances que ça se passe bien pour toi. Benny va te trouver un avocat. Tu pourras lui raconter ton histoire. Qui sait, peut-être qu'ils te croiront.

– Benny, dit Diego. Cet enculé de Benny.

21

Andre Robinson travaillait dans un bureau qui dominait Queens Boulevard, une rue de bureaux et de magasins, de bars et de cafés où les flics, les avocats et les assistants du procureur se détendaient aux côtés de racheteurs de cautions et de détectives privés, de journalistes et de politiciens. Lieux de réunion plongés dans l'obscurité, pour les cerveaux bourgeois de Queens, tous convaincus d'être l'incarnation du cool.

Tandis que Nick, Sonny et leur équipe prenaient le couloir qui menait au bureau d'Andre, une rangée d'assistants et d'enquêteurs auprès du procureur se forma sur leur passage, tous impatients de jeter un œil aux flics qui avaient survécu à la tuerie.

À la porte les accueillit un jeune secrétaire souriant. Il leur serra la main, se présenta comme Mark Malone et les conduisit dans la salle de conférence.

La pièce était moderne et élégante, recouverte de boiseries en acajou à l'image d'un bureau austère d'avocat. Il y avait une grande table du même bois, autour de laquelle s'espaçaient une douzaine de chaises. C'était une pièce vaste, sans aucune simplicité, imprégnée d'une forte odeur de politique. Le prix de cet espace impressionnant, payé par les contribuables, était indécent.

Andre, assis en bout de table, ordonna à son secrétaire d'apporter du café et des sandwichs.

– Dites à Mark ce qui vous ferait plaisir et il ira vous le chercher.

– En ce qui me concerne, dit Nick, je n'ai pas trop faim. Par contre, un café, ce serait parfait.

– Je meurs de faim, moi, il serait possible d'aller chercher du chinois à votre avis ? demanda Sonny.

– Demandez-le à Mark, il va vous apporter tout ça.

Ils s'assirent autour de la table. Mark déposa des blocs de formulaires jaunes et des stylos devant chacun d'eux. Ils lui passèrent leur commande de déjeuner et, quand le secrétaire fut sorti, Andre dit :

– J'ai vu qu'aucun prisonnier n'avait été interrogé. Avez-vous décidé qui allait se charger de qui ?

– Je prends Matos et Medina, dit Sonny. Nick prendra Cienfuego, et Eddie Moran, les frères Vasserman. Il en reste six. L'inspecteur Lloyd Joseph et son équipe en prendront deux chacun.

Nick regarda Carl Suarez de l'autre côté de la table, qui hochait tristement la tête.

– L'inspecteur Suarez devrait s'occuper d'un interrogatoire, dit Nick.

– Je ne crois pas, dit Sonny. Ne le prends pas mal, t'as fait du super boulot, Carl. Mais je pense que tu devrais lâcher un peu l'affaire, là.

– Tout ça c'est des conneries. Je veux un de ces mecs pour moi, merde.

– Je ne crois pas, dit Sonny.

Carl ne répondit pas mais ses lèvres se contorsionnèrent en une grimace.

– Écoutez, dit Andre, j'espérais que vous ayez réglé ces problèmes avant de venir ici. Ce n'est pas le cas, alors je les réglerai pour vous.

Andre se toucha la poitrine.

– Je vais vous dire qui interrogera qui.

Nick se tortilla sur sa chaise.

– Je ne crois pas qu'il soit déplacé de demander pourquoi le chef de section n'est pas là. Il me semble que le NYPD devrait avoir son mot à dire.

Andre hocha la tête.

– L'ironie veut que je l'aie convié à venir ici et qu'il a décliné. C'est notre affaire, aussi procéderons-nous selon cette donnée.

– Très bien, dit Sonny. C'est vous le chef.

Nick surprit un regard approbateur d'Andre et hocha la tête tout en espérant que son désagrément ne fût pas trop visible.

Mark, le secrétaire d'Andre, surgit avec un sac rempli de sandwichs et de cafés qu'il distribua à chacun. Il adressa à Sonny un rictus de contrariété.

– Vous êtes sérieux pour le chinois ?

Sonny haussa les épaules.

– Je vais prendre un sandwich.

– Il me faut tenir compte de la suite des événements, dit Andre en retirant le couvercle de son gobelet de café et en attendant que Mark eût refermé la porte.

– Il pourrait très bien y avoir un procès et j'ai besoin d'alléger les démarches. Je ne prendrai pas cinq officiers pour les signalisations. Il y en aura trois, Nick, Sonny et Eddie Moran. Les autres, vous assisterez vos collègues.

Il y eut un silence, tout le monde réfléchit.

– Nick, dit Andre, arrête-moi si je me trompe mais si je comprends bien, tu as neutralisé Cienfuego dans l'escalier qui menait au sous-sol.

– C'est exact.

– Ensuite, tu l'as conduit au sous-sol, où tu as trouvé Medina et Matos assis à une table.

– Exact, et j'ai également trouvé Punto et Melendez morts, pendus au mur comme deux chauves-souris.

– D'accord, d'accord, dit Andre, on rentrera dans les détails plus tard. Pour l'instant, tu as trouvé Cienfuego dans les escaliers, et Medina et Matos au sous-sol. Tu les as braqués avec une arme ?

– Un fusil à pompe.

– Mais en tout cas, tu les as mis en état d'arrestation au moment où tu as pointé ton arme sur eux.

– Sans doute.

– Tu le sais bien. Les aurais-tu laissés partir s'ils l'avaient demandé ?

– Bien sûr que non.

– Alors c'est qu'ils étaient en état d'arrestation. Ils ont dit quelque chose ?

– Pas que j'aie pu comprendre. Je ne parle pas l'espagnol.

– Non, je veux dire, au-delà de ça. As-tu dit quelque chose ou ont-ils répondu quoi que ce soit que tu aurais pu comprendre ?

– Non.

– Tu ne leur as pas énuméré leurs droits, à aucun d'eux ?

– Tu plaisantes, j'espère ?

– À moitié. Bon, pas de questions, pas de réponses.

– Exact. J'ai dit à Cienfuego que je lui éclaterais la cervelle s'il faisait un pas de plus.

– Il t'a compris ?

– Qu'est-ce que j'en sais, moi ? Il a fait ce que je lui ai dit de faire. Il a mis ses mains sur la tête, il s'est retourné et il a redescendu les escaliers.

– C'est là que tu as trouvé les deux autres ?

– Exact.

– Vous vous êtes parlé ?

– Non. Je leur ai fait signe de se lever avec mon flingue. Je leur ai dit de mettre les mains sur la tête, et ensuite je les ai conduits en haut des escaliers.

– Tu as été voir les types pendus au mur ? Tu as été les voir pour vérifier s'il n'y avait plus aucun signe de vie ?

– Oui. Oui.

– Quand, Nick ? Quand as-tu été voir les types pendus au mur comme des chauves-souris ? C'est ce que tu as dit, qu'ils pendaient comme des chauves-souris.

– Quand je suis arrivé au sous-sol, Matos et Medina étaient assis à une table. J'ai fait signe à Diego d'aller les rejoindre. Puis j'ai reculé contre le mur et j'ai aperçu les deux hommes pendus. Ils étaient morts, sans vie. L'avant de la tête de Melendez avait disparu. Rodrigo Punto avait plusieurs blessures. Putain... Quelqu'un avait harponné le pauvre type, il avait une lance plantée dans le flanc. Sa bouche et ses yeux étaient grands ouverts... Pas de pouls, aucun souffle.

Quelques secondes s'écoulèrent.

– Et ?

– J'ai rassemblé les trois requins, je leur ai fait monter les escaliers et je les ai remis à deux officiers en uniforme du poste local.

Andre hocha la tête, sans relever les yeux de la table.

– Bon, très bien. Nick, dit-il, l'homme sur lequel tu as tiré dans le couloir, l'homme qui a tiré sur le capitaine Hawks et qui l'a tué. Il s'appelle Tito Roman. Nous sommes sûrs à quatre-vingt-dix-neuf pour cent qu'il est également l'homme qui a tué l'inspecteur Monserette. Nous devons attendre les analyses balistiques pour l'affirmer mais je suis certain que Roman est à l'origine des deux meurtres.

L'inspecteur Suarez secoua la tête avec un sourire crispé, les yeux baissés.

– Le type au panama, dit Carl, je l'ai vu les tuer tous les deux, je l'ai vu, c'était lui, cet enculé.

– Quant aux quatre autres gangsters, dit Andre, nous attendons leur identification par le BCI[1] pour trois d'entre eux. En supposant qu'ils aient un casier et qu'ils aient fourni leurs empreintes auparavant. Le quatrième, le gosse... Enfin, pas si gosse que ça. Bref, c'est le fils de Cienfuego, Justo Cienfuego. Le père l'a identifié sur place.

Sonny McCabe se pencha en avant, les coudes sur la table.

– Écoutez, dit-il, j'avais omis Justo Cienfuego, mais c'est pas un gosse. Cet enfoiré a surgi de la cuisine avec un flingue, il l'a pointé sur Eddie, et je peux vous dire que...

– Sonny, l'interrompit Andre. Quand je voudrai votre version des faits, je vous le dirai.

Nick jeta un œil à Sonny, et McCabe hocha la tête, renfrogné, la chique coupée. Ses yeux bleus se plissèrent, révélant toute sa colère.

Eddie Moran rompit le silence en chuchotant :

– Ce connard de gosse avait un flingue.

Sonny acquiesça.

Andre jeta un regard à Eddie et lui dit :

– Chacun son tour.

– Le gosse avait un flingue, merde, dit Sonny. Nick l'a vu, putain.

Sonny lança à Nick un coup d'œil, demande tacite de le soutenir.

On frappa deux coups secs à la porte. Andre leva une main et dit, entrez. Mark Malone apparut, il tournait les pages d'un bloc en secouant la tête. Il avait l'air heureux.

– Toutes les chaînes locales sont là, ainsi qu'une nationale, dit-il tout en s'appuyant contre la grande table.

Il n'était pas compliqué de se le représenter comme le bras droit d'Andre, à la fois secrétaire et attaché de presse, sérieux et intelligent, qui voyait son futur lié à celui d'Andre.

– J'ai passé des coups de fil dans tout le pays. Aucun doute, nous tenons le scoop de la journée. C'est fou, dit-il, j'ai reçu des appels de Nightline et CNN.

1. Bureau of Criminal Investigation *(N.d.T.)*

– Je leur ai dit que je tiendrais la conférence de presse plus tard, dit Andre. Vous ne le leur avez pas dit ?

– Si, mais ils ne m'ont pas entendu.

– Redites-leur. Écoutez, nous ferons rentrer tout le monde. Mais il leur faudra être patients.

Nick était interloqué, intrigué, qu'est-ce que racontait Sonny ? Un flingue dans la main de ce gosse ? Qu'est-ce que c'était que ces conneries ?

– Vous savez, dit-il, on n'a pris encore aucune déposition. On ne peut quand même pas les faire attendre indéfiniment avant d'aller les signaliser.

Il fixait Sonny et se demandait, qu'est-ce qu'il fout, ce con. Eddie Moran et Carl le regardaient.

– Qui sait, ajouta Nick, je peux peut-être réussir à en faire craquer un, il y en a peut-être un qui va vouloir avouer. Ce qui permettrait de mettre quelque chose sur pied, de passer un accord. Il faut qu'ils sachent qu'ils sont faits comme des rats. Il y en a peut-être un qui va vouloir sauver sa peau. J'aimerais bien tenter ma chance.

– Tu parles pas leur langue, dit Sonny, tout sourire.

– J'emmène Carl avec moi.

– Seigneur, dit Andre, que vais-je faire de tous ces journalistes ?

Il avait l'air détendu, ravi à l'idée de monter sur scène.

– Ce que j'aimerais, c'est organiser tout de suite une conférence de presse et la fourguer au PC.

Nick se tut, les yeux fixés sur Sonny, tandis que tous riaient. Le gosse avait un flingue... Enfoiré.

– Vas-y, dit Andre, la main sur le bras de Nick pour l'encourager. Prends un interprète et va voir Cienfuego. Fais du bon travail, c'est ton truc, les déclarations. Mais ne lui offre pas de marché, c'est trop tard pour lui. Medina et Matos sont à West Street, on les « interroge » en ce moment même.

– Qu'est-ce qu'ils foutent chez les fédéraux ? demanda Nick, méfiant.

– Écoute, dit Andre, tu sais sûrement mieux que moi que ce sont de gros bonnets. Ils ont passé un coup de fil et c'était à la DEA. Je ne suis pas en mesure de dévoiler leur offre, mais c'est du sérieux. Voilà où on en est pour l'instant.

– Ils ont torturé et assassiné deux personnes, dit Nick.

– C'est Cienfuego, ils disent. Ils disent que c'est Cienfuego.

– Nick, ajouta Sonny, Rodrigo nous a dit que Cienfuego était le numéro un. Le Professeur, tu te souviens. Rodrigo a dit que c'était lui le boss.

– L'enfoiré, dit Andre tout en prenant un thermos pour se servir du café dans une grande tasse blanche ornée d'une décalcomanie bleue figurant le mot « procureur ».

– Je vais vous dire une chose, les gars, c'est bien dommage que nous n'ayons pas la peine de mort dans cet État parce que j'appuierais volontiers sur le bouton pour éliminer moi-même ce Cienfuego.

– Bien dit, fit Sonny.

– Allez vas-y, dit soudain Andre à Nick. Qu'on voie si tu peux faire parler ce Professeur. J'en doute, c'est une race coriace, ces gros bonnets sont des coriaces.

– Ce type, Diego, si c'était vraiment un caïd, pourquoi aurait-il eu son fils de seize ans dans les pattes ? demanda Nick. Le gosse travaillait à la cuisine à ce que j'ai compris.

– Qui peut savoir avec ces connards de Cubains, dit Sonny. Ce salaud a torturé et tué mon indic, et un de ses hommes a tué deux de mes collègues. En ce qui me concerne, dit Sonny en se frappant la poitrine, dans ces cas-là je me venge. Je leur crame la moumoute à ces connards.

– Vas-y, Sonny, dit Lloyd.

– Je ne prétends pas être le meilleur flic du monde, Nick, mais je prétends faire justice. Mon style de justice.

– Bien dit, Sonny, dit Andre.

– Exact, dit Eddie Moran.

– J'ai prêté serment, dit Sonny. Et je suis fidèle à ce serment en étant loyal avec mes collègues, en étant loyal avec les gens qui sont loyaux avec moi, sans compromis.

Nick songea que Sonny était le plus grand charmeur qu'il avait jamais vu.

– Je suis impressionné, dit Nick, mais personnellement je préfère aller pêcher.

– Eh bien, un jour, dit Sonny, on ira tous ensemble, tu nous emmèneras tous pêcher.

– Je suis partant, leur dit Andre.

Nick prit son café et le but, il aurait voulu attraper Sonny McCabe par l'oreille. Ce mec abusait. Il aurait voulu crier

« Merde ! » aussi fort que possible. Mais il serra les dents, se tut, écouta, regarda Sonny et Andre roucouler, les compara à deux clowns sur la piste du cirque Justice de New York.

– Bon, dit-il, Carl et moi on va parler à Cienfuego.

Le visage d'Andre semblait lavé de toute bonté. Il croisa les bras sur sa poitrine et plissa les yeux.

– Tu obtiens les aveux de Cienfuego, Nick, et on est tous libres.

Sonny éclata d'un rire qui ressemblait plus à un grognement.

– Laissez-moi vingt minutes avec lui, dit-il. Je me le fais à la McCabe et il avoue l'assassinat de Kennedy.

Rire général. Nick se tut. Il resta assis jusqu'à ce qu'Andre se lève. Andre serra la main de Sonny McCabe, Eddie Moran, les inspecteurs Suarez et Lloyd ainsi que les deux membres de l'équipe de ce dernier.

– On s'appelle demain, dit Andre tandis qu'ils se dirigeaient tous vers la porte. À la vitesse à laquelle la justice se fait dans cette ville, je ferais mieux d'organiser un procès le plus rapidement possible.

Nick dit à Sonny qu'il lui parlerait plus tard.

– Une seconde, dit Sonny, si j'ai bien compris, tu vas prendre la déposition de Cienfuego, Matos et Medina ?

– Cienfuego ce soir, Matos et Medina quand les fédéraux en auront fini avec eux, dit Nick.

– Nick se charge de Cienfuego, dit Andre. Il semblerait que les fédéraux s'occupent de la partie de l'affaire qui concerne les deux autres.

– Faites-les aller devant la Cour fédérale, dit Sonny, pas ici. Moi je suis qu'un flic. Dites-moi, eux ils peuvent le faire ?

– Si je donne mon accord, ils peuvent faire ce qu'ils veulent. Après tout, ils représentent le gouvernement.

– Alors on peut être sûrs qu'ils ont plus d'une voiture, dit Nick.

– Quoi ?

– Rien, répondit Nick.

Il avait été sur le point de mentionner les deux fédéraux dans leur BMW, puis s'était dit qu'il valait mieux attendre.

– Je t'en parlerai plus tard, dit-il en se levant.

Carl Suarez et lui sortirent en laissant la porte ouverte et allèrent attendre l'ascenseur. Nick entendit Andre dire à Sonny :

– Quel coup de filet. Vous avez fait du bon boulot.

– Comme toujours, dit Sonny.

– Ne vous faites pas avoir, dit Eddie Moran, Sonny avait de l'aide sur ce coup-là.

– Je devrais laisser Sonny parler aux journalistes. Pour les titiller un peu, dit Andre. Je devrais peut-être le laisser faire.

– Oh oui, oui, dit Sonny comme si c'était une idée géniale. Le PC serait fou.

– C'est sûr. Vous savez, dit Andre, chaque fois que le PC se regarde dans le miroir, il fait le coq. Je ne supporte pas les gens de cette espèce, les coureurs de média. Mais je ne peux pas vous laisser faire ça, Sonny. J'aurais des problèmes.

– J'ai mes contacts, des amis sur TV Four. Je vais les appeler, moi.

Andre riait quand l'ascenseur arriva, et il dit :

– Conférence de presse de Sonny McCabe. Je devrais le laisser faire. Ce serait quelque chose. Vous croyez que ça gênerait quelqu'un à Police Plazza si Sonny McCabe tenait sa propre conférence de presse ?

Nick les entendit rire ensemble au moment où il entra dans l'ascenseur. Les échos de leur joie commune ne le réjouissaient pas, pas le moins du monde.

22

Nick prit Queens Boulevard pour rejoindre Astoria, Carl était assis à la place passager, muet comme une carpe. Si Carl avait été perturbé par la réunion, par le compte rendu au bureau d'Andre, il n'en avait rien dit. Mais Nick trouvait le petit inspecteur sombre et contrarié. Il faisait confiance à Suarez et, à bien regarder ses cheveux noirs lissés en arrière, il vit qu'il avait le visage de ces types que l'on voit dans les pubs pour le rhum des îles. Il avait également l'impression que Carl lui faisait confiance. Mais il sentait aussi – sensation tenace qui ne le quittait plus – que c'était une boule de nerfs, prête à exploser. Et que Carl en savait plus qu'il ne le disait. Pendant quasiment tout le trajet du bureau du procureur au poste de police, Carl resta muet.

Nick se gara sur une place réservée aux inspecteurs et leva les yeux sur le bâtiment où était détenu Diego.

On était en début de soirée, la nuit serait claire. Les rails du métro aérien qui surplombaient la rue cachaient la lune mais sa lueur éclairait la porte du poste, les barreaux métalliques aux fenêtres, le trottoir et l'allée qui longeait le bâtiment. Les radios des voitures de patrouille garées devant l'entrée émettaient en grésillant les appels du samedi soir.

L'intérieur du poste était violemment éclairé. Des flics en uniforme, deux petites journalistes et une équipe de cinq inspecteurs s'agitaient dans tous les sens. L'officier à l'accueil était un grand Noir costaud qui portait des galons de lieutenant, il était debout derrière le bureau et accueillit Nick et Carl avec un petit sourire. À ses côtés, un sergent était penché en train de remplir le registre.

Nick demanda au lieutenant si on pouvait lui amener Diego Cienfuego dans la salle de réunion des inspecteurs. Il aurait besoin de lui environ une demi-heure, pas plus. Après quoi il le reconduirait à l'accueil pour la signalisation. Le sergent leva les yeux de son registre et regarda Nick avec hostilité. Son insigne indiquait « Ramos ».

– Vous pouvez me dire comment vous avez pu amener ici un connard qui a participé à des meurtres de flics ? Vous pouvez m'expliquer, que je comprenne ? fit-il.

Il dit à Nick que, si ç'avait été lui, ce connard aurait été signalisé à l'hôpital, ou mieux, à la morgue. Le lieutenant dit que, c'était à l'époque, ça. Fais ce genre de conneries aujourd'hui et c'est toi qu'on retrouve en taule, à regarder les salauds récolter des millions de dollars de la ville. Écoute, y a un flic ici qui s'est fait attaquer en justice par un braqueur. Le flic et le braqueur se sont retrouvés dans une fusillade. Le flic l'a eu. Et le braqueur le poursuit pour lui avoir tiré dessus avec des balles creuses, il dit que c'est illégal. C'est dingue, non ? Mais ce connard le poursuit. Tu vois, aujourd'hui, ces nazes connaissent leurs droits. Ils savent même avec quel type de balles on doit leur tirer dessus. Ville de malades.

– Excusez-moi, dit Nick, mais est-ce qu'on peut avoir le prisonnier, la journée a été longue.

Le sergent Ramos s'éloigna de l'accueil sans se presser. Nick et Carl se dirigèrent vers les escaliers qui menaient au premier étage. Ils trouvèrent la salle de réunion vide, y pénétrèrent, allèrent jusqu'au bureau du chef de groupe et frappèrent à la porte. Pas de réponse.

– On n'a qu'à l'interroger ici, dit Carl.

Nick le regarda et acquiesça.

Ils installèrent trois chaises autour du bureau du chef de groupe, s'assirent, Nick derrière le bureau et Carl à ses côtés. La troisième chaise était placée exactement en face d'eux.

Le sergent Ramos entra en traînant Diego, les mains menottées devant lui. Celui-ci parcourut la pièce du regard.

Carl se leva à moitié de sa chaise, voûté, prudent, et dit :

– Ravi de vous revoir, Professeur, prenez un siège.

– Ce trou-du-cul est prof ? dit Ramos.

Une pointe de colère sous la moquerie.

– Merci, sergent, lui dit Nick, nous prenons le relais.

Ramos grommela quelque chose en espagnol à l'attention de Carl et Carl acquiesça. Puis il fit volte-face et quitta la pièce.

Diego s'assit lentement, avec une hostilité patente, comme quelqu'un qui serait totalement épuisé et voudrait vous le faire savoir.

Nick se tourna vers Carl, qui était avachi sur sa chaise, le visage déformé par une colère non dissimulée.

– Traduis pour moi, Carl, mot pour mot. N'omets rien et n'ajoute rien. Entendu ?

Carl acquiesça.

Ramos avait laissé sur le bureau le dossier qui contenait les fiches de recherche, les empreintes, le DD10 et le 61. Le 61 était un compte rendu général du crime, un résumé de l'arrestation, et le DD10 était une MO, ou feuille de Méthode des Opérations. Nick parcourut les papiers, tout en jetant des coups d'œil à Diego, prêt à commencer, quarante-quatre ans, en deuil de son fils, le pauvre gars avait l'air gêné, vulnérable. Diego était assis les jambes croisées, ses mains menottées croisées sur son ventre. Il portait une chemise bleue et un pantalon gris, il n'avait ni ceinture ni lacets.

– Dis-lui qui je suis et que je vais être l'officier qui va prendre sa déclaration. Dis-lui qu'il n'est pas obligé de me parler. Dis-lui qu'il n'est obligé de rien dire sans la présence d'un avocat. Dis-lui que s'il ne peut pas payer un avocat, on lui en fournira un. Dis-lui que je suis désolé que son fils ait été tué.

– Tu veux vraiment que je parle du gosse ? dit Carl.

– Mot pour mot, Carl.

– D'accord.

Carl hocha la tête et regarda fixement Diego. Il ouvrit la bouche pour parler mais s'arrêta et se tourna vers Nick.

– Tu sais quoi, dit-il, je crois que ce mec comprend l'anglais.

– Non, non, dit Diego. Je comprends un petit peu. Un tout petit peu. Parlez-moi en espagnol, s'il vous plaît.

Carl prit une inspiration.

– Tu vois, dit-il, ces enculés comprennent ce qu'ils veulent bien comprendre. Malin, va.

– S'il vous plaît, dit Diego, je comprends un tout petit peu seulement.

– Allez, Carl, parle-lui en espagnol.

Carl se mit à parler d'une voix rauque et monotone et, pendant qu'il parlait, Nick regarda le visage de Diego. Le type hocha la tête, ferma les yeux et hocha de nouveau la tête. Il s'affaissa sur sa chaise, leva ses mains menottées sur sa tête et se mit à sangloter.

Nick ne bougea pas, penché en avant sur sa chaise en bois, les mains croisées sur le bureau, les yeux rivés sur l'homme.

Carl marmonna quelque chose, se leva de sa chaise et fit quelques pas dans la pièce.

– Dis-lui de se calmer et de se détendre. Demande-lui s'il a besoin de quelque chose.

Carl parla, sans aucune expression sur le visage, comme s'il récitait quelque chose.

Et Diego lui dit :

– Mon fils aîné est mort. Vous ne pouvez rien me donner.

– Demande-lui s'il a d'autres enfants.

Carl parla de nouveau. Diego répondit et Carl dit :

– Il en a deux, un garçon et une fille. La fille a quatorze ans et le garçon, douze.

– Est-ce qu'il a de la famille, sinon, ici ?

La réponse de Diego fut assez longue. Certainement plus longue que ce que nécessitait la question.

– Il dit que la seule famille qu'il a ici, c'est le cousin de sa femme décédée, Benny Matos. Il dit qu'il n'a pas d'argent pour un avocat et ne comprend pas pourquoi il en a besoin d'un. Il n'arrête pas de dire qu'il n'a rien fait. Il veut savoir qui va s'occuper de ses enfants pendant qu'il est ici. Il répète qu'il est innocent, qu'il n'a rien fait de mal.

Nick sentit son visage chauffer.

– Dis-lui qu'on l'a trouvé – que JE l'ai trouvé dans un endroit où étaient stockés sept cents flingues. Dis-lui que des gens ont été torturés et assassinés à cet endroit. Dis-lui que deux officiers de police ont été tués. Dis-lui d'arrêter ses conneries du genre Je suis innocent, ou je vais perdre mon sens de l'humour.

– Rien ! cria Diego, je n'ai rien fait de mal.

– Mais, mon ami, dit Nick, quelqu'un a fait du mal. Quelqu'un a fait beaucoup de mal, dit-il d'une voix plus inquisitrice qu'hostile.

Diego se tourna vers Carl, Carl répéta les mots de Nick. Diego regarda Nick pendant quelques secondes. Il soupira profondément, hocha la tête et parla longtemps à Nick. Puis silence.

– Alors ? dit Nick.

Carl laissa le silence courir encore quelques secondes et rassembla ses forces. Finalement il dit :

– Il dit que la police a commis une erreur en tuant son fils. Il dit que c'était un bon petit et que la police n'aurait pas dû lui faire de mal. Il dit qu'il ne sait rien sur les flingues, qu'il n'a jamais tenu un flingue. Il dit qu'il devrait parler à un avocat.

– Tu le crois ?

– Je ne sais pas.

Carl semblait perturbé. Il tendit la main et fit signe à Nick de se lever pour lui parler seul à seul. Nick le rejoignit dans un coin de la pièce et Carl chuchota :

– Je ne sais pas, je ne sais pas.

– Tu ne sais pas quoi ?

– Ça n'a aucun sens, merde, aucun. Je t'ai dit, j'ai été à *Los Campos* une douzaine de fois, plus même. Ce type était là, bien sûr, mais... Écoute, dit Carl, je ne l'ai jamais entendu sur aucune des bandes. Je ne l'ai jamais surpris en train de parler avec Benny ni Cano ni aucun des autres. Je sais ce que t'a dit Rodrigo, et il faut respecter ce que dit l'indic mais ça n'a aucun sens.

– Diego, dit Nick en élevant la voix, quelle relation avais-tu avec Rodrigo Punto ?

La bouche de Diego se déforma en un petit sourire. Il répondit en espagnol, en parlant directement à Carl, pendant un certain temps.

– Il dit qu'il connaissait Rodrigo du *Hatuey*, traduisit Carl. Il dit que la femme de Rodrigo lui faisait souvent à déjeuner là-bas. Il dit que Rodrigo était jaloux et complètement dingue.

– D'accord.

– Demande-lui s'il s'est tapé la bonne femme de Rodrigo, fit Nick à Carl. Demande-lui. Et ensuite demande-lui si Rodrigo l'a menacé de mort il y a quelques jours.

Carl parla à Diego.

Diego répondit.

– Il dit que oui et non, dit Carl. Oui, Rodrigo l'a menacé, et non, il ne draguait pas sa femme.

Diego leva les yeux sur Nick. Nick soutint son regard pendant quelques secondes, et Diego détourna les yeux, la tête balançant lentement à droite à gauche. Nick se dit qu'il devait être perdu dans ses pensées.

– Rappelle-lui que je l'ai trouvé dans l'escalier alors qu'il remontait du sous-sol de *Los Campos*, où deux hommes venaient d'être torturés et tués. Demande-lui s'il veut que je croie qu'il ne sait rien. Vas-y, Carl, demande-lui, il commence à me faire chier. Dis-lui ça aussi, dis-lui que ça marche pas son histoire de Je suis innocent, et que je commence à en avoir ras le cul.

Nick leva la main pour demander à Carl d'attendre un peu.

– Dis à ce naze que ses deux autres enfants vont devenir des pupilles de la nation... Attends, non, lui dis pas ça.

– Bon, qu'est-ce que tu veux que je lui dise ?

– Dis-lui que je pense qu'il ment. Je sais qu'il sait exactement ce qui s'est passé dans ce sous-sol, et je veux qu'il me le raconte. Je veux un compte rendu précis, pas de conneries, pas d'histoires.

Carl parla et, après un certain temps, Diego leva les yeux vers Nick pour répondre, puis se reprit et ne dit rien.

– Alors ? dit Nick.

Carl haussa les épaules.

– D'accord.

Nick hocha la tête, aimable.

– Je veux qu'il me fasse une déclaration dans laquelle il raconte ce qu'il faisait au sous-sol, ce qu'il y a vu et surtout comment il s'est retrouvé là.

Carl demanda et Diego répondit. Cette fois-ci sa réponse fut brève, et Nick le vit se rétracter, se renfermer en lui-même, se la boucler.

– Il dit qu'il est un homme d'honneur, répéta Carl. Il dit qu'il n'a commis aucun crime et qu'il ne veut pas te parler plus longtemps. Il dit qu'il veut un avocat.

– Quoi ?

– C'est ce qu'il dit, il dit qu'il est un homme d'honneur.

– Dis-lui que je l'emmerde.

Carl sourit comme s'ils étaient complices d'une blague.

Diego dit quelque chose.

– Il dit, fit Carl à Nick, que tu ne sais rien sur lui et sa famille. Tu ne sais rien sur la vie qu'il a eue. C'est un homme respecté, il dit, les gens le respectent, ce n'est pas un criminel.

– Il a dit ça ?

– Hmmm.

– Ouais, eh bien dis-lui que je ne connais peut-être rien sur son passé mais que je me goure certainement pas sur son futur.

Nick continua de parler à Diego pendant encore une demi-heure, mais Diego avait cessé de parler. Il acquiesçait, haussait les épaules, secouait la tête, disait oui, non, je ne sais pas, de plus en plus renfermé. Distrait par l'idée de la curieuse considération que Sonny McCabe et Andre avaient depuis peu l'un pour l'autre, Nick était de plus en plus las du silence de Diego, de plus en plus las tout court. Il finit par dire à Diego que c'était fini pour aujourd'hui, lui expliqua qu'il aurait intérêt à se trouver un avocat, et un bon.

En ramenant Diego, Nick et Carl traversèrent en sens inverse le bureau des inspecteurs, descendirent les escaliers et arrivèrent à l'accueil. Le lieutenant était seul à présent, il parlait à la radio et signalait une mission à une voiture de patrouille.

– On peut le signaliser, lieutenant.

Le lieutenant leva la main pour dire à Nick de patienter une minute. Nick attendit tout en regardant autour de lui, et fut tout à coup saisi d'un violent accès de tristesse : six hommes et un adolescent, merde, sept personnes qui hier mangeaient, respiraient, regardaient la télé, imaginaient quand et comment ils allaient s'envoyer en l'air. Tous les sept étaient en ce moment étendus sur une table quelque part, découpés en tranches par un médecin légiste sûrement en train de manger une pizza et d'écouter des chansons de Willie Nelson. Mon Dieu, songea Nick. Il se demanda comment tout avait commencé et comment tout allait finir. Il jeta un œil à Diego et fut un peu dérouté. L'homme lui adressa un petit sourire crispé, il semblait en état de choc. Il ressentait un mélange de compassion et d'amertume pour Diego, avec son triste visage miné par la douleur, son fils mort, ses deux autres enfants abandonnés dans une ville étrangère, océan de malheur gentiment préparé à son intention par Andre. Pourtant, il n'y avait aucun doute, ce type s'était retrouvé dans ce trou de la mort, ce sous-sol.

Le lieutenant éteignit la radio, se racla la gorge et regarda Nick dans les yeux comme s'il attendait des instructions.

Nick posa la fiche de recherche sur le bureau et la désigna du pouce.

– Tout est là, lieutenant. Comme chefs d'inculpation, je lui colle deux meurtres cas n° 1.

23

– D'abord j'ai cru que je pourrais leur parler, dit Diego. Tu vois ce que je veux dire ? Qu'ils comprendraient et peut-être qu'ils m'aideraient.

– Que des flics t'aideraient ? dit Felix. Aucune chance. Celui qui parle espagnol, j'ai l'impression que c'est l'inspecteur qui m'a craché dessus.

– Je ne sais pas. Pendant un temps ils ont eu l'air de comprendre. Je croyais que l'Américain m'écouterait. Je ne sais pas pourquoi, mais c'est ce que je croyais.

Il était allongé sur la paillasse métallique, une couverture râpée remontée sous le menton, les mains croisées derrière la tête. Felix dormait à moitié sur la paillasse en face de la sienne.

– Mais, au bout d'un moment, j'ai vu qu'ils n'étaient pas là pour m'aider, qu'ils étaient là pour me créer des problèmes, plus de problèmes que ceux que j'avais déjà.

– Tu es intelligent, Professeur. Ne leur parle pas, ne leur dis rien.

– Il me faut un avocat, et un excellent, dit Diego. Ils m'accusent moi du meurtre de Rodrigo et Oscar.

Quelques secondes de silence.

– T'as de l'argent, quelque chose planqué quelque part ?

– Non. Non, je n'ai rien.

Diego lui dit combien Benny le payait. Et même avec les pourboires, qui étaient parfois très bons, jusqu'à cent, cent cinquante dollars les soirs où il y avait du monde, le vendredi et le samedi, il ne parvenait à rien économiser. Les enfants coûtent cher, il en avait trois à élever, ça faisait de l'argent.

– Mon Dieu, dit-il, *Dios mío*.

– Benny a plein de fraîche, lui dit Felix, il va t'aider.

– Tu penses quoi de Benny et Cano ?
– Comment ça quoi, Professeur ?
– Ils sont où ? Je ne les ai pas vus.
– Ils les gardent sûrement ailleurs. Demain on sera tous ensemble. Demain, quand on ira à la Cour.
– Ces inspecteurs, Nick et Suarez, j'ai d'abord cru qu'ils allaient m'aider. Tu sais, si je disais la vérité sur ce que j'ai vu, sur ce que je sais. Mais je ne sais rien, moi, merde. Le Portoricain, là, le flic, Ramos, tu sais ce qu'il a dit ?
– Dis-leur ce que tu sais, dis-leur tout ce que tu as vu, marmonna Felix, d'un ton exaspéré, comme s'il avait déjà entendu ça des dizaines de fois. Pense à toi, pense à ta famille. Les mêmes conneries que te sortent les flics quand ils essayent de faire de toi une balance.
– Il a dit : « Tu vas aller en prison pour cent ans. Tu vas mourir en prison et on t'enterrera dans un trou dans la banlieue de New York. Là où il gèle tout l'hiver et où ça pue tout l'été. » Je lui ai dit : « Je n'ai pas l'intention de mourir dans ce pays. » Et il a dit : « T'es déjà mort, mais tu le sais pas encore. »
– T'emmerdes Ramos, cette tronche de cake, dit Felix.
– Demain je parlerai à Benny. Il faut qu'il me trouve un avocat, dit Diego. J'ai besoin d'un bon avocat. Quelqu'un qui s'intéresse à mes problèmes, qui se soucie de moi. S'il ne me trouve pas un avocat, je balance tout ce que je sais aux flics. Je n'en sais pas beaucoup, mais ce que je sais je le leur dirai.
– Je crois pas que ce soit une bonne idée, dit Felix. Tu vois ce que je veux dire ? Les gens t'en voudraient beaucoup, Professeur.
– M'en voudraient ? Le monde entier m'en veut à l'heure qu'il est. J'ai vu Cano tuer Oscar, il lui a tiré dans la tête. J'étais là, juste devant, Manny et moi, on était juste devant. Et ensuite il a tué Rodrigo avec une lance... une lance, tu peux croire un truc pareil ? Cet homme est une bête. Je ne lui dois rien.
– Oui, je suis bien d'accord, dit Felix. D'un côté, Cano est un animal. D'un autre côté, il prend soin des gens qui prennent soin de lui. Les affaires, mon vieux, tout ça c'est les affaires.
– Il est mauvais.
– Si tu lui fais des crasses, Professeur, t'auras encore plus de problèmes que maintenant, cinq fois plus. Tu sais, Professeur, tu ne peux pas te mêler de ça, c'est du business.

– Du business. Mon fils Justo, mon petit garçon, c'est du business ?

– Cano n'a pas flingué ton gosse. Écoute, Cano est un homme de la rue, dit-il. Contrairement à ce que tu crois, ses décisions sont justifiées.

Bien sûr, songea Diego. Évidemment, nous nous battons tous pour vivre et nous le savons tous, n'est-ce pas.

De toute façon, il se demandait s'il était vraiment malin de dévoiler ses pensées à Felix. Certainement pas malin du tout. Felix faisait partie de la bande de Cano et Manny. Puis il se redit, je suis en prison, je suis là, comme Ramos l'a dit, il était peut-être en prison pour cent ans. Il parcourut la cellule du regard et se demanda si Ramos avait raison. Il se demanda si la prison était plus sûre que la rue dans ce pays de dingues.

Cette nuit-là, la pluie revint. Incapable de dormir, Diego était étendu sur sa paillasse et en écoutait la musique solitaire. Dans son esprit, il vit une plage et, sur cette plage, il y avait des enfants heureux, pleins de vie, qui couraient sur le sable.

24

Nick n'était pas vaillant après cette nuit passée à prendre aspirine sur aspirine, pour essayer de tuer une migraine qui l'avait maintenu éveillé jusqu'à trois heures du matin. Saloperie de migraine qui avait commencé avec Diego Cienfuego, et avait atteint son apogée avec Renata qui avait appelé à minuit pour lui décrire la tranquillité de St. Petersburg en Floride. Renata semblait ne pas avoir projeté de revenir d'aussi tôt. Le calme de cet endroit est assez indescriptible, lui avait-elle dit. Inutile, avait jugé Nick, d'essayer d'imaginer ce que Renata pouvait bien avoir derrière la tête. Comment savoir ce qui se passait dans sa caboche de folle. Elle était plutôt amicale, curieuse de ce qu'il faisait, mais il était impossible d'être certain de sa sincérité. De toute façon, il commençait à avoir l'habitude d'être seul. Cette sensation n'était pas négative. Aussi Nick Manaris se promit-il de laisser les femmes de côté pour un temps, pas pour toujours, rien de tel, mais pour un temps.

Il se dirigea vers Andre et, arrivé à la moitié de la chambre d'accusation de la Cour du comté de Queens, il s'arrêta net. Steve Stern, le journaliste télé de Channel Seven, avait passé la porte de la salle et s'approchait d'Andre, à pas rapides, un micro dans une main, un magnéto dans l'autre. Andre ne regarda Stern qu'avec peu d'intérêt et retourna à sa lecture. Nick vit qu'Andre ne faisait pas attention à l'autre, il était assis et parcourait une pile de mandats d'arrestation jaunes, au moment où Stern vint se planter devant lui, lui colla son micro sous le nez et lui dit :

– Monsieur le procureur Robinson, avez-vous une explication au fait que Medina et Matos aient été entendus à part hier soir. Entendus dans le secteur est de la Cour fédérale, rien que ça ?

La demi-douzaine d'employés, de plaignants et de flics qui les entouraient assistaient à la scène, captivés.

Surpris, Andre se leva et cria :

– Mais qu'est-ce que vous faites ? Virez-moi ce micro !

– Les mises en accusation à huis clos n'ont jamais lieu quand des officiers de police ont été tués. Et certainement pas au niveau fédéral. Pourquoi ce mystère ?

Nick s'assit derrière un bureau près de la porte, décidant de laisser les choses se faire, de regarder Andre essayer de s'en sortir avec ce journaliste audacieux, chercher comment lui répondre, trouver le moyen de déjouer tous les regards curieux et les bouches bées.

– Vous n'avez pas intérêt à me planter encore un micro comme ça sous le nez. Vous étiez à la conférence de presse hier soir. Je l'ai dit et je vous le redis, le gouvernement fédéral est hautement intéressé dans cette affaire. Une enquête est en cours, menée de front par le bureau du procureur du comté de Queens en collaboration avec le FBI et la DEA.

– Vous voulez dire que Matos et Medina, deux figures majeures du crime latino-américain, coopèrent actuellement avec le gouvernement ?

– Non, c'est vous qui le dites, ça.

– Vous voulez dire que leur coopération...

– Écoutez-moi. Je n'ai pas parlé de coopération, c'est vous qui en avez parlé. Ne me faites pas dire ce que je n'ai pas dit, Steve, je vous en prie.

– Les habitants de New York ne seraient pas contents de voir qu'un accord est passé avec des hommes qui ont tué des policiers. Et qui pourrait le leur reprocher ?

– Aucun accord n'a été passé dans cette affaire.

– Une source m'a dit le contraire. Cette source, qui se trouve faire partie de la police à un rang élevé, m'a raconté que le bureau du procureur de Queens a passé un accord avec ces gros trafiquants d'armes et de drogue. Pouvez-vous apporter un commentaire à cela ?

– Je viens de le faire.

Nick vit Andre sortir un stylo de sa poche et griffonner quelque chose sur un morceau de papier. Il le tendit à Stern. Stern le lut, hocha la tête et dit :

– Serait-il légitime de dire que vous n'avez aucun commentaire à faire là-dessus ?

– Non, Steve. J'ai un commentaire à faire, et mon commentaire est que votre renseignement est inexact. Une enquête est en cours et c'est tout ce que je peux vous dire pour le moment.

Stern acquiesça, éteignit son micro et son magnéto, puis dit :

– Vous ne me raconteriez pas de bobards, Andre, hein ? Parce que...

– Appelez-moi plus tard, lui dit Andre, toujours levé.

Stern acquiesça et disparut par la porte qui menait à la salle d'audience, tandis que tout le monde le regardait partir.

Nick resta assis encore quelques minutes et vit Andre traverser la salle dans la direction opposée. Il avait l'air furieux mais aussi un peu gêné. Il décrocha un téléphone et composa un numéro, attendit un instant puis raccrocha violemment le combiné.

Nick s'adossa à sa chaise, regarda, attendit. Quand enfin Andre alla se rasseoir et parcourut la salle des yeux, Nick lui sourit, les bras croisés sur la poitrine, l'air de dire « Qu'est-ce qui se passe, caïd ? ».

Andre agita le bras, puis il entreprit de classer ses papiers sur le bureau en buvant son café, jetant de petits coups d'œil dans la salle et hochant la tête.

Nick le rejoignit sans se presser.

– Stern a été un peu dur avec toi.

Andre ne répondit pas.

– Alors qu'est-ce que c'est que cette histoire, vous avez passé un accord avec les fédéraux ?

– Tu sais, ton chef de section se croit malin en me cherchant des noises. Je vais lui montrer, moi... De quoi tu parles, passer un accord avec les fédéraux ?

– De quoi je parle ? Un jour avant la descente, je surprends deux fédéraux en train de me filer. Les mêmes fédéraux se pointent sur les lieux de l'opération. J'ai l'impression d'être un criminel, avec ces connards à mes trousses. Pourquoi tu m'as rien dit sur eux ?

Andre leva les sourcils.

– Tu leur as crevé leurs pneus ? C'était toi ? Ça l'a anéanti le type, il était effrayé qu'on l'ait menacé, qu'on ait personnellement menacé physiquement un agent fédéral.

Nick avait du mal à garder son sérieux.

– Tu rigoles.

– C'est un agent de la DEA, je ne rigole pas du tout, affirma Andre en hochant la tête.

– Un agent fédéral ?

– Je te dis, il a fait un rapport. Comme quoi une équipe d'inspecteurs de New York l'avait menacé.

– C'est vrai ?

– Ce n'est pas drôle.

– Tu m'as vu rire ?

Nick haussa les épaules, l'air de rien.

– Tu veux bien me dire ce qui se passe ?

– D'abord, dit Andre, je veux te dire que je suis désolé pour la discussion que nous avons eue l'autre soir.

– Laquelle ?

– Tu sais bien, celle... Laisse tomber.

– Non, de quand tu parles ? Quand tu m'as proposé d'espionner mes collègues ?

– Oui, voilà. Laisse tomber.

– T'inquiète pas pour moi. Alors quoi ? Sonny et toi vous êtes les meilleurs amis du monde maintenant ?

Andre semblait prêt à s'expliquer, il parcourait les documents éparpillés devant lui et jetait des coups d'œil à droite à gauche. Nick, curieux, ne voulut pas lâcher le morceau.

– Pourquoi tu ne m'as pas dit que les fédéraux s'intéressaient à ces mecs-là ? demanda-t-il.

– Je ne peux pas tout te dire.

– Je ne t'en demande pas tant. Mais quelques trucs quand même. Tu sais, on est amis. Enfin avant, je me disais qu'on était amis.

– Écoute, je me bats pour ma vie politique en ce moment.

– Je ne comprends pas. Explique-moi comment me cacher ce qui se passe peut t'aider. Je ne comprends pas, tu vois.

Andre détourna le regard vers la salle. Tout le monde était parti sauf les greffiers.

– Allez, Andre, dis-moi.

– Le procureur du secteur est, Paul Dasilva, il veut faire campagne pour être gouverneur, et c'est du béton.

Andre s'adossa à sa chaise et étendit ses mains croisées devant lui.

– Ce type est en béton, Nick, et il va me soutenir pour devenir procureur. C'est une figure nationale, un ami intime du Président, il a tout le Parti démocrate derrière lui.

Andre approcha son visage de celui de Nick.

– Avec un soutien pareil, je ne peux pas perdre. Il dit au procureur Santoro de m'épauler et c'est gagné.

– Andre, écoute-moi...

Andre lui fit signe de se taire.

– Tu as contribué à une grosse opération, Nick. D'un certain point de vue, c'était tragique, des officiers de police ont été tués. Je comprends ce que tu ressens. Crois-moi, je comprends. Mais je vais te dire un truc, Medina et Matos, ces types-là, ils ont fait affaire avec de gros bonnets internationaux. Je parle de responsables politiques importants aux Bahamas, en Colombie et au Mexique. Ils coopèrent, bon, et on ne sait pas encore où ça va mener. Tu vois pourquoi ton affaire se retrouve chez les fédéraux, d'accord ?

– Bien sûr. Mais Andre...

– Écoute, on va poursuivre Cienfuego et les frères Vasserman. Se concentrer sur eux comme les principaux responsables. Le type qui a tué le capitaine Hawks et l'inspecteur Monserette est mort. C'est toi qui l'as tué. Tout le monde dit que tu es un héros, comme prévu. Laisse les fédéraux s'occuper de Medina et Matos, se servir d'eux jusqu'à plus soif et les placer ensuite sous haute protection. Qu'est-ce que ça peut faire ?

Nick se sentit faiblir.

– Très bien, dit-il, c'est très bien tout ça. Mais qu'en est-il si Cienfuego n'est qu'un témoin et non un conspirateur ? Si ce type était tout simplement au mauvais endroit au mauvais moment ? Ça arrive.

Andre souffla à Nick :

– Arrête...

Puis il hocha la tête.

– L'indic l'a dénoncé, il a dit que c'était le boss, et qui va aller chipoter. L'indic est mort, et c'est sûrement Cienfuego qui l'a tué.

– Ça ne te semble pas bizarre que les fédéraux ne veuillent pas parler à Cienfuego, que personne ne s'intéresse à ce type ?

– On ne peut pas laisser courir tout le monde, Nick. Il faut un responsable.

– Alors dis-moi, pourquoi les fédéraux me suivaient ?

– Ils menaient votre enquête en parallèle. J'imagine qu'ils voulaient être au cœur de l'action.

Nick subodora un mensonge mais ferma les yeux.

– Alors, dit-il, tu as laissé McCabe te filer sous le nez, hein ?

– Qu'est-ce que tu veux dire ?

– Tu étais tellement déchaîné contre lui.

Andre adressa un petit sourire à Nick.

– C'était hier, aujourd'hui, c'est différent. L'affaire que McCabe et toi m'avez apportée est bien plus importante qu'une petite histoire de flic pourri. Et à vrai dire, boucler des flics n'aurait pas fait de moi un héros dans Queens. En plus, Sonny finira bien par se faire coincer.

Nick rit.

– Peut-être pas.

– Écoute, je sais que ce type est un escroc, mais il a un côté bel adolescent indomptable, c'est un chic type.

– Chic, ça c'est sûr. Chic est le mot qui convient, dit Nick.

– Je me dis que le passé c'est le passé, alors pourquoi ne pas lui donner une seconde chance ?

– De faire pire ?

– Bon, d'accord. Mais il faut admettre qu'il y a quelque chose d'assez désarmant dans la franchise de McCabe.

– Je veux bien que tu m'expliques. Je sais que moi je n'ai jamais pigé comment marche son charme. C'est pas rien. Je l'ai vu en action, il a quelque chose, ça c'est sûr.

– Écoute, dit Andre, je peux me confier à toi ? Oublions un instant le procureur et le flic. C'est vrai, quoi, tu es une des deux ou trois personnes que je connaisse dont l'opinion m'importe.

– Bien sûr.

Andre baissa le menton, se fit plus petit et ses yeux roulèrent de droite à gauche.

– Je ne plaisante pas.

– Je sais. Vas-y.

– Dasilva adore cette affaire, ça le rend dingue. Ça fera de lui un héros à Washington. Il va m'être redevable, de beaucoup.

– D'accord, ça je comprends. Mais quel est le rapport avec la choucroute ?

– Avec McCabe ?

– Ouais, avec Sonny McCabe. Celui que tu m'avais décrit comme le mal incarné. Je ne dis pas que j'étais d'accord, je ne dis pas que je t'ai approuvé au sujet de Sonny.

– Écoute, en ce qui concerne McCabe, pour le moment je préfère vivre entre lumière et obscurité. Dans une région de pénombre entre connaissance et ignorance, une région où chacun trouve sa propre vérité. À l'heure actuelle, j'ai besoin de Sonny McCabe. Tu comprends ?

– Évidemment. Je comprends, crois-moi.

La voix d'Andre s'adoucit mais son beau visage sombre semblait inquiet.

– On se connaît depuis des années. Tu me connais, je ne peux pas te mentir. Le fait est que je n'ai jamais appartenu à cette élite moralisatrice qui aspire à la perfection.

Nick le regarda droit dans les yeux.

– Andre, dit-il, j'en viens à me demander si je te connais vraiment.

– Arrête.

– Arrête ? Tu avoueras que tu m'en as fait de belles ces derniers temps. Tu commences à m'embrouiller.

Andre se pencha en avant et dit :

– Comment ça, t'embrouiller ?

– Tu t'es adressé à moi avec trois visages différents en même temps. Un vrai politicard, si tu vois ce que je veux dire.

Nick croisa le regard songeur d'Andre et sourit.

– Le compromis, Nick, voilà ce que j'apprends. C'est le cœur de la vie politique. Mais on a besoin de vrais amis, Nick, une ou deux personnes qui garderont un cap moral et veilleront sur nous. En fait, c'est ce que tu as toujours été pour moi.

Nick se sentit rougir.

– Je peux compter sur toi ?

– Compter sur moi ?

– C'est bien ce que j'ai dit.

– Probablement, dit Nick.

Il essayait de se rappeler l'ancien Andre, le type qui trouvait que les politiciens étaient à peine moins infects que des maquereaux, mais se jugea mesquin et sans pitié.

– Bon.

Il hocha la tête, prêt à partir.

– Bon, je vais m'attaquer à Diego Cienfuego.

– On se voit dans la salle d'audience. Au fait, on sera plus cléments s'il décide de coopérer. Mais s'il résiste, on le foutra à l'ombre jusqu'à la fin de ses jours. Tu crois qu'il le fera ?

– Quoi ?

– Qu'il coopérera, qu'il acceptera qu'on réduise sa peine pour qu'il fasse peut-être sept et demi à quinze ans ?
– Je ne crois pas.
– Non ?
– Non. Je crois qu'il pense qu'il est innocent.
– Tu te fous de moi.
– Pourquoi je me foutrais de toi ?

Dire qu'il n'y avait pas de mots pour décrire le couloir et la salle d'audience 1A serait inexact. Il y avait des mots, songea Nick, des mots tels que « justice en folie » et « asile en direct ». Dans le couloir qui menait à la salle d'audience, quand Nick y fit son entrée, s'agitait une masse d'individus agglutinés – flics, plaignants, avocats, journalistes –, répartis en coalitions complices, le regard happé par le passage de Nick.

En temps normal, le dimanche matin était chargé, il y avait les types arrêtés dans la nuit qui comparaissaient pour la première fois devant un juge qui devait leur fixer leur caution. Mais ce dimanche-là était surchargé. En plus de la masse habituelle de malfrats arrêtés pour viol, meurtre, folie, détention de drogue et d'armes, il y avait une bande de gros trafiquants d'armes qui avaient tué des flics. L'atmosphère résonnait des voix des cameramen et des ingénieurs du son, des producteurs et de leurs problèmes d'assistants, des journalistes et de leurs problèmes de cheveux. Les familles des accusés – mères, frères, femmes, petites amies, amis – criaient, comprimés contre des flics venus par curiosité. Même les flics de la tranche minuit-huit heures se haussaient sur la pointe des pieds à s'en dévisser le cou et n'avaient pas de mal à rester éveillés.

Dans la salle d'audience, les gens s'amassaient contre les murs en chêne, et les bancs raides étaient pleins à craquer. Un tumulte incessant saturait l'air. Même avec une sécurité musclée, c'était un cirque sans nom.

Nick avait longé le mur non sans mal jusqu'à l'avant de la salle ; il était à présent au niveau du siège du juge, debout à côté de Sonny, Eddie Moran, Lloyd Joseph et les inspecteurs de l'équipe de Lloyd. Tous sur les dents, ils attendaient de voir les accusés, les buteurs de flics.

Nick aperçut Andre qui se frayait un chemin dans l'allée centrale. Tandis qu'il approchait, Nick repéra le journaliste, Steve Stern, juste derrière lui. Il souriait, et Nick songea soudain que c'était le genre de sourire rassurant que l'on réserve aux malades en stade terminal.

– Bonjour à tous, dit Andre. Bon, on est les premiers à passer. D'ici une ou deux petites minutes. Avant ça, je veux vous rappeler deux trois petites choses. Tout d'abord, de la fermer. On ne parle pas aux journalistes.

Acquiescement général.

– Je me fous de ce que vous pensez, ces gens ne sont pas nos amis.

Acquiescement redoublé.

– Ensuite, on vous a tous donné des formulaires jaunes. Dans les deux jours qui viennent, je veux que chacun d'entre vous écrive son propre compte rendu de toutes ses actions, avant et pendant l'opération. C'est entendu ?

Coups d'œil et acquiescements.

– Je veux le plus de détails possible. Faites-le vite. Aujourd'hui, ce soir. Faites-le avant d'avoir oublié. D'accord ?

La porte du bureau du juge s'ouvrit. Un greffier apparut et tint la porte au juge Janeway.

Le greffier semblait très jeune à Nick. C'était un petit homme noir, mince, avec une énorme tignasse, vêtu d'un uniforme qui avait l'air tout droit sorti de sa boîte. Il possédait une voix de baryton qui jurait avec sa taille.

– Asseyez-vous, lança-t-il, que tout le monde s'asseye !

Nick entendit Andre marmonner :

– D'accord, d'accord.

Le juge fit retomber son maillet et dit :

– Moi, Bruce Janeway, je déclare la séance ouverte. Nous avons un ordre du jour bien rempli, alors passons le plus rapidement possible au premier cas. J'ai autorisé la présence d'une seule équipe de télévision dans cette salle ; les autres journalistes devront faire avec. Je vois que la caméra est prête, alors allons-y. Greffier, faites entrer les accusés.

Un écho, une rumeur, un terrible et furieux brouhaha s'éleva du rang où se tenaient assis et debout les officiers de police venus par curiosité, et une voix féminine se détacha soudain en un cri :

– Amenez-le. Je veux voir l'homme qui a tué mon mari.

– Oh ! là, là ! dit Sonny. Oh qu'elle est belle. Hé Nick, regarde-moi ça.

– C'est qui ?

– Je crois que c'est la femme de Rodrigo. Hé Eddie, elle ne parle pas si mal anglais.

Nick leva les yeux. Environ huit rangs plus loin, se tenait une Sud-Américaine fiévreuse et élégante. Elle avait l'air ahuri, les joues rouges à force de se disputer avec une fliquette en uniforme qui tirait sur son manteau. Elle ne quittait pas des yeux le juge par-dessus la tête des gens qui étaient assis devant elle. Et ce que Nick remarqua chez elle, ce qui retint vraiment son attention, c'était la façon dont elle tenait la main des deux enfants qui étaient debout de chaque côté d'elle.

– Je ne savais pas que Rodrigo avait des enfants, dit Nick.

– Il en a pas, dit Sonny.

– Sa femme, dit Nick, tient deux gosses par la main. Attends, dit-il, je parie que ce sont ceux de Cienfuego.

– Tu me poses une colle, dit Sonny.

Janeway répliqua immédiatement ; il abattit son maillet et dit :

– Vous, vous vous asseyez ou je vous fais sortir et arrêter. Silence ou je fais évacuer la salle.

La femme s'assit.

Le juge donna un nouveau coup de maillet et dit :

– Allons-y. Faites entrer les accusés.

Une série de noms suivit une série de numéros et Nick regarda défiler la parade des accusés qui passaient de leurs cellules à la salle d'audience. Ils se postèrent devant le juge en souriant, coude contre coude, ils regardaient l'assemblée de journalistes, d'amis, de nouveaux ennemis, et souriaient. Ils souriaient... Nick songea, qu'est-ce que ces mecs peuvent bien être en train de se dire ? Ils se contentaient peut-être de maîtriser leur peur. Quelqu'un hurla :

– *¡ Mira ! ¡ Mira !*

– Un avocat a été commis d'office pour la seule mise en accusation, dit le juge. Je maintiens tous les accusés en détention sans caution possible pendant la délibération du jury.

Puis l'annonce d'Andre comme quoi le verdict du jury se ferait dans les quarante-huit heures. Quand le groupe d'accusés passa devant lui en traînant des pieds, lentement, défila devant le juge, Nick remarqua que Diego était le seul à ne pas sourire, et qu'il avait l'air de souffrir, sa ceinture et ses lacets avaient disparu, il tenait son pantalon et il avait un pied qui ne cessait de sortir de sa chaussure.

Nick entendit le juge dire :

– Je les verrai les uns après les autres, à commencer par Julio Vasserman.

Il entendit l'interprète répéter les mots du juge. Il entendit le juge dire, que plaidez-vous ? Il entendit un des avocats commis d'office dire, dites non coupable. Il entendit Chino Vasserman affirmer, non coupable, putain.

Un « Oooooh ! N'importe quoi ! » s'éleva d'une colonne de flics qui s'étendait le long du mur. Le maillet du juge retentit, bang ! bang ! Nick serrait tellement fort les poings que ses avant-bras lui faisaient mal. Il regardait Diego, voyait cet air effrayé, vitreux sur son visage : l'homme était perdu. Nick suait un peu sous ses vêtements, il ne quittait pas des yeux Diego Cienfuego, et Diego, debout, tête baissée, n'en pouvait plus de sa chaussure. Il entendit soudain une voix de petite fille, une voix aiguë et angoissée, qui criait, Papi ! Tout le monde se retourna vers elle comme si elle avait sorti un flingue, Nick vit Diego se redresser, les épaules en arrière, le regard à l'affût. Nick ne le quittait pas des yeux. De nouveau la voix de la gamine, plus fort cette fois-ci, et le maillet du juge, bang ! Les yeux bleus et vifs de Diego qui parcouraient la pièce, scrutaient la foule, écarquillés comme s'il s'était fait tirer dessus. Diego jeta un regard à Nick : il eut l'air d'être sur le point de dire quelque chose mais se détourna pour observer la foule.

– *¿ Qué pasa, Papi ? ¿ Papi, qué pasa ?*

Les mots transpercèrent le cœur de Nick et la gamine continua de crier. Diego était tout pâle à présent, blanc comme un fantôme, il suait, sa poitrine se soulevait comme s'il manquait d'air. Nick se dit que Diego allait tomber dans les pommes. Le maillet de Janeway ne s'arrêtait plus. Nick se retourna pour voir l'enfant et vit toute cette colère et cette haine le submerger. La gamine le regardait, simplement. Puis elle se remit à crier, Papi ! comme un chat qui reçoit un coup de bâton, Mon Dieu, songea Nick, mon Dieu. Les autres accusés semblaient s'enorgueillir de leur malheur. Ils faisaient face à l'assistance, tout sourire. C'était un spectacle dément, et nombreux étaient ceux qui semblaient s'en délecter.

Diego monta dans le car qui allait le ramener à la prison de Rikers Island. Il était menotté à Felix Caban. Les frères Vasserman, déjà dans le car, ne lui prêtèrent aucune attention, et il y en avait d'autres, d'autres de *Los Campos*, quatre ou cinq, qui se comportèrent comme s'il n'était pas là. Diego s'assit sur le premier siège, le plus proche du conducteur, les yeux braqués droit devant lui, les lèvres serrées, l'estomac noué de rage.

– Qu'est-ce que je fais ici ? demanda-t-il à Felix au bout d'un moment.

– Du calme, reste calme, lui dit Felix. On s'occupe de tout. Tu vas voir, ça va aller.

– Ah bon ? De tout ? Et mes enfants, qui va s'occuper d'eux ?

Felix mit son doigt sur ses lèvres.

– Doucement, dit-il, reste calme.

Il était un peu moins de minuit quand le car quitta la baie de la prison de Queens. Diego n'avait pas dormi depuis plus de vingt-quatre heures. Pendant tout ce temps, il n'avait mangé qu'un sandwich pain de mie au fromage et avait bu au moins une douzaine de tasses de jus de chaussettes.

– Pourquoi Benny et Cano n'étaient pas là aujourd'hui ? Où ils sont ? Qu'est-ce qui se passe ?

– Doucement, répéta Felix. Reste calme. Maintenant on va à la prison de Rikers Island. Il va falloir que tu fasses preuve d'intelligence, Professeur. Mais on sera ensemble, c'est déjà prévu. Je vais veiller sur toi.

Diego rit.

– C'est gentil, Felix. J'apprécie ton attention. C'est bien beau, mais on va en prison.

– On peut faire des choses là-bas. Tout est possible dans cet endroit avec de l'argent. Tu me suis ? Ça ne sera pas si terrible que ça. Tu m'écoutes ?

– Ce que je veux savoir, c'est où est Benny ? Il faut qu'il me trouve un avocat.

– Détends-toi, on va s'occuper de toi.

S'OCCUPER DE TOI. Ces mots le faisaient frissonner, il se les répétait comme fasciné, et son sang se glaça. Une bande de gangsters, d'assassins et de trafiquants d'armes allait s'occuper de Diego Cienfuego. Il le lisait dans les yeux de Mambo, Chino et les autres. Il lisait ce que Felix insinuait quand il disait qu'ils allaient s'occuper de lui.

Soudain désespéré, Diego décida de considérer l'inspecteur comme son unique chance.

Quand le car arriva à Rikers Island, Diego était si épuisé qu'il pouvait à peine bouger. Lorsque le chauffeur se gara et que le surveillant à l'avant cria : « Debout, debout, tout le monde debout ! », il eut du mal à se lever. Felix l'aida à se mettre sur ses pieds en tirant d'un coup sec sur leurs menottes.

Ils furent les premiers à descendre du car. Il faisait froid dans la cour, et une pluie brumeuse tombait. Ils pénétrèrent dans un sinistre bâtiment vétuste, puis dans une grande pièce vivement éclairée aux murs gris décrépis, où se trouvaient un bureau délabré et un placard.

Diego tremblait si fort que le surveillant eut peine à lui retirer ses menottes. C'était la première fois depuis des heures qu'on les lui enlevait, son poignet lui faisait un mal de chien et il avait une petite entaille sur le dos de la main. Tous les passagers du car étaient dans la pièce. Quelques-uns étaient noirs, il y avait deux Portoricains, des cousins, disaient-ils, du Bronx, ils avaient été arrêtés pour détention d'une grosse quantité de drogue. Dans cette pièce, les Noirs étaient en minorité, ils restaient entre eux, à l'écart, et ne disaient rien.

Diego, Felix, Chino, Manny Vasserman et les autres types du club se tenaient en ligne. Deux surveillants étaient plantés devant eux. Diego fut soudain agressé par une subite odeur pestilentielle : quelqu'un dans la pièce n'avait pu se retenir plus longtemps.

– Vasserman, Manuel et Julio. Cienfuego et Caban. Vous quatre, venez avec moi.

Le surveillant s'appelait Tommy Carbone, sa mère était née à Ponce. Son père était un Italo-Américain de Howard Beach. Tommy avait été si heureux d'apprendre que les frères Vasserman allaient arriver à Rikers qu'il s'était mis à danser. Tommy parlait un peu l'espagnol du Bronx. Il lut à haute voix leurs noms sur les fiches qu'il avait en main et leur fit passer une grille pour les conduire dans une petite salle nue à l'éclairage anémique qui pendait à un fil au plafond.

– Allez, les gars, déshabillez-vous, dit-il, et mettez vos vêtements le long du mur. Tous vos vêtements, vos caleçons aussi, tout.

– Mais, dit Mambo, qu'est-ce que ça veut dire ?

– Allez, dit le surveillant.

Il leur jeta un regard amusé.

Mambo s'approcha du surveillant, les bras ouverts comme un prêtre.

– Tommy, oh.

– Allez, Manny, fais ce que je te dis et après on pourra sortir d'ici.

Felix chercha le regard de Diego et lui adressa un clin d'œil.

Diego retira ses vêtements, humilié, il avait l'impression de vivre un rêve spectral, harcelé par des esprits maléfiques.

Un deuxième surveillant pénétra dans la pièce, suivi d'un géant à la peau aubergine vêtu d'une blouse blanche. Tommy dit alors :

– Levez les bras.

Tommy inspecta les aisselles et la bouche de Diego, joua avec ses longs cheveux, qu'il semblait bien aimer, ce qui fit rire tout le monde. Il enfila une paire de gants en caoutchouc, pinça le scrotum de Diego, puis souleva ses pieds pour en examiner la plante.

L'homme à la blouse leva une main deux fois plus large que celles de Diego, qui avait des grandes mains. Il portait également un gant en caoutchouc.

– Bon, dit-il, tournez-vous vers ce mur, penchez-vous et écartez les jambes.

Dans son autre main il tenait une lampe électrique.

– Merde ! Je t'emmerde, moi ! cria Manny.

Puis il éclata de rire, et le garde en fit de même, indulgent, un ami. Manny Vasserman, comme tous les autres, se tourna, il souleva son énorme corps à tête de porc pour se tourner et faire face au mur.

– Penchez-vous, allez penchez-vous en avant. Doucement, doucement, doucement, c'est bon... stop.

Diego ferma les yeux et baissa la tête, en essayant de penser à une jolie musique, tandis qu'un doigt de la taille d'une matraque de policier s'introduisait dans son rectum et fouillait, fouillait encore. Diego crut qu'il allait pleurer, il n'était pas un héros.

25

Quelques heures avant que Diego Cienfuego ne montât dans le car qui allait le conduire à Rikers, Nick Manaris pénétra dans la pénombre du *Post Time*. Une chanson de Frank Sinatra s'échappait du juke-box tandis que Nick se frayait tant bien que mal un passage parmi les flics qui avaient terminé leur service et qui étaient là à sourire, discuter, jacter sport et femmes. Il y avait des fliquettes au rouge à lèvres rose qui parlaient hommes et coéquipiers, en essayant de ne pas avoir l'air trop exaspéré alors qu'elles l'étaient clairement. Et ça papotait de la ronde de la veille, ça détaillait ses aventures, les voix et les esprits s'emballaient, ça riait. Les coéquipiers qui avaient affronté ensemble les pires cauchemars que New York pouvait engendrer et qui en avaient triomphé. Il y avait des fans, des groupies de flics, qui parlaient plus comme des flics que les flics eux-mêmes. Nick remarqua deux types au bar, deux civils, deux informateurs qu'il reconnut. Il savait que c'étaient deux cinglés qui avaient des fausses plaques de flics et des menottes achetées en magasin. Il y avait quelques gars de l'Anti-Gang en chaussures de marche et parkas, deux inspecteurs de la brigade Criminelle en beaux costumes, chemises et cravates, qui buvaient des Manhattan. Une équipe d'inspecteurs des Stups se tenait près des toilettes, ils s'agitaient sans cesse, animés par une conversation sur « un deal d'enfer qui avait trop mal tourné ».

Souvent, en allant au *Post Time*, Nick avait essayé de penser à une façon de s'y introduire, d'en faire partie, d'y appartenir, et il n'avait rien trouvé. Tout à coup la colère l'envahit. Putain, il aurait dû rentrer chez lui, il était épuisé. Il était au beau milieu du rade bondé, le menton en l'air, à la recherche de Sonny.

À travers la fumée et le bruit, il repéra McCabe qui dansait, les mains posées sur le haut du juke-box, en plein solo, pas de deux sur *Mack the Knife*.

Eddie Moran était assis sur une banquette en cuir noir dans un coin avec Frank Kurtz.

– Nicky, beugla-t-il, Nicky chéri, viens mon petit, viens là, prends un siège et un coup à boire, petit.

Nick distinguait parfaitement Moran, le visage illuminé par un petit halo de lumière blanche diffusée par la bougie sous globe posée devant lui. Kurtz était assis à ses côtés, la tête de l'écrivain était appuyée contre le mur, il avait les yeux fermés. Ils avaient tous les deux l'air bien allumés, leur table était encombrée de bouteilles de bière et de verres vides.

Sonny fit signe à Nick pour lui dire qu'il arrivait, qu'il n'avait qu'à aller s'installer.

Sinatra ne s'arrêtait pas et Sonny continuait à danser comme s'il n'avait aucune envie de quitter son poste. La chanson se termina et Sonny fit un tour sur lui-même, ce type savait bouger, c'était clair.

Nick se glissa sur la banquette en face de Moran et Kurtz. L'écrivain releva la tête et lui fit un clin d'œil.

– Cette histoire est tellement géniale, dit-il. Laisse tomber la télé, c'est un gros film qu'il faut faire.

– Alors, comment va Carl ? dit Eddie Moran. Comment il va, notre petit gars ?

– Il va bien. Enfin, bien, ça va, quoi.

Eddie grimaça.

– Puisse le Seigneur lui venir en aide. Pauvre gars.

– Il est vraiment secoué, dit Nick, il va avoir besoin d'aide.

– Mais non, dit Eddie Moran, il va s'en tirer. C'est un bon. Le Portoricain typique, plein d'émotion et toutes ces conneries, mais un bon quand même.

Deux heures auparavant, Nick et Carl avaient été grignoter dans un restaurant portoricain de la 116e Rue. Ils avaient mangé du riz, des haricots et du poulet frit dans un endroit qui faisait moitié épicerie, moitié restaurant. On pouvait y acheter du café de Jamaïque et une espèce de riz sauvage. Nick avait essayé de faire preuve de sagesse, de trouver quelque chose à dire pour apaiser la souffrance de Carl, il lui avait dit que c'était une question de déterminisme, de destin finalement, de fatalité et de chance. C'était le destin de Sergi de mourir ce jour-là, et personne ne pouvait rien faire contre la malchance et le destin. Et Carl lui avait dit, mon cul, qu'est-ce t'en sais, peut-être que j'aurais pu faire quelque chose, qu'est-ce qu'on en sait ? Mon cul, oui. Et moi je vais devoir vivre avec ça. Sergi mort et moi en train de me demander, qu'est-ce que c'est que cette merde ? Il avait le visage en feu et des larmes dans les yeux.

Nick se redressa et vit Sonny McCabe qui portait un plateau avec quatre bouteilles de bière. Sonny sourit et lança :

– Super, Nick, ça y est, t'as terminé. On t'attendait, on pensait que tu te dirais « et merde » et que tu rentrerais chez toi.

– C'est un amour, celui-là, dit Eddie Moran. Un mec en or, notre Nick.

– Je crois que le monde doit être écrit tel qu'il est ou pas écrit du tout, dit Kurtz.

– Fais pas attention à lui, dit Sonny, et il posa le plateau qu'il portait sur la table, poussa les bouteilles, les verres et un cendrier plein surmonté de deux paquets vides de Winston froissés.

– Kurtz a picolé toute la journée, il est complètement bourré, fracassé.

Frank Kurtz rayonnait. Il prit ça pour un compliment.

– Comment va Carl ? dit Sonny.

– C'est ce que j'étais en train de leur dire, il est un peu à côté de ses pompes. Mais il va s'en sortir pas trop mal. Au minimum pas trop mal.

Sonny fit passer les bières et dit :

– J'ai déjà vu ça. Un mec pétrifié sur place, le même mec qui, la veille, aurait pu boucler un million de dingues en furie. C'est inexplicable, mais ça arrive.

Eddie Moran acquiesça.

– Ouais enfin, dit Nick, Carl est un mec bien, je lui fais confiance. On ne sait pas ce qui s'est passé.

– Bon, dit Sonny en s'asseyant à côté de Nick, et toi comment ça va ?

– Moi ? Très bien.

– Ne sois pas si sûr de toi. T'as buté un mec aujourd'hui, ton premier. Ne sois pas si sûr d'aller bien.

Nick se permit de sourire. Voilà qui lui donnait l'occasion de laisser transparaître un peu du malaise qu'il ressentait.

– Je dois dire quelque chose, dit Frank Kurtz. Je dois vous dire que je suis fier de vous connaître.

Il leva son verre à l'assistance réjouie et Nick comprit que ce type, là, Kurtz, ce qu'il voulait, plus que tout au monde, c'était que ce moment dure toujours.

– Putain, Frank. Arrête, dit Sonny.

– Je pense sincèrement ce que je dis, sincèrement. Dans mon livre, vous êtes des héros, de vrais héros américains.

Kurtz regarda Sonny dans les yeux quand il porta son toast avec ce que Nick appelait son sourire de flic, solidaire, chaleureux et avenant, qui signifiait, comme le font les flics, qu'il faisait partie des forts, des malins, des avisés. Kurtz ne tarit pas pendant encore dix bonnes minutes sur la gloire de l'opération de *Los Campos*, Sonny et Moran se joignaient à lui de temps à autre en riant et en sortant deux trois mots, ce qui infligeait à Nick une souffrance, un tiraillement proche de l'agonie. Il voulait sortir du *Post Time*, quitter Kurtz et Eddie Moran, ne plus entendre leur éloge à la con de Sonny McCabe. Quand Kurtz dit : « Moi je suis cassé, il faut que je rentre », Nick ferma les yeux de soulagement.

– Allez, encore une petite demi-heure, dit Sonny en consultant sa montre.

– Nick est là, il y a des trucs dont vous voulez parler. Je vous appelle demain.

Frank Kurtz se redressa et fit :

– Ouh !

Il avait bu toute la journée, il était plus branlant à chaque nouvelle gorgée.

– La vache ! dit-il.

Sonny se leva et pinça la joue de Frank.

– Ça va, mon vieux ? T'as pas l'air bien.

– Super.

– Super mon cul, attends ici, je vais trouver quelqu'un qui va te raccompagner chez toi.

– Non, non, non. Je vais prendre un taxi.

– C'est ça, dit Sonny, je te crois pas, donne-moi tes clefs de voiture.

– Arrête.

– Passe-les-moi.

Kurtz tendit ses clefs à Sonny. Sonny prit les clefs et alors que Kurtz s'éloignait de Sonny, Sonny dit :

– Frank, je peux te poser une question ?

– Bien sûr, dit Kurtz. Vas-y.

– Pourquoi tu écris ? Pourquoi t'écris des bouquins sur les flics ? T'es à la retraite, t'as quitté tout ça. Tu sais pas que c'est pas bien de revenir en arrière ?

Nick regarda Kurtz détourner les yeux, croiser les bras et chercher quelque chose d'intelligent à dire. Il marqua un temps puis dit :

– Écrire est le meilleur moyen que j'ai trouvé pour transformer mes plus grandes souffrances en argent.

– Le métier t'a fait souffrir ? dit Sonny.

– Il m'a brisé le cœur.

– Mais tu gagnes de l'argent ?

– Écrire est un truc compliqué, délicat, dit Kurtz. Gagner de l'argent n'est pas facile.

– Ah bon ? Moi je parie que je pourrais en gagner. Je parie que je serais un écrivain d'enfer. Je suis ceinture noire de baratin, moi. Raconter toutes les merdes que j'ai vues, tout ce que je connais. Ça me fout les boules rien que d'y penser.

Kurtz haussa les épaules, la tête penchée.

– Pourquoi pas ? dit-il.

L'écrivain s'éloigna en se frayant un chemin au milieu des flics rubiconds. Sonny le regarda s'en aller, à la fois amusé et agacé.

– Et toi, Eddie, tu rentres ou tu restes assis ici pour écrire un bouquin ?

– Et je vais où ?

Eddie parcourut le bar du regard comme si les mots de Sonny avaient une autre signification.

Nick se sentait obligé de demander à Eddie Moran pourquoi il n'avait nulle part où aller. Mais il n'avait jamais su comment engager une conversation avec un ivrogne complètement abruti. Moran résolut le problème à sa place en se levant et en disant :

– Je crois que je vais aller chez Connie, peut-être qu'elle voudra bien m'héberger.

Nick songea, ce type est à la masse, triste, perdu, autodestructeur, un classique. Il jeta un œil à Eddie : il avait les yeux bouffis, vitreux, sa peau semblait usée. Eddie se baissa, attrapa une bouteille de bière, se servit un verre et le vida. Il se remit à scruter le bar, la foule se clairsemait, les gens rentraient chez eux, allaient ailleurs. Eddie était à la bibine depuis tôt le matin.

– C'est sûr, dit-il, Connie va être contente de me voir.

– Reste un peu, dit Sonny.

– Nan, il vaut mieux que j'y aille aussi.

– C'est toi qui vois, dit Sonny. Tu peux conduire ?

– Mais ouais.

Eddie s'appuya contre la table pour essayer de retrouver son équilibre.

– Je pourrais conduire jusqu'à la lune.

Il n'avait pas l'air bien, sa voix était morne.

– Pourquoi tu restes pas un peu là ? lui dit Nick. Sonny et moi on a quelques trucs à voir, mais c'est une affaire de minutes. Je te dépose après.

– Où tu veux me déposer, toi ? Tu vis au nord et moi je dois aller à Queens. En plus, j'ai besoin de ma voiture.

Sonny sirotait sa bière. Eddie se mit à rassembler ses affaires pour partir. Il glissa ses cigarettes dans sa poche de chemise, sortit du liquide de son portefeuille et laissa un billet de vingt dollars sur la table.

– Garde ça, dit Sonny, j'ai réglé. Sors et attends-moi à ma voiture, je te dépose. Laisse ta voiture ici, t'inquiète pas, on viendra la rechercher demain.

Eddie acquiesça. Quelqu'un cria dans le bar :

– Hé Eddie, Eddie Moran, tu t'en es fait deux autres aujourd'hui, hein ? T'es un vrai Wyatt Earp, toi.

Eddie Moran sourit, il leva la main pour remercier le gars et fendit la foule jusqu'à lui. Le type était au bar, les bras grands ouverts comme s'il donnait une bénédiction, et un grand sourire lui découvrait les dents.

Sonny porta une cigarette à sa bouche et l'alluma.

– Je veux te parler de Justo Cienfuego, dit Nick.

– Ouais, je m'en serais douté, dit Sonny, mais son visage disait qu'il ne voulait pas d'une telle conversation.

– Écoute, Sonny, je ne veux pas que tu t'imagines quoi que ce soit, je veux que tu connaisses tout de suite mes limites.

– De quoi tu parles, putain ? dit Sonny. Tu veux bouffer un truc ? C'est super bon ici, tu veux un sandwich, du rosbif, un truc comme ça ?

– Non merci. Écoute...

– Allez, c'est moi qui régale, prends-toi un sandwich, il faut que tu bouffes, mon vieux.

– J'ai mangé, il est minuit, putain, j'ai pas faim. Qu'est-ce que tu racontes que t'as vu le gosse avec un flingue ? Pourquoi t'as dit ça, hein ?

– Tu vois ces mecs devant les chiottes, les trois mecs là-bas ?

– Qu'est-ce qu'ils ont ?

– Ils sont des Stups, je les connais. Tu les connais ?

Nick jeta un œil aux trois jeunes types qui portaient des vestes en cuir, tous dans les vingt-cinq ans, cheveux longs, jeans et tennis. L'un d'eux, un petit avec une boucle d'oreille et des cheveux blonds et drus, ressemblait aux dingues qui traînaient dans East Village. Il avait l'air furieux, il sautait partout comme s'il voulait aller aux toilettes.

– Je crois pas, lui dit Nick.

– Je les connais, moi. Ils viennent ici, ils se tombent dans les bras les uns des autres, ils se chuchotent des trucs et puis ils vont aux chiottes et en ressortent tout sourire.

Sonny grimaça.

– Petits branleurs, dit-il.

– Les gens font ce qu'ils veulent, c'est leurs affaires, dit Nick. On n'est pas en train de parler des petits connards des Stups, mais de ce que t'as dit à Andre, de ce que t'as dit au procureur. Je veux savoir pourquoi t'as dit ça. Et après je te dirai pourquoi ça me fait chier. Au cas où tu le saurais pas, je te le dis, tu me fais chier.

– Tu sais, dit Sonny, quand je suis entré dans ce métier il y a douze ans, c'était comme si je me remettais au foot. J'avais joué en amateur, et j'avais joué au lycée, et puis on était partis pour un tournoi en Caroline du Sud. Je me suis démis le genou dès le premier été d'entraînement. J'ai fait une année et je suis rentré chez moi. Ça ne m'a pas empêché de rentrer dans le métier, mais ça m'a tué comme attaquant. Je vais te dire, je parie que je pourrais distancer n'importe qui dans ce bar, même ces petits cons des Stups. Je peux pas faire de cadrage-débordement, ça je peux pas, et si tu peux pas faire ça, tu gardes pas le ballon.

Sonny s'adossa à la banquette.

– Et toi, Nick, tu joues au foot ou à quelque chose d'autre ?

– Non, pas au foot. Mon père détestait les sports d'équipe. J'aimais bien la boxe, moi. J'ai été Gants d'or au lycée. Sonny, j'ai jamais vu le petit Cienfuego avec un flingue. Il en avait peut-être un, mais je l'ai pas vu.

– D'accord, d'accord. On va y venir, fais-moi confiance.

Sonny et Nick se retournèrent en même temps sur un éclat de rire général au bar. Eddie Moran était en position de tir et disait :

– Pan Pan Pan ! Je l'ai eu ! Quand je tue des gens c'est avec un fusil à pompe, d'abord dans les jambes, et ensuite je les achève quand ils sont en train de se rouler par terre.

Moran déblatérait à toute bombe.

– Rien dans le citron. Bref, à chaque rentrée scolaire je m'inscrivais au foot. Dans mon lycée, le foot c'était le top. La célébrité, la gloire, les filles. Et si tu te débrouillais bien, t'avais tes frais de scolarité gratos. Moi, j'étais dans une équipe qui était la meilleure de la ville, de l'État et la deuxième des États-Unis en scolaire. Pas mal pour un footballeur blanc.

Sonny regarda fixement Nick comme s'il était perdu dans ses pensées, puis poussa un long soupir.

– Ton père te laissait pas jouer ? Il te laissait pas faire partie d'une équipe.

Nick acquiesça et se servit un nouveau verre de bière.

– Tu vois, dit Sonny, je n'ai pas eu de père. Mon père a été tué en Corée quand j'étais gosse. Quand j'étais gosse, le mot « père » ne voulait rien dire pour moi, je l'associais seulement à Dieu.

– Il est tard, Sonny, dit Nick, en le regardant droit dans les yeux, impatient d'y arriver, d'arriver à ce qui au départ l'avait amené au *Post Time* pour parler à Sonny McCabe.

– Quoi, tu dois aller ailleurs ? Tu veux rentrer chez toi ? Tu dois aller nulle part, calmos.

Nick hocha la tête.

– Et voilà que je me retrouve de nouveau dans un stade. Le terrain de foot de la police. C'était pas à la Crim', au Bureau des services spéciaux ou dans l'équipe du procureur. J'étais aux Mœurs, et aujourd'hui je suis à l'UCCO, quel prestige, mais c'est plus le bon temps et je traîne toujours la patte. Mais tu vois, c'est arrivé différemment. Je suis toujours le meilleur de la ville, le meilleur de l'État. Je fais plus d'arrestations que personne d'autre et mon bureau est tout le temps dans le journal. Ils sont encore tous à m'acclamer, à hurler : « Sonny, Sonny, Sonny. » Je suis toujours la star, c'est toujours moi qui mène l'équipe.

Un léger sourire gêné releva la commissure de ses lèvres fines.

– Tu comprends ce que je dis ? dit Sonny.

– Eh ! Eh ! appela Eddie Moran. T'en es où, Sonny ? Il commence à être tard.

Sonny leva la main, l'ouvrit, cinq minutes.

Nick regarda ses yeux bleus et froids. Avec Sonny, c'est d'abord les yeux, la façon dont il vous regarde pour s'assurer qu'on a bien compris le message. Quelque chose chez Nick, quelque chose de têtu le fit mentir et dire :

– Tu m'as perdu, je ne comprends pas, je pige pas.

– Le foot.

– Tu veux que je joue en équipe, c'est ça ?

– Tu sais, mon vieux, c'est balèze comme jeu, y a que les forts qui survivent. J'en sais quelque chose, tu peux me croire. Parfois, c'est la merde générale et il faut sauver les bijoux de famille.

– Qu'est-ce que je t'ai dit l'autre jour au bureau, hein ? Je t'ai pas dit de ne pas me prendre pour un con ? J'ai dit, je bosserai avec ton équipe, je donnerai le meilleur de moi-même, mais si je vois, je vois, si j'entends, j'entends. Tu te souviens, t'étais là. Je suis pas un vendu, je te l'ai dit. Je t'ai dit exactement comment je fonctionne, et j'ai pas changé ma façon de voir les choses en deux jours.

– Tu sais, dit Sonny, j'ai enfin compris pourquoi tu me plais autant. Les contraires s'attirent. C'est classique, ça n'a rien d'étonnant.

– Sonny, dit Nick, si je te laissais faire tu me conduirais droit dans le mur. Et ça, je ne le permettrai pas. Il y a beaucoup de choses que j'aime bien chez toi, mais je dois te dire...

– Arrête.

– Non.

– Nick, arrête tes conneries de pédale timorée qui te font geindre, t'es là à fouiner avec ta bonne conscience de trou-du-cul. Mais t'es pas un curé, Nick, t'es un flic. T'es un bon flic et je veux que tu restes mon coéquipier. On pourrait faire de grandes choses ensemble.

– C'est pas d'un coéquipier que tu as besoin, mais d'un inspecteur du travail.

Sonny éclata de rire, c'était à se tordre, ça.

– Hé Nick, dit Sonny, tu fais ce métier depuis quoi, dix ans ? J'imagine qu'en tout ce temps tu t'es rendu compte que ce sont tous des merdeux. Il y a nous et puis il y a eux. Regarde sous ta chaussure, c'est là qu'ils sont, c'est là qu'ils sont tous, c'est de la merde, ces gens. Et quand je dis ça je parle de tout le monde, ton ami Robinson, Cienfuego, les fédéraux, ces enculés de Medina et Matos. Tous des tas de merde.

– Ouais, dit Nick en regardant autour d'eux, ça doit être ça, tous des tas de merde, sauf toi.

– Non, Nick, non. Pas moi : nous.

Nick leva les yeux quand quatre inspecteurs qu'il connaissait du commissariat local entrèrent et allèrent au bar. Ils firent bonjour de la main à Sonny. Nick se retourna pour voir si Sonny les avait vus, il aurait dû s'en douter.

– Je connais tout le monde dans ce métier, dit-il en se penchant vers Nick, et tout le monde me connaît. Et ce qu'ils savent sur moi c'est que je ferais n'importe quoi pour eux, pour tous les flics.

– Rien que les flics ?

– Qui d'autre ? Tu t'imagines qu'il y a d'autres gens dont je me soucie ?

– Et les procureurs ? Andre et toi hier, vous aviez l'air d'être les meilleurs amis du monde.

Nick sentit le sang lui monter au visage et la colère affluer. Mais de la colère envers qui ? Envers Andre, envers McCabe, envers lui-même. De la colère déguisée en attention, toujours insensiblement.

– Tu crois peut-être que je ne connais pas ton ami Andre Robinson ? Tu crois peut-être que je suis un imbécile ? Je sais ce qu'il pense de moi. Son blabla amical sorti de nulle part c'est des conneries, tu crois pas que je le sais ça ? Il pense peut-être que j'ai laissé mes couilles à la porte de son bureau. Je sais que c'est ton ami, alors excuse-moi quand je dis que c'est un nase, comme tous les autres.

Nick regarda Sonny une seconde.

– Tu t'es déjà dit que t'étais le plus gros nase de tous ? demanda-t-il, en toute simplicité.

À la surprise de Nick, Sonny sourit, et toute sa véhémence disparut de son beau visage d'Irlandais. Nick commençait à se dire que ce type, ce Sonny, n'était pas si taré que ça. Il avait l'air un peu embarrassé.

– Bien sûr, bien sûr que si. Mais ton ami est pire que moi, bien, bien pire que moi. Il se voit déjà maire de cette ville de déjantés. D'accord il veut être procureur, mais c'est qu'un premier pas. Et il fera tout pour y arriver, il couchera avec n'importe qui, même moi. C'est un nase complet et tu le sais.

Nick détourna les yeux, songeant que peu ou prou Sonny avait raison. Il resta là à méditer sur les aléas de l'amitié.

– Bon, dit Sonny, il faut que j'y aille. Je dois déposer Eddie.

– Et c'est tout ? dit Nick. C'est tout ? On n'a pas parlé du gosse, du flingue, si je l'ai vu ou non. On n'a parlé de rien.

– Mais si.

– Je n'ai pas vu de flingue dans la main de Justo Cienfuego.

– Écoute, peu importe que tu l'aies vu ou non. T'as peut-être tout simplement oublié, peut-être qu'il faut que tu essayes de t'en rappeler. Réfléchis-y et, pour ton témoignage au procès, tu te seras un peu rafraîchi la mémoire.

– N'y compte pas.

– Oh tu m'emmerdes. Je compte sur toi à cent pour cent. Je vais te raconter une petite histoire.

Nick ne broncha pas.

– Quand j'étais patrouilleur – j'étais sur la 75e, à Brooklyn, un vrai bordel. Bref, il y a eu un incendie dans mon secteur, un gros. Il y avait un gamin, un petit Black, que j'adorais. Il faut dire qu'il avait tout pour plaire, Bobby. Beau, il grandissait comme un arbre. Moi j'avais deux gosses, je rentrais la nuit, je me glissais dans leur chambre et je les sentais, pour voir s'ils respiraient bien. Je m'angoissais toujours pour mes gosses. L'autre, le petit Bobby de la 75e, il n'avait personne, personne pour le sentir. Il avait douze ans et il était toujours dans la rue à jouer au basket à une ou deux heures du matin. À jouer au basket dans une vieille poubelle que j'avais accrochée à un poteau télégraphique devant la souricière où il habitait. Ce gosse avait douze ans et il savait dunker. Tu sais ce que c'est, un gosse de douze ans qui dunke au basket ? Mes gosses à moi savaient à peine nouer leurs lacets à douze ans. Enfin bref, il y a eu cet incendie, un connard avec un convecteur. Et le gosse, Bobby, a été grièvement brûlé. Très grièvement. Son visage, ses mains, ça fendait le cœur. Un jour je l'ai fait monter dans ma voiture. À la fin de ma ronde, je le faisais s'asseoir un peu à côté de moi. Et on était là, assis à boire nos Coca. Il avait plus de main gauche, et son visage, son visage était tellement ravagé, tu peux pas savoir. Je lui ai dit : « Bobby, ce serait quoi ton vœu le plus cher ? » Tu sais ce qu'il a dit ? Il a dit : « Ce serait que tous les gens que je connais aient le même visage et la même main que moi. » J'étais là, assis, je savais pas quoi dire, quoi penser.

– Tu as eu de ses nouvelles après ?

Nick se rendit compte qu'il chuchotait.

– Non, sa mère l'a emmené dans le Sud. Dans le Mississippi, je crois, ou en Louisiane, quelque part dans le Sud.

– Hmmm, dit Nick, soudain épuisé, physiquement épuisé, comme s'il avait passé six heures à relever des pièges à homard, ce qu'il n'avait pas fait depuis un bout de temps et qui lui manquait.

– Qu'est-ce que ça veut dire « hmmm » ?

– Qu'est-ce que tu veux que je te dise ? Tu veux que je te raconte une histoire ? Je suis dans le métier depuis dix ans, j'ai un million d'histoires, moi aussi.

– Tu comprends ce que Bobby me disait, m'avouait ?

Sonny avait l'air déçu. Il agita mollement la main.

– J'essayais de te dire quelque chose.

– Écoute, Sonny, je sais que c'est la misère dehors dans la rue, que c'est violent et misérable. Les gens se sentent déconnectés, seuls. Nous voulons tous appartenir à quelque chose, faire partie de quelque chose. Je le sais ça, je comprends bien. Mais tu restes bloqué sur cette idée débile que soit je suis de ton côté, soit tu es mon ennemi. C'est pas vrai, c'est impossible, voilà.

– Je rentre, dit Sonny.

– Ouais, dit Nick, moi aussi.

Ils restèrent un moment assis en silence, tous deux perdus dans leurs pensées.

– Je vais te dire quelque chose, dit Nick. Aujourd'hui à la Cour, ces gosses, tu te souviens de ces gosses qui étaient avec la bonne femme de Punto ? Les gosses qui étaient avec elle ?

– Ouais, et alors ?

– C'étaient les gosses de Cienfuego. J'en suis pas certain mais je le parierais.

– Et donc ?

– La petite, elle m'a regardé, et quand elle m'a regardé, droit dans les yeux, ce que j'ai vu reflété dans ses yeux, c'était rien moins que le jugement de Dieu.

– Oh ! là, là !

– Son frère a été tué, et son père va être foutu en taule, pour je sais pas combien de temps.

– Oui ?

– Et je prends part à tout ça. Nous, tous, prenons part à tout ça.

– Le gosse avait un flingue, Nick. Il pointait son flingue sur mon coéquipier – ton coéquipier par la même occasion. Qu'est-ce que tu voulais que je fasse, que je dise pouce ? Je ne pouvais pas dire pouce, Nick, personne ne m'aurait écouté.

– Mais moi je ne l'ai pas vu. Le flingue. Je ne l'ai pas vu du tout, Sonny.

– Tu me l'as déjà dit. Mais peut-être que tu étais trop sur les nerfs pour te rappeler précisément ce que tu as vu ou non.

– Je te connais, Sonny, je sais comment tu penses. Tu penses que si tu dis que le gosse avait un flingue, Eddie va jurer que c'est vrai.

– Il avait un 7.65, Nick. Arrête ça, tu commences à me faire chier.

– En temps normal, ça devrait suffire. Mais sur cette affaire, on a Andre Robinson, et même si Andre adorerait te croire, il n'est pas si sûr de pouvoir le faire. Or si je dis que j'ai vu un flingue, rien à dire, l'affaire sera classée.

– Exact.

Il y eut un silence.

– Mais il y avait bien un flingue, dit Sonny.

– Je n'en ai pas vu. Le temps que j'arrive, le gosse était déjà mort, ou mourant, je ne sais pas. Enfin il était allongé en travers de la table.

– Bon, restons-en là.

– C'est juste pour que tu comprennes.

– Tu veux dire que tu ne vas pas y réfléchir ?

– Réfléchir à quoi, putain ?

– D'accord, d'accord, tu sais que tu me rends dingue, dit Sonny. Alors quoi d'autre ? Tu voulais me dire autre chose ?

Il avait l'air d'en avoir marre maintenant.

– Dans cette affaire, dans notre affaire, il y a des zones d'ombre. Je voulais qu'on en parle, qu'on parle du fait qu'il y a plein de zones d'ombre dans cette affaire.

Sonny prit l'addition et la lut, se leva et laissa un billet de cent dollars sur la table.

– Des zones d'ombre, dit-il, toutes les affaires ont des zones d'ombre. Et on va les éclaircir plus facilement dans cette affaire que dans la plupart des autres.

– Ah bon ? Comment tu comptes t'y prendre ?

Il sourit.

– On est intelligents et imaginatifs.

Il fit signe à Eddie Moran, debout seul au bar.

– Et on est des inspecteurs de New York, on peut faire ce qu'on veut.

– Ah bon ? Désolé, j'avais oublié.

– Écoute, dit Sonny en poussant un soupir las. Tu témoigneras comme tu voudras au procès. Laisse-toi guider par ta conscience. Putain, c'est pas vrai.

– Il y a un problème, dit Nick.

– Qu'est-ce que tu veux que je fasse, bordel ?

Bonne question, songea Nick, la meilleure de la soirée.

– Je pensais que tu le savais, dit Nick.

– Moi aussi. Écoute, dit-il, on s'appelle. On se parle demain, tout à l'heure. D'accord ?

Nick se leva et se dirigea vers la porte.

Sonny McCabe se redressa, une bière dans une main, ses clefs de voiture dans l'autre, et se frotta le menton contre son épaule gauche en regardant Nick s'éloigner.

– Hé, y a quelque chose que je voulais te demander, lui lança-t-il.

Nick se retourna.

– Quoi ?

– Ton copain, ton ami Andre Robinson, il est pédé, non ?

– Pardon ?

– Tu m'as très bien entendu. Je me suis renseigné, personne de ma connaissance ne l'a jamais vu avec une pouf.

– Avec quoi ?

– Une pouf, une gonzesse. Et ces costards à cinq cents dollars qu'il porte, nickel chrome, avec ce petit foulard rouge qui sort de sa poche. C'est un code, ça, j'ai été aux Mœurs pendant cinq ans, je sais reconnaître une tapette.

– Pfff.

Nick sentit ses jambes faiblir, et un instant il eut du mal à respirer. Des lumières vives tournaient dans sa tête.

– Sonny...

– Me bourre pas le mou. Ce type a une photo de James Dean dans son bureau.

– Et de Jack et Bobby Kennedy, et de Martin Luther King.

– Ouais, et qui a dit qu'ils avaient rien à se reprocher ceux-là ? Bon, je t'appelle d'ici un jour ou deux, qu'on se donne rendez-vous.

– D'accord, dit Nick, j'ai tellement hâte.

Il essayait d'être drôle mais le résultat sonnait faux et forcé. Quand il passa la porte, Eddie Moran lui lança :

– Salut, mon vieux.

Nick crut entendre Sonny dire : « Rien dans le citron », mais il était trop épuisé pour en être certain, trop écœuré et trop découragé.

Nick rejoignit rapidement son quartier, il se gara, puis traversa la rue en direction de *Tio's*, jeta un œil à l'intérieur et entra. Le bar était vide à l'exception du barman. Nick commanda une bière, puis changea d'avis et dit, donnez-moi un Glenlivet, sec, avec un verre d'eau.

Homo, se dit-il. Et alors, c'est lui que ça regarde.

Il s'assit au bar, vida son verre et en commanda un autre. Alors pourquoi Andre ne lui en avait pas parlé ? Merde, ils se connaissaient depuis dix ans et il ne lui en avait jamais dit un mot. Peut-être parce qu'il n'y avait rien à dire. Mais on est amis. Alors c'est quoi un ami ? Les poètes et les philosophes ont analysé ce sujet pendant des siècles. Nick tendit de l'argent au barman, commanda un nouveau verre et dit :

– Si c'est d'un ami dont j'ai besoin, je ferais mieux d'aller m'acheter un chien.

Le barman buvait du café dans un verre et fumait une cigarette avec nervosité.

– Comment ? dit-il.

Nick leva les yeux et regarda à côté de lui, à travers lui, en songeant, McCabe, qu'est-ce qu'il sait, celui-là ? Qu'est-ce que Sonny McCabe sait de quoi que ce soit ? Ce mec est un bouseux clinquant, un branleur avec le QI d'un plancton.

– Alors pourquoi Andre me l'a pas dit, putain ?

– Vous me parlez ? dit le barman.

26

Autour de trois heures du matin, il ne se rappelait pas quand exactement, Nick arriva à son appartement. Il écouta son répondeur et y trouva trois messages : un de Renata ; un du flic en uniforme de *Los Campos*, Schmidt ; un d'Andre.

– Il faisait plus de trente degrés aujourd'hui mais j'ai quand même été courir. J'ai vu un pélican, disait Renata. Ce sont des créatures absolument fascinantes.

Nick alla se laver le visage à la salle de bains. Il sentit des émanations de cette femme, de son shampoing et de son parfum. Il était content d'être seul et se dit que ce devait être le signe de quelque chose de sérieux, et qu'il aurait été contrarié si Renata lui avait dit qu'elle projetait de revenir bientôt. Il l'imaginait tellement passer la porte, chargée d'une pizza ou d'un sac de plats chinois et de cassettes vidéo. Quelle merde ! C'était stupide, en fait, quand on y pensait, c'était idiot de vivre avec quelqu'un qu'on n'aimait pas. La solitude en avait été la conséquence. Mais il n'était pas seul, il était son meilleur compagnon, depuis toujours. Renata allait peut-être trouver un boulot en Floride, dans une école privée, travailler avec des petits blonds, des gamins qu'elle pourrait « gérer ». Nick regagna sa chambre, s'assit sur le bord de son lit et retira ses chaussures. Il se pencha en avant pour réécouter le message de Schmidt.

– Punto, le macchabée, le dingue, il croyait que Cienfuego sautait sa bonne femme. C'est Cienfuego que Punto a menacé. Écoutez, je ne sais pas si ça peut être utile, mais les gens du coin, de mon secteur, ils disent que votre Cienfuego est un vrai couillon. Un bouseux, quoi, vous voyez ? Pas un criminel, pas du tout. Mais bon, qu'est-ce qu'ils en savent ? Allez à bientôt.

Nick se demanda ce que les gens du quartier de Diego voulaient dire par couillon. Mais d'une certaine manière il n'était pas surpris.

Il appuya de nouveau sur l'appareil.

– Nick, écoute, disait la voix d'Andre, appelle-moi quand tu peux.

Long silence.

– Dors en paix, mon ami. Tu as tué quelqu'un qu'il fallait tuer, tu n'y pouvais rien. Tu as fait ce que tu avais à faire. Je te connais, je sais ce que tu te dis. Tu n'avais absolument pas le choix. Écoute, les fédéraux ont obtenu des déclarations de Matos et Medina. Ils disent que Cienfuego est responsable des meurtres, qu'ils témoigneront si c'est nécessaire. Quel ignoble enfoiré, ce Cienfuego. Si tu as besoin de moi, si tu as envie de parler, appelle-moi.

Baisé, Diego, se dit Nick. T'es fini.

Nick ne repensa pas tout de suite au carnage, mais plus tard, dans son lit. Il songea, tu es touché par une balle 00 et ton panama ne tombe pas. Imagine. Ce salaud avait tué deux flics, il n'allait pas faire de cauchemars pour une raclure pareille.

Juste avant de sombrer dans le sommeil, Nick essaya de se représenter ce que serait sa vie s'il vivait comme Sonny et Eddie Moran, mais n'y parvint pas. Il se mit à penser à Renata, trop d'agitation, s'arrêta. Allongé là, il songea alors à une petite gamine aux cheveux sombres, paniquée dans une salle d'audience pleine à craquer, et qui le regardait fixement, plantait ses terribles yeux noirs en lui comme un couteau. Il n'aimait pas penser à la colère d'un enfant. Qu'en l'espace de quelques secondes, quelqu'un dans le monde, même si c'était un enfant, ait décidé de le mépriser. Nick n'aimait pas penser à ça. Ni à sa propre culpabilité. Il n'aimait pas penser à un enfant en tant qu'adversaire. Ce n'était pas naturel. C'était la vision du monde de Sonny McCabe. Il imaginait les fédéraux en train d'entendre Medina et Matos, de romancer leurs déclarations, de les transformer. Il voyait Andre assister à la scène, ravi, ravi de voir son affaire nette, si impeccablement résolue. Et leur petite bande, qui riait après, comme font les indics, tous ensemble, en plaisantant sur l'affaire, en se baladant dans le bureau d'Andre, en regardant les photos accrochées au mur, tous ensemble, bons copains, comme une famille. C'était ridicule, c'était une blague, voilà ce que c'était.

Endormi – du moins crut-il qu'il l'était – Nick pensa à Andre, aux livres, aux cassettes et aux disques classés par ordre alphabétique, et se dit, tu connais ce mec depuis dix ans et ça ne t'est jamais venu à l'esprit. Quel flair, un vrai Sherlock.

Déjà trois jours à Rikers Island. Diego était allongé en sous-vêtements dans le silence de sa cellule. Trois nuits d'affilée à être incapable de trouver le sommeil. De la paillasse en face de lui s'échappait le son du ronflement paisible de Felix. Le secteur était étonnamment calme. Diego regardait fixement les barreaux et pensait aux deux cousins portoricains à qui il avait parlé pendant la journée. Diego se dit que les Portoricains faisaient les meilleurs Américains, même s'ils n'étaient pas d'excellents Portoricains au départ. Il lui semblait que la plupart des Portoricains à qui il parlait voyaient Puerto Rico comme la fin de quelque chose, et New York, l'Amérique, le commencement. Quant à lui, Diego considérait New York comme une cage peuplée d'animaux sauvages ; la porte de la cage était verrouillée et il était à l'intérieur. Il songea que c'était la vision que les Juifs se faisaient du monde entier.

Diego se tortillait sous son drap, il réfléchissait à ce que Felix lui avait décrit comme l'échelle des prisonniers américains. Le rang le plus bas, lui avait expliqué Felix, est réservé au persécuteur d'enfants. « L'enculé n° 1 », comme disait Felix. Il semblait à Diego qu'un tel individu était au rang le plus bas n'importe où dans le monde. Un cran au-dessus, il y a le violeur, puis le petit voleur et le toxico, qui est juste en dessous du dealer. Au-dessus du dealer, il y a l'assassin, puis le braqueur, le buteur de flic et, tout en haut, dernier et meilleur rang, le roi de tous les détenus d'Amérique, le chef de la Mafia. Il avait entendu Felix dire qu'il y avait un type important de la Mafia avec eux. En fait, leur secteur ne comptait que les types qui occupaient les meilleurs places sur l'échelle. Diego était entouré d'hommes dont l'occupation principale était le crime. Et Felix en était tout excité.

L'importance de leurs crimes valait aux soixante-quinze ou quatre-vingts prisonniers du secteur B d'être séparés du reste de la population de la prison. Le secteur B était tenu sous la plus haute sécurité. Tous attendaient le verdict de leur procédure et avaient une caution fixée par excès à cent mille dollars ou, comme Diego, pas de caution du tout. Personne n'était autorisé à quitter le secteur, aussi n'y avait-il pas de travail, rien à faire sinon manger, dormir, se masturber et regarder la télé.

Le premier jour, les autres prisonniers n'existaient pas. Les visages étaient semblables à des ombres noires flottant devant les yeux de Diego ; des voix surgissaient de nulle part. Après la deuxième et maintenant la troisième nuit, il avait trouvé un certain équilibre. Mais pas une minute ne s'était écoulée durant ces derniers jours et ces dernières nuits sans qu'il ne pense au pauvre Justo. Et à présent, tout ce que Diego savait c'était qu'il était seul, et qu'on lui retirait la vie, qu'il n'y avait aucun bonheur en perspective, qu'il était pris dans une tempête, un tourbillon de souffrance. C'était la fin. Quand il songeait au futur, il ne voyait que des larmes.

Lors de son premier jour à Rikers, il s'était assez ressaisi pour téléphoner à ses enfants. Il n'avait trouvé personne à la maison et, paniqué, avait appelé sa logeuse. Diego, lui avait-elle dit, vous feriez bien de vous trouver un avocat fiable, et vite. La police était là et cherchait Mariaclara et Miguel. Ingrid lui avait dit qu'elle refusait de croire qu'il était aussi mauvais que ce qu'ils avaient dit à la télévision. Puis elle lui avait donné un message, un numéro de téléphone, il devait appeler Natalia Punto.

Mío, les enfants sont avec moi, avait dit Natalia. Ils dorment, ils sont tous les deux couchés, agrippés l'un à l'autre. Je vais prendre soin d'eux, ne t'inquiète pas pour tes enfants, pense à toi.

Diego se redressa. Il allongea les jambes sur le côté de la paillasse et plongea la tête entre ses mains. Je m'occupe de ton Justo, lui avait dit Natalia. Ton fils et mon Rodrigo, on va bien s'en occuper. Rodrigo avait de l'argent, plein d'argent, avait expliqué Natalia, elle avait pris un peu de cet argent, cinq mille dollars, et les avait apportés dans un sac en papier à un avocat du nom de Weisner.

Weisner va venir te voir, lui avait-elle dit. Weisner a promis de venir le plus vite possible, alors attends-le. Et puis elle lui avait demandé s'il savait comment son mari était mort. Diego se rappelait que Felix lui avait dit que les gardiens de la prison usaient de nombreux subterfuges et, parmi eux, le piratage des conversations téléphoniques. Il avait dit à Natalia que son mari était un homme courageux, plus courageux qu'il ne pourrait jamais l'être. Tu ne vas peut-être pas me croire, lui avait-elle dit, mais je l'aimais bien. À la fin, moi aussi je l'aimais bien, lui avait dit Diego. Il faut qu'on se soucie des enfants, Diego. Elle avait dit, je te fais le serment de prendre soin d'eux comme si c'étaient les miens.

Diego l'avait remerciée. Il se souvenait qu'il s'était arrêté de respirer pendant quelques secondes, puis qu'il avait chuchoté :

– Natalia, je t'en prie, promets-moi que tu ne les laisseras pas m'oublier.

– T'oublier, Diego ? Tes enfants et moi ne t'oublierons jamais, tu peux en être certain.

– Je t'aime, Natalia, avait-il dit, et à ce moment-là, c'était vrai, il aimait Natalia plus qu'il n'avait jamais aimé aucune femme.

– Diego, avait fini par dire Natalia, quand tu regardes les murs noirs et gris qui t'entourent, pense aux murs couverts de fleurs à Cuba, notre patrie. Pense à tes enfants, pense à moi. Sois fort, Diego. Sois fort.

Felix entra dans la cellule un sandwich à la main. Il était environ dix heures du matin. Chino Vasserman et un autre type de la bande du Bronx, un Noir surnommé Cubano, étaient dans le couloir. Felix offrit à Diego un peu de son sandwich.

– Je n'ai pas faim, dit Diego, je ne me sens pas très bien.

– Il faut que tu manges, dit Felix. T'es pas venu petit-déjeuner, on t'attendait.

Diego baissa la tête et regarda Felix dans les yeux.

– Qu'est-ce qui se passe ? dit-il.

Felix aperçut les pièces dans la main de Diego.

– Tu vas téléphoner ? dit-il.

– Oui.

– Bon. Mais il faut que tu parles à Manny et Chino. Je leur ai dit que tu jouais pas au con. Que t'essayais juste de trouver le moyen de sortir d'ici. C'est normal. Et que tu ferais rien sans leur en parler d'abord. Hein ?

La colère de Diego le fit parler sans réfléchir.

– Si ces gens n'avaient pas fait ce qu'ils ont fait, je ne serais pas ici, dit Diego.

Il jeta un œil à Chino, qui semblait sur le point de sourire.

– Je leur parlerai plus tard, dit Diego, pour le moment je ne me sens pas très bien.

– Non, dit Chino. Amène-le maintenant.

– Allez viens, dit Felix. Ils veulent te parler une minute, juste une minute.

Diego haussa les épaules avec un sourire exaspéré.
– Oui, bon, d'accord, je vais leur parler.
– Manny est dans la salle télé, viens avec moi, je t'emmène.
– C'est bon, c'est bon.
– Écoute, si on n'est pas solidaires, on va avoir des problèmes. Manny s'occupe de toi, d'accord ?
– T'as sûrement raison.

Calme, résigné. Après avoir dit ce qu'il avait dit, Diego lança un regard gêné à Chino. Le visage de l'homme était fendu d'un grand sourire.

Le couloir qui menait à la salle télé était sombre, étroit et bordé d'hommes plantés devant leur cellule. Ils regardèrent passer Diego et Felix, et leurs voix se turent. Diego entendit des reniflements. Les murs du couloir étaient recouverts de graffitis. Par une porte sur sa droite, Diego vit en passant le surveillant, Tommy Carbone, assis derrière un bureau. Il était bien coiffé, très chère la coupe ; il avait l'air de sortir d'un plateau d'Hollywood. Tommy parlait à un détenu noir au crâne rasé qui avait une grande boucle d'oreille en or et un tatouage de petit oiseau rouge sur la nuque. Tommy, lui avait raconté Felix, introduisait de la cocaïne et de l'héroïne dans la prison. Pas de marijuana, l'odeur était trop difficile à dissimuler. Tommy faisait du crime organisé, si tu veux voir du crime organisé, laisse tomber les macaronis de la rue et regarde bien Tommy. Le Noir écoutait attentivement ce que disait Tommy, quelque chose comme : « Tu vas rester ici jusqu'au procès. Te mets pas dans cet état, ça arrive à tout le monde d'avoir des emmerdes. »

Diego avança encore dans le couloir puis en prit un plus petit qui menait à une porte sur laquelle était écrit « Télévision ».

– *Oye*, Professeur, dit Mambo Vasserman, debout devant la télé, les bras croisés, en train de regarder un western, vêtu d'un jean neuf, d'un tee-shirt rouge et d'une superbe paire de baskets. Manny avait d'énormes bras massifs et puissants, Diego n'avait pas oublié comme ils étaient puissants. D'un petit signe de la main, Manny fit signe à Diego d'entrer.

Manny avait bu de l'alcool, du rhum à en juger les relents. Cette odeur rappela à Diego le sous-sol de *Los Campos*, et son cœur se figea. Diego sentit ses genoux trembler, il avait l'impression d'être sous l'eau et de ne pas pouvoir respirer. Quelqu'un monta le son de la télé, et Diego tourna les yeux vers l'appareil.

Manny le regarda un moment en silence.

– Professeur, dit Manny, nous sommes tes amis ici, et tu veux nous trahir.

– Je ne comprends pas, dit Diego. De quoi tu parles ?

– Toi. Tu ne reconnais pas tes amis. Putain, tu veux appeler les flics. Qu'est-ce que c'est que ce bordel, tu veux appeler les flics pour dénoncer tes amis ?

– Non, non. Je prends un avocat. C'est un avocat qui va venir me voir.

– Tu as dit à Felix que tu allais appeler les flics. Felix ne ment pas.

– Je ne mens pas, dit Felix.

Diego n'écoutait qu'à moitié, il parcourut la pièce du regard et vit plusieurs personnes qu'il n'avait jamais vues auparavant.

Puis tout arriva vite.

Manny sourit, et le frappa d'un direct du droit. En un clin d'œil, Felix et Chino Vasserman l'avaient plaqué face contre terre. Manny appuya son genou sur le dos de Diego et le bloqua en ramenant d'un coup sec ses bras derrière lui. Il y avait des hommes tout autour de lui, certains qui quittaient déjà la pièce, d'autres qui restaient là, pour regarder et surtout donner des conseils. Cubano se précipita sur lui et s'agenouilla. Il agrippa les cheveux de Diego avec ses mains fortes et, malgré la résistance de Diego, Cubano lui tira lentement la tête en arrière pour lui découvrir la gorge.

Diego secoua la tête, essaya de se débattre mais se fit frapper à coups de poings et de pieds. Il entendit ses côtes craquer. Il tenta de tourner la tête, de regarder autour de lui, comme si ça avait pu changer quelque chose.

Manny chantonnait. Un son agréable. Diego essaya de donner des coups de pied, de mordre. Ses bras furent rabattus en arrière avec encore plus de poigne et il entendit un nouveau craquement, il sentit quelque chose se rompre. Il avait la nausée à force de ne pas pouvoir respirer. Il se racla la gorge et un petit filet de bave coula le long de son menton ; il prenait de profondes inspirations qui ressemblaient à des ronflements.

Du coin de l'œil, il aperçut la lueur d'une lame de rasoir.

– Diego est un homme d'honneur, articula-t-il d'une voix étranglée. Ce fut la seule chose qui lui vint à l'esprit.

Ce qui n'arrêta pas Manny Vasserman. Il entailla vivement Diego, au visage, à la gorge. Après quoi, Manny se redressa et exécuta devant l'assistance une caricature de danse macho, se pencha en avant, sans cesser de grogner de plaisir.

– Mon Dieu, s'écria Diego.

Une bulle de sang creva sur ses lèvres. Il en perçut le goût et l'odeur. Plus la peine de résister, se dit-il. Laisse tomber.

Chino Vasserman, le frère de Manny, recula pour éviter la mare de sang qui s'étendait à ses pieds.

* * *

Nick était assis dans une pièce sans fenêtre de la Cour de Queens et regardait la photo de Diego Cienfuego à la une du *New York Post*.

– On a la moindre idée de qui l'a tué ? demanda-t-il à Sonny McCabe.

Sonny haussa les épaules.

– C'est la Crim' du Bronx qui s'en occupe, c'est ça ? Ça veut dire qu'ils vont s'en débarrasser d'ici une semaine. Avec toutes les affaires qu'ils ont en cours, ils la résoudront jamais celle-là. Ils vont sûrement la classer. Incroyable.

– Bingo, Cienfuego casse sa pipe et nous, on oublie la plupart des zones d'ombre de notre affaire. C'est parfait.

Sonny était en train de lire la dernière version du projet de bouquin de Kurtz.

– Tout le monde s'y retrouve. Toi et les fédéraux, vous êtes bien contents que Cienfuego ait clamsé, dit Nick. Les fédéraux n'auront pas à faire témoigner Matos et Medina, et on pourra demander à réduire la peine des autres.

Nick laissa retomber son journal sur le bureau.

– Je me demande bien qui a tué ce pauvre gars.

Sonny se frotta les mains et tourna une page.

– Ce pauvre gars ? Pauvre gars mon cul, oui. Arrête un peu. Enfin, en tout cas, c'est ton copain Robinson qui va s'occuper de minimiser les chefs d'accusation. Concernant la détention d'armes, ils vont sûrement bénéficier d'une remise de peine. J'en sais rien. C'est pas notre problème.

– Et voilà.

Le téléphone sonna et Nick décrocha.

– Bureau du procureur, bonjour.

– Nick, j'ai Kenney et Cosgrove de Washington dans mon bureau, dit Andre. Ils voudraient vous parler à Sonny et toi.

– On est là.

– Et, euh, la femme de l'informateur, Natalia Punto, est à l'accueil. Elle veut me parler.

– Tu déconnes.

– Elle est accompagnée de deux enfants.

– Oh ! là, là !

Nick claqua des doigts pour attirer l'attention de Sonny.

– Ils arrivent, Kenney et Cosgrove. Sois aimable, Nick, ils sont sympas.

– Bien sûr.

– Quoi ? dit Sonny. Quoi ?

Il y eut un moment de silence à l'autre bout du fil, puis Andre ajouta :

– Tu as une idée de la raison pour laquelle Natalia Punto est ici ?

– Non, pas du tout. Peut-être que Sonny sait pourquoi. Quitte pas. La femme de Rodrigo est à l'accueil. Elle veut voir Andre.

– À propos de quoi ?

– Je te le demande.

– Qu'est-ce que tu veux que j'en sache ?

– Sonny n'en a aucune idée, dit Nick dans le combiné.

– Bon, moi je ne veux pas la voir, dit Andre. Qu'est-ce que je peux lui dire ?

– Hé, Andre, j'imagine que les gosses, ils sont deux, c'est ça, un garçon et une fille ?

– C'est ça.

– Je crois que ce sont ceux de Cienfuego. Les enfants de Cienfuego.

– Si c'est le cas, il ne vaut sûrement pas mieux que je la voie.

– Qu'est-ce que tu vas faire ?

– Je lui ai déjà fait dire que je suis occupé. Elle n'a pas pris de rendez-vous. Je vais demander à ma secrétaire de lui dire de revenir avec un avocat. Je ne lui parlerai pas sans la présence d'un avocat.

– Les agents sont là, dit Nick.

– D'accord. Appelle-moi quand vous aurez fini.

Les deux agents fédéraux firent leur entrée dans la pièce. Sonny ne leva même pas les yeux de son livre et Nick ne put réprimer un sourire.

– Nick Manaris, dit-il, et voici Sonny McCabe. Comment se porte le gouvernement aujourd'hui ?

L'agent sur lequel ils étaient tombés dans le parking de la Cour sembla se rétracter quand Nick lui tendit la main.

Nick revit soudain toute la conversation qu'il avait eue avec l'agent, il y avait quoi, une semaine ? Il sentit comme un bourdonnement pendant quelques secondes, moitié colère, moitié honte.

– Bill Kenney, dit l'agent.

– Jim Cosgrove, dit l'autre.

Nick se tourna vers Sonny.

– Nous devrions remercier ces messieurs, dit-il pour essayer de détendre l'atmosphère. Ils ont pris toutes les responsabilités dans cette affaire.

– Toi remercie-les, dit Sonny.

Les deux agents étaient tous deux comme on les attendait, bien habillés, tout ce qu'il y avait de plus sain. Des fédéraux standards.

– Merci à vous, dit Nick, il ne semblerait pas qu'on ait besoin d'un procès. Remise de peine pour tout le monde, marché conclu, par ici la sortie et c'est gagné.

Nick essayait vraiment de faire de l'humour mais non seulement tout tombait à plat, en plus sa tentative lui valut un regard de dégoût total de la part de Sonny McCabe.

Ils se serrèrent la main. L'agent Cosgrove était plus vieux, la quarantaine, pas de la DEA mais du FBI, et travaillait sur une mission en collaboration avec la DEA à Washington. Nick songea, il est plus vrai que nature, il a l'air d'un comptable, d'un banquier. C'est pas un con. Beau costume, il a toujours raison et pas mal bourlingué. Il pourrait être un de ces Mormons que le Bureau recrutait à Brigham Young dans les années soixante. Un homme endurci, expérimenté, sans zones d'ombre. Son coéquipier, de dix, quinze ans son cadet, le cheveu un peu long, bottes de cow-boy, semblait tout frais moulu de l'université du Texas, droit comme un i pendant toutes les présentations, mince, avec sa bague du collège, tout blanc. Agent Kenney, de la DEA.

Sonny s'était enfin levé, il faisait face aux agents derrière le bureau, le projet de bouquin à la main.

– Alors dites-moi, Kenney, vous avez trouvé finalement qui vous a crevé vos pneus ?

Ton courtois.

– McCabe, ça vous a peut-être fait marrer, vous. Moi, je n'y ai vu aucun humour. Mais il est vrai que je ne suis pas de New York, pour ce qui est de l'humour, je suis un peu lent à la détente.

L'agent Cosgrove vint se poster devant Kenney comme pour le protéger d'une attaque.

– Bill, dit-il, nos pneus ont été crevés par de la racaille de New York. Pas des officiers de police, c'est impossible.

Kenney haussa les épaules.

– Je n'ai aucun sens de l'humour, ça a toujours été mon problème.

Et Sonny d'ajouter :

– Mais si, t'as un super sens de l'humour, tu t'es fait pote avec ces menteurs, ces assassins, ces fouines de Cano Medina et Benny Matos. Je trouve ça désopilant, moi.

– J'ai une idée, dit Nick. Écoutez. Si on recommençait en essayant d'être amis ? Qu'est-ce que vous en pensez ?

– Y a pas de lézard, dit Cosgrove. Écoutez, nous sommes venus vous expliquer ce que nous sommes en train de faire. Au moins vous en dire le plus possible. Vous comprenez. Il y a des éléments, voyez-vous, confidentiels. C'est comme ça. Enfin bref, nous ne sommes absolument pas obligés de faire ça. Nous ne sommes obligés de rien. Mais je crois que c'est plus correct.

Sonny marmonna quelque chose. Il s'assit et retourna à sa lecture.

Nick acquiesça aimablement sans rien dire.

Les agents s'installèrent, attrapèrent deux chaises et s'assirent. Cosgrove dit que c'était le genre d'affaire, encore une fois, où ce n'était pas la Mafia, la Cosa Nostra qui faisait venir des centaines d'armes, mais les Sud-Américains, surtout les Colombiens.

– Et il semblerait que Medina et Matos fassent affaire avec eux depuis des années.

– Pardon? dit Sonny posément, toujours sans lever les yeux. Vous allez nous dire quelque chose que nous ne savons pas, les gars ?

– Qu'est-ce que vous savez d'une ville appelée Medellin ? dit Cosgrove.

– J'imagine qu'elle se trouve en Amérique du Sud, dit Sonny. Un peu en dehors de ma juridiction.

Cosgrove souffla bruyamment, puis parla avec précision.

– Vous avez raison, Sonny, les types de Medellin sont bien en dehors de votre juridiction. Du moins pour l'instant. Bon, écoutez, je sais que vous êtes énervé, et je sais que vous vous dites, j'ai arrêté une bande de connards armés jusqu'aux dents, les fédéraux ont débarqué et en ont récupéré deux. Là-dessus marché conclu, les gangsters lâchent deux trois trucs et puis s'en vont. Seulement ce n'est pas comme ça que ça se passe, alors écoutez-moi. Vous, Nick et les autres, vous avez fait du beau travail. En ce qui me concerne, je sais que c'est vraiment vous, au niveau local, qui faites le sale boulot quotidien.

Sonny était assis, penché sur son livre, mais Nick était tout ouïe.

– Mais on n'est qu'en 1979 ; si on leur tombe pas dessus, sur ces individus, dans dix ans, peut-être moins, ils vont devenir un fléau pour notre pays, bien plus puissant et bien plus mortel que toutes vos familles de la Mafia réunies, dix fois plus.

– Une poignée d'Indiens d'Amazonie ? dit Sonny.

– Excusez-moi, dit l'agent Kenney, mais ce ne sont pas des Indiens.

– Matos et Medina traitaient avec des gens qui contrôlent une énorme structure extrêmement organisée, ajouta Cosgrove. Ils sont intelligents, impitoyables, insensibles et forment un gang capable de fournir des tonnes – et quand je dis des tonnes, ce sont des tonnes – de cocaïne, et suffisamment d'artillerie pour équiper toute une armée.

– Et les Cubains ? demanda Nick.

– Ils comptent et ne comptent pas, ils sont actifs dans le sud de la Floride. Mais ce sont de petits joueurs comparés aux Colombiens, dit Kenney.

– Diego Cienfuego ? Qu'est-ce que vous savez de lui ?

– Cet enfoiré vient d'arriver de Miami, dit Sonny, tu peux être sûr qu'il avait des affaires là-bas.

Il jeta un coup d'œil rapide à Nick puis retourna à sa lecture.

– Les Cubains, les Colombiens, tout ça c'est la même tribu de cons.

Cosgrove éclata de rire et hocha la tête.

– Non, Sonny, c'est pas pareil. J'ai lu dans le journal que quelqu'un lui a fait sa fête, c'est ça ?

– C'est ça, dit Nick. On lui a tranché la gorge, à ce pauvre gars.

– On ne sait rien sur lui, dit Cosgrove. Medina nous a dit que Cienfuego a tué deux types à *Los Campos*, et je le crois. Pour ce qui est des connexions de Cienfuego, je n'ai jamais entendu parler de lui. Et toi, Bill, t'en as déjà entendu parler ? Bill a travaillé à Miami pendant les cinq dernières années.

– Jamais vu. Ça veut rien dire, les plus malins déboulent de nulle part.

– Je pense bien que ça veut rien dire, dit Sonny. Ce connard était un type important, hautement impliqué ici.

Nick écoutait les fédéraux, fasciné. Il avait envie d'éclaircir un point : Medina attribue les meurtres à Cienfuego, il dit que c'était lui le boss, le caïd, que c'est lui qui a tué l'indic. Matos et Medina avouent être dans le circuit depuis des années. Mais Cienfuego est dans le pays depuis moins de six mois, et dans cette ville depuis seulement trois mois. Comment pourrait-il avoir été le boss ici ? Mais Cosgrove ne cessait de parler et, quand Nick y songea de nouveau, il se dit finalement, pourquoi s'acharner ?

– Enfin, en tout cas, fit Cosgrove, je voulais vous dire que vous avez fait du beau boulot. Félicitations. Je crois que Matos et Medina vont nous apporter des éléments importants et, sans votre intervention, ça n'aurait pas été possible.

– Vous savez, vous avez raison, dit Sonny. Ce dont notre profession a besoin, c'est davantage d'inspecteurs de génie avec un chouia d'humilité, il en reste si peu parmi nous.

– Heureusement que vous êtes là, dit l'agent Kenney.

Il rit, étendit le bras et tapota l'épaule de Sonny.

– Je voudrais vous poser une question, dit Nick. Disons que vous en ayez terminé avec Matos et Medina, qu'ils vous aient fourni tel et tel tuyau, qu'ils aient témoigné, et cetera. Qu'est-ce qui se passe ensuite ? Le Programme de haute protection, c'est ça que vous comptez appliquer ?

– Oh oui, dit Kenney, on est en 1979, c'est une nouvelle ère. On les traite comme des héros, on change leurs noms et on les envoie en Alaska. Peut-être même qu'on leur achète une grosse maison.

– Sans déconner. Nouveau nom, casier vierge, nouveau numéro de Sécu, dit Nick.

– Hmmm, dit Sonny en souriant, les yeux mi-clos, et on leur offre sûrement une visite particulière de la Maison-Blanche.

– Ces deux types, Benny et Cano, peuvent lâcher gros, dit Cosgrove. Ils méritent leur protection.

Nick se sentait vraiment malheureux, il ne cessait de se dire, quelle bande de connards.

– Sept personnes sont mortes l'autre jour, dit Nick, une autre hier. Ça fait huit.

Personne ne dit rien.

– Deux officiers de police tués, et est-ce qu'on épingle les vrais responsables ? Je n'en ai pas l'impression, ajouta-t-il. Non, seulement quelques petits malfrats qu'on a parqués à Rikers. Certainement pas les acteurs principaux.

– Nous ne faisons que commencer, dit Kenney. Il y a beaucoup à faire.

Nick se rappela comme il était bon d'être jeune et plein d'illusions.

– Je n'arrive pas à y croire, dit-il, tous ces flingues, huit morts, et personne ne va vraiment payer.

Ils se taisaient, se regardaient les uns les autres, en pensant peut-être tous la même chose, mais Nick n'en était pas certain.

– Qu'est-ce que je te disais l'autre soir, hein ? dit Sonny. Tout ça c'est n'importe quoi, c'est un jeu, un jeu de cons.

– Nous ne voyons pas ça comme ça, dit Cosgrove.

Il y eut un long silence, jusqu'à ce que Nick lui dise :

– Il n'a pas tort.

– Ouais peut-être, mais moi, je ne suis pas d'accord, dit Cosgrove.

– Mettez-vous à notre place. On est des flics. On se coltine cette merde tous les jours. Vous jouez à votre petit jeu depuis des années et quand on regarde les scores, on voit bien que les gangsters ont cent, et le gouvernement zéro.

Cosgrove eut l'air démoralisé, et Nick éprouva pour lui une pointe de compassion.

– Arrêtez, dit l'agent, on fait ce qu'on peut.

– Écoutez, d'abord c'étaient les Italiens, la Mafia, qui nous ont submergés de dope, dit Nick. Ensuite, les Blacks, qui ont foutu le bordel dans leurs quartiers. Après, les Cubains. Et maintenant, vous me dites que les Colombiens arrivent, attention vous me dites, ces enfoirés sont en train d'escalader le mur. Eh bien, peut-être que vous devriez bâtir le mur plus haut, aller en Colombie ou je sais pas où et jeter un filet sur ces enfoirés avant qu'ils n'arrivent ici. Parce qu'au bout du compte, c'est nous, les flics, qui allons devoir les affronter, directement. Vous voyez, c'est pour ça que j'en viens à me demander pourquoi mon gouvernement, qui peut envoyer des gens sur la lune, pourquoi ne peut-il pas tomber sur le poil de ces États étrangers qui tuent nos gosses ? Et je suis bien obligé de penser qu'il a d'autres priorités, que le gouvernement s'en fout. Enfin pas complètement, mais un peu quand même. Je suis bien obligé de penser...

– Hé Sonny, dit Kenney, ton coéquipier peut virer carrément lourd, non ?

– M'en parle pas, dit Sonny.

– Il devrait peut-être écrire un bouquin, non ? dit Kenney.

– Mais non, qui l'achèterait ? Si tu veux lire un bouquin, lis le mien, dit Sonny.

– Quoi ? fit Kenney.

– Mon bouquin, quand je l'écrirai, tu iras l'acheter et tu diras à tes amis d'en faire autant.

– OK.

– Je m'en souviendrai.

Nick sourit et hocha la tête.

– Sonny...

Une demi-heure plus tard environ, peu après le départ des deux fédéraux, Andre entra dans le bureau.

– Écoute, la bonne femme avec ses gosses, elle est toujours à l'accueil. Qu'est-ce qu'elle peut bien vouloir ?

Sonny s'avança vers la porte et jeta un œil au bout du couloir.

– Elle vous rend nerveux ? dit-il.

– Ce sont ses cris qui me rendent nerveux, dit Andre. Vous ne l'entendez pas, c'est pas vrai ?

– J'entends rien, dit Sonny, attendez, quoi ?

Il sortit dans le couloir.

– Hé Nick, Nick, viens voir.

Le vigile était tout rouge à force de rivaliser de hurlements avec la femme de Punto qui hurlait, tous deux agitaient les bras et braillaient tandis que les assistants du procureur fermaient leur porte de bureau, de peur d'être mêlés à la dispute.

Le vigile avait peur parce qu'il travaillait ici depuis dix ans, depuis qu'il avait quitté l'armée de l'air, et qu'il avait déjà vu ça, une attaque portoricaine, comme on disait, une espèce de crise d'épilepsie. De la bave sortait de la bouche, les yeux tournaient, et la personne se mettait à respirer comme un bœuf. Mais là, ce n'était pas une crise, il n'y avait pas d'yeux qui tournaient, pas de bouche baveuse, et cette femme n'était pas portoricaine, elle était cubaine, et elle en avait ras le bol.

Nick, Andre et Sonny se postèrent dans le couloir, sur le côté, pour assister au spectacle par la vitre. Les bureaux des assistants du procureur étaient séparés de l'accueil par une porte en verre dépoli, verrouillée, à fermeture électronique, et Natalia Punto s'agitait devant dans tous les sens, hurlait sur le type de la sécurité et la réceptionniste.

– C'est pas après vous que j'en ai ! criait-elle, je m'en fous de vous, mais ces salauds me font attendre ici depuis deux heures !

Le type de la sécurité ne savait pas s'il devait être vexé ou reconnaissant. Bâti comme une chaise trop rembourrée, il s'avançait vers elle à petits pas hésitants. Il s'approchait trop près et vlan ! le sac à main de la bonne femme lui passait à quelques centimètres de la tête.

Le canapé en cuir de la réception était occupé par les deux enfants que Nick avait vus dans la salle d'audience. Au-dessus d'eux s'étendait une fresque du pont de Brooklyn sur toute la longueur du mur. Les deux enfants étaient bien habillés, ils portaient des tenues bleu marine assorties, impeccables. Nick se dit qu'ils ressemblaient à une publicité pour un voyage en Espagne, tranquillement assis là, les yeux fixés sur le tapis, main dans la main. De vraiment beaux gamins. Surtout la petite, presque trop jolie avec sa peau brun chocolat et ses grands yeux doux, clairs, vert jade.

– Ne vous approchez pas de moi, criait Natalia. Je veux parler à M. le procureur Robinson, et moi pas partir avant.

– Madame, dit le vigile, parlez-moi calmement.

– Je vais te parler, tu vas voir, je vais te dire le nom du mec pour qui ta femme fait son lit, gros porc.

– Sonny, dit Nick, Eddie ne disait pas que la femme de Punto avait des difficultés en anglais ?

– Hmmm, ouais, exact. Il faudra que je lui avoue que cette bonne femme parle mieux que lui. Ce qui, au passage, ne veut pas dire grand-chose.

– Je n'ai pas l'intention de rester ici, prisonnier de mon propre couloir, pendant que cette femme continue son numéro, dit Andre. Allons lui parler. Finissons-en.

Les yeux de la petite s'écarquillèrent quand elle vit les trois hommes passer la porte. Elle les désigna d'une main, puis de l'autre :

– Il a eu mon *papi*, dit-elle, celui-là.

– Je suis le procureur Robinson. Je peux vous aider ? dit Andre, ce qui, bien sûr, fit mouche.

– M'aider ? M'aider ? cria Natalia.

Sa poitrine se soulevait d'indignation.

– Calmez-vous, madame, calmez-vous, dit Sonny.

Mais Natalia n'était pas d'humeur à écouter. Elle regarda Nick et Sonny, se tourna vers Andre, le visage déformé par la douleur, et hurla :

– Vous savez où j'emmène ces deux enfants ?

Nick tourna lentement la tête, hésitant, pour regarder les enfants. Il essaya de se forcer à ne pas sourire. Car depuis toujours, dès qu'il était tendu, vraiment tendu, ce qui n'était pas très fréquent, Nick Manaris souriait. Il essaya de se contrôler, il essaya de toutes ses forces mais ne put s'en empêcher. Il jeta un œil aux enfants, puis tira d'un coup sec sur la veste de Sonny.

– Waouh, dit Sonny. Tu dirais qu'elle a quel âge ?

– Dix, douze ans, dans ces eaux-là.

C'étaient les yeux, songea Nick, un peu contusionnés, comme si elle pleurait depuis des jours. La petite était assise et le toisait, les toisait tous comme si elle, quoi... les évaluait ? Et le frère, on aurait dit des jumeaux, mêmes cheveux, mêmes yeux et même peau, un long nez fin, mais Nick ne pensait pas qu'ils étaient jumeaux, la fille semblait plus âgée, de deux ans peut-être.

– Waouh, dit Sonny, la dernière fois qu'une nana m'a regardé comme ça, c'était mon ex-femme. Elle avait trente ans, et elle était italienne, je croyais qu'il n'y avait que les ritales un peu barges pour vous regarder fixement comme ça.

– J'emmène ces deux enfants dans un funérarium, dit Natalia. Une maison des morts, pour qu'ils puissent voir pour la dernière fois leur père et leur frère.

– Je vous en prie, madame Punto, dit Andre. Calmez-vous.

– Je suis calme. Vous voulez savoir comment c'est quand je suis en colère ?

– Non merci.

– J'ai une question à vous poser, monsieur le procureur Robinson.

Andre ferma les yeux et hocha la tête.

– Bien.

Natalia Punto expira, et quand elle se mit à parler, ce fut très doucement.

– Pourquoi, dit-elle, plus mort que mort... ?

– Je vous en prie, madame Punto, je vous en prie, dit Andre.

Natalia se mit à respirer vite et fort, comme si elle allait faire un malaise et dit :

– Oui, monsieur le Procureur, oui.

Ses yeux devinrent immenses.

– Mon Dieu me dit que les gens qu'on aime ne meurent pas tant qu'on se souvient d'eux. J'ai une bonne mémoire, monsieur le Procureur, une très bonne mémoire. Je veux que vous le sachiez. Je veux que vous le sachiez tous.

– Garde, dit Andre, je crois que madame Punto a terminé. Raccompagnez-les, elle et ces deux enfants, à l'ascenseur.

Mariaclara et Miguel se levèrent du canapé et se collèrent derrière Natalia. Natalia recula comme si le vigile avait l'intention de l'attraper, ou d'attraper les petits, ce qui n'était pas le cas. Il s'approcha d'elle, les mains en avant, pour la conduire à la porte. Mais Natalia n'était pas du genre à se fier à un homme en uniforme.

La petite, derrière Natalia, dévisageait Nick avec incompréhension, comme si elle cherchait sur son visage un indice, quelque chose. Nick se sentit soudain coupé de tout le reste, comme ils étaient coupés l'un de l'autre. Il regarda Natalia Punto qui continuait de reculer, les bras en avant pour protéger les enfants derrière elle. Tant qu'elle ne se figerait pas, ça irait, se dit-il.

Natalia s'arrêta.

– Allez, madame, dit le vigile, arrêtez de foutre la merde, prenez vos enfants et partez.

– C'est vous la merde, lui dit Natalia.

Elle jeta un coup d'œil à Nick, hocha poliment la tête, puis se tourna de nouveau vers le vigile, méfiante.

– Vous devriez avoir honte, dit-elle.

Le vigile continuait d'avancer vers elle.

– Tu veux un coup de pied dans les couilles ? dit Natalia.

Le garde s'immobilisa.

Elle sourit fièrement, et ses yeux se posèrent sur chaque visage l'un après l'autre.

– Nous partons, dit-elle, nous sortons.

Le vigile voulut dire quelque chose ; il hésita, puis renonça.

Sacrée bonne femme, songea Nick. L'espace d'une seconde, il fut envahi de tristesse pour Diego, et pour Rodrigo. Ils aimaient tous deux cette femme et il voyait bien pourquoi.

Nick s'éclaircit la gorge.

– Natalia, dit-il. Vous vous appelez Natalia, c'est ça ?

Elle le regarda droit dans les yeux.

– *Si, claro*, dit-elle.

– Vous pensez que nous sommes vos ennemis, mais ce n'est pas vrai, dit Nick.

– En quoi ce que je pense est important pour vous ?

– Si, c'est important, c'est important pour moi ce que vous pensez.

– Croyez-le, dit Sonny, c'est important pour lui.

– Vous, inspecteur McCabe, dit-elle, je ne vous parle pas, je ne vous regarde pas. Je parle à l'inspecteur vilain nez.

– D'accord laisse tomber, dit Sonny.

Il eut un petit rire détaché.

– Putain ce qu'elle est belle, dit-il.

– Tu parles que je vais laisser tomber. Si vous croyez en Dieu, vous pouvez toujours prier pour que je laisse tomber. Mais je ne laisse jamais tomber, et nous n'oublierons jamais que vous avez assassiné notre Justo.

– Oh ! là, là ! dit Sonny, vous me faites peur.

Natalia voulut parler, se ravisa et secoua la tête.

– Vous devriez partir, madame Punto, dit Andre. Pensez aux enfants.

– Oui, monsieur le Procureur, je vais partir. Mais avant, je veux vous donner quelque chose.

Andre se contenta de hausser les épaules et Natalia ajouta :

– J'ai quelque chose pour vous.

Elle ouvrit son sac à main et en sortit un livre à couverture rouge. Elle le tendit à Andre.

– Qu'est-ce que c'est que ça? dit Andre.

– Le livre de Rodrigo.

– Que c'est beau, dit Sonny. Rodrigo écrivait un livre.

– Bien, lui dit Andre. Si ça peut vous faire plaisir, si vous partez je le prends, dit-il, je crois que je peux accepter votre livre.

Nick regardait la fille de Diego. Elle avait les cheveux tirés derrière les oreilles et portait de minuscules anneaux en or; quand Natalia se retourna pour sortir, la petite regarda Sonny. Mais Sonny ne lui prêtait aucune attention. Sonny souriait triomphalement en lorgnant les fesses de Natalia Punto. Quand la petite croisa les yeux de Nick, elle le fusilla du regard et tira la langue très lentement.

Dans les mois qui suivirent, Nick s'aperçut que des images de Diego, des enfants de Diego et de Natalia Punto lui revenaient sans cesse. Il fallait faire attention, il pensait trop souvent à eux, des images brouillées qui surgissaient de temps en temps dans sa tête. Il s'efforça, s'efforça d'oublier et, au bout d'un moment, ils ne devinrent plus qu'une nouvelle histoire de flic, une aventure de plus survenue dans le métier.

27

Après les élections, quand il entra dans ses fonctions de procureur général du comté de Queens, Andre Robinson passa en revue anciennes et nouvelles affaires. Il lut les rapports des enquêteurs, ne parvint pas à y voir clair et se dit, merde. Le nombre de grosses affaires qui auraient dû être résolues et qui avaient capoté, tôt, tard ou à mi-chemin. Il se surprit à songer que d'un coup de téléphone bien choisi, deux des meilleurs inspecteurs de New York pourraient être transférés de l'unité de contrôle du Crime organisé et affectés à son bureau. En découlerait bien sûr une dette future, il faudrait en fin de compte rendre quelques services. Il pouvait s'en accommoder, il était habile à manier ce style de politique.

Andre organisa un déjeuner chez *Forlini* avec l'adjoint au maire pour parler justice criminelle, un homme du nom de Schwartz. Infatigable fumeur et buveur de café, il avait une relation privilégiée de longue date avec le maire de l'époque. Avant de régler l'addition, Andre tendit à Schwartz un bout de papier sur lequel figuraient deux noms. Le jour suivant, l'adjoint au maire parla au maire, le maire appela le Police Commissioner, le PC appela le chef du personnel et, bingo, Nick et Sonny furent transférés au bureau du procureur de Queens.

L'ordre de transfert arriva par le télétype interne un mardi matin, ce fut l'inspecteur Riordan, chef de groupe de l'UCCO, qui en informa Nick par téléphone.

Excités et impatients comme deux débutants, ils débarquèrent à la Cour le mercredi. Andre les présenta à tout le monde et dit à sa secrétaire de les aider à remplir les formulaires de rigueur. Il ordonna ensuite à Leo Turner, son chef de brigade, de leur exposer l'affaire de racket de Kennedy Airport.

Classez cette affaire, leur dit Leo Turner, c'est mort, terminé, foutu. Andre n'en était pas si sûr, il demanda à Nick de lire le dossier. Nick le prit et s'assit à un bureau pour le consulter. Trois types sur écoutes, un culturiste, homme de main du nom de Mario Mauro, d'Astoria ; le deuxième, Vincent « Kid Vinny » Calisi, était un braqueur de Howard Beach. Et le troisième, le plus important, Little Anthony Rufino. Rufino avait été un petit malfrat de East Harlem, un racketteur. C'était un dingue qui parcourait les rues avec une batte de base-ball pour collecter les retards de paiements. Un gangster qui avait passé la majeure partie de sa vie dans des appartements miteux, un enragé qui se soulageait par la violence. Little Anthony Rufino, d'après l'enquête, avait été intégré à la famille mafieuse des Bucci, pour qui, par la suite, il avait tué des gens sur commande. Actuellement, il gagnait bien sa vie et vivait dans une ville à la mode, Roslyn, à Long Island. Little Anthony était devenu lui-même usurier, il avait des putes dans quelques bars du West Side et était le suspect n° 1 d'une demi-douzaine de meurtres.

Après cinq bonnes minutes passées à survoler les conversations retranscrites et les observations des inspecteurs, Nick comprit que l'enquête menée sur ce racket pendant dix-huit mois avait démarré sur les chapeaux de roue mais avait avorté.

Les enquêteurs du procureur avaient mis la patate sur cette affaire, douze inspecteurs vingt-quatre heures sur vingt-quatre. Mais en cours de route, ils avaient tout foutu en l'air en intervenant trop tôt et en arrêtant le frère de Kid Vinny avec un Luger dans la poche au volant d'une bagnole volée. Les individus restants avaient paniqué et, le jour suivant, les micros ne donnaient plus rien. Deux des trois cibles échappèrent à la justice en fuyant vers des destinations inconnues. Il ne restait plus qu'à faire signer à Rufino, le dernier sur écoutes, la notification selon laquelle d'après une loi locale, un abonné doit être informé dans les quatre-vingt-dix jours que le micro a été retiré de sa ligne.

Ce jour-là, le dossier entre les mains, Andre avait souri et dit :

– Peut-être que si on vous avait eus, vous les deux stars, pour suivre ces racketteurs, on aurait résolu l'affaire. Toujours est-il que les enquêteurs ont mérité des vacances et qu'il n'y a personne pour aller soumettre la notification. Pourquoi ne le feriez-vous pas tous les deux ?

Pas trop crevant, songea Nick, et il dit :

– Cher coéquipier, voilà notre première mission.

Sonny avait brièvement regardé Andre, d'un air qui avait fait sourire Nick, d'un air qui signifiait qu'il était personnellement offensé.

– Excusez-moi, dit Sonny, mais je suis inspecteur principal. Pas coursier.

Andre se dirigea vers une chaise qui se trouvait devant le bureau auquel Nick était assis, comme si, en restant debout, Sonny le mettait mal à l'aise.

Sonny resta à sa place, les mains dans les poches.

– Écoutez, dit Andre, je suis très sérieux, vous pouvez peut-être en tirer quelque chose.

– Super affaire, fit remarquer Nick, tout en parcourant les notes, en lisant quelques retranscriptions de conversations téléphoniques, sincèrement impressionné ; il se pencha en avant pour poursuivre sa lecture.

– Waouh ! Waouh ! Regarde-moi ça, dit Nick.

Il y avait une conversation retranscrite entre la femme de Rufino, Ann Marie, et un type nommé Paulie. Andre dit, sa femme ? Nick dit que la bonne femme avait un vrai désir de mort, de vouloir se faire un des mecs qui travaillaient pour Rufino.

Andre acquiesça.

– On peut voir ça comme ça. Et Rufino est un malin, lis, tu vas voir qu'il la soupçonne. Regarde sa photo. Ann Marie était une star de *Penthouse*, elle bloque littéralement la circulation sur son passage. Regarde-la en short, devant la maison. L'enquêteur m'a dit que les voitures qui passaient s'arrêtaient net. Et l'amant, Paulie, c'est le chauffeur de Little Anthony.

– Fais-moi voir, dit Sonny, fais-moi voir ça.

Nick tendit le dossier à Sonny. Sonny lut un instant, puis sourit de toutes ses dents.

– Putain, dit-il, tu m'étonnes, ces deux-là jouent avec le feu, ils cherchent les emmerdes, oui. Putain ! dit Sonny, perspicace. Little Anthony est un con mais pas un gogol. Ils sont malades, ces deux-là.

– On va aller faire un tour chez lui, dit Nick, lui demander de signer la notification.

Andre acquiesça.

– Faites-le, ça vous donne quelque chose à faire aujourd'hui.

– La vache ! dit Sonny, vous avez lu ça ? Ils y vont carrément les amoureux, hein ? J'ai la gaule rien qu'en lisant ce truc-là.

Nick aperçut le regard enthousiaste de Sonny et sourit.

– Si le reste de la bande avait jacté comme eux, on aurait eu quelque chose. Mais ils n'étaient pas bavards, ils parlaient par code, vite, dans un dialecte italien. Et puis ils ont complètement arrêté de parler.

Nick était intrigué et demanda s'ils avaient chopé Rufino en train de faire autre chose que du racket. Andre lui dit que Little Anthony se servait de Kennedy Airport comme si c'était son centre commercial privé. C'était un affranchi, un homme de main de la famille Bucci, il aurait fait n'importe quoi pour détourner un dollar.

– Je vais te dire ce que je crois, dit Nick, je crois que ça vaut la peine de tenter le coup. On parle à ce mec, on le menace de lui coller les fédéraux au cul, et on voit ce qu'il dit.

– Exactement, dit Andre.

– Oh ! là, là ! dit Sonny, toujours plongé dans sa lecture.

– Tu as une idée de combien ces individus prélevaient sur tout l'aéroport ? dit Andre.

Nick grimaça.

– En fait, oui. J'ai bossé sur une affaire là-bas il y a environ un an.

– Cinglés, ils sont complètement cinglés, dit Sonny. Anthony Rufino dit qu'il couperait les couilles de Paulie et qu'il les lui fourrerait dans l'oreille. Et ça, juste pour commencer. Bon, allons trouver Little Anthony. Je meurs d'envie de voir cette nana en chair et en os, dit-il à Nick.

Comme Nick se taisait, il poursuivit :

– Eddie et moi, on a suivi Rufino quand on était aux Mœurs, il possédait des clubs de massage, des bordels dans le West Side.

Il agita le bras.

– Viens, mon vieux, ça peut être intéressant.

– Je suis prêt, dit Nick.

– Faites gaffe, dit Andre. N'omettez rien. Dites-lui simplement que son téléphone est resté soixante jours sur écoute. Dites-lui ça, et attirez son attention sur le fait que les fédéraux s'intéressent à lui.

Gardez en tête que ce que les autres ont dit sur sa ligne, il n'en sait rien.

Sonny écoutait Andre, le visage impassible. Puis il dit :

– D'après sa photo, Ann Marie Rufino est une des plus belles femmes que j'aie jamais vues. Et d'après les retranscriptions, je peux dire sans me tromper que c'est une des plus bêtes.

Andre acquiesça tout en regardant Sonny attentivement.

– Rufino n'est pas idiot, faites gaffe à ce que vous dites.

– Je pensais, dit Sonny, Rufino sait ce qu'il a dit, ce qu'on lui a dit. Il a été solliciter plus d'une fois des gros bonnets du coin. Et il a dit des trucs qu'il aimerait pas trop qu'on entende.

Andre continuait d'acquiescer.

– Exact, dit-il. C'est vrai.

Dans la voiture, ils poursuivirent la discussion. Ils étaient tous deux irritables, Sonny parce qu'Eddie Moran n'avait pas envie de les rejoindre à la brigade du procureur, alors qu'Eddie aurait été bien utile sur une affaire comme celle-là. Moran connaissait Rufino, carrément bien, il l'avait coincé quand ils étaient aux Mœurs. Et Eddie savait parler aux ritals. Il savait exactement quoi leur dire pour qu'ils démarrent au quart de tour. Et Nick était irritable parce qu'il ne voulait pas parler ni penser du tout.

– Nick, dit Sonny, je peux pas croire que ce Paulie soit si bête. Mettre sa vie en jeu pour un joli cul.

Il s'enfonça dans son siège passager et s'étira.

– Et la femme, à quoi elle peut bien penser ? T'imagines une nana chaude comme la braise à ce point-là. Il faut être barjo, non ?

Nick ne répondit rien.

– Sacré Little Anthony Rufino, dit Sonny. Quelle honte pour lui, de pas réussir à gérer ses merdes.

Au bout d'un moment, il ajouta :

– Écoute, Nick, si ça t'embête pas, quand on arrive là-bas, laisse-moi parler.

– Hmmm.

– Je le connais ce mec, laisse-moi lui parler.

– Bien sûr.

– De toi à moi, ce mec, là, Little Anthony, il était de mèche avec les types des Mœurs, Nick, il arrosait tout le monde. Moi il ne m'a jamais mis un dollar directement dans la main. Je ne l'aurais jamais laissé faire, pas une ordure comme lui. Mais je travaillais là-bas, et les gens venaient me voir. J'ai fait ce que je devais faire, j'ai fait comme tous ceux qui travaillaient là-bas. Rufino n'était qu'une raclure de plus qui tenait un bordel et un bar de nuit sans autorisation. C'était l'ancien temps, souviens-toi. Tu pouvais pas tenir un bordel sans avoir tes contacts. C'était la règle, quoi. Il y avait des « pots communs », les Mœurs en avaient un énorme, c'était comme ça, hein, Nick ?

Sonny ouvrit un paquet de cigarettes, en sortit une et l'alluma.

– J'ai dit, « c'était » comme ça, avant, pas maintenant, hein, Nick ? Tu vas pas me sauter dessus, devenir dingue parce que je te raconte des trucs, j'espère ?

Nick avait les yeux fixés sur la route qui défilait, la circulation était fluide, et il se disait que le degré de corruption de Sonny McCabe – et en particulier la nature de cette corruption, qui était tellement ancrée en lui que lui-même ne le remarquait pas – allait le rendre dingue.

– Sonny, dit-il, ce que tu as fait à l'époque, ça te regarde. Je ne veux pas en entendre parler. Ce qui m'intéresse c'est ce que tu fais maintenant. Je te le répète, joue pas au con avec moi. Rappelle-toi ce que je t'ai dit, ce que je vois, je le vois...

– D'accord ! D'accord ! T'excite pas, je t'entends, je comprends.

– Je te foutrais moi-même en taule.

– Mais non.

– Joue pas avec ça, Sonny. Me cherche pas.

– Eh, qu'est-ce que je t'ai dit ? Je t'ai donné ma parole, non ? Je t'ai pas dit que si on faisait équipe, si on travaillait ensemble, je ferais tout comme toi ? C'est plus facile, merde, crois-moi, ça t'enlève la pression.

Nick lui sourit.

– Écoute, dit-il, ça s'est bien passé ces derniers mois. J'aime bien travailler avec toi, j'aime bien avoir un coéquipier. Je n'ai jamais rencontré quelqu'un qui connaisse aussi bien ce métier. Mais tiens-toi.

Sonny rougit.

– Ça va bien se passer, dit-il. Au fait je t'ai pas dit ? Kurtz a signé son contrat pour le bouquin, et devine quoi, on a eu plusieurs offres.

– Je suis content pour toi, vraiment. J'aime bien avoir des amis riches.

– Tu parles, y a pas de fric à se faire avec les bouquins. Les films, c'est là qu'est le pactole.

– Alors vous ferez un film.

– Un peu mon neveu. Je suis né pour être célèbre. Bon, je fais un petit somme, réveille-moi quand on arrive.

Nick voulut ajouter quelque chose, mais il avait appris que la première règle quand on avait affaire à Sonny McCabe c'était de ne pas trop en dire. Laisse-le parler.

Quelques mois auparavant, la courroie de transmission de la voiture de Nick avait lâché. Le jour même, il avait deux comparutions à la Cour, de vieilles affaires du temps où il était aux Stups, une à Brooklyn et une dans le Bronx. C'était le jour de congé de Sonny et malgré ça, Sonny était passé le prendre à huit heures le matin, il avait dit à Nick, laisse tomber le métro, tu plaisantes? C'est dangereux dans ces quartiers. Il avait conduit Nick à Brooklyn et attendu que Nick eût terminé à la Cour, puis il l'avait emmené dans le Bronx et n'était pas parti avant que Nick eût fini. Le jour suivant, Sonny lui avait tendu les clefs de sa voiture, il lui avait dit de l'utiliser jusqu'à ce que Nick eût réparé la sienne, il en avait une autre. Si sa mémoire était bonne, pour la première fois Nick avait senti qu'il pourrait avoir un coéquipier. Il n'avait jamais rencontré quelqu'un dans ce métier qui faisait pour lui le genre de choses que faisait Sonny, et Nick en avait été transformé. Il était devenu plus tolérant vis-à-vis de Sonny. Nick avait décidé qu'il allait trouver un moyen de ramener Sonny dans le droit chemin, de lui faire voir les vraies valeurs des choses. Il avait compris que le comportement de Sonny depuis des années avait été nourri non pas tant par un certain type de criminalité que par sa conviction fantasque selon laquelle il fallait coopérer pour avancer dans ce métier. Il lui montrerait qu'il y avait d'autres voies. Et finalement, il retrouverait le droit chemin et verrait que Nick avait eu raison depuis le début. Quant à McCabe, il montrait à Nick ce que c'était qu'avoir un coéquipier, quelqu'un sur qui compter dans la vie, et Nick aimait cette émotion, cette sensation. C'était comme s'il recommençait de zéro, avec une vision toute nouvelle du métier.

Et ce que Sonny faisait pour Nick, il le faisait pour d'autres, plein d'autres. Il vivait le mot « fraternité », quand tant d'hommes de la police se contentaient de faire mine de la respecter. Sonny affectionnait les gens à qui il pouvait faire confiance et dont il pouvait être proche. L'esprit de Nick retraça distraitement les derniers mois qui venaient de s'écouler; il voulait trouver ce que McCabe avait fait pour effectuer cette transformation, comprendre comment la vision qu'il avait de cet homme s'était à ce point renversée. Sonny choisissait ses amis avec précaution, et dès que vous en faisiez partie, c'était pour toujours. Sonny se souciait de vous, il était fier de vous, toujours prêt à vous dire qu'il serait là si vous aviez besoin de lui. Et il avait le rire le plus merveilleux qui fût, chaleureux, authentique, débordant de la joie d'être en vie, d'être flic.

La façon dont il avait réuni les fonds pour les familles du capitaine Hawks et de Sergi Monserette était le meilleur exemple de la générosité de Sonny. Nick n'avait jamais rencontré quelqu'un qui fût capable de se donner comme lui. Au téléphone pendant quatre, cinq heures par jour, pour convaincre les gens de venir donner leur contribution. Mais ce qui avait réellement métamorphosé la vision que Nick avait de ce type c'était sa comparution devant la Cour au moment de l'affaire de *Los Campos*. Tout le monde avait juré sous serment, comme il se doit. Sans un mot de Sonny à Nick à propos du petit Cienfuego. Finalement, les derniers accusés avaient bénéficié d'une remise de peine. Parfait. Et maintenant, Nick et Sonny formaient une équipe de choc, ils ne se quittaient plus depuis quoi, quatre mois? Je peux travailler avec ce type-là, avait conclu Nick, suffit de bien tenir les rennes.

Mais Sonny avait un passé, une longue histoire, et même si Nick sentait que leurs nouvelles relations étaient bonnes, il savait qu'elles pouvaient partir en fumée à n'importe quel moment. Des années auparavant, il avait choisi son mode de vie, et ce choix l'avait, parfois, fait souffrir. Néanmoins, il suivait cette route depuis trop longtemps pour en changer aujourd'hui. Il conduisait la voiture, jetait de temps à autre un œil dans la direction de Sonny, la tête de ce dernier reposait sur l'appuie-tête, il dormait. Nick contemplait ce visage lunaire et franc, ce beau visage d'Irlandais, si facile à lire, et espérait que ce qu'il y lisait était vrai.

Nick prit la voie express de Long Island et en sortit au niveau de Shelter Rock Road. Il passa au-dessus de l'autoroute et plongea vers le nord dans le fric à gogo, passa devant de grosses maisons, de vastes quartiers juifs à la mode. Le cadre était élégant, les pelouses spacieuses, fraîchement tondues et les buissons artistiquement taillés, des Mercedes et des BMW étaient garées le long de larges allées qui menaient à d'immenses demeures en bois, brique et stuc, avec de hauts porches dans tous les coins. Si près de la ville, une heure maximum, et pas un chat, un quartier étonnamment calme pour un milieu d'après-midi. Tout cela n'avait rien pour plaire à Nick, il préférait la côte de la Nouvelle-Angleterre, les petites bicoques battues par les vents face à la mer.

Nick gara la voiture devant la maison de Rufino et Sonny observa :

– Ce petit pédé s'en fait pas.

La rue était paisible, vide. Un chien, un labrador noir, était étendu au soleil, attaché à un arbre par une corde. Musique. Quelque part quelqu'un écoutait des tubes de la Motown.

– Eh ben, dit Sonny en hochant la tête, regarde-moi cette baraque et dis-moi ensuite que le crime ne paie pas. Je parie que ce rital de mes deux est là-dedans, assis à la table de la cuisine, en train de compter mon fric.

Sonny rit.

– Je déconne, t'inquiète.

Nick sourit et secoua la tête, il aimait croire que maintenant il comprenait ce qu'il considérait comme le sens de l'humour tordu de Sonny. Ils se lancèrent un signe d'approbation et se dirigèrent vers la porte d'entrée.

Il n'y avait pas de doute dans l'esprit de Nick sur ce qu'il allait faire. Il comptait montrer à Rufino la notification d'écoute, lui dire que sa ligne n'était plus surveillée depuis trente jours, que les retranscriptions et les comptes rendus de surveillance étaient sur le point d'être soumis aux fédéraux. Expliquer à Little Anthony qu'il avait deux solutions : parler au procureur ou se coltiner les fédéraux. Rien de terrible, juste une décision.

Ils s'engagèrent dans une allée en brique et montèrent les marches qui menaient à la porte d'entrée. Ouvrirent une première porte, rapidement, doucement, frappèrent. Au bout d'un moment, Ann Marie Rufino apparut.

C'était une grande femme avec des cheveux raides qui lui tombaient sur les épaules. La peau claire rougie par le soleil, elle portait des talons aiguilles rouges et un combi-short noir. Elle sourit et dit un aimable : « Oui, qu'est-ce que c'est ? » Une voix d'enfant.

Sonny, son insigne déjà dans la main, annonça :

– Je suis l'inspecteur McCabe et voici l'inspecteur Manaris. Nous sommes du bureau du procureur du comté de Queens. Anthony est là ?

Nick avait remarqué ses seins tout en détaillant son visage, il se demandait s'ils étaient vrais, songeant, comment pourraient-ils l'être ? Nick la regardait à présent dans les yeux, même dans l'ombre de la porte il voyait qu'ils étaient bleus et clairs, comme le ciel au-dessus de Block Island par un matin d'été. Il sentit un chaud picotement familier, quelque chose qu'il n'avait pas connu depuis un moment, quelque chose qu'il n'avait pas connu du tout depuis il ne savait plus quand. Et l'espace d'un instant, il fut envahi par la sensation brûlante de quelque chose qu'il avait perdu. Gêné, il s'éclaircit la gorge.

– Nous devons parler un peu à votre mari. Il n'y a aucun problème, nous devons juste lui parler.

– Je ne crois pas qu'il soit à la maison, dit Ann Marie.

Elle parlait d'une voix douce. Elle tourna la tête vers l'intérieur de la baraque, puis revint vers eux.

– Non, chuchota-t-elle, non, non, non. Il est parti faire des courses.

– Alors nous allons l'attendre, dit Sonny.

Elle recula, ferma la porte, puis l'ouvrit de nouveau en un éclair.

– Oui mais qu'est-ce qui me dit que vous êtes des flics ?

– Vous pouvez vérifier nos cartes, dit Nick, appeler notre bureau, ou téléphoner au commissariat. Leur demander s'ils veulent bien venir jusqu'ici, comme ça on pourra discuter tous ensemble.

– Et moi, je peux vous aider ? dit Ann Marie. Je peux faire quelque chose pour vous ?

– Non, dit Nick.

– C'est que je ne sais pas à quelle heure il va rentrer, vous n'allez pas attendre ici toute la journée.

– Vous voulez nous inviter à l'intérieur ? dit Sonny avec un grand sourire.

– Ça je ne peux pas, je ne vous connais pas.

– Serrons-nous la main et soyons amis alors, dit Nick.

– Regarde, dit Sonny, regarde, Nick, elle sourit. Ann Marie, vous avez l'air d'être une personne charmante.

– Oui.

– Oui quoi ?

– Oui je suis une personne charmante.

Nick et Sonny restèrent plantés sans dire un mot.

– Vous avez vraiment l'intention d'attendre ici toute la journée ? dit-elle.

– Écoutez, madame, dit Sonny, ce soir, vous voyez, quand la lune se lèvera, nous serons encore là à attendre et à observer. Demain matin, vous voyez, quand le soleil se lèvera...

– Oh ça va, dit-elle, et elle claqua la porte.

Pendant quelques secondes, Nick songea à regagner la voiture et à errer dans le quartier le long des rues aux noms d'épices, Thym et Cannelle, pour trouver un endroit où acheter à manger. Il était déjà venu par là et il savait qu'il y avait un restaurant réputé sur Northern Boulevard, le *Neptune*, ou quelque chose dans le genre. Petite pause d'une heure, puis retour et attente, avec du café, un journal, et camping dans l'allée d'Anthony jusqu'à ce que ce petit enfoiré revienne chez lui. Sauf que le rapport de surveillance disait que Rufino conduisait une Lincoln Berline et qu'elle était là au bout de l'allée, noire, luisante et neuve. Il est ici, c'est clair, probablement derrière cette fenêtre du rez-de-chaussée, en train de regarder par les lamelles du store et de voir deux types qui pourraient être n'importe qui. Peut-être même des tueurs venus le chercher, venus lui crever sa petite gueule ; comme il est héroïque, d'envoyer sa femme en éclaireur. Il doit sûrement lui demander de lui démarrer sa voiture le matin, ce blaireau. Nick le sentait tout près, ce petit tas de merde qui les regardait derrière le store.

Sonny avait raison, ils allaient attendre toute la journée, toute la nuit s'il le fallait.

Puis Sonny lança :

– La fenêtre du premier, j'ai vu le rideau bouger, il est là-haut, je l'ai vu.

– On va attendre.

De là où ils étaient postés, on voyait toute la rue : un vieux quartier avec rien d'autre que de l'argent tout neuf. La maison de Little Anthony était une demeure coloniale américaine restaurée, à deux étages, avec un toit bleu en bois et des murs en lattes de cèdre gris délavé. Pas du tout ce que Nick avait envisagé. Il avait imaginé des flamants roses sur la pelouse d'une maison mauvais goût.

Nick se retourna et vit Little Anthony dans l'encadrement de la porte, il agitait son doigt en l'air, comme un petit boudin. Nick et Sonny gravirent de nouveau l'allée afin d'entendre, afin d'être plus près de Little Anthony, ce petit connard dans son jogging chocolat qui disait, mais qu'est-ce que vous voulez, bande de trous-du-cul ? Plantés là comme des piquets. Avec mes voisins qui se demandent ce qui se passe chez l'Italien d'à côté, vous me foutez la honte.

Petite voix aiguë, avec cet accent des rues de East Harlem, un dur, familier des flics depuis des années.

– Magnifique, dit doucement Sonny à Nick, allons le secouer un peu. Putain, j'aurais tellement aimé avoir un mandat d'arrêt. J'adorerais sortir ce nase de sa baraque avec les menottes.

Ils s'avancèrent jusqu'à la porte, sans se presser, l'air de rien.

Nick, s'efforçant d'avoir l'air aussi professionnel que possible, dit :

– Monsieur Rufino, nous sommes du bureau du procureur du comté de Queens, et nous avons un formulaire que nous voudrions vous faire signer.

– Vous êtes malades, je signe rien du tout, moi. Vous êtes malades ou quoi, qu'est-ce que vous voulez que je signe ?

– Vous préférez que nous restions ici, dit Sonny, ou vous nous invitez à rentrer ?

– Vous mettez pas les pieds dans ma maison, pas sans un mandat.

Nick fouilla dans sa poche de veste, en sortit une enveloppe, déplia le formulaire de notification et le tendit à Little Anthony.

– Qu'est-ce que c'est que ça ?

– Vous voulez peut-être que je vous le lise ? dit Sonny.

– Mais, dit Rufino, je te connais, toi. D'où on se connaît ?

– Mon ancien coéquipier t'a épinglé il y a environ trois ans. J'étais là, rappelle-toi, c'est moi qui t'ai emmené au poste.

Little Anthony soupira et lut pendant un long moment avant de dire :

– Moran l'ivrogne, ah ouais, je me souviens. Cette arrestation à la con m'a coûté cinq mille dollars de frais d'avocat.

Il s'interrompit afin de poursuivre sa lecture, leva les yeux sur Sonny et dit :

– Vous avez branché ma ligne, vous avez branché le téléphone de cette maison pendant quoi, deux mois ?

– Exactement, dit Nick, tout en se munissant d'un stylo et en le présentant à Rufino.

– Vous verrez en bas du formulaire l'endroit où vous devez signer. Cela veut seulement dire que vous avez été informé.

– Je sais lire. Deux mois, c'est ça ?

– Ouais, dit Sonny. Et tous les renseignements recueillis vont être transmis au FBI. Ils vont vouloir te parler, te poser des questions.

– T'essayes quoi, de me faire peur ? J'ai pas peur, et je vais te dire que si vous teniez quelque chose, vous seriez venus avec un mandat d'arrêt. Je vous emmerde et j'emmerde le FBI par la même occasion.

Little Anthony esquissa un sourire.

– Pendant deux mois vous avez entendu tout ce qui s'est dit par téléphone, c'est ça ?

– Exact, dit Sonny, tout.

Rufino tendit soudain la main, saisit le stylo que tenait Nick et signa rapidement le formulaire.

– Venez, dit Rufino. Entrez, Marie fait du café, elle cuisine comme un pied, mais elle fait un café d'enfer.

Ils s'assirent à une table dans la cuisine de Rufino, Sonny fuma une cigarette, tous trois burent un café, Nick et Sonny face à Rufino assis de l'autre côté de la table. Ann Marie se tenait dans l'encadrement de la porte, l'épaule appuyée contre le montant, les bras croisés. Abasourdie, elle n'arrivait pas à croire les conneries qu'elle entendait. Nick regardait Rufino, petit mec, un mètre soixante-cinq, peut-être soixante-dix, mais bâti comme un jeune taureau, sans cou, avec des poignets comme King Kong. Son jogging semblait trop grand pour lui, mais son corps semblait bien entretenu ou l'avait été avant qu'il ne se laisse aller à manger trop de pain, de gâteaux et de pâtes. On aurait dit un videur de casino à Las Vegas focalisé sur un agitateur. Little Anthony plissa les yeux et leur dit, regardez-moi, dites-moi ce que vous voyez ? Sonny haussa les épaules, Nick dit, qu'est-ce que tu veux dire ? Anthony dit, rien, vous comprendriez pas. Vous pouvez pas savoir comment c'est là-bas, ce que c'est que d'être un enfant pauvre et de grandir comme j'ai grandi. D'avoir faim certains jours, d'avoir parfois rien à manger que de la polenta, vous connaissez la polenta ? C'est comme de la farine de maïs, polenta le matin, polenta le soir, cuite, frite, de toutes les façons que vous pouvez imaginer. L'expression de Little Anthony ne correspondait pas à son ton, sa voix suintait la colère, il leur disait, tu te bats chaque jour de ta vie de merde. Et tout ce que tu veux c'est de la loyauté, c'est tout ce que tu demandes aux gens, un peu de loyauté.

Ann Marie s'avança pour leur resservir du café et Nick vit Anthony suivre sa femme des yeux sans la regarder directement, assis le dos raide, les mains croisés sur la table. Ann Marie retourna dans l'encadrement de la porte et Little Anthony s'adossa à sa chaise, souleva sa tasse et se mit à sourire en hochant la tête.

– Je peux vous confier un petit truc, les gars ? En privé, on oublie que vous êtes flics, on parle entre hommes ?

– Vas-y, dit Sonny.

– Attention, dit Nick, on n'est pas tes copains ni ton curé, fais attention à ce que tu dis. Je veux pas faire le chieur, je te dis juste de bien réfléchir à ce que tu vas dire.

– Vous êtes là pour me coincer ?

– Non, dit Nick, mais on est des flics, l'oublie pas.

– Vous êtes des flics, mais vous êtes pas là pour me coincer, vous êtes là pour tenter un coup, peut-être avoir du pot et faire de moi un mouchard, c'est ça, non ?

Sonny rit et dit :

– Qu'est-ce que je t'avais dit, Nick, c'est un mec en or. On la lui fait pas à lui. Anthony, dit-il, t'aurais pas quelque chose pour mon café, tu sais un petit machin pour le parfumer ?

– Mais si, bien sûr. Tu veux quoi, un peu d'anisette, du whisky irlandais ? Marie, apporte-lui quelque chose, du whisky ça te va ?

– Super, dit Sonny.

– Et toi, le chieur, dit Anthony, tu veux quelque chose ?

– Non, dit Nick, moi ça va.

– C'est toi le malin, dit Rufino. Je parie que c'est toi le malin. T'as fait des études, hein ? Tu sais, mon vieux, si t'es vraiment malin, me regarde pas comme ça.

Il fit un clin d'œil à Nick qui ne put s'empêcher de sourire.

– Tu vois, dit Anthony, la pire erreur que j'ai jamais faite c'est d'avoir payé des études à mon gamin. Et maintenant j'ai plus de nouvelles de lui, il est parti en Californie, puis dans l'Oregon, il travaille pour une école dans une réserve d'Indiens. C'est qu'une bande de nègres rouges, je lui ai dit. Rien de plus.

Ann Marie posa la bouteille de whisky sur la table et retourna à son poste dans l'encadrement de la porte.

– Ça vous embête qu'elle reste là ? dit Anthony. Parce que si ça vous embête, elle peut partir faire autre chose, rafistoler son maquillage, passer un coup de fil, elle vit accrochée au téléphone.

– Ça ne me gêne pas, dit Sonny.

Nick se tut. Il jeta un regard à Ann Marie, en attendant une réaction de sa part, mais elle ne dit rien, elle resta là, debout, les bras croisés, les yeux rivés sur Little Anthony.

– Bon, écoutez, dit Little Anthony. J'aimerais voir les retranscriptions, ce serait possible ?

– Non, dit Nick.

– Ah bon ? Pourquoi ?

– On va y aller, dit Nick.

– Deux mille cinq cents, ça vous va ? Je vous donne deux mille cinq cents à chacun et vous me laissez les lire.

Nick vit le beau visage d'Ann Marie blêmir. Une tache blanche apparut autour de sa bouche, ses lèvres étaient pincées, et Nick crut l'entendre gémir.

– Arrête, dit Sonny. Tu déconnes, je sais bien que tu déconnes, tu parles pas sérieusement. Tu peux te faire gauler pour pot-de-vin. T'es malade ou quoi ?

Rufino sourit poliment et regarda Sonny avec attention.

– Ton coéquipier, Moran... Eddie, c'est ça ? C'était un mec bien, je tentais ma chance avec toi.

– Tu tentes rien, laisse tomber, dit Sonny.

– D'accord, d'accord, cinq mille. Vous me filez une copie des bandes ou des retranscriptions et je vous donne cinq mille dollars. Non, allez, dix, je vous donne dix mille dollars.

– Bon, dit Nick, ça suffit. Ferme ta gueule, putain. Redis ça une fois et je te boucle. Tu m'as bien compris, je te mets au trou, Anthony. Je t'aime pas, souviens-toi de ça, j'aime pas ce que tu fais. T'as une belle baraque, une belle femme, t'es un petit veinard, mais pousse pas le bouchon.

Little Anthony se tut. Il savait que Nick pensait ce qu'il disait. Aller dire à Ann Marie que s'il ne faisait pas attention il allait se faire coincer pour une connerie d'histoire de pot-de-vin... Il se leva et fit le tour de la pièce.

– Ravi de vous avoir rencontrés, les gars, dit-il, à bientôt. Je vais me débrouiller, d'accord? Je ne vous paye pas vous, je paierai quelqu'un d'autre. Mais j'aurai ces retranscriptions, vous pariez combien que je les aurai?

Nick s'était levé, il enfila sa veste et fit signe à Sonny. Sonny ne bougeait pas, il était assis, buvait son café, son apéro. Nick était énervé d'avoir dû s'asseoir avec ce type et l'écouter, boire un café et papoter avec ce connard.

– Il n'y a rien sur les bandes que tu ne saches déjà, dit Nick. Pas de surprise, c'est toi sur les bandes, rien que toi.

Il jeta un regard éclair à Ann Marie, elle avait les yeux écarquillés, les sourcils levés, implorants, et elle le regardait.

Long silence. Nick se tourna vers Sonny, il avait un air mutin.

Rufino eut un petit sourire et haussa les épaules comme pour dire, on verra.

– Peut-être, dit-il, peut-être que c'est vrai, et si c'est le cas, qu'est-ce que ça peut faire que je les voie?

Rufino suggéra à Nick de se calmer.

– T'es trop nerveux, trop sérieux. Décoince, mon pote.

Qu'est-ce qu'elle a à me regarder comme ça? se dit Nick. Cette cinglée le regardait encore, et l'autre con allait s'en rendre compte, vu comme elle le regardait, avec ses yeux effrayés.

– Vous savez, dit Rufino, j'apprécie ce que vous avez essayé de faire aujourd'hui. C'est votre boulot, je comprends. J'espère que j'ai blessé personne. Je fais ça parfois, je dis des choses que je ne pense pas. Des conneries pour rigoler, et y en a qui me trouvent marrant.

Sonny se leva enfin et regarda Little Anthony en hochant la tête.

– On comprend, c'est pas grave, t'inquiète. T'essayes de faire ce que tu crois bon. On essaye tous, hein, Nick?

Ann Marie avait quitté sa place dans l'encadrement de la porte et disparu dans une autre pièce sans un bruit. Nick savait qu'elle était morte de peur, vu comme elle était restée là, toute raide, et il soupçonna que si Rufino avait rajouté cinq mille dollars, Ann Marie serait tombée dans les pommes.

Il avait du mal à ne plus penser à elle. C'était une vraie bombe, dans le genre corps extraordinaire moulé dans des collants et néant dans le ciboulot. Il souffrait d'un désir qui n'était pas de la convoitise mais de la solitude. Il n'avait pas parlé à Renata depuis des semaines, des mois. Et il n'y avait personne qui s'annonçait, même de très loin, dans sa vie. Puis il pensa à Little Anthony, et une colère tenace le prit au ventre. Il fit signe à Sonny en lui indiquant la porte de la tête.

– Je te laisse ma carte, dit Nick, si tu changes d'avis, Anthony, appelle-nous. C'est à toi de voir.

Le sourire ironique d'Anthony renforça la colère de Nick. Il fit volte-face, attrapa Sonny par le coude et dit :

– Allez, mon vieux, on a des trucs à faire.

Arrivés à la porte d'entrée, ils saluèrent Rufino qui ne bougea pas.

Dehors devant la maison, ils entendirent des petits coups, ils levèrent les yeux et virent Ann Marie à la fenêtre du premier étage. Un jour, du temps où il était à la brigade Anti-Délinquance, Nick avait regardé une vidéo porno, et les femmes de cette vidéo auraient pu être les jumelles d'Ann Marie. L'actrice lui avait semblé aussi étrangère et irréelle que la femme qui les regardait à cet instant. Ann Marie sourit et joignit les mains comme pour prier, elle baissa la tête et dit merci en souriant, une fois, puis deux.

Quand ils s'en allèrent, Sonny dit :

– Je ne m'étais jamais autant approché du corps parfait. Putain, j'ai la gaule depuis plus d'une heure, tu crois que ça va passer ?

Ils s'installèrent dans la voiture en riant un bon moment, puis Sonny chercha une station de radio tandis que la circulation s'épaississait sur la voie rapide de Long Island. Nick pensait que Sonny avait vu Ann Marie Rufino à la fenêtre du premier étage, mais il en fut moins certain quand, au bout de quarante-cinq minutes de trajet en direction de la Cour, Sonny ne dit pas un mot sur le fait qu'il avait vu la femme à la fenêtre.

– Sa femme était morte de peur, dit Nick.

Sonny répéta qu'Ann Marie était la femme la plus bête qu'il eût jamais vue et, pour preuve de cela, il rappela à Nick sa façon de se tenir dans la cuisine, les yeux écarquillés, en train d'écouter Little Anthony et de lui montrer qu'elle avait matière à craindre, n'importe qui l'aurait remarqué.

28

Quand il arriva au bureau le lundi après-midi suivant, Nick trouva deux messages dans son casier d'un certain Dr Conforti, demandant à Nick de l'appeler. Le mot « urgent » était souligné deux fois. Les messages avaient pour fonction de lui rappeler la différence entre travailler dans la brigade d'un procureur et dans une équipe de police classique. Urgent pour une secrétaire de la police veut dire très urgent, alors on vous appelle chez vous. Dans l'administration judiciaire, urgent signifie : on verra bien quand vous aurez le message.

Le mercredi précédent, quand il avait soumis à Leo Turner le formulaire de notification de Rufino, Nick avait demandé au chef de brigade d'avoir son vendredi libre, pour partir dans le nord tout le week-end et aider E.Z. à préparer son bateau pour l'ouverture printanière de la pêche. Pendant des années, Nick avait réuni tout son temps libre en une seule somme de congés mais, quand il avait été transféré, il avait découvert que la majeure partie de ses vacances ne pouvait être transférée avec lui. Andre lui avait dit qu'au Bureau du procureur c'était différent et Nick avait bien voulu le croire.

D'après les vieux de la vieille dans le métier, les affectations spéciales avaient du bon pour deux choses seulement : on gagnait de l'argent ou du temps. Nick avait gagné du temps.

Aussi avait-il ajouté un jour de congé à un week-end pour passer trois jours merveilleux avec E. Z. et son bateau. Il avait vérifié son répondeur deux fois par jour mais n'y avait trouvé aucun message.

Nick entra dans les bureaux de l'administration par une porte qui séparait les employés civils du personnel de police. Il fit un petit signe à Leo Turner. Le chef de brigade consultait des dossiers debout devant un placard en buvant son café.

La secrétaire était une jeune femme nommée Rose qui devait avoir dans les vingt-six ans, jolie, sérieuse et, quand Nick s'approcha de son bureau, elle ne leva pas les yeux. Nick observa un instant Rose travailler sur sa machine à écrire.

– C'est vous qui avez pris ce message ? demanda Nick.

– Du docteur ?

Sa voix était timide et distante.

– Dr Conforti, oui, c'est ça. Il vous a dit ce qu'il voulait ?

– Pardon ?

– Rose, il vous a dit quelque chose quand vous lui avez parlé ?

– Ah oui, oui, il a dit que, euh... euh... Je ne me souviens pas de son nom. Bref, il a dit que cette femme avait été sévèrement battue.

Nick attendit.

– Oui ?

– Pourquoi n'appelez-vous pas le docteur ? dit Rose, gentiment, après réflexion.

Nick fit une dernière tentative.

– Rufino ? Est-ce qu'il a dit qu'elle s'appelait Ann Marie Rufino ?

– C'est ça, voilà.

Rose tritura les touches de sa machine à écrire.

– C'est sa patiente, cette Ann Marie, et elle a été agressée, voilà ce qu'il a dit. Et elle a demandé au Dr Conforti de vous appeler.

Rose sourit, hocha la tête, et Nick songea, Little Anthony, ce petit enfoiré a fini par acheter quelqu'un.

De retour dans son bureau, Nick appela l'Hôpital juif de Long Island. Après dix bonnes minutes, il obtint le Dr Conforti.

– Docteur, j'ai eu votre message...

– Inspecteur Manaris, c'était vendredi. Il y a deux jours.

– J'étais absent.

– On ne vous fait pas parvenir vos messages ? C'était une urgence.

– Aucune urgence n'était mentionnée, docteur. Que s'est-il passé ?

Le Dr Conforti lui raconta qu'Ann Marie avait en effet été amenée à l'hôpital par une femme qui était partie sans laisser son nom. Son état était sérieux mais pas critique. Elle avait été battue, apparemment à coups de bâton, peut-être de batte de base-ball. Elle avait le bras gauche cassé, de même que le nez et la mâchoire, et elle avait également une importante fracture du crâne. Incapable de parler, elle avait griffonné un mot pour dire d'appeler Nick.

– Que disait son mot ?

– « S'il vous plaît, appelez l'inspecteur Manaris au Bureau du procureur de Queens. »

– Rien d'autre ?

– Elle souffrait de partout. Je lui ai donné de la morphine.

– A-t-elle écrit autre chose, docteur ?

– Hmmm.

– On joue à quoi, là, à « Ni-oui-ni-non » ? Alors, docteur ? Qu'est-ce qu'elle a écrit d'autre ?

– La morphine est un très puissant antalgique.

– Mais c'est pas vrai !

– D'accord, d'accord. Elle a écrit de vous remercier.

– Quoi ?

– C'est ce qu'elle a écrit, « remerciez l'inspecteur Manaris ». Bon écoutez, elle était sous médicament et souffrait beaucoup. Dieu seul sait ce qu'elle voulait dire.

– Moi, je sais exactement ce qu'elle voulait dire, souffla Nick, et il raccrocha.

Nick était assis à son bureau, les mains croisées sur ses genoux, les yeux fixés sur le dossier Rufino ouvert sur la photo de Little Anthony. Il garda son regard fixe pendant un long moment, tout en se balançant sur sa chaise. Et tandis qu'il étudiait le cliché de Little Anthony avec son rictus d'affranchi, il comprit pour la première fois que ce qui le rongeait, ce qui lui dévorait l'estomac, c'était la découverte de la vérité. On l'avait pris pour un con, on s'était foutu de lui.

Que faire ?

Il resta assis un long moment en se disant que c'était une question qui demandait trop de réponses. Il songea à cette femme à sa fenêtre, Ann Marie, qui le remerciait, qui remerciait aussi Sonny. Il songea à Little Anthony en train de dire, soit je vous paye vous, soit je paye quelqu'un d'autre. Il revit le regard de Sonny quand il avait souri, et songea que ce n'était vraiment pas le moment de sourire. Nick prit le temps de penser à ce qu'il fallait faire. Il observa la photo de Little Anthony, réfléchit, commença à s'énerver. Puis il y eut comme un déclic en lui et il dit : « Et merde » assez fort pour que deux enquêteurs qui passaient par là lui jettent un regard étonné. Nick avait pris sa décision et n'en éprouvait aucun regret parce qu'il n'avait jamais prétendu être différent. Il savait que cette douleur qui lui broyait les entrailles ne serait apaisée par aucune espèce de conversation, que la guérison viendrait de son aptitude, de sa capacité à boucler quelqu'un. Il n'y avait plus qu'à décider qui serait le premier.

Nick Manaris se dit qu'il était temps de faire payer quelqu'un, de lancer une petite vague de punition.

C'est sûr que ce n'est pas rien, une affectation au Bureau du procureur, dit Leo Turner à Nick. Grosses enquêtes, boulot nickel, pas la gnognotte quotidienne qu'on trouve dans les autres sections. Mais à part ça, si on espère une promotion, si on veut passer de sous-inspecteur à inspecteur, puis à inspecteur principal, c'est foutu. Si, par exemple, vous êtes capitaine comme moi. Il y a les concours de la fonction publique, et puis les promotions au choix du PC. Dans la plupart des sections. Mais quand on est à la brigade du procureur, on est hors circuit, loin du système de la police, on peut oublier les promotions.

Leo Turner appela Rose et demanda à la secrétaire de leur apporter deux tasses de café.

– Alors, dit-il, vous vous plaisez ici ? Du moins jusqu'à présent, je sais que ça ne fait que quelques jours, mais vous vous plaisez ?

Nick lui dit qu'il était content. Turner fit, combien d'inspecteurs rattachés à un procureur et promus malgré ça pouvez-vous nommer ? Les seuls noms que put citer Nick furent Fred Burke et Ollie Anderson, tous deux étaient passés de sous-inspecteur à inspecteur dans le Bronx. Le type qui est inspecteur, dit Turner, et espère avoir une promotion en travaillant pour le procureur, c'est un âne, ou un naïf. Y a pas de promotions ici, mon vieux, rien, dit-il.

Nick était dans la maison depuis assez longtemps pour savoir que les PC n'affectent pas des inspecteurs pour des missions spéciales en dehors du NYPD. Mais lui il était inspecteur principal, la crème de la crème, il n'avait plus nulle part où aller sans redescendre. Nick n'en dit rien à Leo Turner parce que le capitaine essayait de l'impressionner bêtement, et quand un capitaine essaye de vous impressionner, bêtement ou pas, il vaut toujours mieux rester poli et approuver.

– McCabe est dans le coin ? demanda-t-il alors.

Le capitaine Leo Turner était un peu excentrique, pour exemple le hibou empaillé qu'il avait mis dans une cage à oiseau au-dessus de son bureau.

– L'inspecteur McCabe, dit-il, a appelé de la Cour vers huit heures ce matin. Il a dit à Rose qu'il avait fini pour aujourd'hui. J'imagine qu'elle a oublié de vous le dire. Toujours est-il que McCabe a dit que si vous aviez besoin de lui, il serait au *Post Time* à partir de cinq heures ce soir.

– Bien, très bien, dit Nick, surpris par le regard inquisiteur que lui lança le capitaine.

Leo Turner dit à Nick que c'était quand même insensé que les inspecteurs principaux touchent pratiquement la même paye que lui. Lui qui avait dû se pousser au cul pour passer trois, vous m'entendez, trois concours de la fonction publique.

– Ne le prenez pas mal, ajouta-t-il, mais heureusement que certains inspecteurs principaux n'ont pas à payer d'impôts sur ce qu'ils croient valoir.

Nick sourit, regarda l'oiseau dans sa cage. Étrange.

– Vous savez ce que je me disais aussi ?

Le capitaine s'adossa à sa chaise, s'étira et soupira.

– Je me disais qu'il y a des flics et des criminels qui sont interchangeables à un niveau égal. Et pourquoi, je me le demande ?

– Je suis incapable de répondre à cette question, capitaine, dit Nick. Je ne connais personne qui ait réponse à ça.

– Vous saviez que votre coéquipier Sonny est le neveu d'un chef à la retraite, William Regan ? Il a pris sa retraite il doit y avoir trois, quatre ans. Bill Sang-Chaud on l'appelait. Il était à la tête de la sixième section. Il a travaillé à Harlem pendant des années. Il doit être millionnaire.

– J'ai entendu parler de lui.

– Si je peux me permettre, vous avez l'air un peu nerveux.

– C'est le café. Et je n'ai pas passé une bonne nuit.

– Vous avez déjà touché à la drogue, Nick ?

– Non, je dois dire que non.

– Même pas au lycée ni à l'université ?

– Je n'ai jamais eu l'occasion. J'étais préoccupé par d'autres choses.

– Vous savez que les mystères de la religion et de la philosophie peuvent être percés grâce à l'excitation intellectuelle produite par certaines drogues ?

– Ah bon ?

– C'est ce que j'ai cru comprendre en lisant cet article. Vous alliez où ? Je vois bien que vous êtes pressé de vous rendre quelque part.

– À l'Hôpital juif de Long Island. Je vais voir le Dr Conforti.

– Bon, très bien. À plus tard.

– Vous savez, capitaine, dit Nick, je crois que si vous poursuivez un peu votre lecture, vous allez découvrir que, quand la drogue n'agit plus, les visions mystiques disparaissent.

– Je suis content de vous l'entendre dire. En attendant, faites attention de ne pas disparaître vous-même.

Bon sang, voilà qu'elle ressemblait à une petite fille. Endormie, recroquevillée dans son lit, des couches de bandages enroulées autour de la tête, sur le visage, son bras valide tendu derrière elle, piqué d'une intraveineuse, avec des larmes qui lui coulaient le long des joues, sur la table de nuit un thermos avec une paille en verre contenait son déjeuner, ses yeux étaient fermés, noirs et enflés, et elle émettait de petits cris, comme un chiot blessé. Nick se dit, merde, et en plus elle est là depuis quoi, trois jours ? Comment elle était hier ou avant-hier ? Nick ne voyait aucun moniteur, aucune machine de ce genre, aussi conclut-il qu'Ann Marie n'était pas en train de mourir.

– C'est moche, hein ? dit le Dr Conforti. Elle a l'air bien pire qu'elle n'est en réalité.

– Elle n'a pas l'air en forme, c'est sûr.

– Elle est entre deux eaux, je lui ai donné beaucoup de médicaments. Il faut la laisser dormir.

Il jeta un coup d'œil circulaire.

– Elle est bien ici. J'ai envie d'un café. Vous en voulez un ?

– J'en ai déjà bu plein, merci.

– Qui peut battre quelqu'un à ce point ? Battre une femme ? Quel genre d'homme peut faire une chose pareille ? Il aurait pu la rendre aveugle, endommager son cerveau. Elle va mettre des mois à guérir. Elle devra sûrement avoir recours à la chirurgie esthétique pour son menton et son nez, elle aura besoin d'une grosse intervention au moins pour ses dents. Quant à sa vue, j'ai bien peur qu'elle ne souffre à long terme de troubles oculaires. Qui a bien pu faire une chose pareille ? Une personne de cette espèce devrait être écrouée, les gens de cette nature ne devraient pas être libres de courir les rues. Vous en voyez sûrement des tas en étant flic.

– Trop, dit Nick. Bien trop.

– Moi je bois trop de café. Et je fume, en plus. Vous êtes sûr que vous ne voulez pas un café ?

– Nous avons tous un ou deux vices, le café et la nicotine ne sont pas pires que d'autres. Vous pensez que je pourrais la réveiller, peut-être lui poser une question ?

Conforti fronça les sourcils.

– Je ne préférerais pas, pas tout de suite. Revenez plus tard.

– Vous avez le petit mot qu'elle a écrit ? dit Nick alors qu'arrivait une infirmière, une petite Asiatique dans un uniforme blanc amidonné. Malicieuse, jolie, portant une bouteille de savon liquide d'hôpital.

– Laissez-la dormir, lui dit le docteur. Revenez dans une heure ou deux. Le fameux petit mot ? dit-il à Nick. Non. Je l'ai jeté. C'était un peu embrouillé de toute façon. Son esprit était confus, à cause des antalgiques. Comme droguée, si vous voyez ce que je veux dire.

– C'est une belle femme, dit l'infirmière, et si gentille, elle essaye toujours d'avoir le sourire. Vous êtes un parent ?

– Non.

– M. Nick Manaris est policier.

L'infirmière regarda Nick un instant, les yeux écarquillés de surprise, et dit à Nick, vous arrivez un peu tard, non ? Et, la police n'est jamais là quand on a besoin d'elle, c'est toujours pareil, inlassablement, dit-elle à Nick. Vous ne trouverez pas l'homme qui a fait ça. Il ne subira jamais le châtiment qu'il mérite. Puis le Dr Conforti demanda, vous partez ? Vous revenez plus tard dans la journée ? Dois-je lui dire que vous êtes venu ?

Qu'est-ce que tu fais, se dit Nick, planté là, poli, courtois, à écouter le docteur, à écouter l'infirmière. Va-t'en mon vieux, tu sais ce qu'il te reste à faire. Et Nick décolla, las d'écouter, d'entendre parler les gens, las aussi de sa propre voix.

– J'appellerai plus tard dans la soirée pour voir comment elle va. Dites-lui que je suis venu, dites-lui que j'ai eu son message.

Il voulut apporter une explication supplémentaire à l'infirmière qui le regardait, les bras croisés, mais il n'y avait rien à ajouter.

29

Nick recula son siège et baissa les vitres de la voiture. Il était au coin de la 115e Rue et de Pleasant Avenue, en face de chez *Rao*, à un bloc de l'East River. L'après-midi s'était réchauffé, apportant une tranquillité soyeuse à la rivière. De l'est se leva tout à coup une brise légère, une brise venue de l'Atlantique, qui avait traversé des milliers de kilomètres d'océan à perte de vue, s'était parfumée de l'air frais et vivifiant de la mer, pour le charrier jusqu'à Nick. Une profonde sensation de chaleur, quelque chose d'indéfinissable mais d'indiscutablement réel, l'envahit. Pour la première fois depuis très longtemps, il se sentit vivant, prêt à redémarrer.

Dans son rétroviseur central, Nick avait une vue dégagée du *Pleasant*, un bar-restaurant situé à un bloc au nord, ainsi que des quatre cabines téléphoniques qui se trouvaient devant le bar – les cabines et le coin de la rue ne désemplissaient pas en cet après-midi. Les jours de beau temps sur Pleasant Avenue, le rendez-vous des affranchis était immuable, comme Satan. Dealers, bookmakers et usuriers, certains que Nick reconnut, d'autres dont il savait qu'ils avaient des casiers de mafieux d'un kilomètre de long, se mêlaient aux petits voleurs et aux toxicos. Les téléphones publics devant le bar n'étaient accessibles qu'à quelques-uns. Des écriteaux « hors service » étaient accrochés aux quatre portes. Les affranchis se servaient des cabines et du coin de la rue comme bureau personnel, ils entraient et sortaient du bar avec leur verre, riaient, plaisantaient les uns avec les autres. Un homme avec un bouc et de longues pattes, vêtu d'un tee-shirt rouge et de bretelles bleues, sortit du *Pleasant*. Il décrivit un demi-cercle en tapant du pied, puis rentra à l'intérieur. Les fenêtres des appartements qui bordaient la rue étaient ouvertes, et Nick remarqua des femmes assises dans les embrasures, qui regardaient.

Il baissa les yeux sur le siège passager pour consulter le dossier ouvert de l'affaire de Kennedy Airport, en parcourut les clichés, les rapports de surveillance, les photos IJ, et mit des noms sur les visages qu'il voyait au coin de la rue. Little Anthony, disait le dossier, venait ici chaque jour; c'était depuis cet endroit qu'il gérait toutes ses affaires. L'avenue était large, en sens unique, des voitures étaient garées en double voire triple file, toutes neuves, quasiment toutes immatriculées en dehors de l'État. Trois jeunes types en maillot de corps, dans les vingt-cinq ans, se tenaient à l'intersection, discutaient tout près les uns des autres et bloquaient la circulation.

Après avoir quitté l'hôpital, Nick était repassé en vitesse chez lui pour prendre une paire de gants de handball et son .25, un Beretta automatique. À présent, il était en train d'introduire un chargeur dans son arme, en s'assurant que la sécurité était bien enclenchée et qu'une cartouche n'était pas venue se loger dans le canon. Il fourra le flingue dans sa poche de veste, enfila ses gants et démarra la voiture.

Nick fit le tour du bloc en s'attardant devant le bar. La Lincoln de Little Anthony était garée dans la rue voisine. Il se gara juste derrière elle et resta là à attendre. Une demi-heure plus tard, Rufino sortit du bar et pénétra dans l'une des cabines téléphoniques. Nick descendit de voiture, fit signe à une vieille en noir qui poussait un landau. La vieille baissa les yeux sur ses mains gantées et s'éloigna en toute hâte.

Rufino était dans la cabine dos à la rue, dos à Nick. Nick entendit Little Anthony dire :

– Je vais attendre ici toute la journée.

Toujours avec son jogging chocolat et des baskets.

Nick lui tapota le dos de ses doigts raides et Rufino se retourna. Nick le regarda dans les yeux et y trouva un air ahuri et vitreux. Little Anthony le dévisagea et sembla sur le point de dire quelque chose.

– Je t'appelle plus tard, dit-il à l'appareil.

Rufino raccrocha et croisa les bras, méfiant.

– Qu'est-ce que tu fous là?

– Je suis passé dire bonjour, voir comment ça allait. Je voulais te transmettre mes condoléances pour l'accident de ta femme.

Il regarda Nick comme si c'était tout nouveau, comme s'il n'en avait pas entendu parler.

– Vous en avez entendu parler? dit Rufino, surpris. Un vrai cauchemar. Si je trouve les mecs...

– T'as payé qui ?

– T'es fou ou quoi ? J'ai payé personne.

Nick aimait bien l'expression que revêtait le visage de Rufino, il aimait bien la façon dont ce petit enfoiré essayait de biaiser sans y parvenir. Ces yeux marron où se lisait la peur, et qui disaient, putain qu'est-ce qui se passe ?

– Eh, dit Little Anthony, si tu viens sur l'avenue pour chercher les emmerdes, c'est un aller simple pour l'hosto que tu vas trouver.

Il avait sa voix de dur, de mec de la rue, violent, habitué à faire trembler les gens par un simple regard. Nick le voyait tout à fait écraser la batte sur le bras d'Ann Marie, sur son visage, sur sa tête.

Il se dit que Little Anthony était sûrement habile de ses mains, endurci, un cogneur de la rue frappe avec tout ce qu'il trouve, un couvercle de poubelle, une batte, un tronçon de tuyau. Il appuya sa main sur la poitrine de Rufino et le fit reculer dans la cabine. Little Anthony jeta un coup d'œil circulaire dans la rue, cherchant de l'aide, plissa les yeux et avisa les gants sur les mains de Nick.

– Je vais te faire virer de ton boulot, enculé, qu'est-ce que tu crois ?

Il se cabra contre Nick et cria :

– Tu sais qui c'est mon avocat, connard, tu regardes la télévision des fois ? Je vais te niquer !

Nick l'agrippa de la main gauche par le haut de son beau jogging en velours de coton et lui assena en un clin d'œil une beigne du droit. Nick avait été entraîné par son père, un professionnel, il l'avait lui-même été un temps, c'était une droite parfaite, directe, comme dans les livres, quinze centimètres, pas plus, mais avec force, depuis l'épaule, pas de mouvement perdu, pas de préavis. Encore un coup, et Nick sentit le nez du type craquer cette fois-ci, il attrapa Little Anthony par les cheveux et le balança contre la paroi de la cabine téléphonique, puis le laissa s'effondrer sur le sol. Nick n'avait pas eu à dire un mot, un son, à peine un grognement, c'était du gâteau.

Rufino émettait de drôles de ronflements, comme s'il allait vomir, il était dans un sale état, vaincu, telle une flaque sur le sol de la cabine. Nick se pressa contre lui, lui grimpa dessus, lui tordit les bras, lui maintint la tête par terre, lui tira les bras derrière le dos et lui passa les menottes. Il saisit le téléphone, attendit la tonalité et composa le 911. Il demanda à l'opératrice le 225, lui dit qu'il était un inspecteur du NYPD, que c'était urgent. Un instant plus tard, il demanda au flic du standard de lui envoyer un véhicule, peut-être deux, il tenait un prisonnier au croisement de Pleasant Avenue et de la 117e Rue.

– Tu crois peut-être que Marie va porter plainte contre moi, pauvre con ? C'est ça que tu te dis ?

– J'en doute, dit Nick.

La veste du joli jogging en velours chocolat de Little Anthony avait des poches profondes, l'automatique s'y glissa sans problème.

Les voitures de patrouille apparurent dans un hurlement continu de sirènes. Nick tira Little Anthony de la cabine téléphonique – il se débattait à coups de pied, toutes griffes dehors – et le traîna jusqu'au milieu de l'avenue. Le bar se vida, les hommes qui buvaient et riaient à l'intérieur un instant plus tôt s'échauffèrent, furieux de voir Little Anthony en sang et emmené menottes aux poignets. Anthony lui-même, le visage déformé en un masque de rage et de folie, hurlait, s'étouffait avec le sang qui lui coulait du nez. Une nuée de pigeons gris s'élança de la gouttière, traversa le ciel, et à un bloc de là les cloches d'une église se mirent à sonner.

Une douzaine d'adolescents, moitié noirs moitié portoricains, étaient accourus d'une rue voisine pour prendre part à l'excitation générale ; ils avaient l'air plus amusés qu'en colère.

La foule du bar s'avança vers les flics. Les deux groupes se firent face au milieu de l'avenue, les flics en uniforme tout près de leurs véhicules, la foule oppressante. Penchés en avant, hurlant comme des chiens en furie, flics et foule échangeaient des insultes, les flics la main sur le holster.

– C'est un homme, pas un animal, le traînez pas comme ça ! demanda l'homme au bouc.

Rufino était recroquevillé, les bras tirés derrière le dos, et Nick le traînait jusqu'à la première voiture de patrouille.

La foule s'avança.

Quatre flics leur firent signe de reculer. Un des flics lança un regard noir à Nick et dit :

– Qu'est-ce qui s'est passé, qu'est-ce que t'as foutu ?

– J'étais en train de parler à ce connard et il a commencé à me sauter dessus, dit Nick.

– Quoi, il t'a agressé, c'est ça ?

– Prends-le, cria Nick et il colla Little Anthony dans les bras du flic.

– On dégage, dit un autre flic, on se casse d'ici, avant que ces enculés nous bouffent.

– Putain, dit le premier flic, tu l'as pas fouillé ? Il a un flingue. Un flingue chargé.

Alors la foule s'immobilisa et scruta le flic qui exposait le Beretta au soleil et le levait en l'air.

Nick conduisait sa voiture et suivait le véhicule qui emmenait Little Anthony au poste local. Ses mains papillonnaient sur le volant et un bruit semblable à une alarme, un sifflet, lui envahissait la tête. Il songeait qu'il venait de faire quelque chose qu'il s'était juré de ne jamais faire des années auparavant. Il avait « fabriqué » un mec, il avait glissé une arme dans la poche de Little Anthony.

Phil Manaris, le père de Nick, comme Nick, était né à Brooklyn. Élevé dans une série de petits appartements aux alentours de Red Hook, jamais loin des quais. Les rêves de sa jeunesse l'attiraient vers la mer, et à dix-sept ans, il était parti sur un bateau. C'était dans la marine marchande que Phil Manaris avait commencé à faire des combats professionnels. Il avait parcouru le monde pendant dix ans et, à la fin de la guerre, était rentré à Brooklyn. Phil Manaris serait devenu prêtre s'il n'avait pas rencontré une jeune femme du nom de Linda Laprise, qui habitait le même immeuble que lui, dans Sackett Street. Phil et Linda s'étaient mariés et un an plus tard naissait Nick. L'année suivante, Linda avait décidé de prendre de longues vacances à Seattle pour aller voir sa sœur et elle n'était jamais revenue. Linda était une femme intelligente et imprévisible, elle était grande et mince, et le père de Nick aimait dire à son fils qu'il avait hérité du caractère secret de sa mère mais pas de sa taille. Les rapports des mâles Manaris avec les femmes, semblait-il à Nick, avaient toujours été déplorables. Nick avait donc été élevé par son père, il l'écoutait, lisait les livres que son père lui donnait, des livres de Jack London, Joseph Conrad, Ernest Hemingway, Mark Twain. Le père de Nick ne l'avait jamais forcé à lire, ce n'était pas son genre. Nick embrassait de bonne grâce ce que son père lui apprenait, avec une grande application, pas seulement parce que son père était fort et bon, mais parce que Nick subodorait qu'il était sage. Tout ce que son père apprenait et disait à Nick tombait tellement sous le sens que ces leçons peuplaient l'esprit de Nick comme des films fétiches.

Phil Manaris éleva Nick dans l'idée qu'il était impossible de prendre ce qui n'était pas à soi, voler l'argent ou la propriété d'autrui – ou la femme en l'occurrence. Nick ne mentait ni ne trompait, et quand il était devenu policier, il n'aurait pu imaginer envoyer un innocent en prison. Un flic qui agissait ainsi n'avait rien d'un flic, c'était un trou vide dans le sol, sans aucune valeur. Les mots de son père se bousculaient, brûlants, dans son esprit à présent, tu veux être flic, très bien, mais sois un bon flic, sois un flic honnête, sois ton seul juge. Souviens-toi, quand tu es en paix avec toi-même, tu peux partir en guerre contre le monde entier, voilà ce que lui avait dit son père.

Nick fixa son attention sur la voiture de police qui roulait devant lui et qui se gara devant le poste, en songeant à Ann Marie dans son lit d'hôpital, à sa tentative – échouée – de passer vingt ans dans le métier à peut-être contourner mais jamais enfreindre la loi.

– J'ai essayé, tu sais. J'ai fait de mon mieux, dit-il à haute voix.

Nick vint se garer à deux voitures du véhicule sérigraphié. Il vit le flic en uniforme s'apprêter à fondre sur Little Anthony, Rufino penché en arrière, le nez, les lèvres, le menton barbouillés de sang, les deux flics encadraient Little Anthony, ils le prirent par les coudes, montèrent les escaliers et rentrèrent dans le poste. Nick les suivit.

À l'entrée se trouvait un certain lieutenant D'Buono, qu'on appelait Coco quand il travaillait aux Stups, quand il était sergent. Quand il était le chef de Nick. Nick le regarda, D'Buono, super, ce mec ne pouvait pas le saquer. Connaissant la réputation de pourri de D'Buono, Nick supposa que le lieutenant pouvait très bien être un grand copain de Little Anthony.

D'Buono avait l'air de bonne humeur, il était presque amical, ce qui acheva de rendre Nick paranoïaque et lui fit croire que Coco savait des choses qu'il ne pouvait pas savoir. Mais au moins, tout alla très vite, D'Buono dit à Nick de conduire le prisonnier dans le bureau des inspecteurs et de prendre ses empreintes.

– Magne-toi de faire tout ça, Nick, amène-le-moi que je m'occupe de sa signalisation.

D'Buono souriait, mais son sourire n'était pas chaleureux, pas authentique. On pouvait à peine appeler ça un sourire, un rictus d'enculé, voilà ce que c'était.

Nick se surprit à lui renvoyer son sourire et à acquiescer, sans savoir pourquoi, il n'y avait rien de drôle.

Rufino, toujours menotté, avait la tête penchée sur son épaule et se frottait le menton et le nez contre son avant-bras.

– Tu crois que je vais pas moufter ? dit-il. Tu rêves si tu crois que je vais m'écraser.

– De quoi tu parles ? dit D'Buono.

– Du flingue, de ce flingue à la con. Il a foutu un flingue chargé dans ma poche.

– Qui ?

– Comment ça qui ? Ce connard, cet enfoiré, ce flic, là, Manaris.

– Nick Manaris ?

– Ouais voilà.

– Si tu me dis qu'il t'a foutu son poing sur la gueule et qu'il t'a éclaté le nez, je te crois, Anthony, je te crois sur parole. Mais si tu me dis qu'il t'a fabriqué, que c'est une cabane, je suis obligé de te répondre que je connais bien ce mec, il a travaillé pour moi. Zéro chance sur un million. C'est pas du tout son style. Le pain dans la tronche, ça oui, c'est Nick.

– Alors qui a fait ça, putain ? C'est pas mon flingue, ce calibre de merde. Qu'est-ce que tu veux que je foute d'un flingue pareil, que je tire des oiseaux ?

L'expression de D'Buono se transforma subitement de sourire en agacement.

– Ça fait quoi, Anthony, trois, quatre fois que tu tombes ? Ton flingue à piafs va te coûter bonbon. C'est du cinq ans minimum, connard.

Nick regardait attentivement Anthony Rufino, le jaugeait, évaluait les qualités qui faisaient qu'il était Little Anthony.

– Qu'est-ce que t'as dit, Rufino ? dit-il. Parle plus fort, je crois t'avoir entendu dire que je t'ai fabriqué.

– Tu m'as parfaitement entendu, espèce d'enculé. Tu m'as monté une cabane, enfoiré.

– Mais oui c'est ça, Anthony, dit D'Buono. Je vais appeler l'hôpital, leur demander qu'ils envoient quelqu'un pour examiner ton nez. Si tu continues à brailler, ils vont te plâtrer la mâchoire avec.

Tout alla vite, les empreintes, la signalisation, la notification des droits. Leo Turner, ainsi qu'Andre, étaient fous de joie qu'il ait épinglé Rufino. Une rue traversée en dehors du passage piéton aurait suffi ; un flingue chargé, un crime, avec le casier qu'avait Little

Anthony, plein à craquer d'antécédents, c'était parfait. Sonny était passé, il avait dit qu'il attendrait Nick au *Post Time*. Il songea à Ann Marie Rufino, une vision d'elle à sa fenêtre, souriante, qui le remerciait, et remerciait aussi Sonny.

Il prit la FDR Drive en direction du sud. Il était presque cinq heures et demie mais on aurait dit qu'il était plus tard que ça. Incroyable, se dit-il, incroyable comme c'est facile de fabriquer un mec ! Il réfléchit encore à cet épisode pendant un moment, puis n'y pensa plus, hop, envolé.

Il n'oublierait jamais son arrivée au *Post Time* vers six heures. Les voitures de Sonny et Eddie Moran étaient garées le long du trottoir, et à l'intérieur tout était sombre et calme comme une tombe.

Quand Nick ouvrit la porte, l'air de ce début de soirée s'engouffra avec lui et se mêla aux odeurs du bar, bière à la pression, sciure, friture, sueur, eau de toilette d'un client, poubelle en attente. Nick se dit que l'odeur du *Post Time* était celle de la rue, toutes les odeurs de la ville concentrées en une seule.

Il les trouva assis au fond, Eddie buvait une bière à la bouteille, Sonny sirotait dans un verre un truc noir avec des glaçons, leurs visages étaient éclairés par la bougie du petit globe rouge en verre dépoli placé au centre de la table. Eddie lui demanda ce qui lui avait pris tant de temps, ils l'attendaient depuis deux heures.

Sonny dit qu'il avait appelé le 225 et que D'Buono, ce bon vieux lieutenant D'Buono, lui avait raconté que Nick avait foutu sa raclée à Little Anthony et qu'il l'avait arrêté. Sonny dit que c'était une bonne chose, qu'il fallait bien l'épingler, ce mec. Puis il ajouta que c'était immonde, de l'avoir fabriqué, d'avoir fabriqué un type comme Little Anthony. D'Buono lui avait dit qu'à sa connaissance, Little Anthony ne portait jamais de flingue sur lui. Une batte, si, un tuyau, peut-être même une hachette, mais pas de flingue. Un flingue pouvait le faire tomber pour un bout de temps. Si Little Anthony avait besoin d'un flingue, il le faisait porter par quelqu'un d'autre. Pas lui, il avait passé l'époque de porter des flingues. Sonny dit à Nick qu'il ne pensait pas que c'était son genre de monter une cabane, de fabriquer un mec. Si Little Anthony tombe, il va prendre lourd, cinq, peut-être sept ans. Il est capable de péter les plombs, il est dangereux. Il connaît des tas de flics, il a bossé des années pour des flics, de toutes sortes. S'il lui prenait l'envie de dire ce qu'il sait, il foutrait un gros bordel. Ça en générait un bon paquet.

Nick gardait les yeux baissés sur Sonny, et soudain, toute la colère qui avait couvé dans son estomac, bouillonné en secret, resurgit. Il n'entendait plus ce que disait Sonny, il se contentait de le regarder parler, et il apercevait dans ses yeux une expression de peur qu'il ne leur avait jamais vue auparavant.

– Je ne l'ai pas fabriqué, mentit Nick. J'ai été à l'hôpital et j'ai vu Ann Marie. Elle était dans un sale état. Alors j'ai pris ma bagnole et j'ai été sur l'avenue pour parler à Rufino. Cet enfoiré est devenu dingue, il s'est jeté sur moi, et je l'ai latté. Je l'ai remis à une voiture de police locale, c'est le mec en uniforme qui avait le flingue. Pas moi. Je ne l'ai même pas vu, moi.

– C'est comme ça que ça s'est passé ? dit Sonny.

– Exactement. Tu vois, je sais que Rufino a été voir quelqu'un qui a pris son argent et lui a donné une retranscription des bandes. Ce petit enfoiré a alors été chercher sa batte et a cassé sa femme en mille morceaux. Il l'a réduite en bouillie. Il l'a mise dans un état épouvantable, ce malade.

Nick regarda Sonny pendant un long moment, il regarda Sonny qui le dévisageait et se demanda s'il était même pénible pour lui d'entendre ça.

– Ce que j'aimerais bien savoir, dit Nick, j'aimerais bien savoir ce qui est arrivé à son chauffeur, Paulie. Ce type est probablement quelque part au fond d'un coffre de voiture, ou englouti sous trois mètres de vase.

– Qui lui a vendu les bandes à ton avis ?

Nick le regarda fixement pendant quelques secondes.

– Toi, c'est toi. Je sais que c'est toi.

Eddie Moran rit, mais Sonny n'avait pas l'air de trouver ça drôle. Il leva les yeux vers Nick et dit, tu parles sérieusement ?

Nick avait toujours pensé, peut-être à tort, qu'à chaque fois qu'un menteur était confronté à la vérité, on pouvait voir le reflet du mensonge dans ses yeux. Tandis qu'il observait Sonny McCabe assis dans ce bar, en train de fumer sa cigarette, de siroter son verre, Nick vit apparaître en pensée des scènes où Sonny et Little Anthony se souriaient, où une enveloppe passait de l'un à l'autre, puis où Ann Marie hurlait, se protégeait, et Little Anthony frappait à tout rompre.

Sonny se taisait, les yeux levés, éclairés par la bougie.

Sonny le scrutait par-dessus son verre et dit :

– Alors, tu te sens mieux maintenant que tu lui as cassé la gueule ?

Nick ne dit rien.

– Tu es venu ici dans l'intention de me faire subir la même chose, non ? dit Sonny d'une voix suave, toujours douce, du genre compréhensif.

Eddie Moran se leva et se mit en position de combat, s'agitant en tous sens, donnant des coups de poings en l'air. Pas mal, songea Nick, pas trop mal. Le visage d'Eddie était si rouge que sa tête semblait sur le point d'exploser. Et quand il parla, sa voix sortit suraiguë d'épuisement.

– Oooh, dit-il, Nicky veut de la castagne.

– Tu es vraiment venu pour te battre avec moi ? dit Sonny. T'es malade ou quoi ?

C'était, malheureusement pour Nick, une question sensée. Il se demandait comment Sonny avait deviné si facilement ses intentions.

– Je ne suis pas certain de la raison pour laquelle je suis venu ici, dit Nick.

– Mais si. Tu crois que je t'ai trahi, que je t'ai roulé dans la farine, que j'ai pris le fric de Little Anthony. Et tu veux marquer le coup, tu veux me casser la gueule.

L'espace d'un instant, Nick envisagea d'arrêter net ces conneries, cette conversation hypocrite dans laquelle Sonny et lui s'étaient embarqués, dans laquelle ils s'étaient toujours embarqués, depuis le départ, et de l'attraper, de l'attraper et de le latter, de péter la gueule du joyeux Sonny McCabe. Mais il se ravisa. Nick découvrirait plus tard, des années plus tard, que la colère de Sonny allait faire disparaître de sa mémoire précisément ce qui avait été dit et par qui. Il se souviendrait de la façon dont McCabe s'était levé, s'était planté devant lui, sa cravate en parfaite harmonie avec son costume. La façon dont ses yeux bleus s'étaient mis à changer à la lueur de la bougie.

– Va te faire foutre, chuchota Sonny, puis il braqua un regard noir sur Nick pendant un long moment.

– Tu ferais mieux de te tirer, dit Eddie Moran, puis il détourna les yeux.

Un léger film de transpiration recouvrait le front et le cou de Nick, et il sentait d'infimes filets lui dégouliner dans le dos. À mesure que

Sonny parlait, la colère de Nick s'amplifiait, mêlée d'une pointe de sadisme, et c'était ce qu'il désirait, ce sentiment, il désirait ce sentiment de colère qui s'élevait, qui passait un cap.

– Tu veux venir avec moi à l'hôpital, dit Nick, et peut-être expliquer à cette femme pourquoi tu l'as grillée ? Une femme comme elle, elle devrait comprendre. Si tu lui dis que t'avais besoin de cet argent.

– Écoute, mon pote, dit Sonny, tu ne sais pas qui Little Anthony a été voir. Ça peut être n'importe qui.

– M'appelle pas ton pote, dit Nick, on n'est pas des potes, on pourra jamais l'être, on n'est pas plus potes que si on s'était jamais rencontrés.

– Tu veux te battre ? dit Sonny. C'est ça que tu veux ? Vas-y, frappe du mieux que tu peux. Que je voie si t'es un vrai dur.

Nick envisageait parfois les gens en termes de potentiel de combat, s'ils étaient rapides, quelle était la force de leurs coups. S'ils étaient bons des deux mains. S'ils avaient du courage, s'ils tenaient toujours après un ou deux coups, ou plus. Chez Sonny McCabe, il voyait une réputation impressionnante et un faible potentiel, petites mains, cheveux soignés, rien qui dépasse, grande gueule, petit joueur. Comme son père, Nick avait été doté de grandes mains.

Sonny éclusa son verre.

– Allez, dit-il, frappe.

Nick voyait qu'Eddie ne les quittait pas des yeux, il jetait un œil à Sonny puis revenait à Nick. Eddie observait, regardait quelque chose fixement, avec une expression un peu perdue. Un drame secret se déroulait dans sa tête. Il essaya d'attirer l'attention de Sonny, mais Sonny ne quittait pas Nick des yeux.

– Il faudra d'abord me passer dessus, dit Eddie Moran.

Ce ne fut ni la crainte ni la peur qui fit hésiter Nick, il n'était tout simplement pas certain de ses intentions. Qu'Eddie se mêle ou non à l'histoire, ça n'avait pas d'importance, il pouvait très bien leur mettre une branlée à tous les deux, ça il n'y avait aucun doute. Deux pochetrons pareils, c'était facile. Et Nick voyait bien à la façon dont Eddie souriait que ce mec-là ne s'attendait pas du tout que ce fût si facile.

Sonny McCabe s'alluma une nouvelle cigarette. La flamme de son briquet illumina ses boutons de manchette et sa montre en or, et jeta une lueur étrange sur son visage. Il prit une longue bouffée de cigarette et en expira un rond de fumée.

Nick se redressa et Sonny eut un mouvement de recul, mais il était calme à présent, comme pour s'apprêter à répliquer.

– Fini les conneries, dit Nick. Je veux que tu te tires du bureau de Robinson. Je ne veux pas être obligé de te voir, de t'entendre, de te sentir. Je me fous de savoir comment tu vas t'y prendre. Décroche ton téléphone, avec le poids que tu as tu peux aller où tu veux. Mais dégage.

Eddie Moran s'avança, pour la forme, pour le geste. Nick le repoussa sur le côté. Puis il s'approcha tout près de Sonny, lui colla sa main gauche sur la poitrine et le sentit respirer tout contre lui. Il vit ses yeux, effrayés, il sentait la texture de la veste en soie de Sonny sous ses doigts. Rien, pas de cœur, pas de courage. Nick se pencha encore, ils étaient nez à nez.

– Et je vais te dire encore un truc. Je ne crois pas que le petit Cienfuego avait un flingue.

– Quoi ?

– Tu m'as très bien entendu.

– T'es cinglé, dit Sonny, tu le sais ça ? T'es complètement cinglé, voilà ce que t'es.

Quand Nick songeait à Sonny McCabe, il se disait, comment peux-tu à la fois aimer et détester une même personne ?

– Tu sais, dit Sonny, tu crois me connaître. Tu crois que tu peux lire en moi, y voir ce qui se passe, ce que je pense. Mais tu te plantes.

– Tu l'emmerdes, Sonny, cria Eddie, tu l'emmerdes ce connard. Lui parle pas, c'est rien ce mec, c'est personne.

– Écoute-moi bien, Sonny, dit Nick, tu m'écoutes ? Si je découvre un jour que t'as buté ce gosse sans raison, je reviens te régler ton compte, je reviens vous régler votre compte à tous les deux.

WICKHAM, RHODE ISLAND

Mai 1990

30

La première semaine de mai fut belle et agréable, aussi Nick décida-t-il d'aller passer un long week-end dans son cottage de Wickham.

Il quitta le parking de la Cour le jeudi vers quatre heures et fit deux heures de voiture avec extraordinairement peu de circulation jusqu'à New London, où il quitta l'autoroute pour aller dîner rapidement au *Chart House*. Après le repas, il alla jusqu'à l'embranchement qui précède l'accès à l'autoroute. Il s'arrêta et resta assis là un moment, à écouter. La soirée était claire, une légère brise soufflait, la surface gris ardoise de la mer était étale, tranquille. Tandis que ronronnait le moteur de sa voiture, il prit son téléphone mobile pour écouter ses messages et en trouva un d'E.Z. Brochard.

– Écoute, Emma est partie rendre visite à sa sœur, et j'ai vu dans le journal local qu'un de tes vieux amis serait chez Larry King ce soir.

E.Z. était aussi gai que d'habitude.

– Je me suis dit qu'on pourrait peut-être boire une bière ensemble en regardant un peu la télé. Enfin appelle-moi quand tu arrives, disait-il.

Incapable de deviner qui pouvait bien être l'invité de Larry King, Nick glissa Puccini dans son autoradio, monta le son, démarra et reprit la direction du nord.

Nick n'était plus impressionné par beaucoup de monde, ni beaucoup de choses, à vrai dire. Il aurait préféré être différent, mais voilà, c'était comme ça. Ce n'était pas quelque chose qu'il pouvait expliquer à quelqu'un. Il le comprenait à peine lui-même, mais après vingt ans passés au NYPD, la plupart des gens lui paraissaient d'affreux imposteurs ou des hypocrites, des costards vides, pleins d'air et d'huile. Ainsi quel que fût l'individu qui devait se présenter devant des millions de téléspectateurs, il était animé par bien peu de curiosité.

Il atteignit Wickham pile à la tombée de la nuit et déchargea sa voiture. Il resta un instant sur la terrasse à l'arrière de la maison et regarda le soleil se coucher sur la mer. De là où il était, il voyait la baie s'ouvrir vers l'est sur l'infinité de l'Atlantique. Une aigrette blanche comme neige surgit de nulle part en piqué, glissa au-dessus de lui et disparut vers la baie, éblouissant éclair de beauté.

C'est parfait, se dit-il.

Il rangea son équipement, alluma l'électricité dans la maison et fit chauffer de l'eau pour du thé. Quand elle fut bouillante, il se servit une tasse et appela Andre chez lui.

– Je suis dans le Nord, lui dit-il. J'ai pris mon vendredi.

– Super. C'est toi le chef de brigade, tu n'as pas besoin de mon accord pour prendre un jour de congé, dit Andre.

Voilà neuf ans qu'Andre avait été élu procureur du comté de Queens, et deux ans que Nick avait été promu capitaine. Il était à présent chef de groupe des inspecteurs rattachés au procureur de Queens, et supervisait donc trente officiers de police et vingt enquêteurs civils.

– Je ressens toujours le besoin de t'en informer.

– Et je t'en suis reconnaissant. Au fait, tu as une télé là-bas ? dit Andre au moment de raccrocher.

Sa voix était teintée d'humour.

– Regarde Larry King ce soir, il a invité Frank Kurtz et Sonny McCabe.

Nick se tut et hocha la tête en se rappelant le message d'E.Z.

– Nick, tu m'as entendu ?

– Oui oui. Sonny, c'est ça ?

– Ils font des livres ensemble.

– J'ai entendu ça.

– Regarde-les, ça va sûrement te faire marrer. Moi c'est sûr en tout cas.

Une réponse vint à l'esprit de Nick mais il ne l'aimait pas. Il imaginait Sonny en train de parler, avec ses boutons de manchettes en or rutilants et son sourire de faux-cul.

– Oh tu sais comment ça se passe, à la campagne je me couche tôt.

– Et seul.

– Triste à dire, mais c'est vrai. Je te vois lundi, dit Nick.

Il décida d'appeler E.Z., de prendre une bière avec lui et de trinquer ensemble à la frime de Sonny à la télé. Dix ans, songea-t-il, c'est incroyable.

À neuf heures ce soir-là, dans la pièce dont les fenêtres donnaient sur la baie, Nick regardait la télé assis au côté d'E.Z., et écoutait Sonny McCabe et Frank Kurtz déblatérer des inepties qu'il aurait tôt fait d'oublier.

E.Z. était étendu, les mains au chaud sous son sweat-shirt, les pieds sur la table basse. Nick était de l'autre côté de la pièce dans son fauteuil, sous la grande fenêtre.

Il y avait la gueule de Sonny à la télé, face caméra. Nick se pencha un peu en avant sur son siège. Dans son costume gris perle, avec sa cravate rouge, tout bronzé, les dents refaites, Sonny semblait tout droit sorti d'un plateau d'Hollywood.

– T'as travaillé avec lui, c'est ça ? demanda E.Z.

– Eh oui, dit Nick.

Puis, au bout d'un moment :

– Il est mieux maintenant qu'avant, et à l'époque il était déjà pas mal.

E.Z. ne quittait pas l'écran des yeux.

Nick sentit qu'aucun vestige de colère ne restait en lui. En dix ans, les sentiments s'émoussent. Il se contentait de regarder l'émission, d'écouter en compagnie d'E.Z. Sonny faire la réclame du bouquin qu'il avait écrit avec Frank, et son inégalable verve parfaitement rodée les laissait sans voix.

Lentement, méthodiquement, E.Z. s'étira et croisa les mains derrière la tête. Il faisait environ un mètre quatre-vingts, dans les cent kilos, tout en poitrine, épaules et bras. Il avait une moustache en guidon de vélo, portait un jean, des gros godillots et un sweat-shirt à capuche, quasiment en toute occasion. Il semblait prendre son pied avec le baratin de Sonny.

– Quel phénomène, dit E.Z. Il est vraiment comme ça ou quoi ?

Nick sourit.

– Et t'as rien vu.

– J'ai rien vu ? J'ai vu des mecs comme ça toute ma vie.

À dix-sept ans, E.Z. s'était engagé pour faire la guerre du président Johnson, il avait servi dans la police militaire et vu les événements de Huê et Saigon. Puis il était rentré pour poursuivre sa carrière dans la police de Providence.

– Ils se font du fric en vendant leur truc ? lui demanda E.Z.

– J'imagine.

– C'est le royaume de la connerie.

– Comme toujours.

E.Z. avait épousé une femme de Woonsocket d'origine franco-canadienne, blonde, belle, bien charpentée et pas commode. Emma était serveuse et avait deux enfants quand ils s'étaient rencontrés, elle n'aimait pas les flics ; néanmoins, ils s'étaient mariés et avaient entrepris de vivre ensemble. Suite à la pression quotidienne d'Emma pour qu'il trouve un autre travail, E.Z. avait quitté la police et était parti s'installer à Wickham en 81. E.Z. avait été flic au Viet-nam puis à Providence, inspecteur aux Stups, mais il venait de la Côte, son cœur et son âme appartenaient à la mer.

– Je me lève tous les jours à trois heures pour aller pêcher, dit E.Z., pendant que ces deux-là racontent leurs histoires. Y a pas de justice.

Nick et lui échangèrent un regard de résignation. E.Z. était un capitaine de bateau de pêche avisé et déterminé au strict sens du terme. Pendant des années, il n'avait pas pris de vacances. Printemps, été, automne, il pêchait. L'hiver il supervisait les chantiers de l'exploitation forestière Mancini sur Old Post Road. Il gagnait correctement sa vie et avait donné à son bateau le nom de sa femme. En 83, il avait construit un petit cottage à l'est du port de Wickham sur un peu plus d'un hectare de terrain dont il avait hérité, avec une grange et une remise pour son bateau. Nick donnait parfois un coup de main à E.Z., l'accompagnait en mer comme second. La tâche de Nick était d'assurer un appareillage et un amarrage en douceur, de larguer les amarres et de jeter les défenses. En mer, Nick accrochait les hameçons et les appâts sur les lignes, préparait l'amorce et était l'homme à tout faire des passagers. Au bout de toutes ces années, E.Z. avait demandé à Nick d'envisager de l'accompagner sur un plus gros bateau, mais il y avait récemment renoncé.

Ils passaient un extrait d'une descente de police dans le squat de Stuyvesant Park à l'arrivée des flics, une bouteille traversait les airs en direction du rang de policiers qui se mettaient en mouvement et commençaient à tabasser les SDF. Trois flics en uniforme s'acharnaient sur un barbu. Le tout se clôturait par une interview du chef de l'opération, qui essayait de s'expliquer, et d'un des porte-parole des SDF.

– Je vais vous dire, Larry, dit Sonny à Larry King quand le reportage fut terminé, au cœur du conflit, on ne se pose pas de questions sur les gens. Quand tout est fini, qu'on se réunit et qu'on fait le bilan, il faudrait s'en rappeler.

– J'ai l'impression, dit King, que cette acceptation tacite, en dépit de toute sagesse, peut elle-même être criminelle. Enfin, il y avait d'autres policiers dans le parc. Ils auraient dû faire quelque chose, entrer et arrêter le carnage.

– Larry, mon coéquipier de toujours est dans les coulisses. J'aimerais qu'il vous dise comme c'est impitoyable dans la rue, dit Sonny. Eddie Moran a été impliqué dans cinq fusillades au cours de sa carrière de policier. C'est un véritable héros.

– J'en suis sûr, dit Larry King. Mais...

– Le boulot de policier est un sport de contact, dit Sonny. Certains policiers ont le sang chaud.

– Qu'est-ce que vous voulez dire ?

– Qu'on ne peut pas avoir le beurre et l'argent du beurre, dit Frank Kurtz, agacé. Quand la police est victime de violence, il faut s'attendre à une réaction violente.

– J'en peux plus, dit Nick. Voyons voir si les Red Sox sont en train de jouer.

Des images de Sonny McCabe enfouies depuis des années se bousculèrent de nouveau dans le ventre de Nick. L'espace d'un instant, il voulut tenter d'expliquer certaines choses à E.Z., mais leur contrat d'amitié stipulait de ne jamais parler boulot. E.Z. avait été flic, à Providence, mais il aurait pu tout aussi bien travailler sur Saturne, en ce qui concernait leur expérience commune.

– Ah ! ces flics de New York ! dit E.Z. admiratif. Vous devez vous coltiner une de ces doses d'emmerdes. Je sais pas comment vous faites.

– C'est pas si horrible que ça en a l'air.

– Tu crois que ces flics en uniforme ont déconné ?

– Certains sûrement.

– Tu sais, capitaine – je t'appelle capitaine pour une fois –, les flics, quand ils deviennent chefs, ils sont souvent choqués par le comportement des autres flics, alors qu'ils sont pareils.

Ils se sourirent.

– Tu crois que ces flics étaient obligés de cartonner ces SDF ? lui demanda Nick.

– Quelqu'un m'envoie une bouteille sur la gueule, je l'éclate.

– C'est vrai ? Bon. Heureusement qu'aujourd'hui t'as affaire qu'à des thons et des requins.

– C'est dangereux comme boulot, mais tu gardes toujours le contrôle.

– À moins de passer par-dessus bord.

E.Z. rit.

– T'as raison. Écoute, dit-il, ton copain McCabe. Il s'aime tellement que je parie qu'il collectionne ses propres autographes.

– Sonny McCabe n'est pas mon copain.

– Le contraire m'aurait étonné.

Nick alla ensuite s'asseoir sur la terrasse derrière la maison en buvant une bière face à la baie. Des images de Sonny McCabe, Moran et du temps qu'il avait passé avec eux lui revinrent. Pendant des années, il n'avait pensé à aucun de ces deux individus, et aujourd'hui ils resurgissaient en force, et avec eux toute cette folie d'alors. Il se dit, oublie tout ça, c'est de l'histoire ancienne, puis il y revint. Après l'histoire de Rufino, il n'avait plus entendu parler ni de Sonny ni de Moran. Sonny était retourné à l'UCCO, et un ou deux ans plus tard, Moran et lui avaient pris leur retraite.

Quant à Rufino, il fut entendu au sujet du flingue mais en vain. Nick témoigna qu'il s'était contenté d'arrêter Little Anthony pour agression et que l'arme avait été découverte ensuite par l'officier en uniforme. L'avocat de Rufino tenta de faire disparaître la preuve à conviction mais échoua également. En proie à un procès, qu'il savait devoir perdre pour écoper d'une peine de sept et demi à quinze ans, Rufino fit appel pour le port d'arme. Il fut condamné à passer trois à cinq ans à Greenhaven. Nick comprenait que ce qu'il avait fait n'était pas légal mais, d'un autre côté, que pouvait-il faire d'autre ? Ann Marie, comme l'avait dit Rufino, n'aurait pas porté plainte pour agression contre son mari. Néanmoins, aux yeux de Nick, justice avait été faite.

Il se demandait comment ce type, là, Diego Cienfuego, comment ses enfants avaient fait, et la femme, Natalia Punto. Il avait souvent songé à aller les trouver, voir comment ils allaient. Le problème était qu'il y avait un mystère non résolu. La moitié du temps, il pensait que Sonny et Moran avaient menti en disant que le petit avait un flingue, et l'autre moitié, il les croyait. Andre avait été plus qu'heureux de voir que toute l'affaire de *Los Campos* était expédiée de la sorte. Benny Matos et le Colombien, Medina, avaient disparu grâce au Programme de haute protection. Tous les autres accusés avaient fait appel et la plupart, se disait Nick, devaient de nouveau peupler les rues aujourd'hui. Toujours était-il que cette affaire avait valu à Andre une publicité très positive.

Nick hocha la tête et vit la petite lumière verte d'un chalutier se diriger vers le port de Wickham. Tout était calme, silencieux, seuls étaient perceptibles les sons de la nuit, les vagues minuscules le long du rivage et les aboiements d'un chien.

Ne pense plus à Sonny McCabe, se dit-il, ne pense plus à lui, un point c'est tout.

Plus tard, quand il se remit à y penser, il prit *The Gilded Age* de Mark Twain et se mit à lire :

> Au cours de l'hiver, une chose extraordinaire arriva aux habitants de la maison Montague et aux amis des jeunes filles qui recherchaient leur compagnie.

Vendredi matin, Nick et E.Z. furent sur le premier bateau à dépasser le phare sud-est de Block Island. Nick n'avait pas vu une mer aussi étale depuis des années. En un rien de temps, ils se retrouvèrent au beau milieu de tous les plus beaux bars rayés du monde, et de tous les oiseaux du ciel. À bord ils avaient un cardiologue et ses deux adolescents de fils qui pêchaient à la mouche le bar rayé. À leur troisième lancer, tous trois tenaient un poisson, et le cardiologue, qui s'appelait Trevor Hathaway, dit à Nick qu'il avait attendu toute sa vie une matinée comme celle-ci, une matinée qu'il pensait ne jamais pouvoir vivre.

Le médecin et ses fils étaient des pêcheurs à la mouche qui pratiquaient en rivières et en lacs. Ils étaient habitués aux truites de cinq cents grammes, voire un kilo, et restèrent ahuris devant l'ardeur tenace des bars rayés de trois ou quatre kilos. Ils ne prenaient pas de gros poissons, mais la journée passa rapidement sans baisse de régime. Les garçons et leur père étaient gais et polis, tous trois pêchaient en mer avec une aisance de connaisseurs, leurs visages étaient échauffés par le soleil de l'Atlantique.

Trevor Hathaway avait fait fortune et possédait à présent un parc immobilier dans tout le Connecticut. Il offrait à ses fils une éducation en école privée comme il se doit, et passait autant que possible de son temps de loisir avec eux. Comme c'était familier, identifiable à la seconde, un père qui s'entend bien avec ses enfants et partage les meilleurs moments de la vie en leur compagnie. Nick observait souvent les familles sans en avoir conscience, et il lui arrivait d'éprouver une sensation particulière, plus forte qu'une simple douleur. Son père était mort depuis quinze ans, et Nick avait parfois l'impression que c'était hier. Dans son cœur, il savait qu'il ne vivrait jamais cela, qu'il était comme destiné à passer sa vie en solitaire, qu'il n'aurait jamais ni fille ni fils, qu'il ne célébrerait jamais de diplômes, ni aucun des autres événements qui parfois peuplaient ses rêveries, qu'il n'aurait jamais de petits-enfants. Ce n'était pas volontaire mais, petit à petit, sa vie était passée à côté de lui.

Vers midi le brouillard se leva, E.Z. mit le cap sur le port de Wickham et se retrouva derrière *Fiddlers Green* qui venait de Newport. Quand *Fiddlers Green* partit dans la direction de Point Judith, Nick fit un signe au rouquin à la barre puis descendit faire du café. Une tasse à la main, il remonta, s'assit à côté d'E.Z. et regarda les balises du chenal.

– Je me demande pourquoi il semblerait que je sois incapable de trouver une femme, dit Nick.

– Quoi ?

– Je dis, j'ai quarante-six ans et je n'ai pas de femme dans ma vie.

E.Z. le regarda, déconcerté, puis se remit à gouverner le bateau.

– Merde, dit Nick, malgré lui. Ça doit être moi. C'est vrai, je me retrouve toujours tout seul.

– Tu n'es pas facile à contenter, mon vieux. Tu es très exigeant.

– Non, non, rétorqua-t-il aussitôt. Je ne suis pas difficile. Je suis prudent, c'est tout.

– Qu'est-ce qui se passe ? dit E.Z. Qu'est-ce qu'il y a ?

– J'en ai marre d'être seul.

– C'est le même mec qui m'a dit qu'il était son meilleur compagnon ?

– C'est vieux. Et moi je vieillis. Je suis seul.

E.Z. le regarda, surpris. Il sourit et hocha la tête.

– Il te faut une bière, peut-être plus. On rentre, on va s'arrêter au *Phare*, il y a toujours quelques poules là-bas. Je crois que t'as besoin d'un bon petit câlin avec une gentille fille.

– Je sais pas, dit Nick. Ce que j'aimerais c'est ce qu'ils ont.

Il désigna de la tête le médecin et sa famille. Les deux adolescents et le Dr Hathaway étaient à l'arrière en train de lancer de l'amorce aux mouettes qui décrivaient des cercles au-dessus d'eux.

– Tu parles, lui dit E.Z. Les choses ne sont jamais ce qu'elles ont l'air d'être.

– Qu'est-ce que tu veux dire ?

– Que la femme de Trevor s'est barrée il y a six mois de ça.

– C'est vrai ? Le pauvre.

– Avec la femme de son associé.

– Pardon ?

– Tu m'as entendu.

Quand Nick se retourna vers E.Z., il vit qu'il souriait.

– Tu te fous de moi ?

– C'est une histoire incroyable, les deux bonnes femmes tiennent une soupe populaire à Boston. Tu sais, pour les SDF.

Nick jeta un œil au médecin et à ses fils, il les détailla l'un après l'autre.

– Ce qui m'intrigue, dit Nick à E.Z., c'est comment un homme honnête comme toi peut mentir avec un tel aplomb. Ça a dû te demander des années d'entraînement.

E.Z. haussa les épaules et secoua la tête.

– J'ai été flic, dit-il, c'est venu sur le tas. C'est comme de nager, ça s'oublie jamais. Comme de faire du vélo ou de faire l'amour. Tu vois ce que je veux dire ?

Le sillage de l'*Emma* fendait l'eau et une douce brise s'élevait vers l'arrière. Nick saisit la première balise, il était à cran, persuadé que d'avoir vu Sonny McCabe sourire à la télé, avec son air de dire merde à tout le monde, n'était pas étranger à son état. Nick imaginait le rire tonitruant de Sonny et sa façon de faire des clins d'œil quand il avait une idée derrière la tête. Pas de doute, songea-t-il, ce type vous marquait à vie.

Après avoir amarré et nettoyé le bateau, Nick et E.Z. se dirigèrent vers le *Phare*, un bar de Wakefield. Au comptoir, E.Z. engagea une conversation houleuse avec deux pêcheurs de Galilée à propos de la pêche au requin du mois de juillet précédent. Dans cette région, les pêcheurs ne vivaient et ne respiraient que pour l'espadon, le thon et le requin, et leurs lieux de prédilection étaient un sujet inépuisable. Il semblait à Nick qu'E.Z., comme tous les autres, sortait son baratin. Les pêcheurs sont très seuls, ils passent des heures en solitaire avec leurs poissons, leurs lignes et leur rafiot. Alors quand ils sortaient, ils tchatchaient. Les pêcheurs, se dit Nick, étaient de plus gros buveurs encore que les flics.

Une femme aux cheveux teints au henné, originaire de Pawtucket et répondant au nom de Shirley, vint à sa rencontre mais pas, comprit Nick, par hasard. E.Z. avait pris Shirley à part quand Nick et lui étaient entrés, et lui avait dit qu'il s'occupait du prix. Shirley avait l'air d'avoir été belle mais d'avoir pas mal bourlingué depuis. Elle portait un jean délavé, d'immenses lunettes noires et un sweat-shirt blanc avec « Don't Worry, Be Happy » imprimé sur le devant. Elle s'approcha et dit :

– Bon, toi et moi on va boire un petit coup et parler de tes histoires d'amour.

Ce qui le laissa sans voix.

Shirley monologua pendant une quinzaine de minutes sur les hommes, sur sa vie, un bon quart d'heure de chanson *country* déprimante. Nick avait l'impression que la vie de cette femme se réduisait à une chasse à l'homme. Elle lui dit qu'elle voulait en savoir plus sur les bateaux et la pêche, en savoir autant que son ex, Danny, pour qu'il l'aime autant qu'il aimait pêcher. Et elle aimait Danny, et ça pouvait paraître incroyable, mais elle ne pouvait pas jouir sans être amoureuse. Les pêcheurs, dit-elle, étaient timides et coincés avec les femmes, ils n'étaient courageux qu'en mer. Les hommes, dit-elle, les hommes sont bizarres.

– Et toi, demanda-t-elle, quel genre d'homme tu es ?

– Je suis un homme dont on ne connaît rien.

– Exactement comme mon ex, mon Danny.

Shirley s'avança vers lui, Nick sentit l'extérieur de sa cuisse se frotter contre sa jambe. Elle le regarda dans les yeux.

– Qu'est-ce qui t'es arrivé au nez ?

– Je me le suis cassé quand j'étais petit. Deux fois.

– C'est vrai ? Quel dommage, une belle gueule comme ça.

Shirley lui dit qu'elle aimait les hommes qui savaient lire dans ses pensées.

– Je parie, lui dit-elle, que tu peux lire dans mes pensées.

Nick songea, exact, je peux, j'ai lu, et je peux dire qu'il n'y a rien.

Shirley descendit une margarita et lui demanda s'il était libre ce soir. Il y avait un dîner de poisson braconné à l'association des vétérans d'Exeter, et tout le monde y allait. Nick se retourna pour voir E.Z. à l'autre bout du bar. E.Z. sourit, regarda Shirley, puis Nick, leva la main et fit un petit signe.

– Alors, dit Shirley, je t'invite à manger du poisson ?

– Merci, lui dit Nick. Mais je dois répondre par la négative. Une autre fois peut-être.

– Ils ne reviennent pas souvent, ces dîners. Une fois par an, c'est tout.

– Alors l'année prochaine.

– Oh ! là, là ! dit Shirley, c'est loin ça. Mais, dit-elle, qu'est-ce que tu as avec les femmes ? Un mec comme toi devrait toutes les mener à la baguette.

– Merci, dit Nick.

Il ne savait pas quoi dire d'autre.

– L'habit ne fait pas le moine, conclut-il.

– Personnellement, dit-elle, je préférerais vraiment avoir un homme *dans* les bras que *sur* les bras. Tu vois ce que je veux dire ?

Nick leva son verre à sa sagesse et sourit.

Shirley soupira.

– Ce dont j'ai besoin, dit-elle, c'est d'un peu d'amour dans ma vie.

Et moi, songea Nick, de quoi j'ai besoin ?

La chasse est tellement meilleure que la prise, lui dit E.Z. sur le chemin du retour, ce qui arrive ensuite n'est pas important.

31

Samedi matin, Nick aida E.Z. à broyer cent cinquante kilos de maquereau et un peu de calmar pour faire de l'amorce. Ils mirent le mélange dans de gros bocaux en plastique et versèrent de l'huile de menhaden par-dessus, puis entassèrent les bocaux dans le congélateur d'E.Z. Nick passa l'après-midi à acheter de la peinture et des planches pour sa remise. En traversant le Triborough Bridge en cette fin de dimanche après-midi, il aperçut le panneau qui indiquait Queens. Il prenait cette route une fois par mois, parfois deux. La plupart du temps, il passait devant le panneau sans y penser; ce jour-là, il pensa à Sonny McCabe, au capitaine Hawks et à Sergi Monserette. *Los Campos* avait été une affaire de dingues, beaucoup de poisse, un merdier total. Il pénétra dans son garage de la 63e Rue vers cinq heures, encore plongé dans ses souvenirs.

Au vidéoclub, un peu plus tard dans la soirée, il tomba sur une pile de films de Martin Scorsese. Nick avait dû voir *Mean Streets* six fois; il trouvait *Taxi Driver* un peu trop violent. Un écriteau lui disait qu'il pouvait acheter *Mean Streets* pour dix-neuf dollars. Il y avait une photo de Robert De Niro dans une scène de *Raging Bull*, son préféré. La violence, songea Nick, est relative.

– De Niro est le meilleur acteur vivant, dit la femme, une femme mince à la peau sombre. Pacino n'est pas mal non plus.

L'espace d'un instant, Nick ne fut pas certain qu'elle s'adressât à lui.

– Il y a beaucoup d'excellents acteurs américains, dit-il amicalement.

– Nommez-en dix.

– J'en suis incapable.

– Vous avez vu *Bang the Drum Slowly*[1] ?
– Oui. Un peu lent, mais c'est du grand cinéma.
– Lent ? Vous avez dit lent ?
La femme sourit, elle toucha la main de Nick et il sentit son cœur s'emballer.
– L'Américain moyen connaît si mal le cinéma, dit-elle. Il est abruti par les jeux vidéo.
Elle lui souriait comme une femme seule vous sourit dans un de ces bars de l'East Side, comme une femme vous sourit quand elle veut que vous lui parliez, que vous la raccompagniez chez elle.
– Les Américains, dit-elle, croient que *La Guerre des étoiles* est un grand film.
Il ne percevait pas son accent, en tout cas ne le reconnaissait pas, et sa première réaction fut de lui demander d'où elle venait, si elle n'était pas américaine. Mais il se ravisa, il n'avait pas le courage d'en dire trop. Aussi Nick fit-il précisément ce qu'on attendait, il l'approuva.
– Les Américains n'ont pas beaucoup de goût en matière de cinéma, dit-il.
Nick détestait dire « le cinéma », il ne savait pas exactement pourquoi, mais il éprouvait une espèce de sensation, un sentiment qu'il n'aimait pas du tout.
– Vous savez quel est mon film américain préféré ? lui dit-elle.
Nick haussa les épaules, regarda à gauche, puis à droite, il cherchait *Citizen Kane*, essayait d'avoir l'air dans le coup.
– *Peur sur la ville*, dit-elle. Le premier seulement. La suite n'a plus aucune originalité.
– J'avais bien aimé ce film, dit Nick. C'était super.
Elle s'éloigna en riant.
– Lent, dit-elle. *Bang the Drum Slowly* est lent.
Elle portait un pull à col roulé rouge en cachemire, une mini-jupe, des chaussures plates, et ses cheveux étaient réunis en une petite queue-de-cheval noire. Elle était, en un mot, sensationnelle, et sa démarche était une véritable affirmation de tout son être, Nick l'aurait suivie n'importe où. Il la regarda par-dessus son épaule et la vit en grande conversation avec un homme moitié moins vieux que

1. Film réalisé par John Hancock en 1973 non distribué en France, avec Robert De Niro, édité en cassette en France sous le titre *The Best. (N.d.T.)*

lui, un jeune homme de son âge à elle. Il eut la soudaine sensation d'être un pneu qui vient de rouler sur un clou.

Le matin suivant, comme à son habitude, Nick se leva à six heures et demie, mit de l'eau à chauffer pour son café, enfila un bas de jogging, des baskets, un sweat-shirt à capuche, et descendit s'acheter un petit pain au *Tal*, ainsi que le *Times* du jour.

Il n'était pas encore sept heures mais le *Tal* était bondé, en majorité d'hommes en costume, attaché-case à la main, en file indienne pour commander café et petit pain. Personne ne souriait. Nick vint se poster devant le comptoir qui faisait toute la longueur du magasin et présentait toutes les salades imaginables, ainsi que du hareng, du saumon fumé, des tranches de viande et du fromage. Il parcourut les lieux des yeux. Tous semblaient attendre, comme chez le dentiste, qu'on appelle leur numéro pour se faire obturer le canal dentaire. Un grand mec en pantalon de toile et veste de jogging fluide tapota l'épaule de Nick et lui désigna du pouce le bout de la queue.

Elle était environ à trois mètres de lui, vêtue d'un short et d'un tee-shirt, un bras appuyé sur le ventre, la main sous le coude de son autre bras, et elle faisait de petits signes. Devant et derrière elle se tenaient des hommes bien habillés en costume-cravate. Le type posté juste derrière elle avait l'air au bord de l'évanouissement à force de lorgner ses jambes et son cul.

– Bonjour, dit-elle.

Nick trouva qu'elle le regardait de façon suggestive.

Il y avait une dizaine de personnes devant elle qui attendaient pour être servies.

– Je peux vous prendre quelque chose ? dit-il.

Elle secoua la tête et indiqua la queue pour lui signifier qu'elle attendrait son tour. Nick lui jeta un regard contrarié qui sous-entendait qu'il ne pouvait rien y faire. L'espace d'une seconde, un rayon invisible connecta leurs yeux, puis elle pinça les lèvres. Un baiser, se dit Nick. C'était un petit baiser furtif, ça. Quand ce fut son tour, Nick commanda son petit pain, basique, et sentit une vague de chaleur lui envahir le ventre comme ça ne lui était plus arrivé depuis le lycée. Au moment de passer la porte, il se retourna pour la regarder, et elle sourit. Le cœur de Nick battait la chamade et il se sentit rougir comme une tomate.

Plus tard, quand il sortit de son garage, il crut la voir marcher avec le jeune homme du vidéoclub. Le couple tourna dans la 68e Rue et, l'espace d'un instant, il eut la conviction que c'était elle, mais c'était difficile à voir, la rue était bondée, et un bus tourna devant lui, il ne put que l'entr'apercevoir. Qui était ce type, ce type qui marchait avec elle ? Et elle semblait différente, avec ses cheveux relevés et sa robe.

Cette nuit-là, il erra dans le quartier, se mêla aux milliers de passants de la Première Avenue, alla au *Sheridan* prendre une bière et un sandwich. À un moment, il tomba sur une équipe d'inspecteurs qu'il connaissait du poste local et qui relevait l'immatriculation d'une voiture abandonnée. Il laissa les inspecteurs à leur tâche et dépassa une foule de gens en train de faire la queue devant un cinéma qui projetait des films étrangers tandis qu'un Black avec des dreadlocks leur jouait de la guitare et leur chantait une chanson. Il flâna encore quelques minutes, puis décida de rentrer chez lui. Il s'arrêta au tabac pakistanais, y acheta un exemplaire du *Post* et, quand il passa la porte et se retrouva dans la rue, elle était là. Merci Seigneur.

Elle était là, les bras croisés, vêtue d'un nouveau col roulé, un marron cette fois-ci, et d'une mini-jupe vert bronze. Elle avait des jambes extraordinaires et le savait, elle n'avait aucune réticence à les montrer. Avec son visage sensuel et sa silhouette mince, elle rappelait à Nick une star de cinéma italienne dont il ne se rappelait pas le nom. Le fait était qu'à la regarder comme ça, il craignait d'oublier le sien. Son cerveau hurlait, salut, bonjour, comment ça va ?

– Vous savez, dit-elle à mi-voix. Il faut qu'on arrête de se croiser comme ça.

– Croyez-moi, tout le plaisir est pour moi.

C'était la pure vérité. Elle avait les yeux brillants, verts, se dit-il, ou bleus, en tout cas ils étaient vifs et lumineux.

– Je peux vous demander une faveur, dit-elle. Auriez-vous la gentillesse de m'accompagner au distributeur automatique ? Je ne suis pas rassurée la nuit.

Il faillit danser de jubilation.

– Bien sûr, dit-il, bien sûr, bien sûr. Vous allez auquel ?

Elle aurait pu dire à Bangkok, il s'en foutait, il y allait.

– Sur la 67e, juste au coin.

– C'est parfait, j'habite juste à côté.

Elle lui prit le bras.
– C'est vrai, où ça ?
– Sur la 67e, entre la Première et la Deuxième Avenue.
– Ah très bien, comme ça je ne vous fais pas faire de détour.
– Non, pas du tout, pas du tout.
Sur le trottoir, un flot régulier de promeneurs défilait, faisait les boutiques, marchait, des couples riaient. Nick se retrouva à discuter de tout et de rien, à papoter, en essayant de se détendre. Il avait un peu le vertige. C'était idiot – non, pas idiot, ridicule – d'être aussi mal à l'aise, mais oh là là qu'elle était belle, les gens se retournaient littéralement sur leur passage.
– On vous a déjà dit que vous ressemblez à Marcello Mastroianni ? dit-elle.
– Non.
– Marcello, je vous appellerai Marcello.
– Appelez-moi comme vous voulez.
– J'adore votre nez, c'est la première chose que j'ai remarquée chez vous, votre nez.
– J'étais boxeur quand j'étais jeune, je faisais des combats.
Était-elle impressionnée ?
– Je l'ai cassé tellement souvent que l'os est parti. Vous voyez ?
Il se toucha le nez, elle lui toucha le nez, rit, et tous deux se mirent à rire. Elle était mannequin... Évidemment. Elle étudiait l'écriture de scénario à la New School. Peut-être qu'elle aurait envie de jouer un jour, peut-être, mais elle ne pensait pas avoir ça en elle. Elle adorait le cinéma, et elle adorait écrire. Elle était à New York depuis trois semaines. Elle s'appelait Laura et avait vingt-quatre ans. Vingt-quatre ans, putain, il avait des costumes du même âge.
Elle alla retirer de l'argent, revint, puis ils s'arrêtèrent devant une boutique de vêtements pour femme, une librairie, sans dire un mot, mais ce n'était pas grave ; il se sentait de plus en plus à l'aise avec elle. Il sentait une sorte de chaleur en lui ; il pensait pouvoir lui demander son numéro de téléphone.
– Je peux vous demander votre numéro de téléphone ?
– Marcello...
– Je m'appelle Nick, Nick Manaris.
– D'accord, mais je vous ai dit que je vous appellerais Marcello. Marcello, dit-elle, je ne donne pas mon numéro de téléphone. J'habite avec mon frère et il n'aime pas ça.

– Votre frère ?

– Oui, il s'appelle Mariano, et il est très protecteur, parfois trop, mais c'est pas grave.

– Bon.

– Ne soyez pas triste, Marcello, donnez-moi votre numéro et moi, je vous appellerai. On ira au cinéma, d'accord ?

– Vous ne m'appellerez pas.

– Pourquoi pas ? Bien sûr que je vous appellerai. J'ai dit que je vous appellerai et je le ferai.

– Écoutez, Laura, je suis désolé.

– À quel propos ?

– Vous savez, votre numéro, tout ça. Enfin vous ne me connaissez pas, vous venez d'arriver à New York, et...

– Quoi ? Quoi, Marcello ?

– Je suis assez vieux pour être votre père.

Elle répondit sans sourciller :

– Non.

– Si.

– Vous avez quel âge ?

– Quarante. Non, ce n'est pas vrai, quarante-six.

– Hmmm. Mais vous ne les faites pas, vous ne faites pas quarante ans.

C'était merveilleux. Il ressentit quelque chose de purement physique, comme le premier signe de ses problèmes d'estomac. Il voulut l'inviter tout de suite à sortir, l'emmener au *Rainbow Room* ou à la *Tavern on the Green*, dans un endroit sympa, à la mode, un attrape-touristes new-yorkais, peu importe, n'importe quel endroit à la mode. Il se mit à rêver de la subjuguer avec une soirée fabuleuse à New York, quelque chose d'original, quelque chose de différent. Mais il était trop tendu, trop nerveux. Son cœur battait dans sa gorge comme un tambour.

– Quarante-six, répéta-t-il.

Elle haussa les épaules, l'air de dire, et alors.

– Donnez-moi votre numéro, dit-elle, et je vous appellerai.

– Vous n'appellerez pas.

Elle en fut déconcertée. Elle lui toucha le bras.

– Mais si, dit-elle, vous me plaisez. Bien sûr que je vais vous appeler. Au fait, qu'est-ce vous faites dans cette grande ville ?

– Je suis policier, capitaine. Je travaille pour le procureur de Queens.

Il commençait à se calmer.

– Donc c'est sûr, je suis en sécurité avec vous. Capitaine, je suis impressionnée, dites-moi. Je vous appelle d'ici un ou deux jours, vous me ferez un peu visiter la ville.

– Je peux vous poser une question? dit Nick. Vous aimez l'océan? La pêche, les bateaux? Vous aimez la campagne?

Elle plissa ses incroyables yeux.

– Je suis cubaine, dit-elle, mon sang se réchauffe quand je suis près de la mer. Je vous appelle, murmura-t-elle, puis elle lui envoya son fameux baiser, son fameux sourire, et disparut.

Nick marcha jusqu'à chez lui en chantant : « *Start spreading the news, I'm leaving today... da, da, dada, da, da – New York, New York.* »

Il se sentait bien, comme un homme comblé. Nick avait l'impression de pouvoir léviter, s'élever au-dessus de la triste foule qui l'entourait et s'envoler. Sa tête était pleine d'images de Laura, de départ de New York et de vie à Wickham. Il y avait de la certitude dans l'air. Tous ses rêves incluaient la vie à Wickham. Avec quelqu'un qui poserait sa tête sur ses genoux par une froide soirée d'hiver enneigé. Assis devant un bon feu, à écouter Verdi et Puccini en buvant du vin. Un bras autour de sa taille pendant une longue promenade sur la plage, le homard qui bout et la bière fraîche, faire l'amour tout doucement par un dimanche après-midi pluvieux. Et rire, rire était important, peut-être le plus important de tout.

Nick imaginait E.Z. en train de lui dire : « Mais où tu l'as trouvée? » Et Andre : « Pardon? Vingt-quatre ans, tu dis qu'elle a vingt-quatre ans? Qu'est-ce que tu racontes? »

Devant le miroir de sa salle de bains, Nick pinça la peau fine au coin de ses yeux et dit :

– Bon, d'accord, plus de petits pains avec le café, demain c'est müesli, lait écrémé et jus d'orange. Un petit jogging, minimum une grande marche. Haltères, abdos et assouplissements. Il avait un peu perdu ses cheveux après quarante ans, et sa bedaine, qui avait toujours demandé de gros efforts pour rester ferme, passait légèrement au-dessus de sa ceinture. Allez, abdos, assouplissements, retour sur le circuit, c'est facile, t'es un pro, un sportif, c'est rien, juste une question d'engagement.

Nick se dit que son mariage avait été un désastre depuis le début. Bon sang, il utilisait encore les serviettes de toilette qu'ils avaient reçues en cadeau de mariage quand elle s'était tirée. Son mariage s'était terminé quand Laura avait quoi, neuf ans ? À l'idée de Laura enfant, il se tut puis fut pris d'un rire coupable. Non que sortir avec une femme plus jeune lui était inhabituel. Il y avait eu Renata, de dix ans sa cadette, qui vivait aujourd'hui à Tampa avec un professeur d'éducation physique. Et après Renata, il y avait eu la psychologue d'hôpital qui, à chaque fois qu'elle venait le voir, vérifiait toujours le contenu de son placard à pharmacie pour s'assurer qu'il n'avait pas contracté une maladie sexuellement transmissible. Il n'avait jamais été capable de faire durer une érection avec elle, elle passait son temps à parler des ravages du sida. Ensuite, il y avait eu l'infirmière portoricaine de Park Slope, avec ses yeux noirs, ses ongles comme des poignards et ses quarante sortes de shampoings dans la douche. Puis l'avocate de Garden City, la blonde qui adorait se faire quelques petites lignes de coke avant de sortir. La poétesse qui avait été mariée quatre fois et avait tenté de se suicider deux fois. La grande cuisinière rousse qui avait deux enfants et un père malade dans son gigantesque ranch de Woodstock, tous bouddhistes.

Tout ça n'avait rien donné. Oh, il y avait eu des bêtes de sexe, la bouddhiste était exceptionnelle, et la Portoricaine, avec ses ongles et son épaisse tignasse noire, le rendait fou. Mais ça n'avait rien donné, aucune n'avait rien donné. Elles appelaient pourtant de temps en temps, toutes. Il préférait aller pêcher, chasser le requin ou le thon et rêver à la femme qu'il pourrait vraiment aimer. Où qu'elle fût. Il avait connu suffisamment de femmes dans sa vie, et celles qu'il avait connues n'étaient pas si différentes que ça. Il avait été marié et était divorcé, il avait été célibataire pendant une longue période. Le célibat valait mieux. Est-ce que les gens se marieraient s'ils savaient vraiment ce que ça implique ? Quand toutes les merveilleuses absurdités s'écroulent et que la vie devient une dispute quotidienne, quand on se rend compte qu'il va falloir passer toute sa vie avec quelqu'un à qui on peut à peine parler ; quand tout part en couille. Et pourtant, il y avait une femme pour lui dans ce monde, mais elle ne cessait de lui échapper. Tout ce qu'il savait, c'est qu'il la cherchait depuis des années. Quelles étaient les chances pour que ce fût Laura ? Au mieux une infime probabilité.

Il était couché, trop heureux pour dormir. Laura. Il se dit ce nom en lui-même, puis à haute voix. Qu'est-ce que tu crois, ducon ? Elle ne t'a même pas filé son numéro. Bien tenté, Marcello. Juste avant de sombrer dans le sommeil, Nick songea, quand on s'endort affamé, ne rêve-t-on pas de festins ?

Quand deux jours se furent écoulés sans aucun appel de Laura, Nick se mit à avoir le cafard. Il s'était rendu au *Tal* tous les matins et ne l'avait pas vue. La nuit, il avait erré dans les rues mais elle n'était nulle part. Il passa ses journées au bureau à faire de la paperasserie et à éviter Andre sans aucune raison apparente. Un jour, il s'acharna douze heures d'affilée sur une affaire de fraude bancaire avec un groupe d'inspecteurs et une équipe d'agents du FBI. Il en vint à se demander ce qui lui avait pris d'imaginer que Laura l'appellerait. Qu'est-ce qu'il croyait ? Cette femme avait à peine la moitié de son âge. Le mercredi, il ressentit le besoin de partir dans le Nord. Il téléphona à E.Z. pour lui demander quels étaient ses projets pour le week-end.

32

Pour Chino et Manny Vasserman, le mercredi soir prévalait sur les autres soirs de la semaine. Le mercredi soir, les deux frères se défonçaient à l'*aguardiente*[1] et à la neige tropicale, le mercredi soir ils emballaient des sachets de vingt-huit grammes et des paquets de huit kilos de cocaïne, ils allaient au bordel, chez *Sleepy*, où ils essayaient de baiser mais échouaient lamentablement parce qu'ils étaient trop shootés, trop défoncés, parce que avec la coke ils avaient la bite comme un asticot.

Manny était assis à une table de cuisine en formica, il portait un tee-shirt vert à manches longues et comptait de l'argent. Chino testait un échantillon prélevé sur un nouveau paquet de cocaïne pure, couleur crème. Il était une heure du matin, Chino se passa la langue sur les dents, sniffa et dit :

– Il faut que j'en tue un pour lui apprendre, c'est comme ça qu'il faut faire.

– Ce paquet est coupé comme le dernier ? demanda Manny.

– Bien sûr, exactement comme le dernier. Ils nous prennent pour des cons. Ils sont cinglés de nous prendre pour des cons. Parce que tu vois, moi, je vais en tuer un, je vais m'en faire un.

Après sa sortie de prison, Manny Vasserman était parti à Union City, dans le New Jersey, où il avait ouvert une *bodega* du nom de *Dos Hermanos* et attendu que son frère, Chino, vienne le retrouver à l'air libre et le rejoigne dans le trafic de cocaïne. Chino était rentré depuis un an et, à l'heure qu'il était, les deux frères trempaient dans la drogue jusqu'au cou et nageaient dans un océan de fric.

---

1. Eau-de-vie. *(N.d.T.)*

– Tu lui as dit ? Il faut que tu lui dises que c'est de la merde son produit, dit Manny.

Il était voûté sur sa chaise, ses bras massifs croisés sur la table. Chino était assis en face de lui, il frottait de la cocaïne entre le pouce et l'index. La cocaïne pure serait absorbée par sa peau, et le mélange, qui n'était pas censé être là, brillait, scintillait entre ses doigts. Les yeux bridés de Chino se plissèrent, son visage devint rouge de colère et sa bouche se figea en un sourire glacial.

– Tu vois, cet enculé continue de nous livrer de la merde coupée. Elle est censée être pure et regarde-moi ça, le mélange est là, on le voit à l'œil nu.

– On va lui dire. Allez dépêche-toi, termine ça, les gonzesses nous attendent chez *Sleepy*.

Dos Hermanos était au bout d'une rue bordée d'appartements et de maisons en colocation, jusqu'à la nationale. Le quartier périclitait sérieusement, pourtant la bodega restait ouverte tard, parfois jusqu'à une ou deux heures du matin. Derrière *Dos Hermanos* se trouvait un trois-pièces, un endroit vide et pestilentiel où les deux frères gardaient Kiki, leur pitbull, où ils stockaient leur coke, et où ils étaient assis quand ils entendirent frapper à la porte de la bodega.

Chino baissa les yeux sur la table.

– Qui ça peut bien être ?

Manny se taisait.

On frappa de nouveau, plus fort cette fois-ci.

Manny attrapa la bouteille d'aguardiente de l'autre côté de la table et en versa dans son verre.

– Tu vas voir qui c'est ou quoi ? dit Chino.

– Le resto est fermé, les lumières sont éteintes. Ça peut pas être quelqu'un qu'on connaît.

Manny essaya de faire lever son frère de la table ; quant à lui, il n'avait aucune envie d'abandonner son verre. Quand on frappa de nouveau, Chino dit :

– Tu vas te lever et aller voir qui c'est, oui ?

– Ils vont s'en aller.

– Vas-y, va voir qui c'est.

Manny se leva brusquement et pénétra dans la bodega. Le restaurant était sombre, il alluma les lumières. Dehors, devant la porte, se tenaient deux personnes, deux femmes, et de là où il était posté,

Manny ne put en croire ses yeux. Son rire couvrit ses pas, le temps qu'il traverse la pièce jusqu'à la porte d'entrée.

– Qui c'est ? cria Chino.

– Tu vas pas y croire, mon vieux.

Les deux femmes portaient une robe rouge, ainsi que ce qui avait l'air d'un sac en cuir fin. Manny déverrouilla la porte pour l'ouvrir, il ne les quittait pas des yeux et vit alors comme elles étaient belles. S'il n'avait pas été aussi estomaqué par leur beauté, il se serait demandé pourquoi ici ? Pourquoi maintenant ? Pourquoi moi ? Mais il resta un moment sous le choc. Il ne se rappelait pas avoir déjà eu dans sa vie des femmes si fantastiques plantées devant lui, tout sourire.

– Oui, mesdames, oui, que puis-je faire pour vous.

Elles étaient côte à côte et le regardaient, lui souriaient, dégageaient un parfum, un parfum de femme entre le jasmin et l'air marin. La plus âgée des deux, et elle était bien plus âgée, pas aussi époustouflante que la plus jeune, mais fantastique quand même, avait de gros seins qui semblaient remontés et prêts à sortir de sa robe.

– Nous venons acheter des cigarettes, dit-elle. On nous a dit qu'on pouvait acheter des cigarettes dans cette bodega.

Eh ben, songea Manny. Le destin me sourit enfin.

– Comme vous pouvez le voir, nous sommes fermés, mais pour vous, pour vous deux, je ferais n'importe quoi, tout ce que vous voudrez.

– C'est qui ? cria Chino.

– Viens voir, frérot, viens voir ce que Dieu nous envoie.

La plus jeune avait un joli corps, très mince, avec des petits seins, mais qu'est-ce qu'elle était belle. Manny se dit qu'il adorerait sucer ses petits tétons et jouer avec ces deux nanas. Mais la jeune semblait sérieuse, trop sérieuse, et il y avait une certaine tristesse dans ses yeux. Elle se tenait comme si elle posait, comme un de ces mannequins si minces, ces grandes filles sévères, belles, oh oui, si belles.

– Alors, frérot, dit Chino, qui sont tes amies ? Où sont passées tes bonnes manières ? Fais-les entrer.

– Elles veulent acheter des cigarettes, dit Manny.

– Très bien, des cigarettes, oui, on a des cigarettes. Quel genre vous voulez ? On a de tout, dit Chino.

La jeune parla pour la première fois, elle fit un cercle avec son pouce et son index.

– Des grosses, dit-elle, assez grosses pour en sortir le tabac et y mettre autre chose à la place. Vous savez, quelque chose qui vaille le coup d'être fumé.

Elle parlait doucement, tranquillement, comme un ange.

– *Coño*, dit Manny, je vais vous donner quelque chose à fumer, quelque chose de bon et de gros.

– Vous savez ce qu'on veut, dit la plus vieille. On est prêtes à y mettre le prix. On nous a dit...

– Qui on? dit Chino. Qui vous a dit de venir ici?

– Les noms, dit la plus vieille, ne sont pas importants pour nous. On ne se sert pas du nom des gens.

– Ha ha, dit Chino, vous n'êtes pas seulement belles, vous êtes drôles aussi.

Il fit signe aux deux femmes d'entrer dans le restaurant.

– Moi, c'est Chino, et lui c'est Manny, on est frères.

La plus vieille parla en premier.

– Moi c'est Natalia et elle, c'est Maria, ma fille. Enfin, pas vraiment ma fille, mais je la considère comme telle, comme si c'était ma fille.

– *Chica*, dit Manny, arrête, tu mens. C'est ta sœur, ça peut pas être ta fille.

Les deux femmes parcouraient la bodega des yeux, dos à Chino pendant qu'il parlait, et il sembla à Manny qu'elles inspectaient les lieux.

– Si, si, c'est ma mère, dit Maria. Vous avez ce qu'on veut?

– Petite mademoiselle, dit Chino, peut-être bien qu'on a ce que vous voulez, peut-être bien. En tout cas, on a ce qu'il vous faut, croyez-moi.

Chino inspira profondément et jeta un œil à son frère, puis il se tâta l'entrejambe et remonta son matériel. Le gros macho. Quand il se tourna vers la jeune, celle qui s'appelait Maria, il remarqua le pistolet dans sa main.

– Je ne vous demande pas ce que vous faites, dit Chino. Je vous conseille de m'écouter, de ranger ce truc-là et de partir pendant qu'il est encore temps.

– Retournez-vous et allez à l'appartement, dit Natalia. Contentez-vous de faire ce qu'on vous dit et tout ira bien.

– Vous voulez quoi ? dit Manny. De la coke ? De l'argent ? Quoi ?

– On veut que vous alliez dans votre appartement, lui dit Maria.

– D'accord, d'accord, dit Chino, on y va.

Il se détourna du flingue, prit Manny par le coude, et les deux frères traversèrent la bodega et allèrent jusqu'à la cuisine de l'appartement.

– Asseyez-vous, leur dit Maria.

Manny se retourna et regarda avec dégoût les yeux verts et froids de la belle jeune femme. Il ne supportait pas d'être le jouet d'une femme, et son cerveau imprégné de cocaïne lui dit que c'était exactement ce qui était en train de se passer. Il était le joujou d'une gamine. Ils étaient seuls dans la cuisine à présent, la plus vieille, Natalia, était restée dans la bodega, mais au bout d'un moment elle apparut à la porte de la cuisine, et à ses côtés se tenait un jeune homme qui souriait, un pistolet à la main. Le jeune homme désigna la bouteille d'aguardiente sur la table de la cuisine et dit :

– Les Colombiens boivent cette merde, pas les Cubains.

Manny haussa ses massives épaules, sourit et dit :

– Eh, *compadre*, tu sais à qui t'as affaire, là ?

– *Compadre*, *compadre*, *compadre*, dit le jeune homme, sans ajouter un mot.

Hagard, effrayé, Manny sourit et essaya de hausser les épaules. Le jeune homme ressemblait à ces dingues de *pistolocos*, on aurait dit un marielito, un flingueur, un de ces gosses déjantés des bateaux. Il était mince, clair de peau, il devait avoir vingt-quatre ou vingt-cinq ans, et il avait une attitude de chef, il avait l'air dangereux avec son flingue et son sourire de cinglé.

Chino était assis à la table, il se taisait et regardait ses ravisseurs sans expression.

La jeune femme se mit à parler et, pendant qu'elle parlait, la vieille disait oui, oui. Manny n'en croyait pas ses oreilles.

– Je vous en prie, dit Manny, vous vous trompez, vous vous trompez de frères. Ce que vous dites n'a rien à voir avec nous.

Chino se taisait, il comprenait ce qui était en train de se passer et avait trop peur pour parler.

– Nous sommes les Cienfuego, moi c'est Mariaclara et ça c'est mon frère, Miguel, dit la jeune femme. Vous connaissez ce nom,

Manny ? Vous vous souvenez de Diego Cienfuego ? Vous vous souvenez de notre père ?

Manny acquiesça lentement.

Maria eut un sourire glacial.

– Il y avait beaucoup de monde dans cette pièce, Manny. Et dans cette prison. Ils ont vu ce que vous avez fait, ils vous ont vu trancher la gorge de notre père, espèce de porc. Ils m'ont dit que vous avez dansé après en avoir fini.

Manny était assis, le regard fixe, il inspirait régulièrement. Elle parla longtemps de son père, de son oncle Benny, de la façon dont Benny et Cano avaient tué le mari de sa belle-mère, Rodrigo. De la façon dont ils l'avaient torturé, dont Manny avait tué Diego comme un poulet, un agneau ou un lapin. Manny écoutait tout cela très attentivement et, quand la jeune femme eut terminé, il leva la main et dit :

– Je vous en prie, vous savez que ça fait longtemps.

Il savait que c'était un argument stupide. Il aurait voulu se lever et partir en courant mais il était trop terrifié pour bouger.

– Je ne vais pas vous demander de faire la paix, dit enfin Chino.

La bouche de Manny s'ouvrit toute grande.

– *Hijodeputa*, dit Miguel Cienfuego, fils de pute, demande ce que tu veux. Ça ne coûte rien de demander.

– Je t'emmerde, dit Chino, et il se leva de sa chaise.

– Assis, lui ordonna Maria.

– Je t'emmerde, toi aussi. Je t'emmerde.

– Non, dit Natalia, moi je t'emmerde.

Elle prit le flingue de la main de Miguel et l'arma.

– Qu'est-ce que vous faites ? dit Manny.

Chino recula.

Natalia baissa les yeux sur Manny. Il n'y avait plus que de la haine dans ses yeux noirs. Elle leva le flingue des deux mains et le pointa sur la massive poitrine de Manny, Chino se retourna pour suivre le flingue d'un air ahuri et, furieuse, elle dirigea son pistolet sur lui et tira.

La détonation résonna dans la petite pièce, Chino fut éjecté en arrière et retomba, mort.

– Je vous en prie, dit Manny. Écoutez, je ne vous blâme pas...

Le sourire de Natalia l'arrêta net, il se figea sur sa chaise. Quand Maria arma son flingue, il se détourna et entendit la détonation. Un trou de la taille d'une pièce de monnaie apparut sur son front dans un éclair rouge.

Maria sortit deux cagoules de son sac en bandoulière et les tendit à Miguel, qui s'approcha des corps de Manny et Chino, leur souleva la tête et les leur enfila sur le visage. De sa poche il tira deux morceaux de papier, sur chacun d'eux était écrit : VOUS PAYEZ LE PRIX DE LA TORTURE ET DU MEURTRE. Il en accrocha un sur chaque cagoule.

Tous trois traversèrent la bodega en sens inverse, sans faire de bruit, comme s'ils risquaient d'éveiller les deux cadavres qu'ils laissaient derrière eux.

33

Le soir où Laura l'appela, Nick s'était déjà fait à l'idée qu'il n'entendrait plus jamais parler d'elle. Et pourtant, voilà qu'elle était à l'autre bout de la ligne, avec sa voix tendre et suave, comme si elle lui parlait dans un confessionnal.

C'était un jeudi soir, vers huit heures. Nick était assis chez lui à la table de la cuisine et remplissait des chèques, payait ses factures, trente et un dollars pour le câble, quand le téléphone sonna. Laura lui dit qu'elle était désolée d'avoir mis si longtemps à l'appeler. Ça ne faisait quoi, que trois jours de plus sur tout un siècle ? Laura, tendre Laura, si sympathique et douce au téléphone, avec sa voix d'ange. Je suis désolée, lui dit-elle, j'ai été occupée, très occupée, à l'école et pour chercher du boulot. Il porta sa main sur sa poitrine, il la sentait enfler et se creuser. Sa voix était profondément sexuelle, et il se demanda si elle le savait.

– Eh bien, dit Nick, à vrai dire, je ne pensais pas que vous appelleriez.

– Marcello, dit-elle doucement, j'ai dit que j'allais vous appeler, et voilà.

Sa voix mettait ses nerfs à l'épreuve. Cependant, il n'était pas si sûr d'aimer cette histoire de Marcello.

– Bonne pêche ? dit-il, je veux dire, pour le boulot ?

– Pas mal, on verra. Écoutez, vous avez des projets pour ce week-end ?

– En quelque sorte. J'ai une maison à la campagne. J'y passe la plupart de mes week-ends.

– Ah d'accord. Je me disais qu'on aurait peut-être pu dîner ensemble samedi, aller au cinéma, quelque chose dans ce goût-là. Mais si vous avez des projets, il y a toujours la semaine prochaine.

Il s'étonna lui-même quand il lui demanda si elle voulait l'accompagner. Il lui dit que c'était un petit cottage, rien d'incroyable, mais avec une chambre d'amis, et après tout il était fiable, en tant qu'officier de police, il n'y avait rien à craindre.

– Vous êtes toujours gentil, Marcello ?

Nick se dit, ça suffit avec Marcello. Mais il se dit également, sa voix, cette pointe d'accent qui adoucit tout ce qu'elle dit.

– Oui, lui dit-il. Je suis toujours gentil.

Nick se sentit rougir.

– On verra, lui dit-elle, encore plus doucement.

– Alors ?

– Quoi ?

– Vous voulez m'accompagner à la campagne ? Vous aurez votre chambre, vous pourrez vous détendre, respirer le bon air de la mer.

– Je ne crois pas.

Il y eut un silence, un long silence. Nick était certain que ses prochains mots seraient qu'il allait rester en ville pour le week-end. Et ce fut le cas.

– Je peux vous appeler à quelle heure le matin ? lui demanda-t-elle.

– Pourquoi ?

– J'aurais dû m'en douter, dit-elle. Les policiers répondent toujours à une question par une question, non ? Comme les psys.

– Vous pouvez m'appeler aussi tôt que vous voulez, six heures, six heures et demie. Je peux vous demander pourquoi ?

– Parce que je ne veux pas que vous changiez vos projets pour moi. J'adorerais aller à la campagne avec vous, mais je ne peux pas vous le dire avant demain.

– D'accord, appelez-moi pour me dire. De toute façon, je serais ravi de passer un week-end en ville pour changer.

– Vous aimez votre maison de campagne, non ?

– Oui.

– Vous savez, dit-elle, mon père m'a dit un jour qu'il est plus facile d'être amoureux d'un endroit que d'une personne.

– Perspicace, votre père.

– Oui, c'est ça, il était perspicace.

– Il est mort ?

– Oui. Depuis un bout de temps.

– Le mien aussi. Je suis désolé.

– Je vous appelle demain.

Nick eut l'impression soudaine qu'ils se parlaient comme s'ils étaient déjà amants. Plus tard, en allant se coucher, il éprouva soudain un grand bonheur. C'était une chose qu'il n'avouait jamais, cette certitude qu'il était trop tard pour envisager d'être heureux un jour. Penser à Laura lui rappelait ses années de fac, c'était la même sensation, une nouvelle femme dans sa vie et de grandes espérances. À l'époque où il s'éternisait sous la douche, se rasait de près, s'habillait bien, marchait avec assurance, l'assurance que quelque chose d'important était en train de se passer. L'expérience intense de se sentir bien. Voilà que Laura le ramenait des années en arrière.

Elle l'appela à six heures et demie le lendemain matin. À quelle heure devait-elle être fin prête pour qu'il passe la prendre ?

Fin prête ? Il sourit. Il ne connaissait plus personne qui utilisait cette expression.

– Trois heures, c'est trop tôt ? Je préfère éviter les embouteillages.

Elle l'attendrait au coin de la Première Avenue et de la 67e Rue.

– Je serai prête, je vous attendrai avec mes bagages.

– Je serai là.

Radieux.

– Laura, dit-il, j'ai hâte.

Elle rit.

Pas à ce moment-là, mais plus tard, Nick compara cet appel de Laura à la seule autre fois de sa vie où il avait cru toucher le jackpot de l'amour. Au printemps de ses dix-sept ans, au bal de fin de terminale. La fille qui l'accompagnait ce soir-là s'appelait Jeanne Latori, elle était petite, mince, portait de grands pendentifs, une masse de cheveux frisés, elle avait un look hippie et il était accro. Ils étaient tous les deux en terminale, lui à Saint Frances et elle à la Domenican Commercial. Quand elle allait en cours, Jeanne portait l'uniforme de l'école, marron triste, avec de gros godillots. Sous son uniforme, elle mettait un string ; c'était de la dynamite, cette Jeanne. La nuit de ce bal était belle et chaude ; ils se retrouvèrent seuls sur le ferry de Staten Island et regardèrent le soleil se lever. Sous le ciel crépusculaire et les embruns salés, Jeanne lui fit l'amour sur un fauteuil du pont. Elle le débarrassa de son pantalon de smoking, releva sa robe de bal, l'enfourcha et, Seigneur, il regarda le soleil se lever, et sut alors qu'il avait trouvé l'amour.

Mais ce fut la dernière fois qu'il la vit. Jeanne s'enfuit à San Francisco avec un barbu plus vieux qui avait les cheveux à la taille. Cet été-là, il connut la souffrance, il avait le cœur brisé, et son père ne cessa de lui répéter, ne confonds pas solitude et désir d'amour – mais encore une fois, pourquoi être différent ? Tout le monde confond.

Le matin suivant, Nick se rendit tôt au bureau. Andre était déjà là et Nick lui dit qu'il partirait peu après le déjeuner, il voulait quitter la ville avant les embouteillages du week-end.

Ils passèrent vingt minutes à parler des affaires en cours en buvant un café. Andre s'intéressait à l'affaire de fraude bancaire, il aimait l'idée que ses enquêteurs puissent travailler sans heurt avec le FBI. Nick expliqua ses réticences sur la coopération avec les fédéraux, rien de neuf, toujours la même histoire, Andre l'écoutait patiemment, il avait entendu ça des dizaines de fois auparavant. Ils passèrent quelques minutes à parler de la prestation télé de Sonny McCabe. Andre était un fan de Larry King, c'était son préféré dans toute la masse d'animateurs d'émissions de ce genre.

– Tu sais, dit Andre, Sonny incarne tous les idéaux des vieux ringards mais que quelques-uns seulement ont atteints.

Nick croisa les bras et regarda le sol.

– Parfois, dit-il à Andre, j'ai l'impression que tu l'adores.

– Je ne l'adore pas. Mais, maintenant que tu le dis, je pense que Sonny avait pigé comment fonctionnaient les choses. Ce mec n'avait pas besoin de leçon, et y a plus personne comme lui aujourd'hui.

– Mais si, t'entends parler d'eux tout le temps dans le journal.

– Au fait, dit Andre, tu as eu le message de Bill Kenney, l'agent de la DEA ?

Mardi, Nick avait eu un message d'Andre lui demandant d'appeler un agent de la DEA à Miami. Il avait essayé, à deux reprises, mais n'avait pas pu le joindre.

– Oui, mais je n'ai pas réussi à l'avoir. C'est qui ?

– Tu ne te souviens pas de lui ?

– J'ai bien peur que non, dit Nick.

Il se leva.
– Il faut que je retourne à mon bureau. Je dois voir le planning des vacances d'été.
– Tu te souviens de l'affaire de *Los Campos*?
– Bien sûr... Oh, le mec de la DEA qui s'était chargé de Matos et Medina. Il travaillait avec un agent du FBI... comment il s'appelait?
– Cosgrove, Jim Cosgrove. Il a quitté le FBI, il a un poste incroyable chez IBM. Il est à la tête de la sécurité à Tempe, je crois.
– Mais tu sais ce que voulait Kenney?
– Je ne lui ai parlé qu'une minute. Il est tombé sur Sonny à l'émission de King et il voulait te parler.
– Je vais l'appeler.
– Tu fais quoi ce week-end?
– Je vais dans le Nord.
– Quoi de neuf sinon.
– Je n'y vais pas seul.
Les yeux d'Andre pétillèrent et un sourire pointa sur son visage.
– Une femme? dit-il.
– Hmmm.
– Bien?
– Très. Et très jeune.
– Tant mieux pour toi. Jeune comment?
– Très.
– Quinze, seize ans? Jeune comment?
– Vingt-quatre ans.
Nick commença à expliquer comment il avait rencontré Laura, s'arrêta et recommença. Andre l'interrompit.
– Écoute, dit Andre, je comprends le plaisir de passer de lit en lit et d'avoir des histoires sans lendemain avec plein de gens. Mais je ne sais pas pourquoi, je ne me dis jamais que tu es fait pour ça.
Nick hocha vivement la tête.
– Comment elle s'appelle?
– Laura.
– Laura quoi?
Nick était gêné.
– À vrai dire, je ne sais pas.
– Ça a l'air excitant, dit Andre.
– On verra.

– Passe un coup de fil à Kenney. Il t'aimait bien. C'est pas mal de faire copain-copain avec les fédéraux.

L'agent Kenney attendait bel et bien de ses nouvelles. Lui-même avait appelé Nick deux fois et laissé des messages à sa secrétaire – qu'il n'avait pas reçus.

Nick lui dit, ah les fonctionnaires, vous les connaissez, derniers arrivés, premiers partis. Puis Kenney lui demanda s'il avait vu Sonny dans l'émission de King l'autre soir. Nick dit que, oui, enfin qu'il avait tenu la majeure partie du temps.

– Il était en forme, dit Kenney. Après toutes ces années, il est toujours obnubilé par lui-même. Du coup, quand je l'ai vu, j'ai repensé à l'affaire de *Los Campos* et je me suis dit qu'il fallait que j'appelle les gars de New York.

– C'est sympa, dit Nick, ça me fait plaisir d'avoir de tes nouvelles. T'as pas arrêté pendant tout ce temps, je parie. Avec Miami et tout le reste. Alors, quoi de neuf dans les guerres de drogues ?

– Je travaille avec Dade County et la police de Miami. Il y a de ça deux semaines, ils ont retrouvé deux Cubanos dans un canal, c'est les mecs de Miami qui les ont trouvés, exécutés à bout portant, une balle dans la tête. Les choses étant ce qu'elles sont ici, c'est pas la fin du monde, sauf qu'il y avait un truc un peu étrange.

Nick attendit.

– Leurs têtes avaient été recouvertes de cagoules. Un petit mot y était accroché. Qui parlait de trahison et de torture. Ça change, on ne voit pas ça tous les jours.

– Effectivement, lui dit Nick.

Nick regrettait déjà d'avoir appelé Kenney, il avait des choses à faire, un emploi du temps serré, une tonne de paperasserie. Et il fallait qu'il se fasse couper les cheveux, gros week-end en perspective.

– Toujours est-il que ces deux mecs, les Cubanos à cagoule, y en avait un qui était un petit dealer du nom de Felix Caban. C'était un des conspirateurs de l'affaire de *Los Campos*, et il partageait sa cellule avec Diego Cienfuego à Rikers. L'autre s'appelait Luis Ruiz, dit Cubano. Un tueur du Bronx, un copain des frères Vasserman. Tu te souviens d'eux, non ?

– Bien sûr. On dirait que ces cow-boys se butent les uns les autres pour pas perdre la main. C'est pas une grosse perte.

– Tu trouves pas ça important ?

– Si, bien sûr. Deux dealers de moins.

L'agent Kenney comprit en fin de compte que Nick n'était plus de la partie, et Nick ne savait pas vraiment si le mec en était soulagé ou déçu. Ils continuèrent à discuter de drogue et de leur vision du monde politique américain pendant cinq bonnes minutes.

– J'espère que tu ne le prends pas mal, lui dit Nick, mais moins j'ai à faire avec les Cubains, les Colombiens, la drogue et les flingues, mieux je me porte. Je suis dans la fraude bancaire et le racket. C'est moins salissant, si tu vois ce que je veux dire.

Kenney l'approuva d'un petit rire gêné et lui dit à bientôt, si Nick descendait à Miami, ils iraient manger du crabe et descendre quelques bières.

– Au fait, lui demanda Nick, qu'est-ce qui est arrivé à vos deux stars ? Tu sais, Medina et Matos ?

– Écoute, ces deux mecs nous ont vachement aidés. Ils ont témoigné ici et à La Nouvelle-Orléans, ils nous ont permis de relier différentes grosses affaires de drogue. Ils ont témoigné à huis clos au Congrès, sur l'argent de la drogue et la corruption aux Bahamas. Nick, ils connaissaient des gens qui louaient des îles là-bas, des « *cayes* » ils appelaient ça. Certaines de ces *cayes*, ces petites îles, comportaient des pistes d'atterrissage. Et les flics des Bahamas les aidaient à décharger les avions de coke. Tu peux croire un truc pareil ?

– À vrai dire, ça ne me surprend pas du tout. Alors qu'est-ce qui est arrivé à Matos et Medina ?

– Ils ont été sous haute protection pendant cinq ans, dit Kenney, réinsérés, tu sais, et tout le bordel. La dernière fois que j'ai entendu parler d'eux, ils avaient dégagé.

– Comment ça « dégagé » ?

– Le Marshall Service est très pointilleux. Quand on est sous haute protection, on a des responsabilités. Si on ne respecte pas les exigences fédérales, on est radié.

Nick rit.

– Des responsabilités ? Du genre ne pas tuer impunément ni vendre de la drogue, trouver un boulot ? Tu déconnes ? Aucun des mecs que vous soumettez à votre programme ne marche dans la combine. Ce que vous faites, c'est réinsérer le crime ailleurs dans le pays, un point c'est tout.

– Je ne vois pas pourquoi tu dis ça, dit Kenney. Notre programme fonctionne. C'est même ce que nous avons de plus efficace.

– Et voilà le résultat, dit Nick. Medina et Matos sont retournés dans la rue. Ils se baladent.

– Aux dernières nouvelles, oui.

Nick hocha la tête en riant.

– Super.

34

– Mais, dit Natalia Punto, je ne vois pas un mot dessus dans un seul journal.

Mariaclara et elle étaient assises à une table derrière la baie vitrée du *Victor's Café* sur Amsterdam Avenue et buvaient un expresso. C'était l'heure du déjeuner et l'avenue grouillait de monde ; Maria fronça les sourcils en regardant défiler les passants.

– Ils ne les ont peut-être pas encore trouvés, dit-elle.

– Je t'en prie, la bodega est restée ouverte, des gens viennent.

Durant les années qui avaient suivi le meurtre de leur père, Maria et son frère Miguel avaient habité avec Natalia Punto dans une agréable maison du sud de la Floride, dans une ville nommée Hollywood, au nord de Miami. C'était principalement une communauté de retraités qui avaient fui le crime, le froid et les impôts du Nord. La plupart de leurs voisins étaient américains, mais il y avait quelques Cubains ; c'était dans le quartier cubain de la ville que Natalia avait ouvert un café-restaurant sans prétention.

Leur petite famille avait vécu une vie simple parmi des gens gentils et chaleureux, loin de la cruauté et de la brutalité qui affectaient tant leur existence à New York. Le frère et la sœur étaient devenus des Cubano-Américains et devaient beaucoup à Natalia qui, ils en étaient persuadés, leur avait évité d'être séparés ou à la charge de l'État.

Natalia était toujours aussi étonnamment belle que le jour où elle avait tourné la tête de Diego Cienfuego. Elle était aussi complètement obsédée par l'idée de vengeance ; à part Maria et Miguel, pas grand-chose n'avait de sens pour elle. C'était une femme profondément révoltée, imprégnée de haine, de fureur et d'images de vengeance qu'elle concrétiserait pour faire payer les meurtres de Diego, l'homme qu'elle considérait comme son seul véritable amour, son pauvre fils Justo, et Rodrigo, celui qui l'avait épousée et avait pris soin d'elle depuis son arrivée aux États-Unis. Natalia avait lu les comptes rendus de la torture sauvage et de la mort de Rodrigo, elle en avait lu chaque détail douloureux. Depuis des années, elle haïssait Benny et Cano avec une fureur si fervente qu'au seul son de leurs noms, l'odeur de cette haine émanait de sa peau. Natalia avait inculqué sa rage acharnée à Maria et à son frère, il y avait eu tant de soirées entières passées à comploter, à tramer des plans, où tous trois avaient cherché les moyens de trouver une compensation.

– Tu ne trouveras pas une allusion dans les journaux de New York, dit Maria. Il faut que tu regardes dans ceux du New Jersey.

Maria avait traversé la ville pour convaincre Natalia que son voyage à la campagne avec Nick Manaris était une bonne idée, mais Natalia y était totalement opposée et ne voulait pas qu'elle passe plus de temps que nécessaire avec ce flic.

– Rien dans les journaux, rien à la télé, ça me paraît bizarre, dit Natalia à Maria.

Elle appela le serveur et commanda un autre café.

– On était d'accord sur le fait de ne rien faire seul, c'était décidé depuis longtemps. Qu'est-ce que tu cherches en partant avec cet homme ?

Maria posa son coude sur la table et appuya son menton sur son poing.

– Je veux en savoir plus sur lui, dit-elle.

– Pourquoi ? Tout ce dont nous avons besoin, c'est de savoir où on peut les trouver, lui et ses deux amis.

Miguel arriva, tenant distraitement un journal à la main.

– Bonjour, *niño*, dit Natalia en levant les yeux sur Miguel, puis elle lui sourit et tapota le siège à côté d'elle.

– Chère sœur, tu es en beauté, éblouissante comme d'habitude.

Miguel appela le serveur et adressa à Natalia son sourire de gentil garçon.

– Et de quatre, aux quatre suivants, dit-il. Parcours sans faute.

Autour d'eux, le restaurant commençait à se remplir de la foule de midi. Un jeune couple de Noirs s'assit à la table juste derrière eux.

– Ta sœur a fait des projets toute seule, dit Natalia. Je veux que tu lui parles.

– Quels projets ? dit Miguel.

Son sourire disparut et il tourna la tête pour observer le restaurant.

– Qu'est-ce que tu veux faire ?

– Ne t'inquiète pas pour moi, parlons de toi. Ton ami t'a donné des nouvelles de Benny et Cano ? dit Maria.

– Ça va venir, on en aura bientôt. Ils sont tous les deux à Miami, on le sait. Dans quelques jours, moins d'une semaine j'en suis sûr, on les tiendra.

Natalia sirotait son café, les yeux rivés sur Maria par-dessus sa tasse.

– Dis à ton frère quels sont tes projets. Vas-y, dis-lui.

– Oui, bon, ce flic, là, Nick, je pars avec lui dans sa maison de campagne.

– Tu déconnes, t'es dingue ou quoi ? dit Miguel. Parce que si tu deviens dingue, j'arrête tout, moi. Je pars demain pour l'Espagne et on oublie tout.

– Miguel, je veux en savoir plus sur cet homme, c'est tout.

Elle posa sa tasse.

– Il ne me semble pas aberrant de vouloir en savoir un peu plus sur l'homme qu'on va tuer.

– Comment ça, en savoir plus sur lui ? Savoir quoi ? Et qu'est-ce que tu vas faire, coucher avec lui, faire l'amour à l'homme qu'on destine à la mort ?

– Dis-lui, dit Natalia. Tu es son frère. Je ne crois pas que ce soit très bien que tu fasses l'amour à un homme qui est responsable de la mort de ton père.

– Qui a parlé de coucher avec lui ? Mon Dieu, je pars seulement faire un tour avec lui. Il a une chambre d'amis et c'est là que je vais dormir.

– C'est un bel homme, dit Natalia. Les beaux hommes sont attirants.

– Je ne suis pas comme toi, Natalia, je ne couche pas avec un homme parce qu'il est beau.

– Ne sois pas insultante, dit Miguel. Et arrête de me prendre la tête. On va tuer cet homme. Tu le sais.

– Bien sûr que je le sais.

– Qui ? dit Natalia. Avec qui j'ai couché seulement parce qu'il était beau ? Dis-moi, qui ?

– Excuse-moi, dit Maria. Pardon, Natalia, excuse-moi. Je suis sur les nerfs, tu sais, un peu à bout, c'est tout.

– Je comprends, lui dit Natalia. Après tout ce qui s'est passé, ce porc de Manny, je comprends. Ça doit être difficile pour toi. Je comprends.

– Je t'en prie, non, non, non, ce n'est pas ça. Je me fous de ce porc de Manny. Ça faisait dix ans que j'attendais ce moment.

– Bon, tant que tu comprends que je vais tuer cet enculé de flic.

Miguel dit ça très simplement, prosaïquement.

– Tu sais, dit Maria avec prudence, consciente du danger, Nick, le flic, ce n'est pas lui qui a tué Justo, c'est McCabe.

– Parle moins fort, dit Miguel en levant le menton vers le couple de Noirs.

– Ce sont des Américains, dit doucement Natalia, je les ai entendus parler au serveur, ils ne comprennent pas un mot d'espagnol.

– Écoute, dit Miguel, on a parlé de ça des millions de fois. Chaque jour de ma vie, on n'a parlé que de ça, putain.

– Miguel, dit Natalia, surveille ton langage s'il te plaît, il y a des dames ici, sois correct, sois un gentleman.

– Je suis désolé, excuse-moi, mais tu sais qu'on en a parlé, de ce flic, Nick, c'est lui qu'a jeté notre père en prison avec toutes ces ordures, alors qu'il savait qu'il était innocent. Il a mis notre pauvre Papi dans un coupe-gorge où il a été assassiné par des animaux.

Mariaclara se passa la main dans les cheveux.

– Oui, oui, oui, dit-elle. D'accord.

– Vous savez, dit Natalia, on aurait peut-être dû prendre l'argent de Rodrigo et payer des gens pour qu'ils le fassent à notre place. On aurait dû aller voir des *marielitos*, des gens qui savent ce qu'ils font.

– Des *marielitos*, dit férocement Miguel. C'est un tas de dingues et de toxicos, des fils de putes qui valent que dalle.

Maria ne put s'empêcher de sourire.

– Bon, dit-elle, bon. J'ai pris ma décision. Je vais partir avec Nick. Au fait, je vous ai dit qu'il était capitaine maintenant ? Manaris est capitaine de police. Quand on va le tuer, ça va faire la une, t'auras pas à chercher longtemps dans le journal ce coup-ci, Natalia.

Ils restèrent assis en silence. Maria termina son café. Si le moment avait été propice, elle aurait aussitôt dit qu'ils en avaient peut-être fait assez, qu'elle ne dormait pas bien, qu'elle était harcelée par des cauchemars, qu'elle avait tout le temps peur, qu'elle avait de plus en plus l'impression d'être une femme condamnée à subir toute sa vie une malédiction ancestrale. Mais le moment n'était pas propice.

– Écoute, Maria, dit Natalia, c'est McCabe que nous voulons vraiment. Il a assassiné ton frère, il a tué le pauvre Justo. Nick nous conduira à lui. C'est ton boulot, ça a toujours été ton rôle, de trouver ce McCabe, ce Sonny McCabe.

Maria mit les mains devant ses yeux.

– Ils sont amis, dit Miguel. De bons copains, tu sais, à l'américaine. On se tape dans le dos, on se marre, on boit de la bière et on fait des blagues sur les Noirs et les Hispaniques.

Maria s'était détournée et se mordait la lèvre, tout essayant de se calmer. Miguel regardait sa sœur, inquiet pour elle ; il ressentait une terrible douleur dans le ventre.

Comme son père, Miguel était le parfait *gallego*, ces descendants des soldats du nord de l'Espagne qui avaient été envoyés à Cuba pour mettre fin aux rébellions. Ils avaient le teint clair et les yeux bleus des Celtes. Fidel lui-même était un *gallego*.

– Tu sais, dit Miguel. On peut attendre un peu, *Díos*, on a attendu dix ans.

Maria se contenta de hocher la tête.

Elle était vraiment belle, songea Miguel, une vraie Cienfuego. Sa sœur pouvait dégager une merveilleuse tendresse, une bonté resplendissante, elle n'avait qu'à poser ses extraordinaires yeux verts sur vous et vous aviez l'impression de sentir la chaleur d'un soleil immense. Mariaclara pouvait réchauffer de son seul regard. Mais elle était un peu trop belle pour être honnête.

– Oui, répéta Miguel, on peut attendre un peu. Mais on ira jusqu'au bout. Il est trop tard pour faire marchine arrière maintenant.

– Je sais, dit Maria.

– Vous croyez vraiment qu'on peut le faire ? dit Natalia. Je veux dire, faire tout ce qu'on a prévu ?

Maria se raidit sur sa chaise, puis sa tension se dissipa et elle fit un grand sourire.

– C'est de la folie, vous savez, de la pure folie. Mais ce n'est certainement pas impossible.

– Jusqu'ici ça a été facile, dit Miguel. Bien plus facile que ce que j'avais espéré.

Miguel se considérait comme un intellectuel, inspiré par les écrits du Che et de Marx, dans son esprit il avait attribué aux sanglants projets de vengeance de Natalia une dimension politique. Ses convictions lui avaient valu de ne pas se faire d'amis au sein de la communauté cubaine. En fait, il avait peu d'amis, où que ce fût.

– Quel dommage que Manny soit mort si vite, dit-il. J'aurais aimé le voir souffrir plus longtemps. Dommage que tu sois une si bonne tireuse, Maria.

– Je remercie Dieu de m'avoir laissée vivre pour voir mourir l'homme qui a tué mon Diego, dit Natalia. Quand nous aurons mis les cagoules sur Benny et Cano, mon deuil prendra fin.

Maria acquiesça.

– Je sais ce que tu ressens. Maintenant que ce porc de Manny est liquidé, j'attends le jour où je pourrai regarder dans les yeux l'homme qui a assassiné mon pauvre frère.

Sa voix ne semblait pas assurée, même à elle-même.

Ils restèrent assis sans rien dire pendant quelques secondes.

– Quelqu'un pense au fait que nous avons violé une loi de Dieu et ôté nous-mêmes des vies ? Est-ce que quelqu'un s'en soucie ?

Il sourit.

– Moi non.

Il regarda Maria.

– Vous savez l'impression que j'ai ? leur dit Maria. J'ai l'impression d'être comme ces Juifs qui ont été en Argentine pour tuer d'anciens nazis. Je me sens bien, comme si j'avais accompli la tâche de Dieu.

– Oui, dit Natalia, la tâche de Dieu.

Miguel approuva d'un sourire, acquiesça et dit :

– Quelqu'un a dit un jour, j'ai livré de nombreuses batailles, j'ai parcouru le monde et enfin, j'ai regardé mon ennemi dans les yeux, et c'était moi.

– Qu'est-ce que tu veux dire ? dit Natalia. Qu'est-ce qu'il veut dire par là, Maria ? Tu es bizarre parfois, Miguel, avec tes réflexions. Comme ton père. Comme Diego.

Maria se hâta de répondre que bien sûr elle comprenait Miguel. C'était un marxiste, un homme du peuple, un homme doté d'une conscience. Miguel dit, oui. Mais un jour j'aimerais avoir une belle maison à Málaga et conduire une grosse Mercedes noire aux vitres fumées, rouler au hasard des rues et klaxonner les jolies femmes. Un communiste, dit Maria, un communiste en Mercedes, voilà notre Miguel.

– Vous êtes trop calés pour moi tous les deux, leur dit Natalia. Je ne comprends pas la moitié de ce que vous dites.

– C'est l'intelligentsia qui planifie les révolutions, Natalia, dit Miguel. Mais ce sont les gens comme toi, ceux qui ont du courage, une âme et de la passion qui les mènent à bien.

Maria regarda fixement le visage de Miguel. Elle sentit à ce moment-là que toute l'affection, tout l'amour dont elle avait toujours eu besoin dans cette vie, se trouvait dans les yeux de son frère chéri. Et Natalia le regarda aussi, avec amour, avec autant d'amour qu'une mère pour son propre enfant. Les yeux verts de Miguel brillaient comme ceux de son père, ces yeux dont Maria avait un souvenir si vivace. Elle ne pouvait détourner son regard de son frère.

Maria avait toujours été hantée par une photographie de son père en costume-cravate, avec ses longs cheveux noirs bien lisses, les yeux tournés vers sa mère qui portait le petit Justo tout souriant, comme si ces deux-là étaient les deux personnes les plus importantes du monde. Sa famille lui avait été arrachée, lui avait été volée, assassinée par des inconnus dans un pays étranger.

Miguel était né dodu et souriant ; Maria avait été soulagée de voir qu'à la fin de sa seizième année, Miguel avait grandi et minci. Un petit garçon calme, un rêveur, comme son père, avec peu d'amis. Il passait beaucoup de temps à lire et à jouer de la guitare, un cadeau de Natalia le jour de son seizième anniversaire. On sentait une certaine tranquillité chez lui, quelque chose de ferme et d'ordonné, comme s'il contrôlait sa jeune existence. De temps en temps, il jouait pour Maria et Natalia ou lors d'un anniversaire, et tous les applaudissements comblaient Maria, elle était fière de son frère, si semblable à son père.

Maria était bien plus l'enfant de sa mère, elle avait du caractère, et la personnalité expansive de sa mère, des tonnes d'amis, des admirateurs en réalité. Maria était un leader-né. Pourtant, les gens se demandaient d'où venait toute cette colère. Qu'est-ce que c'était au juste ? Et pourquoi ne souriait-elle pas plus souvent, comme les autres enfants ? Mariaclara la coléreuse, ils l'appelaient. Tout le monde a ses secrets, même l'adolescente Mariaclara. Un jour elle avait confié à Natalia son terrible secret, elle était en larmes, je veux que Dieu meure, lui avait-elle dit, je veux qu'il meure parce qu'il a tué mon père et mon frère. Ma pauvre enfant, lui avait dit Natalia, ce n'est pas Dieu qui a tué ton père et ton frère, ce sont des hors-la-loi. Et un jour, nous les ferons payer.

35

En rejoignant le parking de la Cour, Nick percuta Mark Malone, l'assistant et secrétaire particulier d'Andre. Andre était la figure publique du bureau, il laissait le travail de tous les jours à Mark et à son équipe. On pourrait, songea Nick, dire de Mark qu'il est efféminé, mais il dégage une certaine assurance, une certaine confiance.

– Nick, dit Mark. Vous allez dans votre maison de campagne ?

– Je croyais pouvoir partir tôt pour éviter les embouteillages.

– Andre voulait que je vous dise de rappeler Kenney. Vous savez, l'agent de la DEA en Floride.

Mark frotta distraitement le devant de sa veste de costume et ajusta sa cravate.

– Je l'ai eu ce matin.

– Il a rappelé et il a parlé au numéro un. Andre voudrait que vous l'appeliez.

Mark appelait souvent Andre le « numéro un », habitude que Nick trouvait maniérée et pénible.

– Kenney ?

– Oui.

Nick sentit que l'appréhension envahissait son ventre, il voulait partir, Laura allait attendre.

– Je l'appellerai de la voiture, lui dit Nick.

– Bien, très bien. Le numéro un dit que c'est important.

Nick connaissait Andre depuis quoi, vingt ans maintenant, et ces derniers temps, il avait été mis au parfum de quelques-uns de ses secrets personnels. D'abord, que pendant quinze ans, Andre et Mark avaient été amants, raison pour laquelle la carrière d'Andre s'était arrêtée au bureau du procureur.

Andre était certain que son secret bien gardé n'était pas un si grand secret depuis un bout de temps. Sonny McCabe l'avait su et si Sonny le savait, il y en avait d'autres, des journalistes, Steve Stern, le type de la télé, qui n'était pas un ami. C'était vrai que les temps avaient changé ; mais un homme qui veut être maire doit être net. Andre lui avait dit un jour qu'il était facile de mourir, la politique à New York ce n'était pas une partie de rigolade.

– Dites-moi, dit Mark, vous avez démêlé le planning d'été ? Certains nouveaux enquêteurs ne sont pas contents du tout.

– Il est sur votre bureau. On va peut-être avoir besoin de renfort. Ça ne va pas être facile de réussir à tout couvrir cet été. Certains inspecteurs et enquêteurs vont devoir se dévouer.

Mark eut un sourire crispé.

– Ils ne vont pas aimer ça. Ils vont me tomber dessus.

– Bien sûr, vous êtes une proie facile, dit Nick. Ils préfèrent ça plutôt que de venir me voir.

Nick ne faisait jamais rien dans le seul but d'être apprécié, aimé, ce n'était pas son genre, et il agissait parfois même de façon que ses subordonnés sachent qu'il se foutait qu'on l'aime ou pas. C'était un bon chef, mais pas un tendre, il connaissait les ragots, le capitaine Nick Manaris est un casse-couilles.

– On devrait regarder ça ensemble, lui dit Mark.

Nick consulta sa montre. Il était deux heures et demie, il avait rendez-vous avec Laura à trois heures. Il ressentait comme des bouffées de chaleur et se demandait si les hommes pouvaient en avoir, sa peau était brûlante et son cœur battait la chamade, il avait l'impression que son cou était transpercé de mille minuscules épingles.

– Ça ne peut pas attendre ? dit Nick.

– Si, bien sûr, lundi ce sera parfait. Vous appelez Kenney, hein ?

– Dès que possible. Désolé, dit-il, mais je suis en retard. Un peu la tête à l'envers, si vous voyez ce que je veux dire.

– Vous partez avec quelqu'un, dit Mark.

– Qui vous l'a dit ?

– Andre.

– Qu'est-ce qu'Andre vous a dit ?

– La trompette de l'amour appelle.

– Andre a dit ça ?

Mark sourit sans humour.

– Nous avons tous besoin d'amour dans notre vie, dit-il.

Dans sa voiture, Nick alluma la radio, passa en revue les stations les unes après les autres, puis l'éteignit. Il regardait droit devant lui et voyait défiler les rues. Bon sang, la circulation commençait déjà.

Sur la FDR Drive, il se retrouva en plein bouchon. Combien de temps allait-elle attendre ? Une demi-heure, supposa-t-il, pas plus. Elle sera au rendez-vous, bien sûr, elle veut quitter la ville l'espace d'un week-end. Qui ne voudrait pas quitter la ville ? Pas de numéro de téléphone. Et s'il y avait une urgence ? Pas moyen de la joindre. Tandis que la circulation se densifiait, Nick rêva de découvrir une trappe qui, boum, s'ouvrirait tout à coup. Il était en retard, il était toujours en retard. Pourquoi était-il si souvent en retard ?

Nick regarda dans son rétroviseur, les rides au coin de ses yeux étaient toujours là. Et ces cheveux gris, oh là là, encore plus nombreux aujourd'hui que jamais.

Désespéré, il dressait dans sa tête la liste de ce qu'ils allaient faire ce week-end. Un tour de bateau, un peu de pêche, un pique-nique à Beavertail, avec du vin et des sandwichs. Une grande balade sur la plage, à la recherche de cailloux, de coquillages et de bois flotté. Le petit déjeuner sur la terrasse, une visite aux antiquaires, un feu... Il faisait trop chaud pour faire du feu. Pas le soir, les soirées à Wickham, même fin mai, étaient fraîches. Avait-il assez de bûches ? Un feu, un peu de vin, et peut-être que ça marcherait. Que ça marcherait, que ça marcherait, oh là là, ça faisait un bail. Il détestait l'idée qu'elle le voie en costume, en costume il avait l'air plus vieux. Il aurait dû se changer au bureau. Enfiler un jean, des grosses chaussures et son pull bleu. Dans son pull bleu marine, il faisait plus jeune. La circulation était impossible, il sentit son estomac se contracter et se demanda si elle pouvait imaginer, pendant son attente, de tels embouteillages. Il songea à son visage, à son sourire, ce qui lui donna d'autant plus envie d'être arrivé. Pendant un bon moment, il fut certain que Laura serait là en train de l'attendre, lui ferait un accueil chaleureux, ravie qu'il s'en soit sorti, mais, l'instant suivant, il fut persuadé qu'elle en aurait eu marre et serait partie, aurait disparu avec le jeune mec, qui que ce fût pour elle.

Nick Manaris tourna dans la 67e Rue au coin de la Première Avenue et la vit, en jean, bottes et pull rouge, avec son bagage pour le week-end, un panier de pique-nique à ses pieds.

Elle l'aperçut et lui fit signe du bras en agitant les épaules.

Il s'arrêta au coin et elle monta, jeta son sac à l'arrière et plaça soigneusement son panier de pique-nique sur le sol derrière eux. Elle lui adressa un grand sourire radieux et dit :

– Voilà, je suis prête. Écoutez, dit-elle, je suis passée chez Herman, je voulais acheter une canne à pêche, et puis je me suis dit que vous en auriez en stock. Je veux absolument aller pêcher, c'est possible ?

– Tout ce que vous voudrez. Si je ne suis pas capable de vous faire pêcher à Wickham, je ne suis capable de rien.

Elle pencha la tête et se passa les mains sur les yeux.

– *Díos*, dit-elle, je n'arrive pas à croire que je vais quitter cette ville. Vous ne pouvez pas savoir comme je suis contente.

– Détendez-vous, lui dit-il. La route est longue.

– Longue comment ?

– Deux heures et demie, trois heures. Tout dépend de la circulation.

– J'ai apporté des sandwichs et du vin, on pourra pique-niquer en chemin. Vous connaissez les sandwichs cubains ? Vous avez déjà goûté ?

– Évidemment, porc rôti, fromage, jambon et...

– Vous connaissez les sandwichs cubains, *bueno*. Ils sont bons ceux-là, j'ai été les acheter pour vous dans le West Side.

– Il ne faut pas les manger chauds ?

– Je dois admettre qu'ils ne seront pas parfaits. Je les ai emballés dans du papier aluminium, ils devraient être chauds.

À quelques blocs du pont de la Première Avenue, ils s'arrêtèrent à un feu rouge et un Latino noir d'une quinzaine d'années s'approcha d'eux. Le jeune homme leur proposa de leur laver les vitres. Laura se pencha du côté de Nick et appuya sa poitrine contre son épaule, ce qui fit de nouveau bondir son estomac. Elle avait l'air plus en colère qu'effrayé, Nick voyait bien la différence. Elle parla au jeune homme, simplement, rapidement, en espagnol. Le jeune homme leva les mains en l'air et recula. Le feu passa au vert et ils démarrèrent.

– Qu'est-ce que vous avez dit à ce petit gamin ? lui demanda Nick.

– D'abord il n'était pas si petit que ça. Ensuite, je lui ai dit qu'il avait l'air jeune et fort, et qu'il devrait aller se chercher un boulot.

– Ce n'est pas vrai.

Elle sourit.

– Vous parlez espagnol ?

– Non. Allez, qu'est-ce que vous lui avez dit ?

Elle lui adressa un regard inquiet, puis sourit.

– Je lui ai simplement dit que vous étiez flic, que vous aviez un gros flingue et que, s'il touchait à cette voiture, vous alliez lui tirer dans le genou.

– Ce n'est pas vrai.

– Espagnol, vous, parler ?

– Non, non.

– Conduisez, Nick, lui dit-elle. Conduisez vite et loin, sortez-moi d'ici. Allez, allez. Je suis surexcitée.

Et elle lui pinça joyeusement la joue.

Très latine, songea Nick. Son sourire enjoué avait un côté voyou, légèrement menaçant, qui était des plus séduisants et des plus sexy. Il appuya sur l'accélérateur et traversa les rues délabrées du sud du Bronx, dans la direction de la voie rapide de Bruckner et de l'I-95 Nord.

Il se dit qu'elle avait peut-être pris du speed, elle était tellement enthousiaste, tellement joyeuse, avec ses milliers d'histoires, de descriptions de ses films et de ses livres préférés. Et elle faisait des listes de tout, de ce qu'elle espérait faire, des gens qu'elle avait rencontrés et de ceux qui, parmi eux, avaient été gentils avec elle. Des gens à qui elle rendrait la monnaie de leur pièce. Et quand il lui donna la version courte de l'histoire de sa vie, ses yeux s'écarquillèrent, émerveillés. Quand il lui raconta la belle histoire de son père, qu'il était mort jeune à la suite d'un cancer, elle lui caressa la joue. Il voulait lui prendre la main, il voulait tout simplement la toucher. Mais il ne le fit pas, bien sûr, Nick se contenta de la regarder, de sourire et de hocher la tête en songeant, mon Dieu ce qu'elle est jeune. Si jeune.

– Être seul dans la vie, sans famille, est terrible, dit-elle à un moment.

Il conduisait très vite, ils quittèrent New York et traversèrent le Connecticut à toute allure. Au nord de Mystic, ils sortirent de l'autoroute, suivirent les méandres d'une route jusqu'à ne plus entendre aucun bruit. Ils s'assirent en regardant la mer et les bateaux, un verre de vin et une moitié de sandwich cubain à la main.

– Vous avez déjà eu peur ? Je veux dire en tant que policier, vous vous êtes déjà fait des frayeurs ?

– Bien sûr, dit Nick.

– Cette grande ville me terrifie parfois, dit-elle. Moi aussi des fois j'ai peur.

– Cette ville n'est pas plus dangereuse qu'ailleurs, lui dit-il. Tant que vous ne vous mettez pas dans le pétrin et que vous faites attention. Dans cette ville, il ne faut pas quitter le monde auquel on appartient.

Elle tourna les yeux vers l'eau sans répondre.

– Parlez-moi de votre frère, dit Nick.

– Mariano. Il est différent. Vous le rencontrerez.

Elle le regarda dans les yeux et sourit.

– C'est un type bien.

– D'autre famille, des frères et sœurs ? Vous m'avez dit que votre père était mort ; et votre mère ?

– Elle est partie, dit Laura. À part Mariano, je n'ai pas d'autre famille ici. J'ai des cousins à Cuba. Qui sait si je les reverrai un jour.

– Vous étiez jeune quand vous avez quitté l'île ?

– Très. Je m'en souviens à peine.

– Ça doit être beau. Cuba doit être un bel endroit.

– Oui, lui dit-elle. Oui, mais c'est aussi un endroit triste. Les gens souffrent là-bas, vous savez, avec l'embargo et tout. Ne parlons pas de politique, la politique me casse le moral. Et j'ai envie d'être heureuse, j'ai envie de voir cette ville que vous appelez Wickham. Cet endroit entouré d'eau.

– Ce n'est pas Cuba, lui dit-il.

– Quoi, pas de palmiers, *señor* ? Pas de grandes plages de sable blanc, pas de noix de coco, pas de mangues ?

– Non, dit-il, que des *yanquis*, du homard et de la soupe de palourdes.

– Vous m'avez menti, dit-elle. Vous parlez espagnol, *yanquis*, c'est très bien.

Quand ils furent de retour sur l'autoroute en direction du nord, il lui dit :

– Je nous ai organisé une partie de pêche en mer demain matin.
– Je n'ai pas de canne à pêche.
– Vous n'en aurez pas besoin, on en a plein. Vous n'avez pas le mal de mer, hein ?
Laura lui lança un regard en coin, amusée.
– Non, je ne crois pas. Alors on va pêcher quoi ?
– Le requin.
– *Un momentico*, dit-elle. Vous avez bien dit le requin ?
– Oui, le requin. On va pêcher le requin.
– Ceux qui ont des dents comme ça ?
Laura ouvrit la bouche et lui montra ses dents. Nick rit.
– C'est ça.
– Mais vous êtes cinglé ? Moi je ne veux pas emmerder les requins. Gros comment ? lui demanda-t-elle. Ils sont gros comment ces requins ?
– De toutes les tailles.
– Comme ça.
Laura ouvrit les bras.
– Difficile à dire, ils peuvent être gros.
– Nick, gros comment. C'est quoi gros ?
– À peu près la taille de la voiture.
– C'est vrai ? Eh ben moi, je vous attendrai à la maison. La taille d'une voiture...
– Si vous préférez, on n'y va pas.
– Non, dit-elle. J'ai dit que je voulais aller pêcher et j'irai.
– Le requin.
– *Claro*, dit-elle. Si vous y allez, je vous accompagne.
Il faisait encore jour quand ils atteignirent Wickham, et il y avait une forte brise qui faisait friser l'écume de la baie. Quand ils traversèrent le pont au-dessus de l'anse de Ryan, Nick lui confia :
– J'adore l'eau.
– Oui, dit-elle, ça se voit que vous l'aimez.

36

– Super maison, dit Laura.

Ils se garèrent dans l'allée à côté des stères de pin. Tout était calme, le seul son émis était le souffle du vent qui se glissait entre les arbres le long de l'allée. Ils portèrent leurs sacs jusqu'à l'entrée, Nick sortit sa clef et ouvrit la porte.

Le cottage n'était pas grand et il était vieux, soixante-quinze ans, Nick en avait récemment peint les boiseries en vert. Les planches de cèdre étaient devenues plus blanches que grises avec les années et l'air marin. L'intérieur était lumineux et ouvert, avec d'immenses fenêtres donnant sur l'est. On était à trois minutes à pied de la baie et, dans toutes les pièces de la maison, on entendait le tintement d'une balise sifflante. Il y avait deux chambres spacieuses, un salon avec une cheminée en pierre, et une cuisine assez grande pour y manger. Une terrasse à l'avant et à l'arrière du cottage, la terrasse de derrière comportant une porte-fenêtre qui donnait sur le port de Wickham et la baie de Narragansett.

Laura laissa son sac au pied de l'escalier, prit le couloir et sortit sur la terrasse de derrière. Nick la regarda un instant admirer la baie et le ciel de ce début de soirée.

– L'eau est juste là, lança-t-elle.

– Trois minutes à pied, cinq maximum, dit-il.

Il était presque sept heures.

Au bout de quelques instants, Nick la rejoignit avec une bouteille de vin et deux verres. Il se servit.

– Et vous, Laura ?

Elle lui prit son verre, le but en entier, puis s'en resservit un autre.

Nick regarda la cime des arbres, puis la baie, et leva les yeux vers le ciel. La force du vent avait augmenté, les nuages filaient vers l'ouest.

– Ça risque d'être un peu trop agité pour sortir demain.

Laura se tut quelques instants comme si elle se représentait mentalement les choses.

– Bien sûr, c'est vous qui voyez, dit-elle, mais si vous y allez, je viens.

– D'accord, on verra comment ça se présente demain matin. Je vais appeler E.Z. C'est sur son bateau qu'on va partir, l'*Emma*.

– Dites-lui qu'il va avoir un passager qui espère attraper un gros poisson.

Nick tourna les talons et rentra dans la maison. Dans le salon, il écouta deux messages sur son répondeur, deux d'Andre, demandant à Nick de le rappeler chez lui. En décrochant le combiné, il se souvint de l'agent de la DEA, Kenney. Il consulta sa montre et espéra que Kenney ne l'avait pas attendu toute la soirée, assis devant son téléphone.

– Où tu étais passé ? lui demanda Andre.

– J'étais en route pour la campagne. Écoute, j'ai complètement zappé Kenney, Mark m'a dit que tu voulais que je l'appelle. Je suis passé prendre Laura et...

– Il a appelé deux fois, je lui ai parlé. Écoute un peu. Les frères Vasserman, tu te rappelles d'eux, hein ?

– Ouais.

– Ils se sont fait buter, hier soir. Tous les deux exécutés à bout portant à Union City. Cagoules sur la tête, tout le tintouin.

– Comme les deux autres en Floride. Comment tu as su ça ?

– Par Kenney. Il y avait des messages accrochés aux cagoules, dit Andre. C'est bizarre, tous ces types étaient impliqués dans l'affaire de *Los Campos*.

– Je sais, je sais, lui dit Nick. C'est bizarre.

– Je ne pense pas que leur mort empêche quiconque de dormir, dit Andre gaiement.

– Tu parles, lui dit Nick. C'est étrange, quand même. Il t'a dit ce qui était écrit sur les cagoules ?

– Ils avaient des cagoules sur la tête, avec des messages dessus, c'est tout ce qu'il m'a dit. Appelle-le, hein ?

– Il est certainement parti pour le week-end, mais je vais appeler son répondeur pour lui dire de me joindre ici.

– Tu m'as l'air bien guilleret, dit Andre.

– Ah bon ?
– Oui oui. Comment ça se passe ?
– Très bien... Ah, tu veux dire avec Laura ?
– Elle t'a dit son nom de famille ou c'est secret ?
– On vient d'arriver. On est en train de boire un verre de vin en regardant le soleil se coucher sur la baie de Narragansett, dit Nick. Elle ne m'a pas dit son nom de famille.
– Tu es sûr qu'elle est assez vieille pour boire ?
– Très drôle.
– Mais de quoi vous pouvez bien parler ?
– Bon, dit Nick. J'appelle Kenney.
– Hein, de quoi vous parlez ?
– De la vie.
– De la vie de qui ? Elle n'a pas encore vécu.
– Elle est fantastique.
– Puisque tu le dis.
– Je suis impressionné, elle m'impressionne.
– Ah bon, tu te sens bien ?
– Mieux que jamais. Et on vient juste d'arriver.
– Super. Je suis jaloux.
Il avait demandé à Andre une dizaine d'années auparavant s'il était homo. C'était une semaine ou deux après sa dernière conversation avec Sonny McCabe. Il le lui avait demandé de but en blanc. Andre l'avait regardé avec un grand sourire niais.
– C'est une question sensée. Probablement, avait-il fini par dire.
Nick avait dit, et moi je suis quoi, sourd, muet, aveugle ? Il se rappelait qu'Andre avait ri, d'un rire déconcertant. Nick n'avait pas su quoi dire, trouver la bonne chose à dire n'était pas facile. Aussi avait-il lancé :
– Tant que tu es heureux.
– Oui, heureux d'être homo, on peut dire ça comme ça. Bon, on reste amis, on continue à vivre comme avant ?
– Tu sais, j'ai toujours été fier d'être ton ami. Et si quelqu'un a un problème là-dessus, je l'emmerde.
– Mon héros, avait dit Andre.
Nick appela le bureau de la DEA de Miami, laissa un message pour l'agent Kenney, donna à la personne qui avait répondu son numéro à Wickham. Puis il appela E.Z., et E.Z. lui dit que tout était

prêt pour le lendemain matin, il s'était équipé d'un nouveau Loran et l'eau s'était réchauffée depuis deux semaines. C'était un peu tôt pour la saison mais il y aurait peut-être des requins.

– Je viens avec quelqu'un, dit alors Nick.

– Qui ça?

– Une femme, une femme que j'ai rencontrée. Elle s'appelle Laura.

– Ravi de l'apprendre.

– Elle est jeune.

Nick ne parvenait pas à se départir de cette gêne qu'il avait d'être avec quelqu'un de si jeune. Parfois à cette idée, il avait du mal à la regarder. Intérieurement, il ne pouvait être plus comblé. La façon dont elle levait les yeux sur lui, bon sang il n'avait jamais vu des yeux comme ça. Et elle était drôle, drôle et douce. Et elle voulait pêcher.

– On s'en fout qu'elle soit jeune, elle ressemble à quoi?

– Toi, tu dirais que c'est une bombe. C'est ça que tu dirais.

– On se retrouve sur le quai à quatre heures et demie.

– Quoi?

– D'accord, je vous laisse dormir. Disons cinq heures.

Nick raccrocha, sortit sur la terrasse et s'assit à côté de Laura pour regarder le coucher de soleil. Vers huit heures, Kenney le rappela. Ils parlèrent des deux meurtres de Union City, soulignèrent leur ressemblance avec les assassinats de Miami.

– Les gars de Union City vont m'envoyer tout ce qu'ils ont, dit Kenney. Quand j'aurai tout ça, je te rappelle.

– À vrai dire, fit Nick, tant qu'ils ne tuent personne dans Queens, on n'est pas concernés.

– Andre a l'air de s'y intéresser. Il pense qu'il y a un rapport avec l'affaire de *Los Campos*.

– Il ne m'a pas dit ça. Mais tu dois avoir raison.

– Sonny McCabe était là hier soir, il faisait la promo de son bouquin sur la chaîne locale. Je voulais l'appeler mais j'ai renoncé.

– Il est partout, comme la mauvaise herbe.

– Ma femme a bien aimé son dernier.

– Je suis sûr que c'était super, il sait raconter les histoires.

– Enfin, dit Kenney, McCabe est un connard. Désolé, ajouta-t-il, je sais que c'était ton coéquipier. Ce n'est pas ce que je veux dire.

Mais c'est un enfoiré, je n'oublierai jamais comment il m'a crevé les pneus.

– Tu crois vraiment que ces assassinats sont liés à *Los Campos* ?

– Des trafiquants de drogue qui tuent d'autres trafiquants de drogue, c'est plus vraisemblable. Tu avais raison quand tu disais que ces branleurs s'entre-tuent pour ne pas perdre la main.

– Ouais, lui dit Nick. Mais les cagoules, les messages. Ça fait presque politique.

Nick réussit à décoller Laura de la terrasse et, après l'avoir aidée à s'installer, ils allèrent à Jamestown dîner au *Blue Oyster*. Le restaurant était bondé. Les bosseurs de l'été étaient en week-end, un monde de yuppies et de Volvo, aussi Nick et Laura durent-ils faire la queue. Après dîner, ils allèrent s'acheter des cornets de glace et marchèrent le long de la digue, accompagnés par le cri des mouettes.

– Aujourd'hui nous étions à New York, lui dit-elle, avec la foule, le bruit et le stress. C'est tellement mieux ici.

– C'est paisible ici, c'est différent.

Elle suçait son cornet de glace comme si ç'avait été lui. Il lui sourit, et un instant leurs yeux semblèrent se toucher, puis elle se détourna. Peut-être que ce n'était pas du tout lui qu'elle regardait. Laura se pencha pour ramasser un coquillage, l'observa un moment, puis le jeta dans l'eau. Il la regarda attentivement, quel corps, quelle peau, et ses yeux avec ce curieux regard d'enfant, et ses cheveux, tirés en arrière ce soir, dégageant son grand front. Elle faisait ce truc avec les lèvres, de les serrer avant de parler. Rien ne semblait réel, c'était comme de regarder la femme d'un autre au bout d'un quai, éclairée par la lueur d'un réverbère. Pendant quelques minutes, ils restèrent silencieux, laissant leurs yeux s'accoutumer à l'obscurité.

Laura haussa les épaules, sans expression.

– Je me demande parfois, dit-elle, comment aurait été ma vie si ma famille était restée à Cuba.

– Pas aussi belle, dit-il. Ce n'est pas facile là-bas.

– C'est vrai.

Elle lui adressa son regard tranquille, son petit sourire adorable.

– Ça n'a pas été génial ici non plus.

Nick s'approcha d'elle et lui prit le bras.

– Il me semble, lui dit-il, que tu es plus américaine que cubaine.

– Faut pas croire, dit-elle. Je suis cubaine.

– On devrait y aller, on se lève tôt.

Ils revinrent à Wickham, sans parler ou presque. Quand ils entrèrent dans le cottage, Nick alluma la lumière de la cuisine. Laura bâilla, étira les bras au-dessus de sa tête, faisant saillir ses petits seins ronds comme des pommes. Il fut instantanément envahi par de l'appréhension, de l'excitation. Nick avait l'impression que les os de ses jambes se liquéfiaient, qu'il fondait doucement, il était anxieux et nerveux.

– C'est l'heure d'aller se coucher, dit-il.

Il avait une vague espérance. Qu'est-ce que tu crois ? se dit-il. Ça marchera jamais.

Laura lui sourit. Elle avait l'air de faire des calculs dans sa tête.

– Si je ne suis pas debout, vous me réveillez, hein ? Vous ne me laissez pas ici.

– Pas de danger, lui dit-il.

Elle consulta sa montre.

– Il est presque minuit. Nous devons nous lever dans cinq heures.

Nick cligna des paupières et acquiesça.

37

Nick fut éveillé par l'odeur du café et se rappela que ce parfum était le meilleur moment de certaines expériences. Il roula hors de son lit, lutta avec son jean, son sweat-shirt et ses baskets, puis jeta un œil au réveil posé sur la commode. Il était quatre heures du matin, il n'avait pas beaucoup dormi.

Nick se regarda dans le miroir de la salle de bains. Il était pâle et avait l'air épuisé; ses cheveux étaient en désordre. Des deux mains, il les coiffa en arrière.

Il entra dans la cuisine et vit Laura aux fourneaux. Elle semblait fraîche et bien réveillée, ses cheveux étaient remontés en une sorte de chignon. Elle se retourna vers lui et croisa les bras.

– Bonjour, dit-elle vivement. J'ai fait du café. J'ai apporté le mien, et ma cafetière aussi.

Nick ne fut capable d'articuler que :

– Il faut que je boive un café.

– J'ai cherché des trucs, pour nous préparer à déjeuner. Il n'y a rien ici. Pas de pain, pas de...

– Laura, dit-il. Laissez-moi finir mon café.

– Vos *compañeros* savent que vous êtes un ours, le matin?

– Je suis parfois un ours toute la journée, y en a qui disent même que je suis un sale con.

– Je veux bien le croire, lui dit-elle.

Une demi-heure plus tard, ils arrivèrent à la marina, puis firent le tour de quatre bateaux en cale sèche à la recherche du pick-up d'E.Z. Laura et Nick étaient à mi-chemin de la boutique d'articles de pêche quand Nick vit le pick-up garé face à l'eau. Ils montèrent les marches qui menaient au quai, dépassèrent des bateaux sur cales jusqu'à ce que Nick repère E.Z. à l'arrière de l'*Emma* en train de ranger de la glace dans une glacière.

L'*Emma* était un Bertram Bahia Mar de neuf mètres, doté de deux moteurs Diesel. Il comportait un équipement électronique, une passerelle volante, et il était rapide. E.Z. le nettoyait méticuleusement, c'était un bon bateau.

– Alors, dit E.Z., voilà la fameuse Laura.

Laura hocha la tête.

– E.Z., dit-elle. C'est ça ?

– Il paraît. Allons-y, montez à bord. Salut, Nick. T'as l'air dans un état.

– Merci, dit Nick en souriant de toutes ses dents.

Il fallut moins de temps que d'habitude pour larguer les amarres et prendre le large, songea Nick, mais tout se fit en douceur. Les moteurs retentirent dans le silence du petit matin, et les bateaux manœuvrèrent pour sortir du port. E.Z. se retrouva derrière l'*Intruder* et le *Double Hoodoo*.

– Danny Golden, dit Nick à Laura, le capitaine de l'*Intruder*, l'été dernier il a attrapé un thon rouge de cinq cent cinquante kilos.

– Quoi ?

– Cinq cent cinquante kilos.

– Ça fait beaucoup de poisson, beaucoup de sandwichs.

– Beaucoup d'argent, lui dit Nick. Si le poisson a la bonne teneur en graisses, les Japonais achètent ça des milliers de dollars.

– Ça me rappelle, lui dit-elle, que je n'ai rien emporté à déjeuner. Vous allez avoir faim tous les deux.

Il lui vint à l'esprit que même si Laura était jeune, très jeune, c'était une femme faite pour un homme, quelqu'un l'avait bien entraînée. Une femme en or, une Latine. Sensuelle, maligne, sexy et gentille. Que demander de plus ?

– E.Z. apporte à manger, dit Nick.

Il désigna la glacière qu'il avait montée à bord.

– Et moi j'apporte la bière.

Quand ils furent engagés dans le chenal à environ deux cents mètres du quai, les lumières de l'*Emma* éclairèrent un héron en repérage dans les marais salants. Il n'y avait ni étoile ni lune, et pourtant, E.Z. naviguait sans peine dans l'obscurité. Le chenal contournait un banc de sable juste au niveau de la digue, puis E.Z. accéléra à vitesse moyenne, se heurtant au sens contraire des vagues.

Il était en train de vérifier le Loran et de mettre le cap sur Block Island quand Laura les rejoignit Nick et lui dans la cabine de pilotage. Elle arriva avec un thermos de café et trois tasses. E.Z. laissa Nick à la barre et lui indiqua leur positionnement. Un fin rayon de soleil perçait l'horizon, une lueur rose teintée de rouge. Il était un peu plus de cinq heures et demie.

Ils filaient aussi vite que la mer le permettait. Juste après Block Island, ils virèrent au sud vers le Gully, un petit bras de mer. Personne ne parlait.

La radio ne tarissait pas d'appels de capitaines d'autres bateaux, du moins était-ce ce que Mariaclara se disait. E.Z. avait beaucoup d'amis, il devait être constamment branché sur les ondes. À ce qu'elle entendait, le moteur du bateau avait l'air puissant, il était bruyant et inégal, plus ou moins assourdissant. Entre le son de la radio et l'effort que fournissait le moteur de l'*Emma*, le voyage était tout sauf calme.

– Comment ça va, Laura ? dit Nick.

– Très bien, dit-elle. C'est super.

– J'ai des bonnes et des mauvaises nouvelles pour vous, dit E.Z. Qu'est-ce que vous voulez d'abord ?

– Vous allez me déshabiller, me violer et me ligoter à l'avant du bateau, leur dit-elle.

– Waouh, dit E.Z. C'est la meilleure idée que j'aie entendue depuis des semaines. Qu'est-ce que t'en penses, Nick, ça te dirait de la déshabiller ?

Nick luttait contre l'effet que ces mots avaient sur lui et Laura riait.

– C'est quoi les nouvelles ? dit-elle.

– Quand le soleil va se lever, la mer va être d'huile, lui dit E.Z. Mais on a encore deux heures, deux heures et demie de tape-cul avant d'atteindre notre destination.

– Génial, dit Laura, tout sourire, les yeux brillants.

– Vous allez vous y faire, lui dit Nick. Et vous allez avoir le plus beau bronzage que vous ayez jamais eu.

– Vous aimez les femmes à peau mate, Nick, hein ? dit-elle.

Long moment de silence.

– Alors, Nick ? fit E.Z.

– J'aime les femmes douces, leur dit-il.

Au bout d'un moment, E.Z. quitta la cabine de pilotage pour aller voir l'avant du bateau. Nick buvait son café et mangeait un sandwich à l'œuf qu'Emma, la femme d'E.Z., avait préparé. Il vérifia le Loran et la RDF, puis jeta un œil à la carte.

– Qu'est-ce que vous regardez ? dit Nick.

– Votre nez.

Elle porta sa tasse de café à sa bouche et parla par-dessus.

– Vous êtes très beau, Marcello. *Guapo* on dit.

– Merci. Au cas où vous auriez oublié, je m'appelle Nick.

– Marcello, Marcello.

Elle lui pinça le nez.

– Vous savez, Laura, dit Nick, vous ne m'avez jamais dit votre nom de famille.

– Mais si. Non ? Je suis désolée, mon Dieu, nous avons dormi sous le même toit et vous ne connaissez pas mon nom de famille ?

– Exactement.

– Diaz, lui dit-elle. Je m'appelle Laura Diaz.

– Vous avez grandi à Miami ?

– Hollywood. Enfin Hollywood en Floride.

E.Z. revint et prit la barre.

– On s'amuse, les enfants ?

Elle acquiesça.

– J'adore, dit-elle, les yeux soudain grands ouverts tandis que l'*Emma* les emmenait en traîneau sur la crête d'une longue vague puis dans le creux lisse de la lame.

Maria n'oublierait jamais les petits détails, Nick assis là, avec son sweat-shirt vert, la façon dont le tissu suivait la courbe de ses épaules, dont il laissait glisser ses yeux sur son visage, dont il souriait, dont elle sentait son regard, un regard qu'aucun homme n'avait jamais porté sur elle. Il y avait tellement plus que du simple désir brut. Elle l'aimait bien. Et bien aimer, ce n'est pas rien, ce n'est pas aimer mais ce n'est pas rien. Un coup d'œil à son profil ne manquait jamais de la ravir, ce nez qu'il avait. L'odeur du café, la mer, le visage souriant de Nick, tout cela l'enivrait. Elle l'observa un long moment, réfléchit, envisagea... et regretta aussitôt toutes ces pensées, bien aimer, aimer, et toute la confusion de sentiments qui s'y greffaient.

L'aurore apparut, glorieuse et lumineuse, accompagnée d'un léger vent frais et d'une mer apaisée. Une heure plus tard, E.Z. ralentit et annonça :

– Nous y sommes.

Nick se mit à préparer la louche à amorce. Maria le regarda verser délicatement une ignoble substance, une espèce de soupe, dans la mer.

– Qu'est-ce que c'est que ce truc ? lui demanda-t-elle. Ça pue.

– De la purée de poisson, dit Nick, mélangée à de l'huile. Dans l'eau, ça forme un sillage gras derrière le bateau qui attire le poisson. Et c'est ce qu'on veut, non ? Attirer le poisson.

Il lui semblait voir s'étendre derrière le bateau une sorte de test de Rorschach sanglant. Nick et E.Z. travaillaient sans dire un mot, comme s'ils répétaient ensemble depuis des années. Maria était impressionnée, ils faisaient la paire ces deux-là, et tous leurs mouvements semblaient chez eux une seconde nature.

E.Z. prépara trois cannes à pêche appâtées avec du maquereau et des morceaux de poisson bleu. Ils étaient juste au sud de Block Island, au sud du Gully. E.Z. jeta la première ligne à l'extrémité arrière de l'*Emma*, à environ quatre mètres du bateau et trois mètres de profondeur. Il tendit un ballon rouge à Maria, lui dit de le gonfler et de l'accrocher à la ligne. Puis il lança la deuxième ligne, à mi-chemin entre la première ligne et le bateau, à un mètre cinquante de profondeur. À la deuxième ligne il accrocha un ballon jaune. La troisième ligne, avec son ballon vert, était à moins d'un mètre du bateau et à moins d'un mètre de profondeur.

– Les requins sillonnent la mer à différents niveaux, lui dit Nick. Donc on jette de l'amorce à un mètre, un mètre cinquante et trois mètres de profondeur.

À un peu plus d'un mètre du bateau, un banc de petits poissons apparut à la surface. Arrivèrent ensuite les mouettes et les hirondelles de mer.

– Y a combien de profondeur ici ? leur demanda-t-elle.

– C'est profond, dit E.Z. C'est l'océan.

Toujours plus d'oiseaux, de petits poissons, d'oiseaux qui plongeaient dans la mixture grasse. Soudain le ballon jaune trembla, s'arrêta, puis s'agita de nouveau et alla percuter la surface de l'eau.

– Et voilà, dit Nick.

Il sourit et lui tendit la canne.

– Tu en tiens un, vas-y, tire, tire, plante-moi cet hameçon.

– Je tiens un quoi ? cria-t-elle. Un requin ? Tu déconnes ? Prends ça !

– Il est à toi, ma petite, tu le tiens. Vas-y.

Maria avait l'impression qu'une bête sous l'eau s'était accrochée à sa ligne et se démenait pour s'en libérer. Son cœur battait la chamade, son souffle était court et bruyant. La terreur et l'excitation se mêlaient dans son ventre.

– Ne le lâche pas, dit E.Z., remonte, cocotte, remonte.

– C'est un requin ?

– Ça m'étonnerait, dit Nick. Continue à remonter. Vas-y, vas-y.

Tout près de l'arrière du bateau, le poisson surgit de l'eau.

– Je l'ai eu, je l'ai eu, hurla Maria.

– Remonte, hurla Nick, surtout continue à remonter, Laura.

E.Z. planta la gaffe et ramena un poisson bleu de cinq kilos dans le bateau.

Laura avait gagné le gros lot, c'était du moins ce qu'il lui semblait.

– Je l'ai eu, je l'ai eu, je l'ai...

– Bon, on se calme, Laura, sinon tu vas passer par-dessus bord, dit Nick.

D'un bleu argenté, miroitant dans le soleil matinal, le poisson bleu se tortillait sur le pont. E.Z le piqua encore une fois par l'ouïe et la jeta dans la glacière.

– Qu'est-ce que c'est ? dit Laura. Il est joli, je pourrai le cuisiner ?

Nick rit et E.Z. répondit :

– Il y a des gens qui les mangent. Il y a des gens qui aiment beaucoup ça.

– Comment ça s'appelle ?

– C'est un poisson bleu, dit Nick. Un beau. De quoi dîner.

– Ou faire une amorce, dit E.Z.

– Une amorce ? Une amorce ? dit Laura. Un poisson aussi gros ?

– Moui, se contenta de dire E.Z.

– Je suis épuisée, dit Laura. Quelle lutte acharnée.

Nick sourit et E.Z. hocha la tête.

– C'est vrai, quelle lutte acharnée, répéta Laura. L'espace d'un instant, j'ai cru que j'allais le perdre, et puis...

– Ailerons dans le sillage, dit E.Z. On a des requins, là.

Deux requins bleus évoluaient dans le sillage huileux, glissaient doucement et se dirigeaient vers le bateau.

– *Díos*, dit Laura, des requins, des vrais requins.

E.Z. aida Nick à enfiler une veste matelassée équipée d'un harnais, avec une suspension centrale.

– Laura, dit Nick, ce sont des requins bleus, ce qu'on fait c'est qu'on les remonte dans le bateau si on y arrive. Ensuite on les marque et on les relâche.

Le moulinet de la canne au ballon rouge s'agita puis s'arrêta.

– Y a un poisson ? demanda Nick.

– Je ne crois pas, lui dit E.Z. Bougez pas deux secondes.

– Ils sont dangereux ? fit Laura.

– Tous les requins sont dangereux, lui dit Nick. Les bleus sont les moins dangereux. Mais ils sont grands, lourds, forts et peuvent te faire passer par-dessus bord si tu fais pas gaffe.

E.Z. lui sourit et monta sur la passerelle volante. Il resta là un moment, debout, à regarder dans l'eau.

– Le ballon ne bouge pas, dit-il. Oh ! là, là !... Nick, remonte les lignes verte et jaune. Vite, Nick, remonte-les.

Laura remonta la ligne au ballon jaune et Nick, la verte.

– Qu'est-ce qui se passe ? dit-elle.

– Vas-y, Laura, vite, lui dit Nick.

– Un griset, Nick, j'ai vu un griset, cria E.Z. Il était dans la tache d'huile et il a plongé.

Le moulinet de la canne au ballon rouge s'agita de nouveau. E.Z. descendit du pont, sortit la canne de son support et la tendit à Nick. Puis il remonta l'échelle à toute allure. Laura observait Nick. Nick jeta un coup d'œil à E.Z., puis au ballon. E.Z. ne quittait pas l'eau des yeux.

– Tire-le aussi haut que possible, Nick, dit E.Z. Allez, cria-t-il, ferre-le, ferre-le, Nick, plante cet hameçon.

Une seconde plus tard, le bras de Nick fut frappé d'une violente secousse. Un requin, un griset, de cent kilos surgit de l'eau comme un missile Polaris et s'élança à trois mètres dans les airs, remuant la tête à droite à gauche comme une scie, l'appât entre les dents. Laura laissa échapper un cri aisément perceptible à La Havane.

Le griset plongea dans la mer au beau milieu d'un geyser d'écume et d'embruns, il sauta et sauta encore. Mètre après mètre, la ligne de Nick disparaissait dans l'eau.

– Vas-y, hurla E.Z. Tu le tiens, le laisse pas filer !

Pendant vingt minutes, Nick ne lâcha pas le poisson, et le griset sauta, rua, força sur la ligne, puis revint au bateau à la vitesse d'un train, fonça sur Nick. Enfin il sembla à Nick que le poisson avait rendu l'âme. Nick l'avait ramené tout près du bateau. E.Z. avait enjambé le balcon, mis ses gants et il essayait d'attraper le fil de plomb avec la gaffe quand, dans un dernier sursaut, le griset fit un bond magistral. E.Z. leva les mains en l'air tandis que le poisson plongeait de nouveau dans l'eau et filait tout droit sous le bateau, faisant claquer la ligne.

– Il est parti, dit Nick.

– L'enculé, dit E.Z.

– Il était beau, dit Laura. Majestueux, un vrai battant. Je suis contente qu'il se soit échappé.

– Tu veux retourner au port à la nage ? dit E.Z.

– Quelle bestiole, putain, dit Nick.

Il remit la canne sur son support. Il avait les mains, les bras, tout engourdis. Il n'avait pas tenu de griset depuis un an, il était éreinté. E.Z. se glissa jusqu'à la cabine et dit :

– Je savais bien que c'était trop tôt pour attraper un griset. On attrape pas des grisets si tôt. Ça devait être un dingue ou un égaré.

Laura alla chercher une bière dans la glacière. Elle la décapsula et tendit la bouteille à Nick. Sa main toucha la main de Nick.

– Je suis désolée que tu aies perdu ton poisson, lui dit-elle.

– Et moi donc.

– Honnêtement, dis-moi, ajouta-t-elle. Tu te sens mieux que si tu avais dû tuer cette belle créature. Tu n'es pas violent de nature. Pas vrai ? Allez, dis-le, tu es content de ne pas avoir été obligé de le tuer. Dis, je suis content...

– C'était un super poisson et je le voulais, dit Nick. Désolé, mais ma façon de voir les choses, c'est que c'est entre lui et moi, c'est un duel. Cette fois-ci, il a gagné mais il y a toujours un lendemain, et un surlendemain.

– Ah, dit-elle, puis elle se tut.

Nick comprenait ce qu'elle disait, c'était légitime. Il le sentait encore plus en la regardant. Mais il doutait qu'elle pût comprendre ce qu'il ressentait, ce qu'E.Z. ressentait. C'était une femme douce, bonne. Il y avait des femmes, songea Nick, qui avaient du mal à comprendre les pêcheurs et les requins. Mais elle aimait l'eau, elle savait quand ouvrir une bière et elle n'avait pas le mal de mer. On peut pas tout avoir, se dit-il. Regardez-la.

38

Au restaurant espagnol de Narragansett ce soir-là, Nick fut impressionné par la façon dont Laura commanda leur repas. Elle parlait moitié espagnol, moitié anglais, flattait le serveur, le faisait sourire. Elle leur commanda un steak à chacun, demanda à Nick si ça lui convenait, parce que, tu sais, j'ai vu assez de poisson pour aujourd'hui. Elle rit à ces mots, et fit rire Nick. Laura aurait pu être créée à sa seule intention. Souriante, gaie, un rien timide ; il se foutait des femmes au visage dur, sévères, inflexibles, vulgaires et peinturlurées, hautaines ou désireuses de l'être. Et ce qu'il aimait vraiment, ce qu'il n'oublierait jamais, c'était la façon dont elle s'était douchée en vitesse et avait peigné ses cheveux, lâchés sur les épaules.

Le serveur leur prépara une sangria spéciale, découpa les fruits frais devant eux, des fruits bien juteux, qu'il mixa avec leur jus et du vin. Laura leva doucement son verre et porta un toast à Nick et à son requin. Sa façon de le regarder par-dessus la table, d'abord des petits coups d'œil, puis, après un autre pichet de vin aux fruits, de longs regards perçants, qui lui envoyaient un message, lequel, il n'en était pas certain, cependant il avait confiance. Le steak était délicieux, assaisonné comme Nick n'en avait jamais goûté auparavant, mais il sentait qu'il y avait de l'ail, beaucoup d'ail.

Après dîner, ils marchèrent le long de la digue et l'attente fut presque trop longue. Ils marchèrent main dans la main, puis elle passa son bras autour de sa taille et il passa son bras autour de ses épaules. Ils s'embrassèrent et s'étreignirent au milieu des passants et des gosses à vélo, ventre contre ventre, ils s'embrassèrent à pleine bouche, longuement. À un moment, il essaya de dire quelque chose mais se ravisa et songea que tout ce qu'il dirait ne ferait pas le poids. Sur les marches qui menaient à la plage, il l'embrassa encore et se souvint soudain des femmes qu'il avait touchées, respirées et embrassées, toutes les femmes qu'il avait connues, certaines habiles de leur bouche et amantes expérimentées, mais aucune n'embrassait comme Laura. Embrasser, songea Nick, était intime, embrasser relevait du rapport sexuel parfait.

De retour au cottage, un dernier verre sur la terrasse derrière la maison. Un cordon de nuages noircissait à l'horizon au-dessus de la baie. Un orage éclata et ils restèrent tous deux sur la terrasse couverte tandis que tombait la pluie. L'air était lourd, des odeurs de mer émanaient de la baie, des odeurs de pin des stères entassés le long du cottage. Ils restèrent là un long moment, les yeux perdus dans le ciel, à attendre le prochain éclair.

Au bout d'un certain temps, Laura le prit par la main et ils rentrèrent, ils traversèrent la maison, montèrent l'escalier, et Nick garderait en mémoire une mosaïque de peau douce et laiteuse, chaude au toucher, de cuisse entrevue à la dérobée et de sombre tignasse épaisse. De cuisses serrées l'une contre l'autre, puis ouvertes, et de petits cris à peine audibles au milieu de l'orage de cette nuit d'été.

– Oh, dit Laura, étendue, hagarde, fourbue, entre ses bras, au bout de ce que Nick jugea une bonne heure. Demain, je te cuisinerai le poisson bleu.

Toute la matinée du dimanche et le début d'après-midi, ils batifolèrent au lit. Vers une heure, E.Z. appela et laissa un message sur le répondeur de Nick, sa voix résonnait dans la chambre. E.Z. demandait ce que Nick comptait faire, s'il avait besoin d'un coup de main. Après l'orage qui avait éclaté pendant la nuit, une bruine continue avait pris le relais. Nick refusa de descendre, il ne sortirait pas de la chambre. Être au lit avec Laura était si bon qu'il se sentait comme ragaillardi. Il voulait l'enfermer dans la chambre, l'enchaîner aux montants du lit et se menotter à sa jambe. Je l'aime, songea-t-il. Elle m'électrise.

– Ah, dit-il, après avoir joui pour la troisième fois, un record pour lui, je me sens... je ne sais pas comment je me sens. Mais je me sens bien... Non, super bien, je me sens super bien. Je t'assure, dit-il quand elle rit. Je ne crois pas avoir déjà été aussi heureux. Je peux mourir maintenant, le ciel peut m'emporter. Je suis prêt.

Ils étaient étendus sur le lit, couverts par un édredon léger. Un vent violent s'était mêlé au rideau de bruine. Vers deux heures de l'après-midi, Laura s'approcha, toute nue, de la fenêtre striée de pluie et regarda la baie.

– Je me souviens qu'un jour je me suis réveillée au lit avec un homme et j'ai souhaité être un loup, dit-elle.

– Pas de confessions, lui dit Nick. Je t'en prie, je ne veux pas entendre l'histoire de ta vie sexuelle, ça me rendrait malheureux.

– Je pensais à toi en fait. Comme tu es différent des autres.

– Je ne suis pas si différent.

Il la regarda jouer avec la petite chaîne en or qu'elle avait autour du cou. Sur la chaîne pendait un minuscule médaillon représentant le visage souriant d'un saint.

– Oh si, dit-elle. Tu vois, j'avais rencontré un type, un mec qui se disait « docteur ès virginités ». Avec tout ce que ça peut sous-entendre.

– On sait tous les deux ce que ça sous-entend. Tu en as pour longtemps avec cette histoire ?

Nick se redressa et croisa les mains derrière la tête.

– Je n'avais jamais autant bu dans ma vie, ni eu aussi peu le contrôle de moi-même. Quand je me suis réveillée le lendemain matin, j'avais mon bras autour du cou de ce type. J'avais l'impression d'être dans un piège, un de ces trucs avec des dents d'acier qui se referment d'un coup sur un loup ou un coyote. Il dormait dans le creux de mon bras. Je ne pouvais pas bouger, j'étais coincée, j'étais prise. Le moindre mouvement de mon bras l'aurait réveillé, et j'aurais été obligée de lui parler, de parlementer. C'était horrible.

Nick ne la quittait pas des yeux et ne répondit rien. Il serait nécessaire, songea-t-il, de s'habituer aux confessions. Contrairement à la génération de Laura, la sienne n'était pas partageuse.

– Pourquoi un loup ? lui demanda-t-il.

– Pour pouvoir m'arracher le bras à coups de crocs. C'est ce qu'ils font, tu sais. Les loups et les coyotes, quand ils se font avoir par un piège, ils s'arrachent une patte ou une cuisse. Pour ne pas se faire attraper, ils se mutilent.

Nick rit.

– Ce n'est pas drôle, dit-elle.

– Non, c'est vrai, parvint-il à dire. Je me dis que tu étais un peu dure avec toi-même. On fait tous des erreurs. On se trompe tous.

Laura semblait pensive. Elle haussa les épaules.

– Hmmm, dit-elle. Tu as déjà fait une erreur vraiment terrible ?

– Moi ? Bien sûr. On en fait toujours, c'est comme ça qu'on avance dans la vie.

Laura le regarda d'un air qui lui fit froid dans le dos, elle hocha la tête et dit :

– Mais tu te pardonnes, tu trouves un moyen de te pardonner.

Nick ne put s'empêcher de rire.

– Ne sois pas si grave. Ce n'est pas le moment d'avoir une conversation sérieuse. Viens là, lui dit-il et il tapota le lit.

– C'est tout ce que tu attends de moi ? dit-elle. C'est tout ?

Il devait admettre que chaque petite sensation qu'il éprouvait avec elle était nouvelle pour lui. Elle était différente, ça oui. Il voulait qu'elle revienne au lit pour tenter de battre son record.

– Allez, dit-il. Fais pas la tête.

– Il y a des choses que font les gens, dit-elle, qui ne peuvent pas se pardonner. Il y a des larmes qui ne sèchent jamais.

Puis elle eut un petit rire, et il en fut content parce qu'il commençait à se dire qu'à peine l'avait-il trouvée, à peine avait-il posé ses mains sur son joli cul, qu'il la perdait un petit peu. Il voulait lui demander quoi ? Qu'est-ce qu'elle avait bien pu vivre dans sa petite vie qu'elle ne pourrait pas pardonner ?

– Tu as sûrement raison, lui dit-il.

– Tu es d'accord avec moi ?

– À propos de quoi ? Qu'il y a des êtres humains qui peuvent faire des choses épouvantables, au-delà du pardon ? Mais oui, évidemment, il y a eu un type qui s'appelait Hitler, un peu avant que tu naisses.

– Je suis désolée, dit-elle. Je me sens bizarre. Tu sais, je ne m'attendais pas à ça.

– Tu ne t'attendais pas à quoi ? À ce qu'on couche ensemble ?

– Oui, et à ce que j'aime autant ça. C'est bête, non ?

Elle sourit, découvrant ses jolies dents, sur son joli visage et plissa ses jolies lèvres.

– Viens là, dit-il. Reviens au lit.

– D'abord, dit-elle, je vais faire du café. Il faut que j'en boive un petit, et je commence à avoir faim.

– Tu m'excuseras, mon cœur, mais tu as un de ces appétits.

– L'air marin et la baise, ça me fait ça à tous les coups.

Cette remarque l'agaça un peu, plus qu'un peu, et il en éprouva, curieusement, une espèce d'amertume envieuse.

– C'est drôle, dit-il, je n'aime pas t'entendre dire ça.

– Quoi, la baise? La baise, la baise, la...

– Excuse-moi de t'avoir dit ça.

– Qu'est-ce que tu veux que je fasse, que je te jure que t'es le premier? J'ai vingt-quatre ans, Nick, je suis pas une gamine.

– Il y a des gens pour qui vingt-quatre ans c'est jeune. C'est jeune d'ailleurs.

Elle descendit dans la cuisine leur faire du café, des œufs brouillés et des toasts. Elle avala trois œufs et quatre toasts. C'était ahurissant, vraiment, tout ce que pouvait ingurgiter cette femme.

Ils burent leur café et mangèrent assis dans le lit, la pluie en provenance du sud-est était drue à présent. Avant de refaire l'amour, elle lui dit :

– Je suis heureuse.

– Idem, lui dit Nick.

Plus tard, quand ils finirent par s'extraire du lit, elle déambula dans la maison vêtue d'un tee-shirt de Nick, exposant la forêt sombre qu'elle avait entre les cuisses. Pour une raison inconnue, elle avait apporté avec elle une paire de hauts talons rouges, et elle portait ces chaussures avec le tee-shirt sans rien d'autre. Nick devait avouer qu'il était plutôt décontenancé de la voir évoluer ainsi. À un moment, elle sortit par-derrière et alla sur la terrasse où elle s'assit sur la chaise en bois. Nick avait toujours été pudique, il ne se déshabillait jamais complètement devant une femme. Il était, en tout cas, ravi de ce spectacle, son sourire, sa queue-de-cheval qui balançait au rythme de ses déambulations joyeuses à travers la maison, son cul à l'air, ses longues jambes brunes comme un fruit mûr.

Elle finit par s'habiller pour le retour à Manhattan. En jean, petit pull et tennis.

– Je déteste devoir quitter un endroit, lui dit-elle.

– Il y a toujours le week-end suivant. Moi je vis pour les week-ends, dit-il.

– Peut-être, dit-elle. Peut-être.

– Viens avec moi le week-end prochain. On ira chercher des homards, on les fera bouillir et on boira de la bière. Tu aimes le homard, non?

– J'adore.
– Alors viens, reviens avec moi.
– On verra, dit-elle.
Il eut l'impression qu'elle évitait son regard.
Il prit le volant et mit une cassette qu'elle avait apportée, c'était du classique, espagnol, de la guitare. L'artiste, lui dit-elle, était de sa ville natale à Cuba. Nick ne demanda pas son nom. Le temps de traverser le Connecticut, elle s'endormit profondément sur le siège passager. Il la réveilla à moitié quand il étendit le bras et, du bout des doigts, lui gratouilla la nuque. Elle lui sourit, encore endormie. Quand ils passèrent du Connecticut à l'État de New York, il jeta de nouveau un œil à son beau visage assoupi, innocent. Il sentait comme une adéquation avec elle, une harmonie parfaite.
Ils étaient quelque part dans le nord du Bronx, la circulation de la ville commençait à se densifier, quand il eut la sensation furtive et déchirante de sombrer : ce cadeau qu'il avait découvert allait sûrement lui être arraché. Ni une ni deux j't'embrouille. Malgré tout ce qui s'était passé pendant le week-end, Nick était obsédé par l'idée de la perdre.
Je devrais faire attention, se dit-il, je devrais y aller mollo. Si elle veut venir le week-end prochain, super. Sinon, c'est pas grave. Attention, se dit-il, n'aie pas l'air pressé. Elle a déjà vu ça chez d'autres mecs. Les autres, d'accord, mais pas toi. Et son numéro de téléphone, hein? Bon, elle ne t'a pas donné son numéro de téléphone. Tu dois comprendre que c'est sûrement compliqué. Le frère, les familles latines, ce genre de choses.
Il se mit à disséquer l'histoire de la vie de cette fille, en petits morceaux. Elle lui avait parlé d'un seul amant, il devait y en avoir plus. Quelqu'un autour duquel elle aimait passer son bras, un homme avec lequel elle ne souhaitait pas se transformer en loup. Et pourtant... Il n'y avait pas eu de confessions, ni d'histoires d'amour trouvé puis perdu. Peut-être qu'il n'y en avait pas, elle n'avait que vingt-quatre ans. Peut-être que le sexe n'était pour elle rien de plus qu'un jeu. Ce qui expliquerait pourquoi elle était si libre, quand elle se promenait comme ça, à moitié nue. Côté sexe, elle était douée, trop douée. Quelqu'un lui avait appris, quelqu'un avait dû lui apprendre, pour être à la fois si jeune et si douée elle avait dû recevoir de l'instruction. Alors? Mais elle était d'une autre génération.

Une génération qui pensait moins à l'Amour qu'à l'amour physique. Il les avait vus les clips, il avait regardé MTV. Qu'est-ce qu'il avait en commun avec une génération qui écoutait une musique qui s'appelait du « rap » ? Une bande de débiles, cousin par-ci, cousin par-là. Pendant le week-end, ils avaient parlé de tout ce dont il était possible de parler. Elle adorait la musique, tous les styles de musique : le rap, avait-elle insisté, était parfois vachement bien. La chanson de la rue, comme elle disait. Sur la voie rapide de Bruckner, il se dit, qu'est-ce que tu te racontes ? Tout était si compliqué, il se sentait vieux, très vieux, il se sentait presque mort.

Au péage de Triborough Bridge, Laura émit un petit grognement et posa sa tête sur l'épaule de Nick, comme si elle avait voulu qu'il la protège du monde extérieur. Dans son sommeil – ou peut-être faisait-elle semblant de dormir – Laura laissa glisser sa main jusqu'en haut de sa cuisse. Et il fut évident qu'il y avait une partie de lui-même qui était loin d'être morte, une partie de lui-même qui avait une impressionnante vigueur autonome et se faisait sentir sous la fermeture de son jean. Impossible de perdre cette femme, impossible.

Il s'arrêta sur la 67e Rue, elle décrocha sa ceinture de sécurité, ouvrit sa portière et sortit. Il descendit également pour l'aider à prendre ses sacs.

– C'était génial, dit-elle chaleureusement. Ça faisait des années que ça ne m'était pas arrivé.

Mais quand il se pencha pour lui embrasser la joue, elle sembla se figer, recula, rentra son menton dans son épaule. Comme si elle avait peur que quelqu'un ne la vît.

– Je t'appelle, dit-elle au bout d'un moment.

– Tu ne veux pas me donner ton numéro de téléphone ?

– Bientôt, lui dit-elle.

Il vit qu'elle jetait de petits coups d'œil dans la rue, qu'elle regardait, qu'elle observait. Qui ? Son frère ? Allez, arrête.

Elle lui prit les mains et les serra fort.

– Je t'appelle plus tard. Je t'appelle demain, dit-elle d'une voix douce.

– Tu as tes raisons pour garder secret ton numéro de téléphone. Je les respecte, je t'assure.

Vas-y mollo, se dit-il, accepte.

– En fin de compte je ne t'ai pas cuisiné le poisson bleu, lui dit-elle.

– Il est congelé, il va pas s'en aller, ce poisson. Et moi non plus, Laura. Appelle-moi, d'accord ?

– Bien sûr, dit-elle. Je t'appelle. Je t'appelle.

Elle était au coin de la rue quand il démarra. Il jeta un œil dans son rétroviseur, elle sourit, agita le bras et lui envoya un baiser.

Dans son appartement, tout en se déshabillant pour prendre une douche, il pensa à la musique qu'ils avaient passée dans la voiture, il pensa à Laura et se surprit à bander. C'était gênant, comme s'il lui suffisait de penser à elle. Mais, se dit-il, est-ce que je suis amoureux ? J'en ai peut-être simplement assez de vivre seul, à l'intérieur de ma tête. Il resta planté sous l'eau chaude un long moment en se disant que cette femme, cette Laura, n'était rien moins que merveilleuse, plus rare qu'une sirène.

39

Mariaclara trouva *Tio's* plein à craquer. Les gens et le bruit qu'ils produisaient la surprirent ; elle consulta sa montre. Il était près de minuit.

Un instant elle resta aux abords de l'entrée, près du bar, à regarder autour d'elle. Miguel l'appela et elle se retourna pour découvrir son frère et Natalia qui lui souriaient. Ils étaient assis dans un box en face de la cuisine, un sombrero et une couverture mexicaine accrochés au mur au-dessus d'eux.

Maria les dévisagea quelques secondes sans bouger. Ils souriaient, tous les deux, assis là, ils souriaient de toutes leurs dents. Pour une raison ou pour une autre, ils la trouvaient drôle.

– Viens t'asseoir, dit Miguel quand elle s'approcha. Dis-nous comment ça s'est passé avec le flic.

Maria agrippa le rebord de la table et se glissa lentement dans le box, en face de Natalia et à côté de Miguel.

– T'es fatiguée, hein ? dit Miguel.

– Épuisée.

– *Claro*, dit Natalia, un week-end avec un bel homme, un capitaine. Ma douce enfant, c'est forcé que tu sois épuisée.

En arrivant chez elle, elle avait trouvé un message de Miguel lui disant d'aller chez *Tio*. Elle était restée longtemps assise dans l'appartement, à boire du café, à penser, à réfléchir. Elle ne savait plus où elle en était, elle avait besoin d'y voir clair mais en vain. Dans quelle mesure ce Nick, ce flic, était-il une ordure ? Un salaud ? Pouvait-elle vraiment participer au projet de le tuer ; cet homme apparemment si gentil, si bon, avec son nez écrasé et son drôle de sourire ? Si c'était le cas, pouvait-elle le tuer elle-même, tirer sur Nick comme elle avait tiré sur Manny Vasserman ? Maria était partagée, déchirée. Une des deux Maria haïssait Nick pour ce qu'il avait fait à son père ; l'autre aimait être avec lui, aimait lui faire l'amour. Quand elle était avec lui, elle en était presque arrivée à oublier qui il était.

Mariaclara n'avait jamais été amoureuse auparavant. Toutes ses expériences avec les garçons et les hommes n'avaient pas grand-chose à voir avec de l'amour. Mais d'après ce qu'elle en avait vu, cet homme, ce Nick, était particulier. Elle ne voulait pas le laisser s'envoler. Et Natalia et Miguel ? Ils étaient sa famille, sa seule famille. Ils avaient besoin d'elle, ils comptaient sur elle. Pouvait-elle les trahir ? Plutôt mourir que de manquer de parole à son propre sang.

– Alors ? dit Natalia. Qu'est-ce qui s'est passé ? Tu as découvert s'il sait où est McCabe ? L'homme qui a assassiné ton frère ; tu as découvert où il est ?

Maria haussa les épaules.

– Elle nous le dira plus tard, dit Miguel. Allez, prends un verre, qu'on fête ça.

À sa grande surprise et son grand soulagement, Maria vit que tous deux étaient de bonne humeur. Ils avaient bu, sûrement pas mal, ils étaient tout joyeux, leurs yeux brillaient et de grands sourires bêtes leur barraient le visage.

– Miguel a œuvré pour nous, dit Natalia. Dis à ta sœur ce que tu m'as dit.

Miguel posa son verre et dit à Maria :

– Oncle Benny et le Colombien vivent à Miami, ils se cachent plus ou moins.

– On le sait ça, ton ami George te l'a dit il y a un mois, dit Maria. On l'a payé cinq mille dollars, ton ami.

Miguel ne quittait pas ses mains des yeux.

– Dans la vie, on n'a rien sans rien, lui dit-il.

– Vas-y, dit Natalia, dis-lui la suite.

– Ils font du trafic de cocaïne, dit Miguel.

– Qui n'en fait pas ? dit Maria.

Natalia Punto se pencha par-dessus la table et approcha sa bouche de l'oreille de Maria.

– Il leur a parlé, chuchota-t-elle. Ton frère a parlé à Benny ce soir.

Natalia lui caressa la joue. Ce qui irrita Maria. Elle ne quittait pas ses mains des yeux.

– Qu'est-ce qui t'arrive ? dit Natalia. Pendant des années nous avons cherché ces deux animaux. Et maintenant qu'on les a, tu devrais être heureuse.

– Comment ça, « on les a » ? dit Maria. De quoi tu parles ?

– George, dit Miguel, connaît un homme qui couchait avec une femme dont le frère était en affaires avec Cano. Du trafic de drogue à Miami.

– Oui, on le sait tout ça, dit Maria.

– George a essayé de rencontrer Cano. Ça a pris du temps, ça a pris de l'argent, lui dit Miguel.

– Il l'a rencontré ?

– Non, Cano est prudent. C'est Benny qu'il a rencontré, George a dit à notre cher oncle qu'il avait un ami à New York prêt à investir beaucoup d'argent dans la drogue.

– Et Benny l'a cru, c'est ça ?

– Tu connais sa cupidité. L'argent aveugle les gens de son espèce, dit son frère.

Maria n'écoutait Miguel qu'à moitié, elle lui jetait un œil de temps à autre, l'esprit envahi d'images de Nick, d'un cottage sur la baie, de son père. Un embrouillamini d'images, de visions à moitié oubliées de l'homme qu'elle appelait Papi et de son pauvre frère Justo.

Miguel relata sa conversation téléphonique avec Benny, c'était Benny qui était aux premières loges, c'était Benny qui s'occupait des affaires de Cano, du trafic de drogue. Miguel continua et Maria regarda Natalia, tout en s'efforçant de ne pas se faire surprendre par cette dernière. Elle semblait envoûtée par chaque mot que prononçait Miguel ; Natalia était raide et droite, et l'expression de pure haine qui lui figeait le visage ne changeait pas d'un iota. Elle était assise comme une sorcière prête à rendre son jugement, une belle sorcière, mais une sorcière quand même, une sorcière qui voulait sa vengeance.

– Il veut que j'aille à Miami, dit Miguel, il veut que je le rencontre là-bas.

– Tu ne vas pas aller voir Benny à Miami. T'es dingue ? dit Maria.

– Écoute-le, Maria, dit Natalia, écoute ton frère, il est intelligent, il a un plan.

– Tu ne vas pas à Miami, répéta Maria.

– Je sais, je sais. Je ne suis pas idiot, chère sœur. Je vais lui envoyer de l'argent par l'intermédiaire de George. Comme gage de ma bonne foi, tu vois. Je vais lui envoyer vingt-cinq mille dollars.

– Ça fait beaucoup.

– On les a, dit Natalia. Et plus même. Pas beaucoup plus, mais on a assez.

– Quand il aura cet argent, il va saliver, dit Miguel. Il va donner à George un kilo de cocaïne.

– George s'en tire bien, hein ? dit Maria.

– Sans George, on n'a rien.

– D'accord.

– Bref, dans une semaine, peut-être deux, je dirai à Benny que je veux cinq kilos. Et que je veux qu'ils soient livrés à New York. Je lui dirai que je peux vendre cinq kilos par mois, mais qu'il doit venir ici pour qu'on en parle.

– C'est trop compliqué, dit Maria. C'est de la folie.

– Ça va marcher, lui dit Natalia. Je connais ces gens, leur façon de penser. Ça va marcher. Ils vont venir ici, tous les deux, Cano va venir ici pour parler affaires. C'est lui le boss, ça a toujours été lui. Il ne laissera personne d'autre parler à sa place.

– Comment tu peux en être si sûre ? dit Maria.

– Je les connais ces Colombiens, et leur façon de penser aussi. Il emmènera votre oncle, mais Cano sera là aussi.

Mon oncle et Cano. Eh bien oui, se dit-elle. Les hommes qui ont commandité le meurtre de mon père. Enfin.

– Comment tu comptes envoyer l'argent ? demanda Maria à Miguel.

– Par courrier normal, dit Miguel. On ne peut plus simple.

Maria acquiesça avec enthousiasme.

– C'est imminent, dit Natalia. Je sens que c'est imminent.

Elle sirota son verre tout en regardant Maria.

– Ils vont payer pour le meurtre de mon Diego, et de Rodrigo aussi. La justice de Dieu va être faite. Tu sais, dit Natalia, tu as l'air un peu bizarre, Maria. Tu te sens bien ?

– Mais oui.

Elle essaya de rire.
– Écoutez, dit-elle, ce flic, ce Nick, il veut mon numéro de téléphone. Je ne vois pas bien comment je peux continuer à lui dire non.
– C'est facile, dit Miguel. Dis-lui que je ne veux pas que des hommes t'appellent.
– C'est débile.
– La ligne, Maria, est à mon nom, dit-il. C'est un flic. Il pourrait vérifier.
– Il n'a aucune raison de vérifier mon numéro.
– Peut-être pas pour toi, mais c'est un flic, dit Miguel. Il a parlé de McCabe ?
– Non. Pas encore.
– Alors, c'était comment? dit Miguel. C'était comment ton week-end ?
– Pour être franche, mon cher frère, c'était très agréable. Il est... il est différent.
– Tu as couché avec lui ? dit Natalia.
– Bien sûr que non.
– Maria, demanda Miguel, tu es d'accord avec tout ça, avec ce qu'on a décidé ? Tu peux le faire ?
– Je ne sais pas.
Ils ne parurent ni surpris ni ébranlés.
– Ma chère fille, c'est la différence entre toi et moi.
Natalia se martela la poitrine du bout des doigts.
– Je sais, dit-elle d'une voix sévère. Il n'y a aucun doute ici, dans mon cœur. Les faire payer donne un sens à ma vie, je vis pour ça.
– Je t'aime, Natalia, dit Maria. Tu sais que je t'aime, tu es la seule mère que j'aie jamais connue. Mais nous sommes différentes.
– Tu ne peux pas comprendre la souffrance qu'ils m'ont infligée, dit Natalia. La nuit quand je suis seule, je jure par tous les saints que je les ferai payer.
– Tu n'as pas le monopole de la souffrance, Natalia, dit Maria.
– Nous souffrons tous, lui dit Miguel. Maria, nous avons besoin que tu saches, petite sœur. Nous avons besoin que tu sois sûre.
– Ça va aller, dit Natalia. Elle est forte, Maria sait bien que nous avons besoin qu'elle soit forte.
Elle eut un petit sourire nerveux.

Maria cherchait assez d'énergie pour leur dire qu'elle n'était pas forte, qu'elle était tout sauf forte.

– Alors ? dit Miguel. Tu te sens assez forte ?

– Je crois que oui, leur dit-elle. Et toi, mon frère, comment te sens-tu ?

– Je fais tout ça pour ma famille, pour nous tous, dit-il. Ce que nous faisons, nous le faisons pour la famille, pour que justice soit faite, c'est la seule chose à honorer.

– Ce n'est pas de la justice, Miguel, c'est de la vengeance. Il n'y a pas d'autre mot pour ça.

Elle évitait de croiser leur regard.

– Il faudrait tout oublier ? demanda Natalia, les yeux fixés sur elle. Il faudrait les oublier, il faudrait laisser les meurtriers, les animaux qui ont assassiné les gens que nous aimons, vivre libres ? Les laisser parcourir le monde comme si de rien n'était ? On doit payer pour ce qu'on fait dans la vie.

Miguel semblait sourire en sirotant son verre.

– Je veux qu'ils paient, leur dit Maria. Je me demande simplement parfois si c'est le bon moyen.

– Ma chère sœur, je me demande s'il existe un bon moyen, s'il peut y avoir quelque chose qui soit le bon moyen.

– Tu es aveuglé, Miguel, dit Maria. Comme nous tous.

Natalia Punto vida son verre et les observa tous les deux, inquiète. Elle n'était pas du tout aveuglée.

* * *

Nick était assis dans son bureau, le téléphone collé à l'oreille, la main sur le micro, en attendant d'être connecté avec l'agent Kenney. Andre était planté devant le bureau de Nick et lisait un rapport de la police de Union City. Il parcourut rapidement chaque page et, quand il eut terminé, recommença.

– C'est commandité, dit Andre, c'est une liquidation. Tu as vu ces photos ? On dirait que ça s'est passé au Salvador. Les bandes criminelles mettent une cagoule sur la tête de leur victime, exactement comme ça.

Kenney décrocha et dit :

– Comment ça va, Nick ?

– Bill, on est en train de regarder le compte rendu du meurtre des frères Vasserman à Union City. Ce qu'on aimerait, c'est le dossier de Dade County sur les deux autres. Tu pourrais nous avoir ça ?

Ce matin-là, Andre avait dit à Nick qu'il voulait qu'il enquête sur ces meurtres. Ne serait-ce que par curiosité, sans en faire tout un plat, je suis fouineur, lui avait-il dit.

– Bien sûr, dit Kenney, je dois pouvoir vous trouver ça.

– Demande-lui, dit Andre, demande-lui pour Matos et Medina, demande-lui s'ils sont dans les parages.

– Attends une seconde, Bill, dit Nick dans le combiné. Pourquoi ? demanda-t-il à Andre.

Andre haussa les épaules.

– Par curiosité, dit-il.

– Le procureur, qui est devant mon bureau et me rend dingue avec cette conversation à trois, me demande si vous savez quelque chose à propos de Matos et Medina, dit Nick à Kenney.

– Dis à Andre, fit Kenney, que, pour autant que je sache, ils ont tous les deux été dégagés par le Marshall Service il y a un bon bout de temps déjà.

– Ils ne sont plus protégés, dit Nick à Andre.

– Nick, dit Kenney. Tu peux être sûr que ces deux-là ont réintégré le circuit.

– Tant qu'ils restent en dehors de Queens, lui dit Nick, je me fous de leur circuit.

En allant déjeuner, Andre lui dit :

– On va bien voir ce que Kenney nous envoie.

– Ça peut être intéressant, dit Nick.

– Qu'est-ce que tu répondrais, Nick, si je te disais que j'ai bien l'impression que ces meurtres sont liés à l'affaire de *Los Campos* ? Tous les noms concordent.

– Je te demanderais en quoi ça te regarde.

– C'est intéressant, tu ne trouves pas ?

– Nous avons notre lot d'affaires intéressantes en ce moment au bureau. Je suis dans les affaires intéressantes jusqu'au cou.

Un sourire amusé glissa sur le visage d'Andre.

– Et j'admire ta capacité à les mener toutes de front.

– On pourrait prendre plus d'enquêteurs. Des bons, y en a marre des amis qui demandent des affectations pour leurs amis.

Arrivé au *Part One*, Andre salua de loin les avocats de la défense de Queens, plutôt souriants mais très pugnaces. Il y avait un brouhaha assourdissant. Un serveur les conduisit à la table d'Andre au fond du restaurant.

– Parles-en à Mark, dit Andre tandis qu'ils prenaient place. Dis-lui que tu as besoin de plus de monde... Alors quoi de neuf sinon ?

– Voyons voir, on songe à mettre sur écoutes l'agence immobilière de l'autre côté de l'aqueduc, dit Nick. C'est une opération familiale, les Bucci prennent leurs aises dans Queens.

Andre ne dit rien.

– Ils ont un usurier et deux bookmakers qui travaillent pour cette agence. On va mettre un micro et on verra bien.

Silence toujours. Puis Andre, les yeux dans les yeux, lui dit :

– Matos et Medina sont libres. C'est pas ahurissant ?

– Kenney te dira que le Programme de haute protection est le meilleur outil du gouvernement, dit Nick. J'imagine que dans certains cas ça marche, alors pourquoi s'énerver ? Tu peux en parler à n'importe qui un peu au parfum, il te dira que c'est le meilleur moyen pour lutter contre le crime organisé. Tu sais pourquoi ? Parce qu'aujourd'hui personne n'est prêt à moisir en prison ... Et que le gouvernement colle des peines interminables. Trouve-moi un mec, un affranchi de famille mafieuse, prêt à faire cent cinquante ans à Atlanta. J'en connais aucun. On leur promet une protection, on leur promet une nouvelle vie avec un nouveau nom dans une nouvelle ville, on a vu ça je ne sais pas combien de fois, des gros bonnets, des meurtriers, qui se font la malle. Toi-même tu défends le Programme de haute protection depuis des années.

Andre prit son temps ; il hocha la tête.

– Matos et Medina, m'a dit Kenney, leur ont livré des affaires énormes. Des renseignements précieux sur des contacts en Colombie et aux Bahamas. Ils ont témoigné devant le Congrès, tu te rends compte.

Andre hocha de nouveau la tête.

Quand ils eurent commencé leur entrée, Andre demanda :

– Alors dis-moi, c'était comment ce week-end ?

– Génial. C'était génial. Je crois que je suis amoureux.

– Tu déconnes.

– Pas du tout. Je crois que j'ai passé un cap.

– Elle t'a dit son nom de famille ?

Cette question eut pour écho un rictus amer.

– Oui, lui dit Nick. C'est une femme super. Qu'est-ce qu'il y a, tu ne me crois pas ?

– Si bien sûr.

– D'accord elle est jeune. Je sais bien qu'elle est jeune, mais elle est brillante, belle, sexy et pleine d'humour.

– On ne vit qu'une fois, dit Andre.

– C'est vrai, et si tu fais ce qu'il faut, une fois c'est plus qu'assez.

– Paraît-il.

Assis en face de lui, Nick regardait Andre jeter de petits coups d'œil dans la salle et se dit qu'il avait de l'allure, que c'était un bel homme. Il avait la peau sombre, des traits fins, et son costume, comme toujours, était impeccable. Son étonnante beauté attirait l'attention, et son air tranquille lui valait un respect certain.

– Quand pourrai-je rencontrer cette femme ?

– On verra.

– Elle est new-yorkaise ?

– Non. Écoute, je la connais à peine, mais ce que je sais d'elle me plaît. Tu vois, je me sens comme je ne me suis pas senti depuis très longtemps.

– Une jolie femme surgit de nulle part, te rentre dedans et devient ta nouvelle meilleure amie. Quelle chance.

– Elle vient de quelque part.

– Tout le monde vient de quelque part.

– Elle vient de Floride.

– Tu es un type tellement bien, lui dit Andre. J'espère que tu sais ce que tu fais.

– Tu sais, je n'ai jamais fait confiance aux femmes avec qui je me sentais vraiment bien, mais Laura, Laura est différente.

– Ah bon ?

– On parlait de musique, on parlait comme ça, tu vois elle a vingt-quatre ans. On n'écoute pas la même musique. Bref, elle me sort qu'un morceau de musique, c'est un morceau de vie, une incarnation de la vie, comme une fleur, un oiseau ou une forêt touffue. La musique, c'est de la poésie, et la poésie est faite à partir de choses vivantes. Chaque chose vivante a son propre rythme. Voilà ce qu'elle m'a dit, elle a sorti ça de nulle part.

– De sa petite tête.

– Non, justement. C'était son père qui le lui avait dit.

– Dis donc, ça vaudrait la peine de le rencontrer, cet homme.

– Exactement, j'aurais adoré le rencontrer.

– Peut-être un jour.

– Il est mort.

– C'est triste. Tu sais, mon cher, toi et son père vous devez avoir à peu près le même âge.

Andre regardait Nick d'un air amusé.

– Comment va Mark ? dit Nick.

– Changeons de sujet, dit Andre.

* * *

Tout l'après-midi, Nick s'obligea à rappeler des gens, à ranger son bureau, à lire des rapports d'enquêtes. Son attention ne se fixait sur rien, et il finit par traîner dans les couloirs, discuter des affaires avec les inspecteurs, discuter avec quiconque aurait eu la malchance de croiser son chemin. Il interrogea le répondeur de chez lui deux douzaines de fois.

Laura n'avait pas appelé.

Et si elle disparaissait, s'il n'entendait plus jamais parler d'elle ? Comment pourrait-il la retrouver ? Il était flic, il la retrouverait.

Et si elle ne voulait pas qu'il la retrouve ? Il fut soudain pris de panique. Et si le frère n'était pas du tout un frère, mais le type avec qui elle vivait ? Il s'imagina entrer dans un restaurant et voir Laura à une table dans la pénombre avec un Français rachitique.

Un peu avant cinq heures, sa secrétaire lui dit qu'il avait un appel de miss Laura Diaz.

– Écoute, dit Laura quand il eut réussi à décrocher.

Elle recommença.

– Écoute, tu aimes manger mexicain ?

– Manger mexicain, j'adore manger mexicain, le poulet avec le riz, et ces incroyables bananes vertes frites. J'adore.

– Ça c'est portoricain.

– J'adore. Tu connais un bon restaurant mexicain ? Allons dîner, boire des margaritas, se saouler et chanter des chansons d'amour.

– C'est tout à fait ce qu'il me faut. Tu connais chez *Tio* ?

– Sur la 72e.
Il sentit une libération en lui, une explosion de joie.
– Je te retrouve là-bas, vers huit heures.
Il se dit qu'il avait l'air pitoyable et pathétique.
– Je crois que je deviens fou.
– Je ne crois pas, moi.
– Ah bon ?
– Non. Tu m'as manqué aussi.
Sa voix était si sensuelle qu'il en eut le vertige.
Il arriva au restaurant à sept heures et demie, parcourut la salle des yeux, prit un verre au bar, puis alla attendre dans la rue devant l'entrée. Après ce qui lui sembla mille ans, il la vit traverser l'avenue, elle sautilla, puis se mit à courir, courir jusqu'à lui, à l'embrasser, une fois sur chaque joue, et à prendre ses mains dans les siennes, puis elle lui dit :
– Marcello, tu m'as manqué.
Elle portait un pull indien vert pâle orné de perles, une jupe rouge en soie et des sandales.
– Tu es belle, lui dit-il, tu ne peux pas savoir comme tu es belle.
– Non.
Elle leva alors les yeux, ses beaux yeux sur lui.
– Tu me trouves vraiment belle ?
– Comme toujours.
– Arrête.
– Le restaurant est bondé, lui dit-il. On va devoir attendre un peu.
Et Laura lui dit doucement, de sa jolie voix :
– Prenons un taxi, viens, allons chez toi. Mais tu as peut-être très faim, tu as travaillé toute la journée.
– Tu plaisantes ? Viens.
Il la ramena chez lui et lui fit l'amour sur le canapé. Au moment où il ferma la porte, elle souleva sa jupe, passa ses bras autour de son cou et sauta pour lui entourer la taille avec ses jambes. Très athlétique. Ils allèrent du canapé au sol puis à la chambre, où ils restèrent jusqu'à près de minuit. Il commanda alors un repas chinois. Tout à coup, Nick aima New York, essayez de commander à minuit du bœuf Hunan et des nouilles au sésame à Wickham. Ils regardèrent un *Leno* au lit, virent Letterman harceler un chauffeur de taxi

new-yorkais. Nick zappa sur une chaîne porno locale, une blonde était en train de sucer un obèse avec fougue. Laura lui jeta un regard glacial comme si c'était son pire ennemi. Vire ça, dit-elle, tu regardes pas ça, si ? Jamais, je regarde jamais, lui dit Nick. Allez, arrête, pourquoi tu veux regarder ça alors que tu m'as près de toi ? Et en plus, je fais mieux, dit-elle. Beaucoup mieux, lui dit-il. Il put remettre ça encore une fois et, quand elle se pencha sur lui, il sut qu'il avait trouvé le paradis.

Laura le réveilla deux fois avant que le soleil ne se lève sur Manhattan. Nick se surprit à la supplier, à l'implorer, où pouvait-elle bien trouver une telle énergie. Il dit à Laura que ce qu'il lui fallait, c'était qu'elle s'achète une tétine, une bonne, solide, résistante, en plastique. Il avait quarante-six ans, c'était un vieux débris. Et c'était une loi tacite de la science médicale qu'après quarante-six ans, jouir plus de trois fois dans la même nuit impliquait des séquelles cérébrales. Jouir quatre fois était tellement violent qu'il ne pouvait pas même l'envisager. L'idée était effrayante, lui dit-il.

– Marcello, lui dit-elle, tais-toi et détends-toi.

Et si côté sexe ça n'avait pas été extraordinaire, ça n'aurait pas été grave. La façon dont elle le réveillait le matin, avec café, petit pain et le *Times*. La façon dont elle s'occupait de sa tétine, quel réveil...

40

Dans le courant des jours qui suivirent, Nick se sentit de plus en plus faible et fatigué au bureau. À midi, il frôlait régulièrement le coma. Il se mit à faire de petits sommes à sa table. À la fin de la journée, il retrouvait Laura et ils marchaient, marchaient, marchaient, marchaient, ils traversaient Central Park et allaient dans le West Side, au Lincoln Center, ils remontaient Amsterdam Avenue. Elle adorait cette ville. Ils dînaient dans des restaurants cubains, jamais en silence, contrairement à tant de couples qu'il avait vus : elle ne s'arrêtait pas de parler, de rire, de manger, c'était dingue tout ce qu'elle pouvait bouffer. Ces longues soirées et ces longues nuits passées ensemble étaient comme une série d'épreuves athlétiques pour lui. La nymphomanie, conclut Nick, n'était pas une maladie mais un don de Dieu. Le vendredi, l'idée de partir à Wickham fut comme salvatrice pour son âme.

On était vendredi, en fin de matinée, autour d'onze heures, quand il reçut cet appel sur sa ligne directe. Nick écouta et ne put croire ce qu'il entendait.

– Qui est à l'appareil ? fit-il.

– C'est moi, Sonny. Arrête, tu te souviens bien de moi, ton vieux coéquipier. Sonny McCabe.

– Sonny.

– Capitaine. C'est la meilleure. T'es capitaine.

– C'est la meilleure, c'est ça. Qu'est-ce que tu veux ?

– Scuse-moi, je m'attendais à un accueil un peu plus chaleureux. Ça fait dix ans.

– Putain, Sonny.

– Tu raccroches ou on peut parler une minute ?

– Vas-y.

– Écoute, capitaine, si je dérange, je rappelle plus tard. Je sais que tu dois être très occupé, debout sur les barricades à refouler les dingues, et tout le toutim.

Nick sourit, il ne put s'en empêcher.

– Qu'est-ce tu veux, Sonny ? Je sais que tu veux quelque chose, tu m'appellerais pas si tu voulais rien.

– Sympa de me poser la question. Je vais très bien, pas de problème depuis le temps, les tempes un peu grisonnantes mais à part ça, je suis en forme. La forme. Et toi ?

– Super, super. Dix ans, espèce d'enfoiré.

– Eh oui, dix longues années. Il faut que je te parle, Nick.

Nick prit son bloc et se mit à dessiner des cercles dans des cercles.

– C'est ce qu'on est train de faire, dit-il.

– De vive voix.

– Pourquoi ?

– Eddie Moran est en train de crever. Son foie a la taille d'un ballon de foot dur comme ton cœur, mon pote. Il en a pour une semaine, peut-être deux maximum.

– Je suis désolé. Vraiment.

– Je voulais attendre qu'il soit plus là pour te contacter. Mais il va mal et je dois aller à Los Angeles la semaine prochaine.

– Appelle-moi quand tu reviens, non ?

– Je reviens pas tout de suite. Je pars quelques mois.

– Écoute, Sonny...

– Je vais être à Boston ce week-end, pour faire une petite télé et une radio locales. Je sors un nouveau bouquin.

– J'ai vu.

– Enfin bref, je vais être là-bas. Je crois savoir que tu as une maison dans le Rhode Island ?

– Exact.

– C'est à quoi, une heure ou deux de Boston ?

– Environ une heure, à peine plus.

– Ça te va si je viens te rejoindre quelque part ?

– Je ne sais pas.

– Il y a des trucs dont il faut que je te parle. Des trucs qu'il faut que tu saches.

Il avait l'air triste, déprimé. Étrangement, Nick n'en fut pas peiné.

– Alors ? Il faut vraiment que je te parle, Nick.

Il y eut un long moment de silence. Nick se demanda si Laura avait décidé de l'accompagner ce week-end. Elle lui avait dit qu'elle n'était pas sûre.

– D'accord. Appelle-moi ce week-end. Je te donne mon numéro.

– Je l'ai.

– Tu l'as ? Je suis sur liste rouge.

– Très impressionnant.

– Sonny le sorcier.

– C'est moi.

Nick se planta devant sa fenêtre avec une bière et regarda les couleurs du soleil couchant sur la 67e Rue. Laura était dans la cuisine et préparait sa troisième cafetière de la journée. Nick se dit que les couleurs étaient différentes à New York, les oranges et les roses étaient ternes comparés aux teintes de la baie de Wickham. Il était fatigué, il avait mal au dos et des crampes à l'arrière des jambes. Il songeait à Sonny et se demandait ce qu'il pouvait bien vouloir lui dire. Il doutait que ce fût quelque chose qu'il ne savait pas déjà. Nick supposait que c'était à propos d'Eddie Moran, de l'affaire de *Los Campos* peut-être. Eddie qui était en train de mourir d'un cancer, le pauvre vieux. Des dizaines d'années d'alcool et de tabac à outrance, combien, trois, quatre paquets de clopes par jour, un régime à base de hot dogs épicés et de frites grasses, vivant ici, couchant là. Eddie était une véritable épave, et l'avait toujours été.

Nick prit plusieurs profondes inspirations. L'appartement sentait le café en train de passer ainsi qu'une odeur de femme, le parfum de Laura, Fendi de Bloomingdale, pas le plus cher mais pas le plus abordable non plus. Sur la table de la cuisine était posé un vase avec des fleurs fraîches. *That's my Desire* de Patsy Cline passait sur la chaîne.

– Tu es sûr que tu ne veux pas de café ? demanda Laura. Il est fait.

Nick sourit gentiment et lui dit qu'elle devrait se calmer sur le café.

– Tu sais, dit-il, tu bois beaucoup trop de café.

– J'adorerais un jour pouvoir en boire avec toi, dit-elle, en regardant le soleil se coucher sur la Costa Verde.

– Où ça ?

– En Espagne. Il y a une petite ville, près de Puerto de Vega, qui s'appelle Navia. On boirait du vin délicieux, on mangerait la nourriture la plus fantastique qui soit et on écouterait de la musique extraordinaire. Il y a des plages magnifiques là-bas, avec des falaises et des collines boisées. C'est tranquille, tellement tranquille, comme si le temps s'était arrêté à l'époque où tout le monde était bon.

– Ça a l'air merveilleux.

– Oh oui. Mais tu as ton Wickham, hein ? Et Wickham existe, alors que Navia n'est qu'un rêve.

– Qui sait, lui dit Nick. Si on se débrouille bien, qui sait ?

Elle sourit, fit volte-face et retourna à la cuisine, le laissant rêvasser à New York, Wickham et un endroit nommé Navia. Il pensa à Laura, à leur différence d'âge. Et se demanda, combien d'années, en fait, leur restait-il à tous les deux ? Assez, songea-t-il, plus qu'assez pour connaître le bonheur.

Il posa sa bière sur le rebord de la fenêtre, s'étira, les poings serrés, et fit rouler ses poignets. Il était satisfait de sa musculature, de la masse de ses épaules. Conscient d'être rouillé, complètement rouillé, mais les muscles étaient encore là, ronds et fermes, et sa peau était bien tendue. En plus il ne fumait pas, il était vraiment content de ne jamais avoir commencé.

– Oui, je bois trop de café, dit-elle dans l'embrasure de la porte de la cuisine. Tu en veux ?

Nick rit.

– Allez, finis ta bière et prends une tasse de café, dit Laura.

– Non merci.

Elle prit sa tasse et vint se poster à ses côtés.

– On part dès qu'il n'y a plus d'embouteillages, lui dit-il.

– Super, j'ai fait mes bagages, je suis prête. J'ai emporté mes hauts talons rouges. J'espère que tu es bien reposé.

– Le week-end s'annonce intéressant, dit-il.

– Je ferai de mon mieux, dit-elle avec un sourire furtif.

Il l'écouta à moitié parler des chômeurs, des entretiens d'embauche et des agences pour l'emploi. Elle en faisait deux ou trois par jour, rien à faire, le marché du travail fonctionnait à deux vitesses, lentement et pas du tout. Après l'été, dit-elle à Nick, la situation allait s'améliorer.

– Les agents du gouvernement, les bureaucrates, n'ont jamais à se soucier du chômage, lui dit-elle.

À chaque fois qu'elle parlait du gouvernement ou de politique, elle était si furieuse et si dure que son humour semblait envolé. La rage envahissait ses yeux, elle ressemblait à une gaucho des années 60. Il avait déjà donné, lui, et cette fougue l'intriguait, même s'il avait du mal à suivre ce qu'elle voulait dire.

– Les fonctionnaires ne s'inquiètent jamais de savoir comment ils vont pouvoir prendre soin de leur famille, ils ne se font jamais de soucis pour leur paye, dit-elle.

Nick mit un moment à comprendre qu'elle parlait de lui.

– À une époque c'était vrai, lui dit-il. Ce n'est plus le cas. Même la police a eu son lot de licenciements.

Il vit qu'elle en attendait plus, aussi ajouta-t-il :

– En ce qui me concerne, j'ai eu de la chance, les choses se sont généralement passées comme je le voulais.

Elle eut un rire forcé.

– Les flics, dit-elle. Dis-moi, Marcello, c'est vrai que vous êtes tous corrompus ?

– Quoi ?

– C'est ce que j'ai entendu dire, c'est ce qu'on m'a dit.

D'où ça sortait, ça ?

– Arrête, dit-il.

– Non, c'est un fait que les flics sont racistes. Et j'ai entendu dire qu'il leur arrive de tuer des innocents.

– Bon, tu as bu assez de café comme ça. Et fais-moi plaisir, arrête de lire *The Village Voice* et d'écouter BLI.

– C'est de notoriété publique, de notoriété publique.

– Je suis dans la police depuis vingt ans et je n'ai jamais rien vu de tel.

– Et tu me le dirais si c'était le cas ? Attends, tu te fous de qui ? Vous les flics, vous vous protégez les uns les autres. Sois sérieux.

– Sérieusement ? D'accord. Je n'ai aucune raison de mentir. Je te le dis, je n'ai jamais vu un flic mettre un innocent en prison ni, Dieu l'en garde, tuer quelqu'un qui ne le méritait pas. C'est tout ce que je sais, sérieusement.

Elle ressortit alors des histoires qu'elle avait entendues sur la police de Miami, qui avait arrêté des trafiquants de drogue et leur avait piqué leur came. Et sur Los Angeles, et des histoires sur les flics de New York. Elle buvait son café en hochant la tête.

– Alors qu'est-ce que tu me racontes ? dit-elle finalement. Si tu me dis que dans toutes tes années de flic, tu n'as jamais vu la police se livrer à des actes de brutalité, des actes criminels, moi je te réponds que...

– Oh ! là, là ! dit-il. Calmos. Écoute, je sais que moi, je n'ai jamais fait ça, et que les gens avec qui j'ai travaillé ont été réglos, c'est tout ce que je te dis.

Elle ne le quittait pas des yeux comme si elle était prête à attaquer mais que l'attaque ne venait pas.

– Alors, qu'est-ce qu'on a de prévu pour ce week-end? demanda-t-elle soudain.

Il fut sur le point de lui parler de Sonny McCabe mais se ravisa. L'idée que Laura puisse rencontrer Sonny le rendait nerveux – et pas qu'un peu.

– J'ai du bricolage à faire autour de la maison et je t'ai promis du homard. Si le temps reste clair, nous allons avoir un beau week-end.

– C'était beau la pluie, le week-end dernier, dit-elle. Ça ne me dérangerait pas qu'il pleuve.

– C'était pas mal, hein ?

Elle acquiesça et eut un petit haussement de sourcils suggestif.

C'était agréable qu'elle pense du bien de lui dans ce domaine. Il en rougit. Oh, il n'avait jamais vraiment reçu de plaintes... Mais il ne se souvenait pas de sauts de joie non plus.

– Il est possible, lui dit-il, qu'un vieil ami à moi... pas vraiment un ami...

Son estomac se serra, il se demandait comment parler de Sonny.

– Il est possible qu'un de mes anciens collègues passe une heure ou deux.

Laura le regarda en hochant la tête comme si elle était perdue dans ses pensées.

– Il vaut peut-être mieux que je reste à New York. Vous allez avoir du travail, vous devez parler.

– Non, c'est pas du travail. Tu sais, c'est un ancien collègue qui veut me voir. En fait, il est assez connu, il a écrit un bouquin. Plus d'un d'ailleurs.

– Je ne veux pas vous déranger, dit Laura. Ne t'inquiète pas, je peux rester à New York pour le week-end.

– Pas question. J'accorde une heure à Sonny et ensuite, je le vire.

Laura alla à la cuisine et versa le café dans un thermos. Pas de lait, un peu de sucre. Nick essaya d'appeler Andre du téléphone de la chambre. Encore le répondeur. Il songea à faire une tentative au bureau ou chez Mark ; Andre lui avait donné le numéro personnel de Mark mais il ne s'en était jamais servi. Il commençait à se faire tard, il pourrait l'appeler de la voiture.

Pendant le trajet, Laura fut extrêmement silencieuse. Au bout d'une heure et quelques, il lui jeta un œil et vit qu'elle regardait par la vitre côté passager, les bras serrés autour d'elle. Il lui demanda si ça allait et, quand elle se retourna, son visage était empreint d'un sourire étrange. Il eut l'impression qu'elle avait pleuré. Quand elle parla, sa voix fut douce et faible, elle ne ressemblait pas du tout à la Laura qu'il connaissait.

– Ça va, lui dit-elle. Je suis fatiguée, c'est tout.

– Tu as passé une semaine épouvantable. Courir partout dans New York, c'est crevant. En plus, la nuit, au lieu de dormir, tu me tiens éveillé, tu nous tiens éveillés tous les deux.

Il essaya de sourire.

Elle se retourna vers la fenêtre.

– Rien ne semble jamais aller comme je l'ai décidé.

– Tu n'es pas la seule, la vie a le don de foutre en l'air les décisions. Écoute, dit-il, pourquoi tu ne poses pas ta tête sur mon épaule pour essayer de faire un petit somme. Je te réveille quand on arrive. Mieux encore, j'ai une couverture dans le coffre, je m'arrête et je vais te la chercher. Comme ça tu peux t'allonger à l'arrière.

– Je n'arrive pas à dormir, j'ai essayé. Trop de café j'imagine.

– Bon alors, essaye simplement de te détendre. Tu veux écouter de la musique ? Tu as apporté ta cassette ? Ce morceau de guitare est magnifique, ça va te détendre.

– J'aime le silence, dit-elle. Le calme m'apaise.

Pas moyen de savoir ce qu'elle ressentait vraiment pour lui. Quant à lui, il était convaincu que les sentiments qu'il éprouvait étaient une forme d'amour. Laura était éblouissante, excitante, les sentiments qu'il éprouvait étaient trop forts, bien trop forts pour être de l'amour. L'amour, avait-il toujours pensé, était pompeux et soporifique. Et ce qu'il ressentait pour Laura n'avait rien à voir. Enfin, les mots n'étaient pas importants, seules les émotions comptaient, et ce qu'il éprouvait était tout neuf. Il savait que son passé avec les femmes était abominable, et peut-être que tout avait été de sa faute. Dans la plupart des cas, il ne voyait pas du tout ce qui était arrivé ou ce qu'il aurait dû faire différemment. Les choses s'enchaînaient... Et puis plus rien. Terminé. Tu as mené une existence frileuse, se dit-il, en évitant les risques. Maintenant c'est fini. Il se damnerait pour cette femme. Il ferait tout ce qu'il pourrait pour la garder mais, au bout du compte, ce serait elle qui déciderait. Il voulait certaines choses, et elle aussi. Bon sang, ils venaient de se rencontrer, comment pouvait-il savoir ce qu'elle voulait ?

N'oublie pas, se dit-il, que quoi que tu penses, elle a vingt-quatre ans. Évidemment, elle le regardait, elle le touchait. Sa façon de rire, c'était sincère, simuler un tel rire était impossible. Pourtant, à chaque fois qu'il considérait le si jeune âge de Laura, il flippait. Laisse tomber, se dit-il, arrête de penser à ça. Le problème avec l'amour, décida-t-il, c'était qu'il arrivait une fois, deux fois dans une vie. Trois fois si on était vraiment très chanceux.

Il mit les gaz, appuya sur le champignon, fit disparaître toute autre idée que leur arrivée là-bas, à Wickham.

E.Z. était passé au cottage, il avait laissé un seau et un mot sur la terrasse. « Ai trouvé cinq bestioles aujourd'hui, me suis dit que deux vous feraient plaisir. » E.Z. appelait les homards des bestioles, quel type étrange cet E.Z. Étrange mais mieux que tout, la grande classe.

Samedi après-midi, Nick travailla dans la remise, la vida, essaya de voir s'il devait décaper et peindre le vieux bois des murs intérieurs ou laisser tomber et garder l'aspect extérieur tel quel. Il avait commencé à s'attaquer à la remise il y avait quoi, un mois ? Non, le mois précédent. Il avait remplacé quelques planches et refait la toiture.

Nick était anxieux, il était incapable de se concentrer. À quoi ça rimait de voir Sonny ? Mais encore une fois, il pourrait lui parler, l'écouter et le virer. Nick hocha la tête et songea, dix ans, en un clin d'œil, tac, comme ça.

Le soleil brillait depuis la baie. Il faisait très bon, pas trop chaud, mais Nick suait et éprouvait de drôles de sensations dans son ventre.

Sonny McCabe, Sonny, putain. Il s'assit sur une chaise sur la pelouse devant la remise, une chaise déglinguée qu'il avait achetée cinq dollars chez Rocco sur Boston Neck Road. Quand Rocco la lui avait vendue, Nick avait essayé de la décaper pour la laisser naturelle. C'était une bonne chaise, une petite merveille, lui avait dit Rocco, en chêne. Nick n'avait pas réussi. Laura était sur la terrasse de derrière et lisait *Le Balancier du temps* de Jack Finney, un des livres fétiches de Nick.

Qu'est-ce que pouvait bien vouloir Sonny ? Il lui avait dit de passer. Pourquoi avait-il un si mauvais pressentiment ? Pendant des années, il avait écouté des tonnes de gens dont il se foutait, des couillons qu'il était obligé d'entendre. Rien de ce que Sonny lui dirait ne pouvait le surprendre. À la différence qu'il n'avait jamais demandé à aucun de ces couillons de disparaître de sa vue. Ils ne l'avaient pas entubé, ils ne l'avaient pas abusé pour profiter de lui. Aucun d'eux n'avait prétendu être son ami, son coéquipier. Aucun d'eux ne l'avait trahi.

Il aurait pu partir. Emmener Laura faire un tour à Jamestown, aller à Beavertail, emporter de quoi déjeuner, ou autre. Peut-être laisser un mot à Sonny et lui dire qu'il avait changé d'avis. Qu'il ne voulait pas lui parler. Qu'il ne voulait pas le voir. De nouveau il fut anxieux, comme si quelque chose se préparait, une violente tempête soulevant les vagues. Il se demanda si c'était ce que ressentait Andre en permanence, la peur que quelqu'un ne vienne vous importuner, vous forcer à négocier des histoires qu'il préférerait garder privées. Andre redoutait comme la peste la presse à scandale, avec un article à la con sur Mark et lui.

C'était un peu ce que Nick ressentait alors, obsédé par l'idée que Sonny puisse lire dans ses pensées. Ce gros enfoiré qui avait ri quand Nick avait épinglé Rufino, l'ordure qui avait battu sa femme. Comme s'il avait su, alors qu'évidemment c'était impossible. Quasi. Pour la première fois depuis l'affaire Rufino, depuis toutes ces années, il se surprit à y penser. Envoyer un mec en taule pour cinq ans à cause d'un flingue qui n'était pas le sien.

Mais ce n'était pas pour ça que Sonny voulait le voir. Il voulait lui parler d'Eddie Moran. Ce rusé renard voulait lui dire quelque chose, mais quoi ? Il l'avait appelé tôt le matin et lui avait dit qu'il arriverait dans l'après-midi. C'était l'après-midi, et qu'est-ce qu'il foutait ?

Laura avait été bizarre la veille au soir et toute la matinée. Discrète et silencieuse, différente. Un aspect d'elle qu'il ne connaissait pas. Ils n'avaient pas fait l'amour. Le matin, elle avait préparé le petit déjeuner, puis ils avaient marché jusqu'à la mer, et là, entre l'herbe des marais, les cannettes de bière usées et les carapaces de crabes, Nick lui avait dit qu'il pensait être amoureux. Il pensait, il n'en était pas sûr, pas d'engagement, mais il en avait l'impression. Elle s'était contentée de lui sourire.

Sur le chemin du retour au cottage, ils avaient aperçu trois biches à queue blanche dans le champ. L'une d'entre elles avait disparu aussitôt, la tête et la queue hautes, une autre était restée immobile à les regarder, et la troisième avait détourné la tête. Quand ils s'étaient approchés, la biche s'était retournée pour les regarder, immobile comme une statue. Puis elle s'était brusquement enfuie dans les bois.

– Je crois que les biches, quand elles nous voient, dit Laura, savent d'instinct qui on est. Elle n'avait pas peur, hein ?

– Non, dit Nick. Elle était jeune, elle apprendra.

– Nick, tu crois en Dieu ?

– C'est une idée qui ne fonctionne pas dans ma tête, lui dit Nick. Je n'ai jamais pu intégrer ça, la pensée d'un Dieu bon et omniscient. Il y a tout simplement trop de souffrance dans le monde, trop d'innocents qui souffrent, pour que je ne me demande pas où il est. Où il est cet esprit tout-puissant, omniscient et compatissant ?

– Moi c'est pareil, lui dit-elle. Mais parfois, quand je pense à Jésus, je pleure. Si innocent, si doux et né pour tant souffrir.

Nick n'oublierait jamais que ce fut à ce moment précis que son cœur s'emplit d'amour.

41

Nick venait de finir de vider la remise quand Sonny McCabe s'engagea dans l'allée, tout sourire au volant d'une Lincoln Berline noire de location. Une voiture semblable à celle de Little Anthony Rufino, drôle de coïncidence. Nick se sentit submergé par une petite vague de panique. Peut-être aurait-il dû s'approcher de la voiture et le rejoindre à mi-chemin ? Il hocha la tête. Mieux valait attendre ici.

Sonny sortit de la voiture, ses mouvements semblaient raides et mécaniques. Il s'étira, bâilla et dit :

– Je suis où au juste ? Et qu'est-ce que tu fous ici au milieu de tous ces épiscopaliens ? Personne ne sourit ici ou quoi ? J'ai dû demander trois fois mon chemin et tout ce que j'ai obtenu c'était « ouais », « nan » ou « par là ». Pas un seul sourire, je me suis dit que toute la région devait être constipée. Comment tu vas, toi, mon Nick ? Après toutes ces années ?

Il y eut un bref moment avant que Nick ne réagisse. L'éclat de ses yeux bleus était encore là ; cette malice si caractéristique de Sonny. Nick agita le bras, un vague bonjour. Sonny se mit les mains sur les hanches et fit un tour sur lui-même, en hochant la tête, comme s'il jouait pour un public secret.

– C'est sympa, j'imagine, si on aime la solitude et les mouettes, dit-il.

Nick se surprit à sourire.

– Comment s'est passé le voyage ? Tu as eu des soucis avec mes indications, c'est ça ?

– Aucun souci, non. Simple vérification quand je demandais à ces rabat-joie blancs comme des lavabos où se planquait ta route à la con. Ça s'est très bien passé, super. Tu te sens pas un peu seul ici ?

Ils se serrèrent la main, Sonny passa son bras autour des épaules de Nick, il le serra fort comme à son habitude et ils remontèrent vers la terrasse.

Depuis toutes ces années que Nick connaissait E.Z. et qu'il se sentait proche de lui comme de personne d'autre, E.Z. ne l'avait jamais serré dans ses bras. Tolérance et distance, telle était la devise d'E.Z. Une sorte d'éthique Nouvelle-Angleterre, ne pas bousculer les gens, ne pas débarquer à l'improviste et, le plus important, pas de contact physique. Sonny n'avait rien à voir, c'était un gars de New York, il adorait pincer la joue et serrer dans ses bras. Sonny serrait tout le monde dans ses bras.

Il s'assit dans un fauteuil de la terrasse tandis que Nick allait à la cuisine chercher deux bières tout en scrutant les champs et les bois alentour. Laura avait quitté la terrasse arrière, elle avait laissé son livre et était partie au bord de l'eau. Nick la regarda un moment, la vit jeter des pierres dans la mer. Il ne l'appela pas, Sonny était en lui-même une assez lourde tâche comme ça. Il revint, tendit une bière à Sonny et s'assit à côté de lui.

Sonny avait l'air sincèrement heureux de le voir, il souriait et se pencha en avant pour lui tapoter l'épaule, comme s'il n'y avait jamais eu aucune ombre entre eux.

– Tu n'as pas changé d'un poil, lui dit Nick.

C'était vrai. Évidemment, il y avait un chouia de gris, mais regardez-le. Avec son bronzage caramel et ses yeux bleus, il était beau comme un camion. Nick se sentait bizarre d'être assis là avec lui. Il se surprit à ressentir un fonds de colère, à sentir son estomac se contracter comme au *Post Time* quand il avait affronté Sonny et Eddie. Il était toujours convaincu que cet enfoiré l'avait trahi avec Little Anthony et il en était aussi blessé qu'à l'époque.

Ils restèrent assis là à boire leur bière sans dire un mot. Puis Sonny avoua à Nick d'une voix douce, presque hésitante, qu'il avait oublié combien il l'aimait, combien il le respectait de poursuivre son chemin, sans tenir compte des conneries des autres. C'était sympa de sa part, mais Nick n'en fut pas ému, il avait encore les boules.

– Je ne suis pas rentré, lui dit Sonny. Mais j'aime bien ta maison. Elle est différente, comme toi.

– Je l'aime bien. Ça fait un bout de temps que je l'ai.

– C'est cher un endroit comme ça ? Ouais sûrement. Je parie que ça vaut un bon paquet ?

– C'est pas donné. Je connaissais la famille qui était propriétaire de ce cottage. Et ils ont conservé une hypothèque dessus.

Nick n'aimait pas parler d'argent à Sonny. Ça l'agaçait.

– Je me souviens que tu parlais toujours de pêche et d'océan, dit Sonny. Un jour tu m'as promis de m'emmener pêcher.

– Ouais, je me rappelle. Avec Andre et Eddie. Je suis désolé qu'il soit si malade.

– On peut pas pire. Il est au Memorial, ils le renverraient chez lui s'il avait un endroit où aller.

Nick hocha la tête.

– Je me souviens comme il chargeait la barque. Mais j'imagine que c'était comme ça qu'il voyait la vie.

– J'imagine.

Sonny se leva. Il prit une gorgée de bière et posa la bouteille sur le bras du fauteuil.

– Tu sais combien de fois Eddie Moran s'est marié ? demanda-t-il à Nick.

Nick haussa les épaules.

– Comment je pourrais le savoir ?

– Trois fois. T'as une idée de combien il gagnait au final ? Je veux dire après la pension, les retenues sur salaire, et tout le tintouin ? Deux cent dix dollars toutes les deux semaines. Tu peux croire un truc pareil, Nick ? Ils voulaient qu'il vive avec cent cinq dollars par semaine ces enculés de juges.

– Arrête. C'est pas possible.

– C'est pourtant vrai. Eddie ne touchait au final que deux cent dix dollars. Point barre.

– C'était même pas son ardoise au *Post Time*.

– Tu parles.

– Y en a, dit Nick, qui ont la poisse.

– Exact.

Nick jeta un regard circulaire, se demandant si Laura était encore au bord de l'eau.

– Et y en a, ajouta-t-il, à qui on peut pas raconter n'importe quoi.

– Je sais ce que tu te dis, dit Sonny. Tu crois que je te fais marcher, que je te mens. Tu crois que je suis un baratineur.

Ce qui le surprit.

– Non, pas vraiment. Je crois que tes valeurs sont faussées. Mais au sein de ton système de valeurs, tu es sincère. Enfin je crois que tu essayes de l'être.

Sonny laissa un long silence envahir l'espace entre eux. Il sourit et hocha la tête.

– Tu sais, Eddie et moi on a été coéquipiers pendant presque dix ans.

Le regard de Sonny soutint celui de Nick un moment.

– Je sais bien qu'il chargeait la barque. Mais j'arrive pas à croire qu'il est en train de crever. Tu l'as jamais vraiment connu. C'était un flic d'enfer, dur comme fer et malin comme un singe. Enfin avant que la picole ne lui ramollisse les méninges.

– C'est vrai, je ne l'ai jamais connu.

En fait, il n'avait pas cherché à connaître Eddie Moran. Ce mec, pensait Nick, était trop à la masse. Mais peut-être qu'avant, avant de picoler ? Qui sait ?

Sonny se tourna vers Nick avec un sourire complice.

– Tu ne m'as pas bien connu non plus, dit-il.

– Faux, dit Nick. Toi, j'ai bossé avec toi pendant six mois. Toi je t'ai bien connu.

– Tu as réponse à tout, hein ?

– Tu veux qu'on aille faire un tour ? dit Nick. Se dégourdir les jambes un peu ?

– Sans moi. Où tu veux que j'aille marcher dans le coin ? Tu vois ces godasses, tu sais combien ça coûte ? Si ça te dérange pas, je resterais bien un peu assis le temps de finir la discussion.

– Pas de problème. Tu veux une autre bière ?

– T'en as une ?

– J'en ai plein.

Nick partit avec les deux bouteilles vides et revint avec deux bières fraîches.

– Alors de quoi tu voulais me parler ? Je sais que c'est pas d'Eddie Moran.

– Je voudrais t'éclairer sur ce qui s'est passé avec Rufino. Sur les bandes, et tout le tintouin.

Il avait envisagé cette possibilité. Il attendit.

Sonny hésita, haussa les épaules, hocha la tête.

– Je crois, dit Sonny, qu'il est temps d'éclaircir tout ça.

– Ça fait un bail, Sonny. Pour moi c'est de l'histoire ancienne. En plus, je vois très bien comment ça s'est passé.

– Ah bon ?

– Mais oui. C'est pas très compliqué.

Sonny fixait sa bière.

– Il y a deux facettes dans chaque histoire, Nick, dit-il.

– Non, Sonny, il y en a toujours plus de deux. Dans cette affaire, par exemple, il y a ma version, il y a ta version, il y a la version d'Ann Marie Rufino et celle de Little Anthony. Tout le monde a sa version. Il y a la vérité et la fiction, le vrai et le faux.

– Tu sais, Nick, que tu es aussi souple qu'une barre d'acier. Avec ton air « con et fier de l'être ».

– Bon, dit lentement Nick, voyons si je peux deviner ce qui s'est passé.

Il but une gorgée de bière et se tut un instant.

– Après avoir quitté la maison de Rufino et être repassé au bureau, tu t'es cassé. D'accord ?

Sonny acquiesça.

– Tu es allé au *Post Time*, tu es tombé sur Eddie et tu lui as raconté l'histoire de la femme qui s'envoyait en l'air par téléphone. Et ce bon vieil Eddie nous a trahis. Fauché comme il était, qui pouvait le blâmer ? C'est à peu près ça ?

– Exact.

– C'est vrai ? Très bien. Et tu ne vois pas que tu as ta responsabilité là-dedans ? Il l'a tabassée à coups de batte, Sonny. Il l'a anéantie, il l'a presque tuée. Aujourd'hui elle est sourde d'une oreille et elle a perdu son œil gauche.

Il le vit cligner des yeux. Comme s'il n'enregistrait rien.

– Ce que je suis en train de te dire c'est que ça n'a aucune importance que tu ne sois pas allé toi-même voir Rufino. Tu es allé voir Eddie, tu savais qu'il était dans la merde, qu'il était raide. Et pourtant, tu lui as refilé un tuyau qui mettait la vie d'une innocente en jeu. Voilà la vérité, c'est pas compliqué, c'est ça ce qui s'est passé.

Nick regarda Sonny dans les yeux.

– J'ai pas raison ?

– En quelque sorte.

– En quelque sorte ?

– Ouais. Écoute, je voulais attendre qu'Eddie nous ait quittés. Je lui avais donné ma parole, mais je me suis dit, et après ? Enfin, j'ai horreur de ne pas tenir ma promesse à un mec qui est en train de mourir, mais y a plus d'espoir pour lui. Ça me démange depuis des années et peut-être que j'aurai plus jamais l'occasion de me retrouver à côté de toi. Ou peut-être que je cherchais juste un prétexte pour te revoir.

Sonny rit.

– Capitaine, putain, j'en reviens pas.

Nick resta muet, il le laissait parler.

– Tu sais, j'ai toujours été jaloux de toi. De ta façon de traverser ce métier, toujours réglo, avec ton honneur intact. Et, en plus, t'étais un dur, un bon flic sur le terrain. Le respect que tout le monde avait pour toi, le genre de respect que je ne connaissais pas.

– Sonny, arrête tes conneries. Personne n'a jamais entendu parler de moi. Toi par contre... Monsieur l'inspecteur de police numéro un. Le copain de tout le monde.

– T'as raison, on disait que j'étais le meilleur inspecteur de New York. Et alors, si c'était moi qui le disais...

Nick hocha la tête.

– Alors c'est Eddie qui a vendu les bandes à Rufino ?

– Il m'a jamais rien dit jusqu'à ce que tu me tombes dessus et que tu me menaces de me casser la gueule. Tu te souviens ? Tu plaisantais pas, hein ?

– J'étais déterminé.

– Ça n'aurait pas été si facile que ça, tu sais.

– Facile, difficile, quelle différence.

Nick le regarda droit dans les yeux et sourit.

– Je l'aurais fait.

– Regarde-toi, t'as encore les boules.

– Sonny, tu veux quoi, que je t'offre une boîte de bonbons ? Tu m'as baisé, tu m'as enculé. Tu m'as menti.

– Eddie Moran était mon coéquipier depuis dix ans. Personne le connaissait mieux que moi. Quand je lui ai raconté l'histoire d'Ann Marie Rufino, je lui ai dit qu'il ne pouvait rien en faire. Qu'il devait garder ça pour lui.

– Tu es sérieux, dit Nick.

– Bien sûr. Je savais qu'il était fauché, mais s'il avait vraiment besoin d'argent, il pouvait m'en demander. Et c'est ce qu'il faisait, ce qu'il avait fait, plein de fois il était venu me voir pour que je le dépanne.

Nick se tut.

– Je me suis trompé.

– C'est le moins qu'on puisse dire.

– Écoute, dit Sonny, je vais te parler de moi un peu. Je suis arrivé dans ce métier à l'âge de vingt et un ans.

Nick se mit à rire.

– Sonny, dit-il, j'ai déjà entendu cette histoire. Tu vas me dire que tu jouais au foot, et tout le bordel. Laisse tomber, mon vieux. Je connais.

– Je peux en placer une ?

– Vas-y. Putain, t'as pas changé d'un poil.

– Tiens, tu vois ? Tu crois que tu sais tout.

Sonny termina sa deuxième bière.

– Ce que je voulais te dire c'est que, quand je suis arrivé dans ce métier, j'étais comme la plupart. Tu sais, on fait son boulot, on fait ce qu'il faut, on s'applique.

– Et sans t'en apercevoir, tu t'es égaré en route. Sonny, dit Nick, je ne veux vraiment pas écouter tout ça. Franchement, je m'en fous.

– Très bien, très bien. Mais écoute-moi quand même. Ce que je voulais dire c'est que mon coéquipier était la personne la plus importante de ma vie. Je...

– D'accord Sonny, j'ai compris. Maintenant, ça suffit.

Sonny regarda Nick fixement pendant un long moment.

– Tu sais quoi, dit-il. Tu me fais chier.

– Pardon ? Tu dis que JE TE fais chier ?

Un instant Sonny eut l'air contrarié que Nick l'ait interrompu.

– Tu as toujours été persuadé que c'était moi qui avait vendu les bandes à Rufino. J'ai pas raison ?

– Si. Mais t'es venu me voir pour me déballer ton histoire et me convaincre que j'avais tort.

– Tiens, tu vois, si je t'avais vraiment trahi, je me serais foutu de ce que tu penses, non ?

– Bien sûr que non. Tu es Sonny, Sonny McCabe, tu veux que tout le monde t'aime. Tu as besoin de tes fans comme ces mouettes dans le ciel ont besoin d'air pour voler.

– Ta gueule, putain. C'est pas vrai.

– T'as peut-être grandi, t'as peut-être changé. Je sais pas.

– Ouais, peut-être. Et toi ?

– Quoi moi ?

– Tu te dis jamais que t'es pas aussi malin que tu crois ? Tu te dis jamais que tu ne vois peut-être – peut-être – que ce que tu veux bien voir, et rien de plus ?

– Qu'est-ce que ça veut dire au juste ?

– Écoute, Nick, moi je ne juge pas les gens. Toi si. Toujours.

Une bulle d'acide creva dans l'estomac de Nick, il en avait jusque-là de ce mec – encore. Toujours.

– C'est vrai, je juge les gens, c'est mon boulot de juger les gens.

Nick inspira, expira par le nez et hocha la tête.

– Ouais, dit-il. Je juge les gens.

Sonny dit qu'il n'en voulait pas aux pauvres Blacks d'être des criminels de la rue. Il n'en voulait pas aux Portoricains accablés ni aux mafieux. S'il avait été contraint de grandir dans leur milieu, qui sait comment les choses auraient tourné pour lui. Il avait affaire à eux, il les arrêtait, leur ôtait la liberté et les jetait en prison mais il ne les jugeait jamais. Il ne jugeait personne. Personne, dit-il à Nick, n'a le droit de juger quiconque à moins d'avoir été là, tu vois, à leur place, avec tout leur passif. Je suis en train d'essayer de te dire quelque chose, de t'expliquer quelque chose, et tu me ridiculises. Dans quel but ? J'ai besoin de ça ? Enfin il ajouta, il faut que tu te corriges, il faut que tu arrêtes de juger les gens. C'est pas sain.

Nick croisa ses doigts sur la nuque, pencha la tête à droite à gauche, s'étira. Dans un certain sens, il croyait Sonny, il le comprenait, mais si quelqu'un avait fait sa fête à Sonny McCabe, il n'en aurait pas fait une maladie. Et pourtant, il y avait quelque chose chez ce type qu'on ne pouvait s'empêcher de trouver sympathique. Mais à regarder Sonny se rasseoir, s'adosser à sa chaise, les mains croisées sur les genoux, les yeux fermés, Nick se raidit de nouveau, assailli par les pensées, les questions, les souvenirs.

Il se leva et alla chercher deux nouvelles bières à la cuisine. Il regarda par la fenêtre et ne vit pas Laura. Ça va être quelque chose encore, songea-t-il, de lui présenter Laura.

– Sonny, je peux te poser une question ? dit Nick en se rasseyant sur la terrasse.

Sonny prit la bière que lui tendait Nick. Il avait un air doux, aimable, comme s'il entendait mais que son esprit était ailleurs. Il semblait soulagé.

– Vas-y, dit-il. Demande-moi.

– Quand t'as buté ce gamin – le gamin de *Los Campos*, le petit Cienfuego – tu l'as buté par erreur, non ?

Nick vit Sonny réfléchir un moment, avant de formuler sa réponse.

Sonny haussa les épaules. Il se pencha vers Nick.

– Qu'est-ce que tu veux dire, par erreur ? C'était pas une erreur. Je l'ai vu sortir de la cuisine, je l'ai vu foncer sur Eddie, et j'ai tiré.

Il posa ses mains sur les bras de la chaise.

– Tu veux peut-être que je gobe que tu as trouvé un flingue dans la poche de Little Anthony. Un type lambda, d'accord, un nase, mais un mec qu'est connu pour ne pas porter de flingue. Un mec qu'a pas eu de flingue sur lui depuis des années. Tu veux que je gobe que tu as trouvé un flingue sur lui en pleine journée ?

Nick ne répondit rien.

– D'accord, dit Sonny. Je te crois. Alors pourquoi tu me crois pas, moi, quand je te dis que ce petit connard avait un flingue ? Il avait un flingue, Nick, et c'est pour ça qu'il y est passé.

Derrière eux dans la maison, quelque chose tomba par terre. Pas un gros choc, mais quelque chose percuta le sol.

Quand ils entrèrent, ils trouvèrent Laura dans la cuisine à quatre pattes, une éponge dans une main, une casserole dans l'autre.

– Désolée, dit-elle, j'ai tout renversé, je suis désolée.

– Sonny, je te présente Laura Diaz, une amie.

– Eh bien, bonjour Laura, dit Sonny sans prendre la peine de dissimuler sa surprise.

Laura hocha la tête, leva les yeux sur Sonny et se fendit d'un sourire éclatant.

– Bonjour, lui dit-elle. J'espère que je ne vous ai pas dérangés. J'essayais d'être discrète. J'ai fait tomber la salière et une casserole.

Elle commença à tout leur expliquer dans le moindre détail et dit à Nick qu'elle avait l'intention de leur préparer à dîner, le poisson bleu, elle allait le cuisiner à la cubaine, avec plein d'épices, mais elle avait besoin de tomate fraîche et de basilic.

– Sonny, dit-elle. J'ai attrapé ce poisson toute seule. Hein, Nick ?

– Exactement.

– Tout frais pêché de l'océan, Sonny, dit-elle. Je vais vous préparer le meilleur poisson et le meilleur homard que vous ayez jamais goûtés, à la cubaine. J'ai même apporté mes épices.

Sonny se tourna vers Nick.

– C'est une blague ?

– Je ne crois pas.

– Tu restes dîner ? dit Nick.

– Avec plaisir, dit Sonny.

Nick se surprit à apprécier que Sonny reste un peu. Sonny et lui sortirent sur la terrasse. Nick prit le vieux fauteuil en osier, Sonny le rocking-chair style Cape Cod, ils s'assirent tous deux en silence face à la baie, et regardèrent le soleil disparaître derrière les collines de Jamestown.

42

De sa table près de la fenêtre, Miguel repéra l'obèse habillé tout en blanc quand il passa la porte de chez *Tio*. Il était difficile de le manquer. Miguel l'appela et agita la main. Benny acquiesça et s'avança vers lui en se dandinant, à petits pas. Un Botero en chair et en os, songea Miguel. Ce fut quand il jeta un regard circulaire à travers la salle que Miguel aperçut Natalia, qui attendait et regardait, assise à une table. Natalia était torride avec sa perruque blonde et ses yeux hyper maquillés.

Plus tôt dans la journée, ils avaient été lui chercher un costume, un déguisement. Natalia avait fait la remarque que Benny était venu de nombreuses fois dans son café de Roosevelt Avenue. Elle l'avait elle-même servi, plus d'une fois. C'était il y a dix ans, c'est vrai; mais, avait-elle dit à Miguel, l'éléphant a une bonne mémoire. Natalia avait choisi une perruque blonde, elle lui donnait un air dangereux et sexy, avait-elle dit. La journée avait eu beau être claire et ensoleillée, l'idée que Miguel rencontre Benny la faisait frémir, tout comme l'intime conviction que Cano le Colombien n'était pas loin.

Même s'il était tout jeune quand son frère et son père avaient été assassinés, Miguel se souvenait d'eux, de Justo et de son père, ils étaient toujours avec lui. Mais il ne savait plus très bien ce dont il se souvenait vraiment et ce que Natalia et Maria lui avaient dit. Ils étaient beaux, tous les deux, et gentils. Les gens les aimaient, tout le monde aimait Diego. En pensant à son père et à son frère, Miguel voyait leurs visages souriants, il se rappelait comme ils avaient ri et joué avec lui, et les petits cadeaux qu'ils lui avaient offerts. Puis un sentiment terrible de perte s'empara de son cœur, et son sang se glaça.

Quand Natalia et lui étaient rentrés de leurs achats, Miguel s'était étendu sur le lit de Natalia, les bras calés sous sa tête, et il s'était endormi et avait rêvé de son père. Il s'était dit que ce rêve était un signe, un présage divin.

Il regarda le visage souriant de Benny, clair dans la pénombre du restaurant, et se demanda si Cano allait également venir. Le Satan roux de Colombie, comme l'appelait Natalia.

Miguel hocha la tête, un peu perdu et désespéré. Maria devrait être là, se dit-il. Les choses n'étaient pas parfaites sans sa sœur. Quand il était seul, il lui était difficile de se cramponner à sa colère, encore plus à sa confiance, mais l'image de son père lui revint alors comme un supplice atroce, et avec elle l'idée apaisante de la vengeance.

Le rendez-vous avec Benny avait été vite organisé, en un coup de fil. Ce ne serait qu'une conversation, sans transfert d'argent, sans passage de drogue.

Miguel regarda Benny approcher. Son corps énorme attirait toute l'attention, ses yeux étaient grands et noirs sur son doux visage rond, plantés sous d'épais sourcils et dardant les feux de la cocaïne. Le père de Miguel et son oncle avaient à peu près le même âge ; Benny ne devait pas être loin de la cinquantaine. Il jeta un nouveau regard à travers le restaurant en direction de Natalia dont le visage se contorsionnait d'un dégoût au-delà de la haine.

Benny était debout devant lui, il parcourut la salle du regard, sourit et dit :

– Alors c'est toi Miguel, hein ? Un gamin, je savais que t'étais un gamin.

– Asseyez-vous, lui dit Miguel, prenez un siège.

– Il y a beaucoup de monde ici, dit Benny. Beaucoup de gens bizarres.

– C'est New York, dit Miguel.

Miguel sentait que sa confiance revenait et il s'en voulait d'avoir pu douter. Regarde-le, regarde ce gros porc, qu'a rien dans le crâne, qui se croit beau et intelligent. T'as tué mon père, un homme de valeur, aurait-il voulu pouvoir dire. Espèce de merde.

– Y a trop de monde, tu vois, dit Benny.

– Asseyez-vous. Mettez-vous à l'aise. Là où il y a du monde, on est en sécurité, lui dit Miguel. Et nous ne sommes là que pour discuter.

Benny tira une chaise et s'y affaissa, avec peine.

– Ton ami George qui est à Miami te salue, dit-il. Je l'ai vu avant de partir. Nous avons discuté.

– Nous ? Vous aviez dit que vous viendriez seul ?

– Mais oui, je suis seul, non ?

– Vous voulez manger ou boire quelque chose peut-être ?

– Non. J'ai l'impression de te connaître, tu sais ça ? Je t'ai déjà vu, où est-ce que je t'ai vu ?

Miguel marqua un temps avant de lui répondre.

– Nous ne nous sommes jamais rencontrés, dit-il.

– Tu es sûr ?

– Je ne crois pas que j'aurais oublié.

– Tu es sûr ? répéta Benny. Tu sais, je n'oublie rien, moi. Je me souviens des visages, et ton visage m'est familier.

– Un visage, une race, un peuple. Je suis cubain, évidemment que vous avez l'impression de me connaître.

Benny sourit alors, enfin presque.

– Tu as de l'argent à investir, c'est ça ? dit-il. Si tu veux acheter des costumes, j'en vends. Pas des chemises. Si tu veux des chemises, tu ne t'adresses pas au bon numéro. Si tu veux des chemises, va à Harlem, branche-toi avec un toquard de la rue. Moi je ne fais que dans le costume. De beaux costumes, importés mais pas donnés.

– Je comprends, dit Miguel.

Il jeta un regard circulaire, crut un instant avoir aperçu Cano à une autre table. Puis il vit effectivement quelqu'un assis au bar qui aurait pu être le Colombien.

– Je peux prendre cinq costumes par mois, sans problème, lui dit Miguel. Je suis prêt à en prendre cinq dès maintenant.

– En toute simplicité. Ça a l'air facile avec toi.

– C'est facile pour moi, vous savez. Très facile.

Benny sortit de sa poche de veste un petit carnet blanc et un stylo. Il écrivit un chiffre et montra le papier à Miguel. Le chiffre était cent vingt-cinq. Miguel hocha la tête et écrivit son propre chiffre. Cent.

– Ce sont les meilleurs costumes que tu puisses acheter, lui dit Benny, je t'ai dit qu'ils n'étaient pas donnés.

– Oui, oui, dit Miguel. J'ai vu le costume que vous avez donné à mon ami George. Il est très beau. Mais c'est tout ce que je peux vous en offrir pour le moment. Et j'ai besoin de cinq costumes.

– Tu as l'argent ici ? Enfin, pas ici, mais tu peux l'avoir vite ?
– Bien sûr.
– Le monde est peuplé de truands, d'escrocs et d'imposteurs, dit Benny en tournant la tête lentement et en parcourant le restaurant du regard. Toi aussi tu pourrais être un imposteur.
– Est-ce que j'ai fait quoi que ce soit qui puisse vous laisser penser une chose pareille ?
– Pas encore, dit doucement Benny. Mais on va voir.
– Quand ?
– Demain soir, ça me semble pas mal. Disons que je te retrouve ici vers dix heures. Ça te va ?
– Impeccable.
– Tu auras l'argent ? Pas d'entourloupe, s'il te plaît, hein ?
– Bien sûr que non.
– Ensuite on ira dans un endroit sûr, dans un endroit privé et calme.

Miguel acquiesça.
– Qu'est-ce que vous avez en tête ?
– Le *Holiday Inn* peut-être ? dit Benny tout en scrutant le restaurant.

Miguel lui sourit, pris tout à coup d'une vague appréhension. Il était nerveux, il avait plus que peur, il savait qu'avec ou sans Maria, les choses se feraient.

Benny émit soudain un petit cri en bâillant et dit :
– Je suis crevé. Il faut que je dorme. On se voit demain. Ici, à dix heures. Tiens-toi prêt et cherche pas à m'embobiner.

Il se leva, s'étira, fit volte-face et quitta le restaurant.

Miguel regarda Natalia et vit qu'elle souriait, les bras croisés sur sa poitrine. Elle lui lança un clin d'œil, plissa les lèvres et lui envoya un baiser.

Après dîner, ils allèrent tous les trois s'asseoir sur la terrasse.
– Laura, dit aussitôt Sonny, pour être franc, je ne suis pas très poisson. Je mange du homard, des crevettes une fois de temps en temps, pas beaucoup de poisson. Mais alors celui-là, ce poisson bleu, était fantastique. Comment vous faites ça ?
– Je suis contente que ça vous ait plu.

Une petite note acerbe dans la voix. Personne d'autre que Nick n'aurait pu le remarquer, mais c'était bel et bien de la colère. Elle avait un verre à la main et une bouteille de vin blanc à moitié pleine par terre à côté d'elle.

– Alors vous êtes écrivain, comme Gabriel Garcia Marquez, dit-elle.

– Je ne le connais pas, dit Sonny, ça doit être un de ces Mexicains qui travaillent pour Hollywood. Je connais essentiellement les New-Yorkais. Ceux qui font pas de chichis.

– Les flics qui tuent des pauvres gens, vous voulez dire, fit Laura. Le monde des poulets.

Nick se crispa. Il se leva, alla jusqu'à la porte et posa la main sur la poignée.

– Une autre bière, Sonny ?

– Non, merci, j'arrête. J'en ai bu déjà plein. Laura, dit-il, j'écris sur ce que je connais. Sur quoi je pourrais écrire d'autre ?

Nick eut l'impression que Sonny était gêné, il n'avait jamais vu Sonny McCabe embarrassé. Ça valait le détour, ce sourire tendu de petit garçon.

– J'en prends une, moi, dit Nick.

Il alla à la cuisine, ouvrit le réfrigérateur et en sortit une nouvelle bière.

– Alors vous étiez flic, inspecteur, comme Nick, c'est ça ? entendit-il dire Laura tandis qu'il versait sa bière dans un verre. Nick se demanda si Laura avait perçu leur conversation plus tôt dans la soirée. Évidemment, il aurait fallu être sourd pour ne pas l'entendre.

– Non, pas comme Nick, dit Sonny, personne n'est comme Nick.

– Vous avez déjà tué quelqu'un ? Enfin, quand vous étiez policier, dit-elle, vous avez dû tuer quelqu'un ?

Il y eut un long moment de silence. Nick resta immobile dans la cuisine, curieux, désireux d'entendre comment Sonny allait s'en sortir.

– Sonny ? dit Laura.

– Oui ?

– Rien. C'est pas grave.

– Nick, appela Sonny, j'ai changé d'avis. Je crois que je veux bien une bière. Laura, dit-il, j'ai fait ce que j'avais à faire, pas pour le plaisir, ça ne m'a procuré aucun plaisir, si c'est ce que vous croyez. Mais j'ai fait ce que j'avais à faire, sans me poser de question.

– « Ce que j'avais à faire »... jolie façon de dire que vous avez tué des gens.

– Nick, dit Sonny, où est-ce que t'as dégoté cette nana ? Me dis rien, laisse-moi deviner, elle a sonné à ta porte pour que tu cotises à l'ACLU[1].

Quand Nick revint sur la terrasse, Laura se retourna et le regarda d'un air dur.

– Vous savez, dit-elle, tout à l'heure, quand j'étais dans la cuisine, je n'ai pas pu m'empêcher de vous écouter tous les deux. Ce que vous avez dit, et comment vous l'avez dit.

Elle était saoule, elle bafouillait, elle semblait furieuse et en même temps contente d'elle.

– Qu'est-ce que tu racontes ? dit Nick.

– Je ne veux pas polémiquer, dit Laura, mais ce que je vous ai entendu dire était agressif. Plus que ça, c'était...

– Laura, l'interrompit Sonny, je ne vois pas là de quoi polémiquer. Je ne sais pas ce que vous croyez avoir entendu, mais essayez de comprendre, on a été flics pendant longtemps. Vingt ans. Il y a des choses qui arrivent, des bonnes, des mauvaises. Croyez-moi, les bonnes dépassent de loin les mauvaises.

– Écoutez, dit-elle, essayez pas de m'embobiner. Vous avez tué des gens, avouez-le. Vous avez pris la mauvaise décision et vous avez ôté la vie à quelqu'un.

Sonny commençait à être un peu agacé, il leva les yeux sur Nick, la mâchoire palpitante.

– Qu'est-ce que c'est, dit-il, un canular que vous avez monté tous les deux ?

– Non, dit Nick. Je ne sais pas d'où ça sort.

Nick crut entendre quelqu'un marcher dans l'allée, il entendit des pas mais quand il tourna la tête, il ne vit personne.

– J'étais juste là, dit Laura, je t'ai entendu, Nick. J'ai entendu quand t'as dit qu'il avait tué un gamin. Le petit Cienfuego, t'as dit. T'as dit qu'il l'avait fait par erreur. Par erreur ?

Sonny tourna les yeux vers Nick.

– Alors, dit-il, comment vous vous êtes rencontrés tous les deux ?

---

1. American Civil Liberties Union *(N.d.T.)*

Nick tapota l'épaule de Sonny.

– Tu m'as entendu dire quoi ? dit-il à Laura.

– Je suis pas sourde, Nick. J'étais à trois mètres de vous, putain.

– Si tu as entendu ça, dit Nick, alors tu as aussi entendu Sonny dire que ce n'était pas une erreur, le gosse avait un flingue et il allait...

– Et alors, il avait un flingue !

Laura se leva brusquement et se mit à faire les cent pas. L'expression de son visage intrigua Nick. Un instant, il crut qu'elle allait exploser de colère. Il la regardait et songeait, pourquoi ? Qu'est-ce qui se passe, merde ?

– Il habitait à New York ! cria-t-elle. Une ville qui regorge de prédateurs. Peut-être qu'il portait ce vieux flingue déglingué pour se protéger, lui ou quelqu'un d'autre. Peut-être qu'il portait ce flingue pour protéger sa famille.

Laura criait, elle hurlait.

– C'est pour ça que vous deviez le tuer, un garçon de seize ans ?

– Je disais, dit Nick calmement, que le gosse avait un flingue et qu'il allait tirer sur un autre policier. Notre coéquipier.

– Sur qui ? dit-elle. Sur qui il allait tirer ? Sur cet Eddie dont vous étiez en train de parler tu veux dire, ce minable qui a fait affaire avec un gangster ? C'est à cause de lui, c'est ça, qu'une innocente a été battue à mort ? C'est bien lui, non ? Je vous ai entendus le dire, j'invente rien. C'est ce que vous avez dit. Eddie, c'est ça ? Celui qu'a un cancer... Celui dont je me réjouis d'apprendre qu'il a un cancer. Dieu est juste. Vous savez...

– Laura, dit Nick, tu devrais essayer de te calmer.

Il termina sa bière et se rassit sur sa chaise.

– Me calmer ? J'ai pas envie de me calmer.

– Écoute, dit Nick, les policiers se retrouvent en première ligne et ils agissent, ils mettent leur vie en jeu. Il y a parfois des blessés, parfois des morts, mais ce n'est pas prémédité. Ce n'est pas du meurtre. Tu ne peux pas appeler ça du meurtre.

– J'appelle ça du meurtre, dit-elle, parce que c'est de meurtre qu'il s'agit.

– Hé oh, dit Sonny. Je peux vous poser une question, Laura ?

– Quoi ?

– Personne n'a dit que le petit Cienfuego avait seize ans. Comment vous savez ça ? Et dites-moi, comment vous savez que le flingue était vieux et déglingué ? Nick, dit Sonny, c'est vrai, c'était un vieux Colt 32, presque une antiquité. Une vraie merde. Mais ça pouvait tuer comme n'importe quoi d'autre.

– Assassins sans cœur, meurtriers, dit Laura, saoule.

Sonny la regarda avec un plaisir non dissimulé. Il souriait.

– Alors, Laura, dit-il, vous voulez bien me dire où vous avez entendu que le petit Cienfuego avait seize ans et qu'il possédait un vieux flingue ? C'est toi qui lui as dit, Nick ?

Nick ferma les yeux et secoua la tête.

– Je ne me souviens pas t'avoir dit ça, Laura, mais peut-être. Sauf que je ne savais pas que c'était un vieux flingue. Ça je ne peux pas te l'avoir dit.

Laura se tut un instant, puis ouvrit la bouche pour parler.

Mais Nick ajouta :

– Nous n'avons jamais parlé de cette histoire, Laura, ni du petit Cienfuego, ni du flingue. Je ne t'en ai jamais parlé.

– J'ai lu un article dessus dans un journal en espagnol, dit Laura. Je connais toute l'affaire.

Nick la regarda un moment et dit :

– Je vois.

Il oublierait ce point pour l'instant. Elle était saoule et ses yeux brillaient, ce n'était pas la peine de discuter maintenant.

– Je ne sais pas qui vous êtes, dit-elle d'une voix d'outre-tombe, mais je vois que vous pouvez être mauvais et commettre des actes mauvais.

Elle sourit à Nick et, en l'espace d'une seconde, il fut convaincu qu'elle avait disparu, qu'elle s'était sevrée de lui et qu'il l'avait perdue. Il avait déjà connu ça avec d'autres femmes, cette expression sur son visage ne lui était pas inconnue.

– Je ne me sens pas très bien, dit-elle, et elle se dirigea vers la porte. Je vais me coucher.

Laura se retourna dans l'encadrement de la porte, le visage empreint d'un masque de regret.

– Je voulais simplement être heureuse, vous savez. Trouver un peu de joie dans ma vie. Je me serais contentée d'être comme tout le monde.

– Écoute, dit Nick en avalant sa salive. C'est le vin, tu as bu trop de vin. Ça ira mieux demain.

Laura ferma les yeux et hocha la tête.

Une immense tristesse s'était emparée de Nick. Liée à Laura, à l'idée de la perdre, mais aussi à une certaine curiosité. Il ne gobait pas son histoire de journal en espagnol. Cette histoire n'était pas invraisemblable, tout était possible. Mais si c'était vrai, c'était dix ans auparavant. Quand Laura avait quoi, quatorze ans ?

Sonny rit de bon cœur. Il se tourna vers Nick avec un sourire complice, émit un petit sifflement et dit :

– Tu dois être content de ma visite.

Nick haussa les épaules.

– Ce n'est pas de ta faute, dit-il. Mais t'apportes toujours de mauvaises nouvelles.

– Je suis désolé. Vraiment. Je me sens responsable. Loin de moi cette intention.

– Je sais.

Nick se demandait comment quelque chose qui allait si bien pouvait si vite aller si mal ? À présent il en voulait à Sonny d'être désolé. Il était gêné et ne savait pas pourquoi. Et il craignait le pire. Sonny avait dit, tu n'es peut-être pas si intelligent que ça. Tu ne vois peut-être que ce que tu veux bien voir. Quelque chose dans ce goût-là. Sonny avait peut-être raison, même s'il doutait que Sonny pût avoir raison sur quoi que ce fût.

– Nick, dit Sonny, putain, tu réfléchis un peu à ce qu'elle a dit ? C'est qui cette fille ? Où tu l'as dégotée ? C'est pas n'importe qui.

Puis il chuchota :

– Laura connaît des trucs qu'elle n'est pas censée savoir. Tu penses un peu à ça ?

Nick ferma les yeux et examina cette situation incompréhensible. Il raconta tout à Sonny sans le regarder. Il commença par le vidéo-club et leur rencontre éclair. Puis il lui dit comment il était tombé sur elle le lendemain, et le surlendemain. Son frère, et ce numéro de téléphone qu'elle ne voulait pas donner à Nick – Sonny ne cessait pas de se dandiner et finit par se lever. Nick retraça toute la chronologie en essayant d'être drôle, comment ils étaient sortis ensemble, jusqu'à la partie de pêche du week-end précédent.

– Laura ! Qu'est-ce que ? dit tout à coup Sonny, interrompant Nick.

Nick se retourna et vit Laura dans l'encadrement de la porte. Un sourire barrait son visage, éclatant et méprisant, et sa main tenait un automatique, un automatique avec un silencieux vissé sur le canon. Un silencieux, putain, Nick ne savait pas s'il devait céder à la peur ou à la colère. Vingt ans passés à être flic et il avait dû voir un silencieux trois fois, pas plus.

– Tu ferais mieux de ne pas le charger, dit Nick en se relevant.

– Je peux te dire qu'il l'est, avec un chargeur quinze coups, dit-elle, les yeux rivés sur Sonny, le visage dur et amer.

– Qu'est-ce que tu fous ? dit Nick. Baisse ce flingue, Laura, tu risques de blesser quelqu'un.

– Vengeance, dit Maria sur un ton héroïque et emphatique. Réparation. Je vais buter ce fils de pute, je vais le tuer.

– Nick, c'est qui cette cinglée ? dit Sonny.

Nick fit un pas vers elle.

– Non, dit Maria.

Elle leva un doigt et dit :

– Ne m'oblige pas. Non. Sonny, dit-elle, dis-moi un peu ? Comment fais-tu pour vivre en accord avec toi-même après avoir tué un innocent ?

– Bon, dit Sonny, tu me fais pas ce coup-là, ma grande. Tu crois que je devrais me sentir coupable de faire mon boulot ? Si tu veux parler du petit Cienfuego, je te dis qu'il avait un flingue et qu'il pointait son flingue sur mon coéquipier. Si tu crois que de lui avoir tiré dessus m'empêche de dormir, tu te goures.

– C'était pas le petit Cienfuego ! cria Maria. Il avait un nom, il s'appelait Justo et c'était mon frère ! Mon frère ! T'as tué mon frère !

Elle ferma brièvement les yeux et fut parcourue d'un frisson.

– C'était qu'un gosse, dit-elle d'une voix sourde.

Tout revint alors à l'esprit de Nick, tout se bouscula : c'était la fille de Diego Cienfuego. La jolie gamine qu'il avait vue à la Cour et dans le bureau d'Andre dix ans auparavant. La fille de Diego, en rage, en furie, débordante de haine. Elle, la petite, la môme qui l'avait regardé à l'époque comme si elle voulait lui planter un couteau, qui l'aurait fait si elle en avait eu un sous la main. Cette gamine-là.

– Putain de merde ! hurla-t-il. Donne-moi ce flingue, bordel.

– Je vais le buter ! Il a assassiné mon frère ! cria Maria.

Nick tendit la main et fit un pas vers elle, submergé par les événements, gêné pour elle, furieux contre elle aussi, désireux de l'aider, d'aider Sonny. Elle allait tirer, il le voyait à son visage, elle pouvait tirer sur Sonny et elle pouvait le tuer lui aussi. Ses yeux allaient et venaient de Sonny à Nick, elle réfléchissait.

– Bon, dit Sonny. Tu veux qu'on soit ex æquo ? C'est moi, c'est moi qui ai tué ton frère. J'aimerais pouvoir reprendre ces balles, mais je peux pas, c'est fait, c'est du passé. C'était moi, regarde-moi, c'est moi, pas Nick. Hé Laura, ou quel que soit ton nom, dit-il. T'es toujours avec nous ?

Maria avait une drôle d'expression comme si elle avait du mal à s'arrêter de pleurer – comme si elle était outrageusement triste, désespérée, effrayée. Elle jeta un œil à Sonny, puis à Nick et pointa le flingue sur lui. Nick recula et sentit les barreaux de la terrasse dans son dos. Les yeux de Maria étaient grands ouverts, plus que tous les yeux qu'il avait jamais vus.

– Qu'est-ce que tu vas faire, Laura, tu vas me tirer dessus ? Tirer sur Sonny et moi ? Tu ne peux pas faire ça, tu ne pourrais pas faire ça.

Maria eut un petit rire cruel.

– Ah non ? dit-elle, la tête tendue vers lui. Tu crois pas que j'en sois capable ? Tu crois pas que je sois capable de lui tirer dessus ? Mais si, je le suis : je l'ai déjà fait. J'ai tué des meurtriers, c'est facile. Tu veux voir comme c'est facile ?

Il était clair qu'elle pensait ce qu'elle disait. Laura – Maria – sa Laura était une criminelle, une meurtrière. Elle avait tué des gens, elle avait dit qu'elle l'avait fait, et il la croyait. Nick eut mal à l'estomac, mais la colère grondait aussi, le tout accompagné d'une douleur brûlante, une souffrance si violente qu'il crut qu'il allait vomir. Il comprenait qu'elle s'était servie de lui, qu'elle l'avait abusé pour se servir de lui. À ce moment précis, dans l'esprit de Nick, ces dernières semaines, ce temps glorieux qu'ils avaient passé ensemble, devinrent ridicules, irréelles et fausses, et il en fut malade, furieux et si abattu qu'il eut l'impression que le sol penchait.

Il pensa soudain à elle sur le bateau d'E.Z. en train de lutter avec ce poisson bleu. Quand ils avaient bu de la sangria et ressenti tant de chaleur et de douceur. La promenade sur la digue. La nuit, et la journée entière au lit, tellement meilleures que ce qu'il avait connu jusque-là. Tout avait été si réel pour lui, si vrai. Il la vit fixer Sonny du regard et lever son flingue.

– Laura ! hurla-t-il.

Elle baissa son flingue.

– Je ne peux pas, dit-elle. Je ne peux pas tirer. Merde, qu'est-ce que je fous ? Nick, je ne veux pas le faire. Je regrette tellement, je regrette.

Nick la regarda, désemparé.

– Je ne pourrais pas te tuer, Marcello. Tu ne crois pas que je pourrais te faire du mal, si ?

– Écoute, lui dit-il, je ne joue pas au super-héros, mais je veux que tu me donnes ce flingue, ou je vais venir le chercher moi-même.

Elle lui tendit son arme, la crosse en avant, et dit qu'elle regrettait, qu'elle regrettait tellement, et elle le répéta, encore et encore. Mais même s'il le voulait, même s'il le voulait profondément, il n'arrivait pas totalement à la croire.

– Laura, vous ne pouvez pas savoir comme je suis content que vous n'ayez tiré sur personne, dit une voix derrière eux.

Les yeux d'E.Z. étaient doux et inquiets dans la lumière de la maison.

– Je connais Nick depuis longtemps. Et je n'ai que deux ou trois amis, je ne peux pas me permettre de les perdre, vous savez.

Nick sentit son cœur s'emballer.

– E.Z., dit Maria, qu'est-ce que vous faites là ?

– Je suis passé dire bonjour. Je vous ai entendue depuis la route. On est à la campagne, Laura. Les voix portent.

– Ce type, là, Sonny, dit-elle, ce type, il a tué mon frère. Qu'est-ce que vous feriez à ma place ? Qu'est-ce que vous feriez à quelqu'un qui aurait tué votre frère ?

E.Z. hocha la tête comme pour y voir clair.

– Il nous arrive à tous de devoir faire l'impossible, Laura, dit-il. Il nous faut parfois pardonner et avancer.

Maria se détourna d'E.Z., de Nick et Sonny, les poings serrés sur les tempes.

– Vous voulez que je les oublie, mon père et mon frère ? dit-elle, la voix tremblante.

Pendant quelques secondes de malaise, il y eut un silence absolu, puis Sonny McCabe marmonna :

– Personne ne vous demande d'oublier votre famille, Laura, je...

Il la regarda mais elle ne dit pas un mot. Puis Sonny fit volte-face et quitta la terrasse.

Nick demanda à E.Z. de l'accompagner, pour s'assurer qu'il ne se perde pas dans les bois. Nick appela : « Sonny, ho Sonny, ne va pas trop loin, c'est mouillé par là-bas, tu vas bousiller tes chaussures. » Et Nick vit, ou crut voir, Sonny tourner nerveusement la tête par-dessus son épaule. Puis il continua à marcher, les mains dans les poches, la tête baissée, E.Z. à ses trousses.

43

Nick se tourna vers elle et dit :

– Tu sais, Maria, je crois que je suis amoureux de toi, mais je vais te dire, si tout ce qui est arrivé entre toi et moi les trois dernières semaines est une espèce de coup monté, de jeu, alors tu aurais mieux fait de me tirer dessus.

Il essaya de sourire mais n'y parvint pas.

– Si c'était un jeu, je préfère que tu me tires dessus.

– J'ai de la chance de t'avoir, Nick, dit-elle. Tu as changé ma vie. Et je vais te dire, elle avait besoin de changer.

Pendant quelques secondes, Nick la dévisagea.

– Alors pourquoi tu as pointé un flingue sur moi ? dit-il enfin.

– J'avais peur.

– Tu n'étais pas la seule.

– Et maintenant ? dit Maria.

Elle regarda Nick, les yeux remplis d'une peur affreuse.

– Je t'ai perdu, hein ? Je t'ai perdu toi aussi.

– Tu ne m'as pas perdu. Je vais t'aider, dit Nick. Je vais faire tout ce que je peux pour t'aider. Je t'assure. Je t'aime, vraiment.

Maria éclata alors en sanglots comme une enfant. Elle était là, debout, en train de pleurer, de sangloter sans pouvoir s'arrêter, le souffle bousculé. Nick était accablé, perplexe. Il n'avait pas vu quelqu'un pleurer comme ça depuis si longtemps, dix ans, peut-être plus. Il avait oublié comme il était triste de voir quelqu'un pleurer à ce point. Nick s'approcha d'elle, la prit dans ses bras, la serra fort, redoutant de s'y mettre lui aussi, à force de la voir tant souffrir. Maria essaya de se reprendre. Entre deux sanglots, elle disait qu'elle regrettait, qu'elle regrettait tellement, qu'elle avait fait des choses terribles, des choses que personne ne pourrait pardonner, même pas lui, surtout pas lui. Il trouva un mouchoir et le lui tendit, en disant, les types de Miami et ceux de Union City ? Maria acquiesça, Nick dit, oh non, tout en essayant de ne pas penser à ce qu'elle était en train de lui dire, ni à ce qu'elle lui avait dit auparavant, quand elle avait affirmé l'avoir déjà fait, avoir déjà tué quelqu'un, certain à présent qu'elle était dans une vraie merde. Il céda un instant à la terreur, il savait sans l'ombre d'un doute que cette femme, cette femme qu'il aimait pouvait être emmenée, traînée et écrouée. Il se ressaisit enfin, se dit, impossible, je ne laisserai rien lui arriver.

– Je ne laisserai rien t'arriver, lui dit-il. Rien.

– Je te connais, Nick, dit-elle. Tu ne vas pas me pardonner, tu ne me pardonneras jamais. Ce n'est pas de ta faute, tu es comme tu es, c'est tout. Je t'aime pour ce que tu es, mais tu n'es pas du genre à pardonner.

– Tu te trompes. Tu ne me connais pas, si tu me connaissais, tu saurais que je te pardonnerais presque n'importe quoi.

– Comme j'aimerais que ce soit vrai.

– Laura, dit-il, je t'ai déjà pardonnée. Arrêtons les violons du pardon et essayons de voir comment te tirer de ce trou où tu t'es jetée. Il doit y avoir un moyen. Je vais en trouver un.

– Tu sais, lui dit-elle, mon père et mon frère étaient des hommes bons qui n'avaient jamais fait de mal à personne.

– Je sais, lui dit-il. Je sais.

Nick et Maria étaient assis seuls sur la terrasse derrière la maison, E.Z. et Sonny toujours en balade. Il était près de minuit.

– La vie nous réserve surprise sur surprise, hein ? dit Nick.

Pendant une heure, Maria lui avait raconté ce qui s'était passé, comment ça s'était passé. Sa vie en Floride avec Natalia Punto et son frère Miguel. Comme ils s'étaient juré de se venger de tous les gens qui avaient tué Justo et son père, ainsi que Rodrigo. Comme ils projetaient d'arriver à tenir Benny et Cano. Que Miguel s'en approchait, tout près, avait organisé une rencontre avec Benny, et que tout pouvait arriver à tout moment maintenant. Nick sut tout de suite qu'il devrait enrayer cet engrenage. Il comprenait la loi, il savait que la loi, contrairement à lui, ne pardonnait pas. Il voulait croire qu'elle l'aimait, il comprenait qu'elle avait peur, il savait qu'elle n'était pas bête et espérait qu'elle avait conscience du pétrin dans lequel elle était.

– Il faut que tu appelles ton frère et Natalia, dit Nick.

– Je ne peux pas, dit-elle, hostile.

Nouvelle facette.

– Si, tu peux, dit Nick. Et tu vas le faire. Je vais t'aider, je peux te guider, mais tu dois me faire confiance. Tu dois me faire une confiance aveugle, sans poser de questions. Je sais que je demande beaucoup mais tu as fait beaucoup.

– Je ferai tout ce que tu me demanderas, tout ce que tu voudras... Sauf ça. Demande-moi de trahir mon sang et c'est fini.

– Je ne te demande pas de les trahir. Il n'y a aucune raison, tu ne m'as rien dit qui puisse les mettre en danger. Du moins pas encore. Fais bien attention à ce que tu dis, pas seulement avec moi, mais avec n'importe qui d'autre.

– Qu'est-ce qu'on va faire, Marcello ? dit-elle.

– Laisse-moi réfléchir. Mais d'abord, tu vas arrêter de m'appeler Marcello et je vais arrêter de t'appeler Laura. Tu es Mariaclara Cienfuego. Je t'appelle Maria. Tu m'appelles Nick, d'accord ?

Elle acquiesça.

Il s'approcha des barreaux de la terrasse et regarda le pont de Jamestown.

– Alors dis-moi, je t'ai perdu ?

Il ne répondit pas.

Maria fit une nouvelle tentative.

– Nick, dit-elle, à quoi tu penses ?

– À des questions dont je ne veux pas entendre les réponses, j'imagine. Souviens-toi bien de ne rien avouer, et quand je dis rien, c'est rien.

– Je t'ai posé une question. Est-ce que je t'ai perdu ? Pour l'instant, c'est la seule chose qui me préoccupe. Tu sais ce que je suis en train de faire ? Je suis en train de te dire que je regrette. Je n'ai jamais autant regretté de ma vie.

– C'est bien, dit Nick. C'est normal.

– Écoute, dit-elle, dis-moi, ne me mens pas, est-ce qu'on va s'en sortir nous deux ?

Il se retourna et la regarda.

– Bien sûr, dit-il. Bien sûr.

Nick eut l'envie soudaine de lui dire ce que serait sa vie en prison, et il l'aurait fait s'il avait pensé que ça puisse servir à quelque chose.

– Je pourrais t'interroger, dit-il, sur les deux hommes morts à Miami, et sur les deux frères trafiquants de drogue de Union City. Je pourrais t'interroger sur les cagoules et les messages.

Maria fit un petit signe d'approbation.

– Mais tu ne vas pas le faire ?

– Non, pas maintenant.

– Ce qui veut dire que tu le feras plus tard ?

Il la regarda et haussa les épaules.

– Je ne vois aucune raison de le faire, lui dit-il. Bon, quand as-tu parlé à ton frère pour la dernière fois ?

– Je l'ai appelé de l'appart' avant que tu reviennes.

– De mon appartement ?

– Oui.

– Et qu'est-ce qu'il a dit ?

– Qu'il n'était pas content que je passe encore un week-end avec toi.

– Mieux vaut avec moi qu'avec Matos et Medina.

– Il attendait de leurs nouvelles.

– Matos et Medina sont des pros, de vrais pros. Ils ne feraient qu'une bouchée de vous trois. Qu'est-ce que vous croyez ?

Nick regarda fixement Maria pendant un long moment. Elle semblait indifférente, sans inquiétude aucune.

– Je veux que tu appelles Miguel tout de suite, dit-il. Je veux que tu l'appelles et que tu vois où il en est.

– Je vais l'appeler.

– Tu peux utiliser le téléphone de la cuisine. Et Maria, dit Nick, parle en anglais.

Elle le regarda.

– Je parle à mon frère en espagnol, dit-elle d'une voix tranquille. Je ne vais pas lui parler en anglais. Je t'en prie, dit-elle, ne me demande pas de jouer à ça avec mon frère, Nick. Je ne peux pas. Tu me demandes de te faire confiance, alors fais-moi confiance aussi.

– Je te demande de me laisser la possibilité de t'aider. C'est ce que tu veux, non ?

Maria commençait à ne plus tenir en place. Elle prit une profonde inspiration et dit :

– Oui, oui, Nick, c'est ce que je veux.

– Alors on ne joue plus, je ne suis pas bon aux jeux.

L'esprit de Nick vagabonda quelques secondes, il se mit à s'imaginer en train de s'expliquer auprès d'Andre. Si ce n'était qu'Andre, mais il aurait à s'expliquer auprès du NYPD, auprès des médias. Il le voyait déjà, l'orage prêt à péter.

– Qu'est-ce que tu veux que je dise à Miguel ?

– Vois s'il a eu des nouvelles de ton oncle. Benny est bien ton oncle ? Je crois me souvenir de ton père disant...

– Non, ce n'est pas mon oncle. On l'appelait tonton. Mais c'est le cousin de ma mère. Tu te souviens de mon père ?

– Oh oui. C'était un sacré bonhomme, il m'impressionnait.

– C'était un innocent. Un gentleman.

– C'est bien ce dont je me rappelle.

Elle leva la main et il l'aida à se redresser. Maria croisa les bras et regarda la baie.

– Tu vois, dit-elle, mon père disait que ce pays était différent et hostile. Rien à voir avec la patrie qu'il avait laissée derrière lui.

Elle sourit à Nick.

– Il n'a pas eu l'occasion de beaucoup le visiter, seulement Miami et New York. Il aurait adoré ici. Quel dommage qu'il n'ait pas eu l'occasion de voir Wickham.

– Je regrette de ne pas l'avoir connu, dit Nick.

– Il y a beaucoup de Diego en toi, lui dit-elle. Je sais ce que dirait un psy, je m'en fous, c'est vrai. Depuis le premier jour où je t'ai rencontré, quelque chose en toi m'a rappelé mon père. Il était comme toi, réglo. Un homme d'honneur.

– Les véritables hommes d'honneur sont rares. Regarde, moi je n'en suis pas un.

Elle leva la main et posa ses doigts sur les lèvres de Nick.

– Tu en es bien plus un que tous les hommes que j'ai connus, à part mon père. Tu es bien plus honnête que moi. Mais je crois que ça ne fait aucun doute.

Nick écarta de sa bouche la main de Laura.

– Je te connais depuis peu de temps, lui dit-il. Le temps qu'on a passé ici et à New York. Je sais comment tu es. Un peu sauvage mais tu as bon cœur. Tu me procures plus de joie que n'importe quelle femme. Je n'ai pas l'intention de te perdre.

Elle le regarda un moment. Puis elle s'éloigna en consultant sa montre.

– Tu ne me connais pas, dit-elle finalement, pas vraiment.

Nick s'approcha d'elle, prit son visage entre ses mains et dit :

– Je connais tes yeux, ton cou et la douce odeur de tes cheveux. Je sais que tu sais attraper les poissons bleus et les cuisiner. Quoi d'autre ? Maria, je savais qu'on était faits l'un pour l'autre. Depuis le départ, je l'ai su.

– Tu le savais et je le savais, lui dit-elle. Comme une étrange certitude.

– Allez, va appeler ton frère. Il faut en finir avec cette histoire.

– On va y arriver ? dit-elle. Tu crois ?

Nick acquiesça.

– Malgré tout ce qui s'est passé, tous ces événements, toi et moi, nous nous sommes trouvés. Si ça c'est possible, je dirais que tout l'est.

Maria expira et inclina la tête.

– Oh mon Dieu, dit-elle, je l'espère.

Nick n'avait pas encore décidé ce qu'il ferait de ces quatre meurtres. Quand cette idée fondit sur lui, il fut transpercé par une lame de panique acérée, mais elle disparut, et il fut plus préoccupé par Maria que par la loi. Quand la panique s'évanouit, il envisagea ce qu'il allait faire avec Natalia Punto et Miguel, Benny Matos et Medina. Un plan se tramait dans sa tête, rien de solide, seulement quelques pensées.

Nick ne voulait pas que Maria parle à son frère dans cet état mais il avait besoin de savoir ce qui se préparait exactement. À partir de là il pourrait agir. Il était anxieux, encore plus à cet instant. Les meurtres dont il ne savait rien étaient une chose. Les assassinats qu'il pouvait empêcher en étaient une tout autre.

Maria entra dans la maison. Un vent froid fit claquer la porte-fenêtre, et Nick sursauta.

Maria s'assit dos à lui et son regard s'immobilisa sur le téléphone ; elle souleva le combiné et composa un numéro.

Il était minuit et demi.

Nick n'avait pas remarqué que Sonny et E.Z. se tenaient dans la pénombre aux abords de la terrasse, mais ils avaient tout vu, tout entendu et quand Maria rentra, ils vinrent le rejoindre.

– Alors, dit Sonny. Et maintenant ?

– Tu peux dormir ici, lui dit Nick. Il y a une chambre d'amis. Tu partiras demain matin.

– Hmmm, dit Sonny.
– Qu'est-ce que tu vas faire ? demanda E.Z.
Nick haussa les épaules.
– Je ne suis pas sûr. Quelque chose, je vais faire quelque chose.
– Tu vas pas la griller ? dit Sonny. Enfin, qu'est-ce que tu vas faire ?
– Je ne sais pas. Mais tu peux être certain que je vais pas la griller. Je vais réfléchir, il doit y avoir un moyen.
– Écoute, dit E.Z. On discutait, Sonny et moi.
– Et merde, dit Nick. Vous faites la paire, tous les deux.
– On discutait Sonny et moi, dit E.Z. On veut te soutenir. T'accompagner.
– M'accompagner où ça ? dit Nick.
– Dans tes projets, Nick, dit Sonny. Et je sais qu'il y a quelque chose dans ta petite tête. Tu vas avoir besoin d'aide.
– J'apprécie votre offre, dit Nick. J'y suis très sensible. Mais je ne crois pas que vous sachiez très bien de quoi il s'agit. Le sac de nœuds dans lequel cette nana s'est fourrée est un vrai merdier. Ça pourrait mal tourner. Très mal.
Nick marqua un temps, se mordit la lèvre et réfléchit.
– Enfin, vous en avez assez vu pour ce soir, non ? Toi t'as failli te faire buter.
Sonny jeta un œil à E.Z.
– Je crois que c'est un grand garçon, celui-là. Il a survécu au Vietnam, et moi, j'ai enduré seize ans de NYPD. Il est vivant et valide, et moi, durant toutes ces années passées dans le métier, je n'ai jamais été blessé ni mis les pieds en prison. On est des survivants. D'aucuns diraient qu'on est des battants. Tu pourrais bien avoir besoin d'une équipe de battants.
– Ce n'est pas comme si on était des amateurs, dit E.Z.
Maria apparut à la porte de la terrasse.
– Mon frère a rencontré Benny ce soir, dit-elle. Il lui a commandé cinq kilos de cocaïne. Benny lui a dit qu'il les aurait demain soir. Ils se retrouvent chez *Tio* vers dix heures.
Nick hocha la tête, les yeux tournés vers la baie et dit :
– Tant mieux pour Miguel.
– Cano était là, dit Maria. Natalia l'a vu, il était au bar, il n'a pas parlé à Miguel, mais il était là.

– Deux en un, dit Nick.

– J'ai dit à Miguel que je rentrerais demain après-midi. Assez tôt pour l'accompagner.

Elle haussa les sourcils.

– Qu'est-ce que tu en penses ?

– Je pense que nous avons un rendez-vous à ne pas manquer, dit Nick.

– Tous, dit Sonny.

E.Z. lui sourit.

– Je suis là, vous avez besoin de moi. Je suis avec vous, dit-il.

Nick se sentit rougir.

– Je ne peux pas vous laisser vous impliquer là-dedans, dit-il. Trop de risque que ça dérape.

– Écoute, lui dit E.Z. La pêche c'est super, c'est mon gagne-pain, mais ça reste de la pêche. J'aimerais bien me secouer les puces, tu vois ce que je veux dire ? Et c'est pas comme si je l'avais jamais fait.

– En ce qui me concerne, dit Sonny, j'y vais. Je me fous de ce que tu dis, je suis là aussi.

Nick lança un regard noir à Sonny.

– Qu'est-ce que tu manigances ?

– *Moi*[1] ? Qu'est-ce que tu veux que je manigance ? Je suis là pour aider, c'est tout.

Nick vit Maria se raidir, ses yeux passaient de l'un à l'autre. Son regard laissait entrevoir une petite lueur d'espoir. Nick observa Sonny et E.Z., tous deux aussi différents que semblables. Il ne savait pas quoi dire. Il aurait voulu se débarrasser d'eux, essayer d'agir seul. Mais c'était impossible.

– Bon, on ferait bien d'aller dormir un peu, dit Nick à voix basse, presque pour lui-même. Demain promet d'être une journée d'enfer. Une journée d'anthologie.

McCabe souriait, de ce sourire niais si typique : Sonny dans toute sa splendeur. Il saisit une bouteille de vin à moitié pleine et la déboucha.

– À nous, dit-il. À nous tous.

---

1. En français dans le texte. *(N.d.T.)*

44

Le lendemain matin, ils prirent la direction de New York, Nick et Maria dans la voiture de Nick, Sonny dans sa Lincoln de location et E.Z. dans son pick-up. Ils s'arrêtèrent au carrefour de Middlebridge pour prendre un petit déjeuner. Nick commanda un café, des toasts au pain complet et un jus de fruits. Sonny, E.Z. et Maria prirent des œufs au jambon et une crêpe aux myrtilles. Maria but quatre cafés.

Pendant tout le petit déjeuner, Maria ne quitta pas Sonny des yeux et, quand il croisait son regard, elle lui souriait, un petit sourire crispé, une esquisse de sourire. Nick avait à peine ébauché son plan, et les autres semblaient rassurés qu'il y eût pensé. Ce qui n'était pas vrai. E.Z. et Sonny terminèrent les premiers et sortirent fumer, regarder la rivière et observer deux hommes en train d'en sonder le fond à la recherche de gardons.

– Maria, dit Nick, tu ne t'es pas dit que c'était de la folie ? Enfin pour toi ?

– Arrête, Nick, dit-elle. Je fais ce que tu me demandes. J'étais sens dessus dessous, et maintenant je vois clair.

– J'espère. Tu sais comment tu vas expliquer tout ça à ton frère et à Natalia ? Tu y as pensé ?

Maria baissa les yeux sur ses genoux puis les leva au plafond. Elle lui sourit, d'un sourire chaleureux et familier. Nick se tut, il attendait qu'elle fût prête.

– Ce que je veux dire, dit Nick, c'est qu'il n'y a pas une minute pour tergiverser.

Maria acquiesça.

Nick paya, et ils sortirent. Sur le parking, Maria essaya d'ouvrir la porte passager de la voiture de Nick mais il l'avait verrouillée. Elle se retourna, dos à la voiture, et regarda la rivière, les bras croisés. Sonny McCabe marchait et parlait avec E.Z., ils riaient, plaisantaient.

Nick les appela en montant dans sa voiture et ouvrit la portière de Maria. Ils s'approchèrent de la vitre côté passager, le sourire toujours aux lèvres.

– Bon, dit Sonny. On vous suit, tu vas directement au bureau, hein ?

– Il est quoi, dix heures ? dit Nick. On devrait y être vers une heure.

– Conduis pas trop vite, Nick, dit E.Z. Mon vieux pick-up a plus de cœur que de talent. Un peu comme ton copain l'écrivain.

– Je vais y aller mollo, dit Nick tout en songeant, E.Z. et Sonny, déjà vieux amis. Ce Sonny, quel charmeur.

Nick démarra la voiture avec une drôle de sensation. Il jeta un œil à Maria, il y avait quelque chose dans sa façon de regarder Sonny, de le dévisager, d'un air glacial, absent, énigmatique. Il n'y a pas de place pour le pardon chez elle, songea Nick. Alors la compréhension...

Nick savait que Maria était quelqu'un que Sonny ne charmerait jamais. Son humour tombait à plat avec elle. Il espérait que ce n'était pas plus grave que ça. L'idée lui vint que Maria avait peut-être ses propres plans. Sonny était peut-être encore sa cible. Un point de plus à surveiller, à envisager.

Maria était raide sur son siège, le visage détourné de Nick. Il sentait les ondes glacées qui émanaient de son corps. Il vit qu'elle se massait les tempes par petits cercles avec les paumes de ses mains.

– Allez arrête, dit-il, tu vas t'en sortir. Natalia et Miguel aussi, vous allez tous vous en sortir. On a simplement besoin d'un peu de chance.

Il voyait sa poitrine et son ventre se soulever et se creuser. Elle se tourna vers lui et dit :

– Comment tu peux en être si sûr ?

– Je n'en suis pas sûr, je n'ai jamais dit que j'en étais sûr. J'ai dit que si tu gardes la tête froide et que tu m'écoutes, ça devrait marcher. Mais on ne peut pas en être sûr, on ne peut jamais être sûr.

Elle le dévisageait.

– J'aimerais avoir une vie normale, lui dit-elle. C'est tout. J'arrête pas de me demander, qu'est-ce que ça va donner ? Comment ça va se passer ?

Nick conduisit, toujours devant Sonny et E.Z. jusqu'à ce qu'ils atteignent l'autoroute. Sur tout le chemin jusqu'à la frontière du Connecticut, Maria se tut, le regard perdu de l'autre côté de sa vitre. Il voulait parler, lui dire des choses, mais les mots restaient hors de sa portée. Regardez-moi ça, se dit Nick, c'est pas tous les jours qu'on trouve une femme comme ça. Et c'est pas tous les jours qu'elle nous échappe. Cette seule pensée lui faisait imaginer le pire. Perdre Maria après l'avoir finalement découverte. Ça n'arriverait pas, il ne le permettrait pas, c'était comme ça, un point c'est tout. Quels que soient les moyens, il les emploierait. Il dézinguerait la lune. Il espérait qu'on l'aiderait, priait pour trouver une vraie justice dans ce monde. Il aimait croire qu'il l'avait méritée.

Ils avaient presque atteint l'État de New York quand elle se remit à parler.

– Je pense à mon père, à toute la merde qu'il a trouvée aux États-Unis, dit-elle. Et tout ce qu'il voulait, c'était appartenir à ce pays. Mon père voulait être un citoyen cubain, un citoyen américain et un citoyen du monde. Il ne savait peut-être pas comment l'exprimer mais il croyait qu'il y avait un endroit pour lui quelque part.

Nick conduisait en silence.

– On était pas arrivés depuis un mois qu'on s'est fait agresser à Miami, dit-elle. Ils ont volé le collier de ma mère que j'avais autour du cou, ils me l'ont arraché. Mon père les a suppliés de ne pas me faire de mal. C'étaient des voyous, des vrais durs de la rue, ils avaient des flingues. Tu vois, je ne me souviens pas avoir eu peur. Je me souviens avoir ressenti de la colère, mais pas de la peur. J'étais furieuse. J'étais si jeune et tellement en colère. Pas pour le collier. Bien sûr, c'était terrible de l'avoir perdu, c'était le collier de ma mère. Il comptait pour moi. Mais j'étais plus préoccupée par mon père. Comme ils l'avaient humilié, comme il les avait suppliés de ne pas me faire de mal.

Nick la laissait parler, la laissait crever l'abcès.

– Dans mes cauchemars, et j'en faisais plein quand j'étais petite, je le voyais mendier ma vie à ce coin de rue de Miami. Et puis je le voyais mendier sa propre vie dans cette prison, cette cellule. Ils lui ont tranché la gorge, tu sais. C'est comme ça qu'ils l'ont tué.

Nick avait l'impression qu'elle avait une idée derrière la tête, ce qui l'inquiéta. Il se dit qu'il ne la connaissait peut-être pas. Elle était peut-être un peu tordue, cinglée, doublée d'un don génial d'actrice. Il réfléchit et se dit, allez, à quoi tu penses, arrête de penser à ça, tu vas disjoncter.

– J'ai grandi dans l'idée que le sang était le seul moyen de mettre un terme à mes cauchemars, dit Maria.

– Écoute, dit prudemment Nick en prenant son temps, le seul moyen de mettre un terme à tes cauchemars c'est de recommencer à zéro et de laisser toute cette merde derrière toi. Maria, dit-il, tu n'as plus besoin de ça dans ta vie.

Maria était avachie sur son siège, la tête baissée, le menton sur la poitrine. Elle semblait regarder en elle-même, ou alors non, peut-être se contentait-elle d'envisager, de décider de la suite. Nick espérait qu'en fin de compte, elle ferait le bon choix.

Il hocha la tête, tout en regardant l'autoroute droit devant lui.

– Ce n'est pas trop tard, tu sais, dit-il. On peut y arriver, c'est pas impossible. Mais il faut que tu convainques Natalia et Miguel d'être avec nous. Sans eux, on ne peut rien faire.

– Ils me font confiance, ils m'écouteront, dit-elle.

– J'espère que tu as raison.

Elle le foudroya du regard.

– Qu'est-ce que tu dis ? Fais attention à ce que tu me dis, Nick. Ma famille est ce qui compte le plus pour moi, plus que tout, même plus que toi.

Il le savait. Il n'y avait pas beaucoup pensé mais il savait que c'était vrai.

– J'espère que tu ne cherches pas à faire le malin, Nick, dit-elle.

Il sentait le poids de son regard. Elle le regardait comme elle avait regardé Sonny McCabe, la veille au soir.

– Je te connais depuis quoi, trois semaines ? dit Nick. Et je joue ma vie pour toi. Maria, j'essaye pas de faire le malin, j'essaye de tout faire sauf le malin.

– Je sais qui tu es et ce que tu risques, lui dit-elle. Je t'aime pour ça. Je suis folle de toi. Mais encore une fois, je suis peut-être folle de te laisser m'entraîner là-dedans.

– Je t'ai dit hier soir que ce n'est qu'une question de conviction, dit-il. Ma solution ou celle de Natalia et Miguel. Tu as opté pour leur solution et ce n'est pas satisfaisant.

– On a déjà eu cette conversation, dit-elle.

En effet, toute la nuit, jusqu'au petit matin.

– Si je ne t'aimais pas, lui dit-elle, je ne ferais jamais ça, je laisserais les choses se faire, je tenterais ma chance.

Nick songea, tu tenterais ta « chance » ? La chance de tuer quatre, peut-être six personnes ? T'es folle, t'es malade ? Mais il ne pouvait pas le lui dire.

Nick se dit qu'amour était un mot suranné dans la règle d'un jeu ancien. Quand vous tombiez dessus, qu'est-ce que ça voulait dire ? Évidemment que la façon dont elle le disait le touchait. Mais que ressentait-il ? De l'amour ? Du désir ? Le besoin de ne pas être seul ? Et qu'est-ce qui clochait dans ces trois possibilités, qu'est-ce qui clochait là-dedans ? Regarde autour de toi, gros malin, se dit-il, observe. Tu es entraîné dans quelque chose que tu devrais fuir. Les pièges du cœur, songea Nick, les fameux pièges.

Après s'être assuré que Sonny et E.Z. suivaient toujours, Nick accéléra. Il fila entre les quelques voitures de ce dimanche après-midi en direction du Whitestone Bridge et de Queens. Il pénétra dans le parking de la Cour à trois heures passées, et Sonny puis E.Z. vinrent se garer à ses côtés.

Nick et Maria se regardèrent un long moment.

– Tu es prête ? dit-il. Pas de revirement ?

Elle secoua la tête.

Il se pencha vers elle et chuchota :

– Ce sera comme si j'étais avec toi, même si je suis plus loin. Et je serai avec toi, comme un fantôme, mais tu ne me verras pas.

– Mon ange gardien, dit Maria.

– Je ne dirais pas ça si c'était quelqu'un d'autre, mais toi, tu en es capable, je sais que tu en es capable, dit Nick. Si j'avais le moindre doute, je ne te laisserais même pas essayer.

Elle acquiesça.

– J'ai bien réfléchi, lui dit Nick. J'ai envisagé tous les cas de figure. Ça peut marcher, mais ma solution est la seule valable. D'accord ? Alors ce qu'on va faire maintenant, c'est descendre de voiture, toi et moi, aller à mon bureau et là, je vais te briefer. Quand tu seras prête, tu fixeras un rendez-vous avec Miguel et Natalia pour leur vendre ta sauce. Si tu y arrives, tu es libérée de tout ça pour le restant de tes jours. Si tu y arrives, tu sauves ta famille par la même occasion. Ça te va ?

Elle acquiesça de nouveau.

– Tu sais, dit-elle, j'aurais pu le tuer. Tu comprends ça ? J'aurais pu tuer Sonny. J'en étais à deux doigts. Et puis j'ai dit non, non ce n'est pas bien, et il y a Nick, mon Nick.

– Tu crois ce que tu dis ? C'est ce que tu penses ?

– Quoi, que j'aurais pu le tuer ? Tu plaisantes ?

– Non, que ce n'est pas bien. Je ne te parle pas de Nick, je ne te parle pas de moi. Le meurtre, tu crois vraiment que ce n'est pas bien ?

Maria ne répondit rien, elle leva la main et lui caressa la joue, lui effleura le bout du nez.

– Je t'aime, lui dit-elle.

– Hmmm, dit-il.

Tout était calme dans le bâtiment, personne d'autre que le vigile. Nick les fit monter dans son bureau. Il alluma et les laissa découvrir les lieux pendant quelques instants.

– Primo l'essentiel, dit Nick. J'ai un flingue, Sonny tu as un flingue. Tu as un permis de port d'arme, hein ?

– C'est ma troisième jambe, dit Sonny, je deviendrais dingue si je devais sortir sans.

Maria lui lança un coup d'œil. Rien qu'un coup d'œil, mais un coup d'œil qui glaça Nick.

– E.Z., je ne sais pas quoi faire avec toi. S'il arrive quoi que ce soit, je veux que tu puisses te protéger, mais si les choses tournent mal...

– J'ai un flingue, dit E.Z., celui-là.

Il souleva son sweat-shirt et tira un Glock automatique de sa ceinture.

– Si tu crois que je suis venu à New York pour jouer à chat avec vous sans flingue, t'es pas net.

Nick ouvrit la bouche pour protester mais il ne put en sortir qu'un soupir.

– Mais fais attention, dit-il.

Il se dirigea vers le placard situé derrière son bureau. Il en ouvrit la porte avec une clef et y prit trois radios portatives. Il en tendit une à E.Z., une à Sonny, et en garda une pour lui. Puis il sortit un attaché-case en cuir et le posa sur le bureau. Il y avait à l'intérieur plusieurs émetteurs. Il choisit un Kel, le meilleur micro de son stock. C'était un micro-canon : tant qu'on voyait la personne qui le portait, on l'entendait. Le micro était alimenté par une pile de dix volts et pouvait émettre de la plupart des pièces fermées. Dans des conditions normales, on pouvait perdre de vue le sujet et obtenir quand même quelque chose, pas bien mais quand même.

– Bon, dit Nick, si vous nous laissiez quelques minutes Maria et moi. Prenez une radio et un casque, branchez votre radio sur la fréquence F-3, descendez dans l'entrée, je vous ferai savoir quand on est prêts.

Sonny jeta un œil à Maria. Il regarda Nick puis de nouveau Maria.

– Vous vous souvenez de la dernière fois que vous êtes venue ici ? dit Sonny. Moi oui.

– Moi aussi, dit Maria.

– Vous m'avez tiré la langue, dit Sonny.

– Pas à vous, à Nick. Et ce n'était pas la dernière fois.

Elle lui sourit et hocha vivement la tête.

– Vous avez les yeux de votre père, dit Sonny. On vous l'a déjà dit ?

– Tout le monde me le dit. Vous vous rappelez de mon père ?

– Bien sûr. Écoutez, je veux vous dire quelque chose, dit-il.

Sonny McCabe alluma une cigarette et inhala jusqu'aux orteils. Nick retint sa respiration.

– Les femmes que j'ai connues, dit Sonny, et croyez-moi j'en ai connu quelques-unes, comparées à vous elles avaient autant d'esprit qu'un bloc de ciment. Vous êtes une sacrée bonne femme. Quoi qu'il arrive, quoi qu'il advienne à partir de maintenant, je suis heureux de vous avoir rencontrée. J'avais besoin de vous le dire.

– Et t'as pas vu son poisson, dit E.Z.

– Exact, mais je vais te dire, ajouta Sonny, je le verrai jamais. Aller au beau milieu de l'océan pour attraper des requins, vous êtes complètement cinglés. Peut-être que la prochaine fois je m'incrusterai mais je vous attendrai à terre dans un boui-boui avec une clope, une bière et une gonzesse. Le paradis.

Nick rit, E.Z. aussi. Quand Nick leva les yeux sur Maria, elle souriait. Nick se dit, ah le charme irlandais, essaye un peu de faire mieux. Il prit le Kel dans l'attaché-case et leur rire mourut. E.Z. fit volte-face et se dirigea vers la porte.

– E.Z. ? dit Sonny.

– Il va lui déboutonner son jean et lui enlever sa chemise. J'aimerais bien rester mais Nick n'a aucun sens de l'humour.

– Ah. Bon, dit Sonny, attends-moi.

Quand E.Z. et Sonny eurent fermé la porte derrière eux, Nick la verrouilla. Maria dégrafa sa chemise, l'enleva et la posa sur le bureau de Nick.

– Mon soutien-gorge aussi ? dit-elle.

– Bonne idée.

Le soutien-gorge se retrouva sur la chemise.

– Mon jean ? dit-elle.

– Déboutonne-le, c'est tout.

Elle obéit, le déboutonna, les yeux fixés sur le visage de Nick. Maria hésita un instant, sourit puis retira en vitesse son jean. Elle s'en débarrassa d'un coup de pied et ôta sa culotte, il l'entendait respirer, et s'entendait également respirer.

– Qu'est-ce que t'es belle, dit Nick.

– La porte est fermée à clef, lui dit-elle, et on a le temps.

Nick dégagea le bureau, jeta tout par terre. Il balança ses chaussures et défit son pantalon. Il lui prit la main, s'approcha du bureau où il travaillait tous les jours. Il s'allongea sur le dos. Elle resta debout à côté de lui, il ferma les yeux mais il la sentait qui le regardait. Il tendit la main, trouva la sienne et la mit contre lui. Il la tint jusqu'à ce qu'il sente Maria monter sur le bureau et se mettre à califourchon sur lui. Sans un baiser, il sentit qu'il était en elle, sentit les mains de Maria sur sa tête, sur son front, ses yeux, son nez. Maria bougeait, danseuse latine, danseuse cubaine, lent boléro. Ses mains serraient fort les siennes, très fort, et bientôt, trop tôt, elle se mit à bouger plus vite, et en un instant, il sentit que ça arrivait, cette énergie, qui parcourait les mains et les bras de Maria, tout son corps. Elle attira ses mains sur ses seins et pencha la tête jusqu'à toucher la sienne. Puis elle se rejeta en arrière, pantelante, les mains crispées sur les siennes, très fort, les bras grands ouverts.

– Marcello, dit-elle.

Et Nick songea, pourquoi pas ?

Vingt minutes plus tard, elle se tenait nue devant lui, la tête en arrière, les yeux clos. Nick lui avait accroché la ceinture de l'émetteur Kel autour de la taille et il était en train d'en scotcher le fil et le minuscule micro entre ses seins.

– Le haut de ton jean, lui dit-il, va cacher la ceinture de l'émetteur. J'ai jamais posé aussi bien un micro, ça tiendra sans problème. Personne ne peut le trouver à moins de te déshabiller.

On frappa un coup bref à la porte, puis un autre.

– Une seconde, dit Nick.

Maria se mit sur la pointe des pieds et embrassa Nick sur la joue.

– Je suis prête ? demanda-t-elle.

– Plus que jamais.

Elle s'habilla en vitesse et, quand elle eut terminé, Nick ouvrit la porte de son bureau.

– Ça marche super bien, dit Sonny avec un grand sourire.

– Quoi ? dit Nick.

– Il y a un bouton « marche-arrêt » sur ce truc, dit E.Z. Visiblement, tu l'avais laissé sur « marche ».

– Quoi ? répéta Nick.

– Marcello ? demanda Sonny. Capitaine, dit-il, je suis fier de vous.

Malgré elle, malgré tout, Maria se couvrit la bouche de sa main et éclata de rire. C'était un rire franc, communicatif, qui gagna tout le monde.

Non loin de l'immeuble où attendaient Natalia et Miguel, Nick trouva une place pour se garer à côté d'un kiosque à journaux. Il apercevait l'entrée du bâtiment. Il resta là un moment, puis recula un peu. E.Z. et Sonny étaient garés derrière lui sur l'avenue.

Quand il se retourna vers Maria, il vit qu'elle se mordillait la lèvre. Il scruta de nouveau la rue.

– Il y a deux trois trucs sur lesquels je voudrais revenir, pour être sûr que tu as bien compris, dit-il.

– Nick, on est revenus dessus pendant des heures. Je sais ce que je fais.

– Surtout, dit-il sans l'écouter, souviens-toi, je ne parle pas espagnol. Ni Sonny, ni E.Z. Il va falloir que tu glisses assez d'anglais pour qu'on ne soit pas perdus.

– Je sais.

– Ne prends pas de papiers d'identité. Assure-toi que Miguel non plus. Benny et Medina vont vous les demander. Si on avait eu plus de temps, j'aurais pu me débrouiller pour vous en trouver.

– D'accord, je sais, tu me l'as déjà dit.

Il se tut pendant quelques instants.

– Écoute-moi bien. Benny a parlé du *Holiday Inn*, ça ne veut pas dire qu'il a vraiment l'intention d'aller là-bas.

– Nick, on est revenus là-dessus...

– Écoute-moi. Il va sûrement se servir d'un hôtel, et c'est pas un problème. Je peux m'introduire dans n'importe lequel, ils ont tous un ancien flic comme chef de la sécurité.

Maria soupira.

– Ils ont pu se faire enregistrer sous n'importe quel nom, lui dit-il. Il va falloir que tu me laisses le numéro de la chambre. Pense bien à me le laisser. Je m'imagine en train de défoncer cent portes.

Maria regardait droit devant elle par le pare-brise. Elle haussa les épaules.

– Tu l'auras, dit-elle. Je ferai en sorte que tu l'aies.

– Tu sais, tu vas avoir affaire à deux types très dangereux, des vrais pros. Cano et Benny, ces deux mecs-là, comme tout le monde le sait, peuvent te faire l'enfer. Sois maligne, sois patiente.

– Bien sûr, bien sûr, dit-elle. Tu sais que ton ami Sonny gagne à être connu.

– Alors tu te trompais peut-être à son sujet ?

– Toute mon enfance, on m'a brandi les visages du mal, et Sonny en faisait partie. C'est un vrai choc cérébral de découvrir, après l'avoir rencontré, que l'ennemi n'est rien d'autre qu'un homme normal. Ni meilleur, ni pire.

Il acquiesça.

– Les gens sont comme ils sont, ni bons ni mauvais, pour la plupart ils essayent d'être, sans plus. Sonny n'est pas mauvais. Cette ordure de Cano, et ton oncle, là d'accord, on parle de mal, on parle d'enfoirés pervers.

– Je t'ai dit déjà, Benny n'est pas mon oncle. Mais il y en a d'autres, il y a plein d'autres gens mauvais.

– Je sais bien.

– Ah bon ?

– Oh oui.

Ils se turent un moment.

– Miguel et Natalia m'attendent. Je ferais mieux d'y aller, lui dit-elle.

– Bon, très bien. Ton émetteur est en marche ?

– Non, je le mets en marche dès maintenant ? Tu as dit que tu avais peur pour la pile. Il reste trois heures avant le rendez-vous.

Il posa sa main sur la nuque de Maria et la regarda dans les yeux.

– Tu as le petit bout de scotch que je t'ai donné, hein ?

– Calme-toi, il est dans mon sac.

– Avant de sortir, mets ton émetteur en marche et scotche-le. Je ne veux pas que tu l'éteignes en faisant un faux mouvement.

– Tu me l'as déjà dit, Nick, tu m'as déjà dit tout ça.

– Oui, bon, j'ai un nouveau truc à te dire. T'es prête, tu m'écoutes ?

Elle lui sourit.

– Vas-y, tu me rends nerveuse.

– Pense bien à apporter les flingues et les cagoules. Mets-les dans le sac avec le fric. C'est très important de ne pas oublier. Emporte tout ça, déconne pas, emporte tout. Tu comprends ce que je dis ?

Elle sourit, haussa les épaules et leva les mains, paumes vers l'extérieur.

– Bon, très bien, dit Nick. Bon, ça va bien se passer.

Elle mit ses bras autour de son cou et l'embrassa sur le front, sur le nez. Puis il l'entendit dire :

– Oh merde, ils sont là.

Elle se dégagea de lui, ouvrit la porte et descendit de la voiture. Il la regarda se diriger vers l'immeuble, prendre dans ses bras et embrasser un jeune homme devant la porte d'entrée. Le même qu'au vidéoclub. Puis elle se tourna vers Natalia Punto et passa ses bras autour de son cou. Son cœur se soulevait rien qu'à la voir. Il assistait à sa disparition, elle lui échappait, retournait à son autre vie. Nick se rappelait Natalia Punto. La femme de Rodrigo. Elle n'avait pas du tout changé. À peine plus vieille, de là où il était assis. Nick se dit, je ne lui ai pas souhaité bonne chance. Merde, j'aurais dû lui souhaiter bonne chance. C'est pas bon signe, pas bon signe du tout.

Maria était consciente du risque qu'elle prenait. Il avait passé la moitié de la nuit à la convaincre que c'étaient les risques qu'elle devait vouloir prendre si elle espérait s'en tirer. Il lui faudrait du courage, et pas qu'un peu. Et ensuite, ce qu'il devait affronter, c'était que bientôt il marcherait avec elle, main dans la main, si loin des sentiers de la loi qu'il n'y aurait plus de retour en arrière possible. Tout cela était tellement étranger à sa nature que ça le rendait dingue. Au nom de l'amour ? Arrête. Quoi d'autre alors ? Il était sur le point de mettre en jeu tout ce qui comptait le plus pour lui. Nick se dit qu'il devait être en train de chercher une forme de justice, il supposa que ce qu'il accomplissait était juste, bien et nécessaire. Ses arguments étaient solides et il parvenait presque à s'en convaincre lui-même.

Quand il démarra la voiture, elle se retourna pour le regarder, elle sembla lever la main, elle sembla sourire, puis elle se détourna. Il pensa à son père, Diego, et au petit Justo. L'espace d'une seconde, il eut la vision de Natalia, de son mari Rodrigo, du sous-sol de *Los Campos*, des hommes attachés. À ce moment précis, Nick Manaris eut plus peur que jamais.

Nick apprit que le chef de la sécurité du *Holiday Inn* était un ancien de la Crim' qui s'appelait Reinhart. Sonny le connaissait, évidemment. La météo disait que la nuit serait chaude, claire et chaude, pleine lune. Pile ce qu'il nous faut, dit E.Z.

Nick laissa Sonny s'occuper du type. Quand Nick lui dit qu'il avait trouvé où se garer sur la 69e, à un demi-bloc de *Tio's*, Sonny répondit, je me mets sur la 70e, au coin, devant la bouche d'incendie. Je reste assis dans la voiture et j'attends là. J'ai dit à E.Z. de se garer juste devant le restau. Lui là-bas, toi et moi dans les rues adjacentes, on couvre le coin.

Il était vingt et une heures trente.

45

Les rues avaient le calme des dimanche soir de début d'été. Les gens partis en week-end prenaient leur temps pour regagner la ville. Il marchait le long de l'avenue, avec un drôle d'air de temps à autre. C'était l'oreillette et la façon dont il s'adressait à la poche poitrine de sa veste toutes les dix minutes. Les passants s'écartaient quand ils le croisaient, un couple de SDF lui fit un clin d'œil complice.

Il s'attendait à entendre la voix de Maria à tout instant. Si seulement ces deux clowns la mettaient en sourdine, il pourrait l'entendre. Mais ils faisaient la paire, Sonny et E.Z., et ils étaient sur la même fréquence que l'émetteur de Maria. Nick commençait à en avoir ras le bol de leurs conneries. Il finit par leur dire d'arrêter de discuter et leur demanda de se déconnecter.

Il était aux environs de 21 h 45 quand Nick aperçut Benny et Cano qui descendaient d'une Mercedes noire. Il les vit entrer chez *Tio*. La voiture tourna au coin et s'engagea dans la rue où était garé Sonny. Nick se planqua dans l'embrasure d'une épicerie coréenne et appuya sur le bouton émetteur.

– Sonny, dit-il.

Nick se tourna vers l'épicier qui avait l'air de lui dire, « Qu'est-ce tu branles ? » et lui sourit.

– Sonny, la Mercedes noire immatriculée en Floride.

– Ouais, je la vois, elle entre dans un parking.

– Nos deux clients viennent de sortir de cette bagnole et sont entrés dans le restaurant, dit Nick.

– Le gros en blanc et le petit rouquin ? dit E.Z.

– C'est eux. Benny et Cano, nos hommes, dit Nick. Tenez-vous prêts.

À ce moment précis, il entendit Maria, qui lui expliquait d'une voix douce qu'elle le voyait, comme le nez au milieu de la figure, et E.Z. aussi. Elle se demandait si c'était malin qu'E.Z. soit garé juste devant.

Nick les vit au coin de la rue, à un bloc du restaurant, tous les trois, debout les bras croisés, en train de le regarder comme s'ils eussent préféré ne pas le voir. Il leva la main, fit un petit coucou. Ils hochèrent la tête, il les vit, les trois hochèrent la tête et lui tournèrent le dos. Un vrai numéro de music-hall.

Nick entendait la voix de Natalia, puis Maria et Miguel dirent quelque chose. Quoi ? Si seulement il avait compris l'espagnol.

– Tu peux venir ? dit Maria d'une voix tranquille. Y a quelqu'un qui veut te parler.

Il s'approcha, Natalia se détacha de Maria et Miguel, prit le bras de Nick et ils tournèrent ensemble au coin.

– Natalia Punto, dit Nick. Ravi de vous revoir, comment allez-vous ? Vous êtes la même, vous n'avez pas du tout changé.

– Vous voulez parler de moi ? Je ne veux pas parler de moi, lui dit-elle. Je veux parler de vous.

Elle lui adressa un large sourire.

– Oui, qu'est-ce que vous voulez savoir ? Mais dépêchez-vous, Benny et Cano ne vont pas attendre éternellement.

– Ils attendront. Pour de l'argent, ils attendront jusqu'au lever du soleil.

– Alors qu'est-ce que vous voulez savoir ?

Nick se rendit compte que Natalia le rendait nerveux, cette façon qu'elle avait de lui tenir le bras, de le serrer, d'essayer de lui dire quelque chose avec la main.

– Maria m'a dit que vous vouliez me demander quelque chose.

– Vous l'aimez mon bébé, hein ?

Pression de la main.

– Je sais que vous l'aimez, vous voulez savoir comment je le sais ?

Nouvelle pression de la main.

Elle lui parlait tout près du visage, l'obligeant ainsi à demander : « Pardon ? »

– Si vous ne l'aimiez pas, vous l'auriez déjà arrêtée. Vous auriez rameuté cent flics ici. Je me trompe ?

Pression de la main.

Nick dégagea son bras, il n'était pas du tout impressionné par ce ton qu'elle adoptait, tantôt doux et amical, tantôt dur et cinglant.

– Nous allons faire ce que vous demandez, dit-elle, tous les trois. Mais nous avons des exigences, des impératifs. Vous voulez qu'on coopère, non ?

– Attendez, dit Nick, dites-moi, de quoi vous parlez ?

– Comment peut-on vous faire confiance, vous voyez ? Je ne peux pas faire confiance à la police, vous voulez savoir pourquoi ?

De nouveau collée à son visage, le forçant à demander : « Pourquoi pas ? »

– Rodrigo vous a fait confiance et regardez ce qui lui est arrivé à ce pauvre homme.

– D'accord, d'accord, vous avez raison. Alors ? Qu'est-ce que vous voulez que je fasse ?

– Je viens avec vous. Je veux être de la partie, je veux être là. Si je ne viens pas, on rentre tous chez nous. Et après, rien à foutre, vous vous débrouillez.

Ça c'était nouveau. Il ne s'était pas attendu à un truc pareil.

– Hmmm, dit Nick.

– Je ne suis pas idiote, vous savez. Vous pensez peut-être que je suis idiote mais je suis pas con.

– Je ne pense pas que vous soyez idiote.

– Bon, je vais vous dire, vous ne pouvez pas aller en prison pour ce que vous envisagez de faire. Du moins pas dans ce pays. Du moins pas encore. Ce que Maria vous a dit...

– D'accord, très bien, vous pouvez venir, vous serez avec moi.

– Oui ?

– Absolument.

– Vous êtes intelligent, dit-elle, j'ai dit à Maria que vous l'aimiez et que vous étiez intelligent. Quand un homme aime une femme, il est prêt à tout pour elle. Je le sais. Et Nick, je crois qu'elle aussi vous aime, peut-être. Je crois. Elle est belle, non ?

– Elle est belle, oui.

– Et intelligente, la plus intelligente de sa classe. Je garde tous ses bulletins, A, A, A, rien que des A. Cent pour cent de A. Elle est peut-être même plus intelligente que vous.

– Peut-être.

– Vous aviez autant de A ?
– Jamais.
– Vous voyez.

Nick s'adossa à son siège dans la voiture, désireux de ne rien dire, pas encore. Il écoutait Miguel parler dans le micro, il parlait vite, il semblait nerveux, sans assurance. Nick se dit, c'est un amateur, c'est un amateur ce gamin, il va se faire tuer, ils vont se faire tuer tous les deux.

– Ils parlent, dit Natalia, simplement, rien d'important, ils se disent bonjour, est-ce que la ville vous plaît, vous voyez, ce genre de choses.

– Je ne peux pas croire que Benny ne les reconnaisse pas, dit Nick.

Il se tortilla sur son siège, tâta son arme, la radio dans la main, il se demandait comment il avait bien pu entraîner Maria là-dedans. Qu'est-ce que tu crois ? Cette nana a dézingué quatre gangsters, c'est pas une victime.

– Benny ne les voyait qu'une fois de temps en temps, dit Natalia, il les a à peine croisés. Et c'était il y a dix ans, en plus il était défoncé, vous savez, il fumait de l'herbe, il buvait... Attendez.

– Quoi ?

Elle ne dit rien. Ses yeux fixaient ceux de Nick dans la pénombre de la voiture.

Nick était garé au coin de la rue, à moins d'un demi-bloc de *Tio's*. Le restaurant était pratiquement vide, il n'y avait presque pas de bruit de fond, l'émission était parfaite. Quel pot, parce que c'était toujours la merde avec ces micros.

– Quoi ? dit Nick.

– Chhhut, Cano est en train de parler. C'est lui, cet enfoiré de meurtrier colombien. Vous allez le tuer pour moi, Nick, hein ? Je vous en prie. Vous allez le tuer pour moi.

– Qu'est-ce qui se passe ? dit-il.

Les mots déferlaient et se bousculaient, il n'en saisissait pas un.

– Cano a demandé à Miguel s'il avait apporté l'argent. Maria a dit que c'était elle qui l'avait, elle est tellement calme. Mon bébé, elle est si courageuse. Comme son père, exactement comme Diego. Il aurait été fier.

Nick voulut dire qu'il en doutait, qu'il doutait que Diego fût fier de Maria, de ses deux enfants, qu'il devait se retourner dans sa tombe, mais il se tut. Quel merdier.

– C'est Benny, dit Natalia, il dit qu'il veut voir l'argent. Il est défoncé, je peux vous dire qu'il est stone. Il prend tellement de coke que l'os de son nez a disparu, ça s'entend. Comme vous, vous voyez, plus d'os du tout.

– Qu'est-ce qu'ils disent, maintenant qu'est-ce qu'ils racontent ? Et, au bout d'un moment :

– Ça n'a pas l'air de bien se passer... Qu'est-ce qui se passe ?

– Chhhut. Ça marche bien, hein ? On entend tout, comme à la radio.

– Natalia.

– Ils parlent, c'est tout.

– De quoi ? Merde.

– De Miami, de bouffe. Maria leur a dit qu'ils verraient l'argent quand elle aurait vu la coke. Attendez, Cano dit qu'il est prêt. Il dit que tout est en place. Mais pas ici, pas à Manhattan. Ils vont dans Queens. Ils partent.

Natalia regarda Nick qui à son tour tourna les yeux vers elle.

– Où ça ? dit-il. Où ça dans Queens ?

Natalia haussa les épaules.

– Bon, écoutez, dit Nick. Vous êtes là les gars ? Sonny, E.Z., vous êtes là ?

– Je suis là, je t'écoute, dit E.Z.

– Qu'est-ce qui se passe ? dit Sonny.

– Attends, dit E.Z., les voilà, ils partent, ils viennent de sortir du restau. Ils prennent l'avenue en direction de la 70e.

– Ils vont dans Queens, dit Nick. Surveille-les, Sonny.

– Je les vois, on peut pas le louper le gros con en blanc. Ils vont à la voiture, Nick.

– Les perds pas de vue, dit Nick. Les lâche pas, déconne pas.

Il n'avait jamais compris comment des gens qui se trimballaient avec cent mille dollars en liquide sur eux et Dieu sait combien de flingues pouvaient conduire comme s'ils se baladaient un dimanche après-midi sans jamais regarder autour d'eux. Ils suivirent la Mercedes jusqu'au pont de la 59e Rue, prirent Broadway puis Roosevelt Avenue. C'était comme d'accompagner sa grand-mère à l'église, tranquille. La Mercedes tourna dans Corona Avenue.

– Ils vont où je pense ? dit Sonny.

– Tu peux croire un truc pareil ? dit Nick.

La Mercedes se gara et tout le monde descendit.

– Putain, ils vont à *Los Campos*, dit Sonny.

– L'endroit est fermé, dit Nick. E.Z., dit-il, comment ça va ?

– Je suis là. Je n'ai jamais vu autant de restaurants et de clubs latinos. Qu'est-ce qu'on a foutu, on a pris la direction de Bogotá ?

– Avance, avance, il faut pas trop s'approcher, lui dit Nick.

– Vous savez, dit Natalia. Je commence à m'inquiéter. Qu'est-ce qu'on fait maintenant ? Ils emmènent mes bébés dans ce club. Le club où...

– Qu'est-ce qu'ils disent ? dit Nick.

– Toujours pareil, rien d'important, qu'ils seraient bêtes de passer à côté de ce deal. Quelque chose dans ce goût-là.

– Qui a dit ça ?

– Maria, c'est elle qui a dit ça.

Ils s'arrêtèrent de l'autre côté de la rue à un demi-bloc de *Los Campos*, assez près pour voir la porte principale et y arriver rapidement en cas d'urgence. Quand Maria et Miguel entrèrent dans *Los Campos* avec Benny et Cano, Nick descendit de sa voiture et dit à Natalia de faire un appel de phares s'il se passait quelque chose d'important. Il lui dit de ne pas toucher à la radio, de la laisser sur le siège et d'écouter. Puis il se dirigea vers la Lincoln de Sonny, E.Z. sortit de son pick-up et le suivit.

– Et maintenant ? dit Sonny.

– On attend, dit Nick. Mais pas trop longtemps. Si c'est réglo, ça ne va leur prendre qu'une minute. Si c'est réglo, ils ont stocké les cinq kilos de coke ici. Connaissant ces deux ordures, ils ont probablement beaucoup plus.

– Pourquoi *Los Campos* ? dit Sonny. Pourquoi entreposer leur came ici ? Enfin, c'est pas comme si les lieux étaient sûrs, tu vois ? Y a des flics qui se sont fait tuer ici.

– Et d'autres gens, dit Nick.

– Alors c'est ici qu'a été tué le frère de Maria, dit E.Z.

– C'est ici, dit Sonny. C'est ici.

Sonny était face à Nick, dans la lumière d'un réverbère. Nick ne distinguait pas ses yeux mais il y avait de la tristesse dans sa voix. Ce mec était totalement imprévisible.

– Tu sais, Sonny, dit Nick, le petit avait un flingue.

– Je sais, je sais, ça c'est pas la peine de me le dire. Mais...

– Le chauffeur de la Mercedes vient de sortir du club, dit E.Z. Il est devant la porte. Un petit tour de garde ?

– Je n'aime pas ça, dit Nick.

– Allons-y, viens, dit Sonny. Ils vont pas me refaire le coup, venez, on enfonce cette porte.

Les phares de la voiture de Nick s'allumèrent.

Los Campos se tenait au bout d'une rangée de maisons jumelles en bois et de petits immeubles. C'était une rue résidentielle. Une vingtaine de sycomores bordaient le trottoir. Les arbres maintenaient la rue dans l'obscurité et, malgré la pleine lune, il faisait sombre. Vingt-trois heures trente, pas un chat.

– Bon, Nick, j'y vais, dit Sonny.

– Attends une seconde, tu veux bien ? E.Z., dit Nick, Sonny et moi on va remonter la rue. Tranquille. Quand tu vois qu'on est à une vingtaine de mètres de la porte principale, t'arrêtes ton pick-up pile devant. Tu demandes ton chemin au mec. On se débarrasse de lui et on entre.

– J'ai déjà vu ça quelque part, dit Sonny. Et si la porte est fermée à clef ?

Nick ne répondit pas.

E.Z. regagna son pick-up et le démarra.

Nick sentit soudain un énorme poids lui peser sur les épaules, pas à cause de sa décision mais parce qu'il mettait E.Z. et Sonny en première ligne avec lui.

Tout en filant dans l'ombre des arbres, il commença à dire à Sonny qu'il avait demandé à Maria d'apporter les cagoules et les flingues, mais Sonny le coupa.

– J'espère que la porte n'est pas fermée à clef, si Dieu existe la porte est ouverte, dit Sonny.

– Même si elle est fermée à clef, dit Nick, on n'attend pas, on l'enfonce, toi et moi on l'éclate.

– Tu déconnes, tu te souviens pas de cette porte ? C'est du chêne massif, c'est impossible à éclater. Ce qu'il nous faut, c'est un peu de chance, un coup de main du destin.

E.Z. s'arrêta devant le club, descendit, fit le tour par l'avant de son pick-up et s'avança sur le trottoir. Le type qui montait la garde ne bougea pas. C'était un jeune type vêtu d'une chemise rouge, avec une tignasse épaisse, des chaînes en or et des dents assorties.

– Je cherche la I-95 Nord, dit E.Z.

Il ne savait pas quoi dire d'autre.

– *¿ Qué ?*

– La I-95 Nord. Vous savez, l'autoroute ?

Chemise Rouge s'adossa à la porte et alluma lentement une cigarette.

– Pas anglais, moi. Moi pas comprendre.

Nick et Sonny s'approchaient à pas rapides, sans bruit, et devaient être à cinq mètres quand E.Z. dit :

– Tu comprends « trou dans la tête », connard ?

À la vitesse qu'il lui fallait pour ferrer un requin bleu, la main d'E.Z. attrapa Chemise Rouge par la nuque ; son autre main tenait le Glock. Il colla son pistolet sur les dents en or de Chemise Rouge.

Nick et Sonny étaient arrivés, ils se tenaient devant la porte. Nick essaya de l'ouvrir et sourit.

Le garde, qui s'appelait Alberto Jesus Rios, aurait aimé pouvoir hurler, crier, prévenir. Mais le mec au flingue avait l'air complètement cinglé. Et Rios n'était pas payé suffisamment pour se prendre une balle dans les dents. En plus, ce mec agissait comme un flic, et il espérait vraiment qu'il en était un.

Quand Nick essaya de tendre à E.Z. une paire de menottes, E.Z. dit :

– Garde-les, tu peux en avoir besoin. J'ai les miennes.

Nick fut surpris de le voir si calme, comme s'il faisait ça tous les jours, la routine.

Ils entrèrent et refermèrent la porte derrière eux. L'intérieur était plongé dans une semi-obscurité, le clair de lune filtrait par endroits, ainsi que la lueur des réverbères, pas mal, on voyait plutôt bien.

– Le sous-sol, dit Sonny.

Ils traversèrent le club en silence, à pas rapides, et prirent le couloir. Nick entendit des voix en bas. Il écarta Sonny et écouta à la porte du sous-sol. La conversation était en espagnol, sans éclats de voix. Puis il y eut soudain un cri, et Nick fit appel à toute sa concentration. Il fut étonné de reconnaître la voix de Benny, profonde et pleine, une voix de colosse. Nick donna un coup de coude à Sonny et lui dit, t'es prêt ? Et, alors qu'il n'avait aucune idée de ce qui se passait en bas, il mit la main sur la poignée de la porte et la tourna. La porte s'ouvrit.

Sonny le poussa, ouvrit tout grand la porte, se précipita dans les escaliers et cria : « Police ! Police ! »

– Merde, dit Nick, mais il suivit Sonny dans les escaliers.

Il courait, ne pensait plus, en descendant dans ce sous-sol. Le berceau de tant de cauchemars.

Quand Nick posa le pied sur le sol de cette pièce, il jeta un regard circulaire, et la première chose qu'il vit fut Sonny accroupi, en position de tir, les deux mains sur son pistolet, qui disait : « Police ! Police ! Police ! »

Le Colombien et Benny étaient assis à une table au centre de la pièce face à Nick. Sur la table s'élevaient des piles de billets et des paquets de cocaïne d'une livre, au moins dix, peut-être plus. Maria et Miguel avaient le dos collé au mur, les bras croisés, les yeux écarquillés. Le visage de Maria était barré d'un grand sourire, elle semblait tellement peu à sa place ici que Nick, les premières secondes, ne remarqua pas les armes à ses pieds. Miguel semblait dérouté, en colère et un peu perdu.

Cano se tourna vers Benny et il eut l'air d'être sur le point de dire quelque chose, mais il fit de nouveau face à Nick et le dévisagea, comme ça, sans rien dire. Son regard était intense. Pour autant que Nick s'en souvenait, il n'avait jamais rencontré ce type, ne l'avait jamais vu auparavant, mais le regard que lui lançait Cano signifiait qu'il le reconnaissait. C'était un regard imperturbable, se dit Nick, mystérieux. Benny était assis avec ses grosses pattes croisées devant lui, tête baissée, le menton contre la poitrine, et il se balançait, vacillait, fermait les yeux en contractant les paupières, puis les rouvrait.

Le sous-sol en lui-même semblait à Nick comme dans son souvenir, et il se surprit à chercher des crochets sur les murs humides en parpaings de ciment. Dix ans auparavant, il avait vu deux hommes pendus à ce même mur. Il inspecta le sol à la recherche de taches de sang. Nick était très calme, il ne pensait pas du tout à l'arme qu'il avait à la main, son pistolet, son vieux copain, le .38 spécial police, son vieux poteau. Il ne semblait pas qu'il aurait à tirer sur quiconque. Tant mieux.

Maria souriait de toutes ses dents. Elle avait presque l'air heureux.

Cano jeta un regard à Sonny et fronça les sourcils.

– Police ? Police de New York ? J'espérais que vous étiez de la DEA, ça aurait mieux valu. La DEA et moi on est copains. Vous devriez être au courant. Les amis doivent veiller sur les amis, vous savez. Ainsi va le monde. J'ai une carte là, dit-il. C'est celle d'un membre du Congrès.

– C'est des flics, dit Benny. De simples flics.

Cano grogna de déplaisir.

Sonny sortit une paire de menottes.

Nick s'approcha de Maria et lui posa la main sur l'épaule.

– Ça va ?

– *Claro*, dit-elle. Très bien.

Miguel s'avança et se planta devant lui.

– Ma sœur va très bien, lui dit-il. Et maintenant ? Qu'est-ce que vous allez foutre ?

C'était une bonne question et, pendant quelques secondes, Nick essaya de formuler une bonne réponse. Puis il se ravisa et dit à Miguel de la fermer, de ne pas bouger.

– C'est ça, dit Miguel, arrêtez-les. Comme ça votre gouvernement pourra les relâcher encore une fois, c'est ça votre super plan ?

– Qu'est-ce qui te prend ? dit Nick.

– Ta sœur ? cria Cano. C'est ta sœur ? Tu m'as dit que c'était ta petite copine, ta nana. Tu m'as pipeauté, espèce de petit menteur.

– Pinocchio, Pinocchio, ton nez s'allonge, dit Benny.

Natalia avait vu juste sur Benny, ce mec avait pris trop de trucs, il était complètement défoncé.

– Je suis le fils de Diego Cienfuego ! cria Miguel. Je suis Miguel et elle c'est ma sœur, Mariaclara Cienfuego. Je suis le fantôme vivant de mon père et votre cauchemar, bande d'enfoirés.

– Diego Cienfuego, jamais entendu parler, dit Cano. Et toi, Benny, t'as déjà entendu parler de Diego Cienfuego ?

Benny sourit, il jeta un œil à Miguel et Maria puis sourit.

– Les types de la DEA, dit Cano, sont au courant de ce qu'on fait ce soir. Vous devriez savoir qu'on est couverts.

– Capitaine Nick, vous voulez savoir quel est mon problème ? C'est lui mon problème, dit Miguel. Vous l'entendez ? Il travaille pour la DEA, Cano est un agent du gouvernement, de votre gouvernement. Il essayait de nous piéger. Partout des pièges, le monde entier n'est rien d'autre que pièges, pièges et pièges. Quelle farce, c'est une vraie farce.

Benny Matos pointa un gros doigt boudiné sur Miguel.

– Pinocchio, menteur, dit-il. Diego Cienfuego est mort.

– Arrêtez ! s'entendit crier Nick. Arrêtez, arrêtez, arrêtez !

Sonny était en train de menotter Cano et Benny quand il dit :

– Je voudrais pas dire, mon vieux. Mais ça a été vraiment facile. Trop facile, si tu vois ce que je veux dire. J'ai bien peur que ça se corse et que ça nous retombe dessus. Ces mecs travaillent peut-être effectivement pour quelqu'un.

– *Seguro*, dit Cano. On travaille pour la DEA, je vous l'ai dit. Je ne mens pas. Benny et moi, on travaille pour les États-Unis d'Amérique.

– C'est pas possible, dit Nick. Je ne peux pas être si poissard.

– Et maintenant ? dit Miguel. Qu'est-ce que vous faites, monsieur le capitaine de police Nick Manaris ?

– Lâche-moi deux secondes, lui dit Nick. Qu'est-ce que t'as tout d'un coup, toi ?

– Putain, dit Miguel. Je sais pas pourquoi je me suis laissé convaincre par Maria.

Nick regarda le jeune homme dans les yeux, Diego tout craché.

– Pour ne pas avoir à passer les cent prochaines années en taule. Voilà peut-être pourquoi, non ?

– C'est des conneries, ça, dit Miguel.

– Non, dit Nick, c'est pas des conneries. Il y a la peine de mort en Floride, la chaise électrique. Et la chaise électrique, c'est pas des conneries, mon petit gars.

– Nick ! Nick ! lança la voix de E.Z. à l'étage. Eh, Nick, je descends ! On descend !

Puis des bruits de pas dans l'escalier.

Cano riait en silence, comme s'il détenait un secret.

46

Selon E.Z., d'après ce qu'il avait répondu sous serment aux questions d'Andre devant la Cour de Queens, il avait descendu l'escalier du sous-sol à la suite de l'agent Rios.

– Et c'était étrange. Vous savez, rétrospectivement, quand j'y repense, à ce moment-là je n'arrivais pas à croire que ce Rios était un agent fédéral. Je veux dire, il avait des dents en or et un anglais déplorable. Bref, si je l'avais cru, je lui aurais retiré ses menottes. De telle sorte que si la fusillade avait éclaté, il aurait eu plus de chance de se protéger, le pauvre.

– Monsieur Brochard, dit Andre, je veux que vous décriviez au jury la scène qui s'est déroulée dans ce sous-sol du 2600 Corona Avenue. Dites au jury ce que vous avez vu et ce que vous avez fait.

– J'ai suivi Rios dans l'escalier, dit E.Z., tandis que Natalia Punto, qui me pointait un Browning dans le dos, un quinze-coups automatique équipé d'un silencieux, me suivait. Elle criait, d'une voix suraiguë : « Je vais le buter ! Je vais le buter en moins de deux ! Posez vos flingues par terre ! Vite, plus vite que ça, ou je le bute, je vous jure ! Je m'en fous, je le bute ! » Elle n'arrêtait pas de crier comme ça. À mon avis, ce sont ses hurlements incessants qui ont tout provoqué.

– Quand Natalia Punto a dit qu'elle allait « le » buter, ce « le » vous désignait. N'est-ce pas ? demanda Andre.

– Oui, c'est exact.

– C'est une supposition ? Ou vous en êtes sûr ?

– C'était mon dos qu'elle pointait avec son arme. Et à chaque fois qu'elle me le plantait dans le dos, j'avais des sueurs froides. Je connais ces armes, ces automatiques, ce n'est pas compliqué de régler son compte à quelqu'un avec ces engins-là.

– Et, quand vous dites que ce sont les hurlements et les cris incessants de Natalia Punto qui ont tout provoqué, vous parlez de la fusillade.

– Oui.

– Nous allons revenir à la fusillade dans un instant. Pour le moment, si vous le pouvez, j'aimerais que vous disiez au jury ce que vous avez vu quand vous êtes arrivé au sous-sol. Qu'avez-vous vu ?

– Il y avait une table au centre de la pièce. Tous ceux qui avaient une arme la posèrent sur cette table. C'est d'abord l'inspecteur McCabe qui a posé son arme sur la table.

– Excusez-moi, monsieur Brochard, dit Andre, quand vous dites l'inspecteur McCabe, vous voulez parler de Robert McCabe, alias Sonny McCabe ?

– Oui.

– Que le premier juré en prenne note : au moment de l'incident, Robert McCabe n'était plus officier de la police de New York. Le fait est que Robert McCabe n'était plus officier de police depuis près de dix ans. Aussi quand le témoin fait référence à l'inspecteur McCabe, il veut parler de l'ex-inspecteur McCabe ou de McCabe, l'ancien policier. N'est-ce pas, monsieur Brochard ?

– Oui.

– Poursuivez, je vous prie, poursuivez, dit Andre.

– Natalia Punto nous a dit de nous placer en demi-cercle debout autour de la table, Nick, Sonny, l'agent Rios et moi. Rios ne cessait de répéter qu'il était agent, un agent secret de la DEA, et qu'il avait des papiers qui le prouvaient. Il dit au capitaine Manaris qu'il travaillait avec Matos et Medina. C'est à ce moment-là que Mme Punto a vraiment commencé à crier, à hurler, et que tout le monde s'y est mis.

– Vous souvenez-vous, pouvez-vous nous dire, qui a dit quoi ? demanda Andre.

– C'était principalement de l'espagnol, dit E.Z.

– Le capitaine Manaris parlait en anglais, dit Andre.

– C'est vrai.

– Qu'a-t-il dit ?

– Il essayait de calmer tout le monde. Il parlait à Mme Punto, il essayait de la calmer, quand Rios, l'agent Rios a dit : « C'est une erreur stupide. C'est tout, c'est une erreur. » Et voilà. Benny Matos qui était assis à la table à côté de Medina a crié : « Et merde. » Il s'est retrouvé avec une arme, je ne sais pas d'où il la tenait, mais tout ce que je sais, c'est que Matos avait cette arme à la main. Il y a eu un coup de feu et tout le monde s'est mis à sauter dans tous les sens, à plonger par terre pour se protéger, à attraper une arme.

– C'est Benny Matos qui a lancé la fusillade ? dit Andre.

E.Z. se redressa sur sa chaise de témoin et se frotta les yeux. Les membres du jury attendaient.

– Benny Matos, il criait, « Pinocchio, Pinocchio, ton nez s'allonge ». Ce truc qu'on dit aux gosses. C'était tellement bizarre. C'est pour ça que je m'en souviens, c'était tellement bizarre ce qu'il disait – « Pinocchio, Pinocchio, ton nez s'allonge ». Tout ce que je sais c'est que l'instant d'après il avait un flingue dans une main, son autre main étant menottée à celle de Medina. Il a tiré le premier coup de feu ; oui, c'est Matos qui a tiré en premier.

– C'est à ce moment-là que tous ceux qui ont pu attraper une arme se sont mis à tirer ? dit Andre.

– Oui. Je ne peux pas vous dire comment tout a dérapé. Ça tirait, ça tirait, tout le monde tirait.

– Et vous aussi ? Vous avez ramassé une arme et vous vous êtes mis à tirer ?

– C'est exact.

– Était-ce votre arme ? Aviez-vous une arme quand vous êtes descendu au sous-sol ?

– Moi, non. Je n'avais pas d'arme. Je sais que c'est illégal de porter une arme à New York.

– D'accord, vous avez attrapé une arme et vous avez tiré. Savez-vous combien de fois vous avez fait feu ?

– Non.

– Seriez-vous surpris si je vous disais que M. Matos a reçu seize balles, M. Medina douze et l'agent Rios, une seule.

– Non, pas du tout. Il y a eu tellement de coups de feu. Ça m'a rappelé le Vietnam. Quand on disait, on y va, on le fait, même mal, on disait, mais on s'en débarrasse, on leur plombe le cul.

Quelques membres du jury se mirent à rire. D'autres hochèrent la tête.

– Excusez-moi, dit E.Z., je ne voulais pas dire « cul ». Je suis désolé.

– C'est une bonne analogie, dit Andre, le parallèle avec le Vietnam. Diriez-vous que l'agent Rios a été tué par un tir allié ?

– Ça aurait pu n'être qu'un accident, une erreur. Mais c'est Matos qui l'a tué. Et je crois que c'était volontaire, lui dit E.Z.

– Vous avez vu Benny Matos tirer sur l'agent Rios ? dit Andre.

– Oui, je l'ai vu.

– Dernière question, dit Andre, concernant les cagoules.

Andre se dirigea vers la table des pièces à conviction, où les armes ainsi que des paquets de drogue de cinq cents grammes, étaient étiquetés, légendés, scellés dans des sacs en plastique. Un sac contenait plusieurs cagoules en tissu marron. Il le porta à la barre et le montra à E.Z.

– Avez-vous déjà vu ces objets ? s'enquit Andre.

– Oui, lui dit E.Z.

E.Z. regarda les jurés et dit :

– J'ai vu le capitaine Manaris les sortir des poches de M. Matos et de M. Medina.

– Savez-vous à quoi étaient destinées ces cagoules ? Ou plutôt : est-ce que quelqu'un vous a dit à quoi étaient destinées ces cagoules ?

– Non, dit simplement E.Z. Tout ce que je sais c'est ce que j'ai vu, et j'ai vu qu'on sortait ces cagoules des poches de ces deux hommes. Elles étaient dans leurs poches, ils allaient s'en servir pour faire quelque chose. Je ne sais pas quoi.

– Et quand vous dites « ces deux hommes », vous voulez parler des hommes figurant sur ces photos ?

Andre tendit deux photos à E.Z.

– Matos et Medina, c'est bien ça ?

– Oui, dit E.Z., c'est eux, ces deux hommes-là.

Andre était debout devant l'estrade quand Sonny McCabe prêta serment. Deux femmes assises au premier rang du jury lui sourirent quand il prit place.

Non seulement ces jurés semblaient mais ils étaient effectivement acquis à la cause du procureur. Et ce témoin, comme E.Z. avant lui, était visiblement un ami. Sonny était impressionnant, grand et élégant, calme et serein, il était l'incarnation de la compétence et de l'honnêteté, un homme digne de confiance. Les questions d'Andre furent directes et bien posées.

Sonny décrivit ce qu'il avait entendu, ce qu'il avait vu et ce qu'il avait fait dans le sous-sol de *Los Campos*. Il identifia le sac en plastique scellé contenant les cagoules marron qui avaient été prélevées sur les corps de Matos et Medina, ainsi qu'un plus gros sac renfermant les armes que les deux hommes avaient utilisées. Les mêmes armes, s'avéra-t-il, qui avaient été utilisées pour tuer les frères Vasserman et les deux hommes de Miami.

– C'est Matos qui a tiré en premier, leur dit-il, c'est Benny Matos.

Quand Sonny eut terminé et s'apprêta à quitter la barre, Andre ajouta :

– J'aimerais que soit souligné dans le compte rendu de séance que Robert McCabe, à l'époque où il faisait partie du NYPD, fut l'un des officiers les plus décorés dans l'histoire de la police.

Sonny quitta la salle d'audience, porté par les sourires et les souffles d'applaudissements des jurés qui lui réchauffèrent le cœur. Andre le suivit jusqu'à la porte, l'accompagna dans le couloir, et Sonny dit :

– Cette affaire va booster votre carrière politique. Vous allez pouvoir attaquer le deuxième virage de votre ascension. Qu'est-ce que vous visez ? Un siège au Congrès ?

– Vous êtes un dur, dit Andre.

– Nick m'a dit un jour qu'un dur sans cervelle c'est comme un cerf-volant sans fil ou un hameçon sans appât, dit Sonny.

– Un malin, celui-là, dit Andre.

– Oh oui. Il m'a beaucoup appris.

– Vous savez, lui dit Andre, ce que Nick m'a appris c'est qu'en dehors de l'armée, la police est la plus grande institution imaginée par l'homme pour propager l'épidémie de la domination masculine.

– Ce qui est un tort ?

– Non, dit Andre, mais pas toujours un bienfait. J'ai dit un jour à Nick qu'il avait tout sauf du bon sens. J'avais tort.

– Ça oui, vous aviez tort.

– Et vous, je me trompais sur votre compte ?

– Je ne sais pas. C'est à vous de me le dire. Je n'ai toujours été qu'un flic qui faisait son boulot. Vous n'appréciiez peut-être pas la façon dont je le faisais. On ne peut pas plaire à tout le monde.

47

Six mois plus tard, Nick retrouva E.Z. pour prendre un petit déjeuner au carrefour de Middlebridge. E.Z. proposa à Nick de passer Thanksgiving avec Emma et lui. Ce serait extra, Emma avait commandé une dinde de dix kilos chez Ryan. Nick lui dit qu'il le préviendrait. E.Z. lui posa les questions de routine sur son boulot, sur Andre, lui demanda si Sonny l'avait appelé de Californie et parla de la saison de pêche qui allait bientôt être ouverte. Il demanda des nouvelles de Maria.

– Je n'en ai pas, dit Nick.

– Bizarre.

– Pas si bizarre que ça. Le jury les a innocentés. Elle s'est retrouvée libre et lavée de tout soupçon, comme son frère et Natalia, et ils ont tous voulu oublier.

– Et toi, tu y arrives ?

– Moi ? Oui.

– J'arrête de te donner des conseils sur les femmes, dit E.Z.

– Très bien. On dirait qu'il va pleuvoir.

– Peut-être neiger. Ce serait super un peu de neige. T'as assez de bois ? Parce que sinon, Ken a abattu des arbres chez lui, du bois bien dur, du chêne.

– J'en aurai peut-être bien besoin.

– Pourquoi on fait pas ça alors ? Je vais huiler ma tronçonneuse, aiguiser la lame et je passe te chercher après. On chargera le pick-up.

– Super.

– Ça va ?

– Moi ? Très bien.

Après le petit déjeuner, Nick raccompagna E.Z. chez lui. Puis il passa par Jamestown et se rendit à Beavertail. Il gara sa voiture et marcha jusqu'au phare. La mer était haute, il y avait des brisants d'un mètre, un mètre cinquante, du vent, du courant. Les rochers, l'océan, les pièges à homards et rien d'autre. Le vent était froid, il y avait de la neige dans l'air. Il la sentait arriver, l'air se faisait gris et lourd autour de lui.

Il regagna sa voiture, y monta et resta assis à regarder la mer à travers le pare-brise. L'océan, le grand nettoyeur; tout, lui semblait-il, disparaîtrait avec la mer. Depuis quelque temps, il parcourait les tristes contrées inconnues de sa tête. Il devenait fou et il savait qu'il lui fallait arrêter de s'apitoyer sur son sort. Mais c'était pourtant ce qu'il faisait depuis des mois. Quelques semaines auparavant, il avait cru toucher le fond et s'était rendu compte qu'il était impossible de toucher le fond puisqu'il n'y en avait pas. Peu importe l'horreur de la situation, la détresse que tu ressens, sois tranquille, s'était-il dit, il y aura toujours pire.

Ce qui restait à prouver.

Arrête, regarde un peu la condition humaine. Certaines choses sont possibles, d'autres non. Ça passera, ça s'atténuera, on survit à tout.

Quelques mois auparavant, Andre s'était dit que Nick avait perdu la raison et, juste avant son témoignage devant la Cour, il avait essayé de lui en parler. Il voulait faire comprendre à Nick l'importance du danger qu'il avait encouru. Comme s'il avait besoin qu'on le lui dise. Nick n'en avait pas été surpris; il s'était attendu à quelque chose dans ce goût-là, il était prêt et s'étonnait qu'Andre ait mis tant de temps à venir le voir.

– Tu ferais bien de réfléchir un peu à ce que tu fais, lui avait dit Andre. Un homme aussi intelligent que toi, tu devrais y réfléchir à deux fois, à trois fois, avant de faire un truc pareil. Laisser ta petite cervelle embobiner ton grand cerveau... Ça ne te ressemble pas.

Ils étaient dans le couloir, les jurés étaient en pause. Un ou deux d'entre eux avaient souri en passant.

– Qu'est-ce que tu essayes de me dire? lui avait demandé Nick.

– Tu es un ami, avait dit Andre. Un véritable ami, un très bon ami.

– J'espère bien, ça fait vingt ans.

Andre avait jeté un regard nerveux autour d'eux.

– Il y a des gens qui qualifieraient la fusillade du sous-sol de *Los Campos* d'exécution. Mon Dieu, Nick, tant de coups de feu tirés et les seuls touchés sont Matos, Medina et l'agent qui les couvrait.

– Benny Matos a tué l'agent. Medina et lui ont été tués par Brochard, Sonny et moi. Ça fait beaucoup de balles volantes. Je t'avoue que je n'ai pas compté.

– Arrête.

– Pardon ?

– Te faire comparaître devant la Cour, compte tenu de mes sentiments pour toi, n'est pas tout à fait éthique, tu sais. D'aucuns diraient que se pose ici un véritable problème de légalité.

Il était tendu, Nick ne l'avait jamais vu aussi tendu.

– Si tu veux, lui avait dit Andre, je peux ajourner la séance, comme ça tu peux réfléchir et revenir demain.

– Pourquoi ?

– Je suis sérieux.

– Moi aussi.

– Nick, écoute, je sais que tu crois que tu es amoureux de cette femme, de cette Maria. Mais tu vas trop loin, beaucoup, beaucoup trop loin, et la branche est cassante, mon vieux.

– Ça n'a pas d'importance. Je vais attester les faits, ce que je sais des faits.

– Si, ça a de l'importance : tu vas témoigner sous serment. Ce n'est pas de la blague.

Ils s'étaient tus un moment. Nick l'avait regardé. Andre lui avait rendu son regard.

– Maria, avait dit Nick à Andre, a été conduite dans ce sous-sol avec son frère par Matos et Medina. Ils avaient l'intention de les tuer, comme ils avaient assassiné les frères Vasserman et les deux types de Miami. Ne me demande pas pourquoi. Je ne prétends pas connaître la pensée des assassins.

– Mais... ?

– Natalia Punto témoignera qu'elle les a suivis. Elle jurera sous serment que c'est ce qu'elle a fait, et qu'elle l'a fait parce qu'elle était convaincue que la vie de Maria et Miguel était en danger.

– Mais... ?

– Mais. Mais quoi ?

– Tu sais de quoi je veux parler, avait dit Andre. Je sais bien que tu le sais, merde.

– Tu te trompes, Andre, avait répondu Nick, je ne sais pas de quoi tu veux parler.

– Il se trouve que vous passiez par là, quelle coïncidence, Sonny et toi qui vouliez montrer à ton ami du Rhode Island le fameux sous-sol de *Los Campos* ? C'est ça l'histoire ?

– La porte était ouverte, avait conclu Nick. On est entrés, c'est tout.

– Et tu veux que je croie un truc pareil ? avait calmement demandé Andre. Que je persuade le jury que ce que tu dis est vrai ?

– Si tu avais été là, tu aurais compris. Ce sont des choses qui arrivent. Évidemment, si tu ne me crois pas...

– Tu arrives à vivre avec ça ?

– La vérité ? Mais oui. Qu'y a-t-il de plus facile que de vivre avec la vérité ? N'est-ce pas la nature même de la justice, cette quête de la vérité et de l'impartialité ? C'est ça l'Amérique.

Andre avait soutenu son regard sans ciller, puis sa neutralité avait disparu sous un sourire.

– La vérité et la justice ? dit Andre.

– Exact, avait conclu Nick. Comme l'océan, comme la mer, tu les vois d'une certaine façon, moi d'une autre. Ce qui importe, c'est qu'ils existent et qu'ils soient là pour nous deux.

Au bout d'une bonne demi-heure, Nick quitta l'île de Jamestown et se dirigea vers Old Post Road. Il fit une halte au Grenier et y acheta une théière et deux tasses peintes à la main. Tu t'étonnes toi-même, se dit-il, tu es étonnant. Qu'est-ce que tu espérais ? Un mariage, des gosses ? Étonnant. Couillon. Incroyable, songea-t-il, ce que peut faire l'amour. Pire, la perte de l'amour.

Il descendit à Bonnet Shores et s'arrêta devant le vidéoclub. Il allait neiger, et son esprit rêvait surtout à un feu de cheminée, un thé et Hennessy, peut-être une cassette vidéo ou un bon bouquin.

Il était dans le coin des films étrangers et se demandait s'il voulait vraiment voir *La Strada* pour la dixième fois, quand une voix se fit entendre derrière son épaule.

– Vous avez déjà vu *Bang the Drum Slowly* ? On m'a dit que c'était un petit peu lent mais quand même du grand cinéma américain.

– Je déteste qu'on dise « cinéma », ça fait tellement, tellement... Je ne sais pas, tellement new-yorkais. Pourquoi ne pas dire simplement « film » ?

– C'est du cinéma, lui dit-elle.

– Tu es magnifique.

– Je t'en prie, ne me déteste pas parce que je suis belle.

– J'ai mal entendu. Je crois que j'ai mal entendu...

Elle se mordit la lèvre et détourna les yeux. Quand elle croisa de nouveau son regard, elle souriait.

– Tu sais, dit-elle, j'ai trouvé un endroit sur la Costa del Sol, au pied de la Sierra Bermeja et de la Sierra do Tolox. Ça s'appelle San Pedro de Alcantara. C'était presque le paradis, ç'aurait été parfait si tu avais été là.

Il la regarda un moment, puis haussa les épaules.

– Rien ne vaut Wickham au printemps, en été et à l'automne.

– Pardon ?

– Et mon copain E.Z. a besoin de moi, il ne s'en sort pas sinon.

– La Costa del Sol, Nick. La Costa del Sol.

Il passa ses bras autour d'elle, la serra contre lui, fort, fourra son nez dans son oreille et chuchota :

– Peut-être en hiver, tout marche un peu au ralenti ici en hiver. On pourrait aller en Espagne en hiver.

Il loua *Bang the Drum Slowly*. Elle prit la cassette d'une main et son bras de l'autre.

– Comment tu m'as trouvé ? lui demanda-t-il.

– Miguel conduisait et je guettais. C'est pas franchement immense ici.

– Comment va ton frère ?

– Bien, bien, il te dit bonjour.

Nick hocha la tête.

– Et la belle Natalia, comment va-t-elle ?

– Elle est partie vivre à Barcelone, elle a rencontré un ancien toréador. Ils parlent d'ouvrir un restaurant. C'est une longue histoire. On a beaucoup de choses à se raconter, ça fait six mois, une semaine, deux jours et neuf heures. Il va falloir rattraper ça.

– Il va neiger, dit-il. On a un film, j'ai une nouvelle théière, il y a Hennessy à la maison et j'aurai bientôt assez de bois pour tenir jusqu'au printemps.

– J'ai apporté ton tee-shirt et mes hauts talons rouges. J'ai assez d'énergie et de bagages pour rester dans le coin un petit bout de temps.

– Voyez-vous ça, dit-il. Mais c'est parfait.

Cet ouvrage a été réalisé par

FIRMIN DIDOT

GROUPE CPI

Mesnil-sur-l'Estrée

pour le compte des Éditions Payot & Rivages
en avril 2001

Imprimé en France
Dépôt légal : avril 2001
N° d'impression : 55026